Ruth Michalek
Elternsein lernen

Ruth Michalek

Elternsein lernen

Zur Bedeutung des Normalisierens
bei transformativen Lernprozessen

Verlag Barbara Budrich
Opladen • Berlin • Toronto 2015

Bibliografische Information der Deutschen Nationalbibliothek
Die Deutsche Nationalbibliothek verzeichnet diese Publikation in der Deutschen
Nationalbibliografie; detaillierte bibliografische Daten sind im Internet über
http://dnb.d-nb.de abrufbar.

Gedruckt auf säurefreiem und alterungsbeständigem Papier.

ISBN   **978-3-8474-0659-4 (Paperback)**
eISBN   978-3-8474-0806-2 (eBook)

Umschlaggestaltung: Bettina Lehfeldt, Kleinmachnow – www.lehfeldtgraphic.de
Titelbildnachweis: Florian Philip Losch
Lektorat: Ulrike Weingärtner, Gründau
Druck: paper & tinta, Warschau
Printed in Europe

Inhaltsverzeichnis

Teil I

Die Studie – Einleitung

Kapitel 1

Eltern

Eltern sind bedeutsam. Sie sind für ihre Kinder sehr wichtig. Die erziehungswissenschaftliche Fachliteratur betont vielerorts die zentrale Bedeutung[1] und die dadurch entstehende große Verantwortung von Eltern.[2] Eltern werden als die Expert_innen ihrer Kinder betrachtet, da sie diese lange und in vielfältigen Situationen erleben,[3] sie müssen die Bedürfnisse der Kinder kennen.[4] Eltern haben die Aufgabe, ihren Kindern Normen, Rollen und Regeln zu vermitteln.[5] Sie sollen die Kinder für die Gesellschaft erziehen und bilden.[6] Dazu gehört beispielsweise, dass Eltern ihre Kinder auf die Anforderungen des Bildungssystems vorbereiten sollen.[7]

Eltern wird eine *generelle Bedeutung für das Lernen und die Bildung* der Kinder zugeschrieben.[8] Der elterliche Einfluss auf die Entwicklung ihrer Kinder[9] und deren Kompetenzen[10] gilt als sehr groß. Der Einfluss von Eltern wirkt sich nachhaltig „auf die Entwicklung lern- und leistungsrelevanter Motive, Einstellungen und Selbstkonzepte aus und beeinfluss[t] damit auch die Entwicklung kognitiver Kompetenzen" (Schrader/Helmke/Hosenfeld 2008, 17). Im Fokus zahlreicher Studien stehen die Einflüsse der Eltern auf die Schulleistungen, die Bildungskarriere und den Bildungserfolg ihrer Kinder.[11]

Als *Faktoren des Einflusses* werden beispielsweise die genetische Bedingtheit von kognitiven Kompetenzen[12] oder soziokulturelle Faktoren des Elternhauses[13] beschrieben. Soziokulturelle Faktoren zeigen sich etwa als schichtspezifische Unterschiede in der Art und Weise, wie hilfreich und pädagogisch

---

1 Vgl. Rupp/Smolka 2007, 326.
2 Bmfsfj 2006; Tschöpe-Scheffler 2005, 252.
3 Minsel 2007, 311.
4 Rupp/Smolka 2007, 319.
5 Macha/Witzke 2009, 264.
6 Rupp/Smolka 2007, 319.
7 Hawighorst 2007, 32.
8 Minsel 2007, 308, 310; Wild/Gerber 2007, 358.
9 Minsel 2007, 301.
10 Maaz/Watermann/Baumert 2007; Leseman/Scheele/Mayo 2007.
11 Hawighorst 2007, 32; Minsel 2007, 300ff; Heinze/Herwartz-Emden/Reiss 2007, 563; Reyer/Franke-Meyer 2008, 893.
12 Schrader/Helmke/Hosenfeld 2008.
13 Giesinger 2007, 362; Schrader/Helmke/Hosenfeld 2008, 17f.

sinnvoll Eltern ihre Kinder bei Hausaufgaben unterstützen.[14] Aber auch allgemeine schul- und einschulungsrelevante Bildungseinstellungen von Eltern,[15] die elterliche Bildungsaspiration[16] sowie fachbezogene Bildungsorientierungen[17] werden in ihren Auswirkungen auf kindliche Lern- und Bildungsverläufe untersucht.

Die Qualitäten der *Eltern-Kind-Beziehungen* bilden ebenfalls einen wirksamen Faktor.[18] Die kulturelle Praxis einer Familie sowie die emotionale Zuwendung durch Eltern sind bedeutsam für das Lernen und die Bildungsprozesse ihrer Kinder.[19] So zeigen elterliche Erziehungsstile ihre Wirkungen.[20] Studien untersuchen Zusammenhänge von Erziehungsstilen oder Erziehungskompetenzen mit Verhaltensproblemen und Sozialverhalten von Kindern.[21] So können Zusammenhänge zwischen der Bildungsbeteiligung, den Leistungen und dem Schulerfolg der Kinder und elterlicher Bildungsaspiration, ihren Erziehungszielen,[22] den elterlichen Schulabschlüssen[23] sowie familialen Struktur- oder Prozessmerkmalen[24] hergestellt werden.

In einer weiteren erziehungswissenschaftlichen Perspektive auf Eltern werden diese als Interaktionspartner_innen *pädagogischer Institutionen* betrachtet. Die pädagogische Professionsforschung beschreibt Eltern als „Dritte" im Arbeitsbündnis zwischen Professionellen und Kind.[25] Es wird eine enge Wechselwirkung von familiären Bildungsprozessen und dem Lehr-Lerngeschehen in den Bildungsorten Kindergarten und Schule beschrieben.[26] Die Mitwirkung von Eltern an schulischer Bildungsarbeit ist gefragt[27] – zugleich wird aber auch das Elternengagement problematisiert, z.B. bezüglich der Hausaufgabenbetreuung.[28]

Eltern leben in der Gesellschaft. Eltern erziehen und bilden für die Gesellschaft. Sie sollen den Kindern Alltags- und Daseinskompetenzen[29] vermitteln. Die Familie gilt in der Gesellschaft als generelle Ressource für Erziehung und Bildung.[30] Eltern sind also in ihrem Elternsein und dem was sie

---

14 Wild/Gerber 2007, 359.
15 Faust/Kluczniok/Pohlmann 2007, 467.
16 Walter/Leschinsky 2007, 6; Fürstenau 2007, 22.
17 Hawighorst (2007) untersucht beispielsweise die elterliche Bildungsorientierung in Bezug auf das Fach Mathematik.
18 Wild/Gerber 2007, 359.
19 Maaz/Watermann/Baumert 2007, 447; Minsel 2007, 310; Walter/Leschinsky 2007, 5.
20 Hurrelmann/Albert 2006, Alt 2005.
21 Bmfsfj 2006, 4; Wissenschaftlicher Beirat für Familienfragen 2005.
22 Fürstenau 2007, 22.
23 Neumann/Schnyder/Trautwein 2007, 413; Leseman/Scheele/Mayo 2007, 350.
24 Maaz/Watermann/Baumert 2007, 453.
25 Z.B. Oevermann 2002, 36.
26 Z.B. Minsel 2007, 311.
27 Z.B. Fürstenau 2007, 30.
28 Wild/Gerber 2007, 362.
29 Krappmann 2003.
30 Vgl. Minsel 2007, 309.

leisten sowohl für das einzelne Kind als auch für die Gesellschaft bedeutsam. Sie werden dabei mit pädagogischen Erwartungen konfrontiert wie etwa dem Bildungsauftrag, Kinder auf Schule und deren (Leistungs-)Anforderungen vorzubereiten und ihre Bildungsbiographien zu begleiten. So finden sich einerseits steigende *gesellschaftliche Erwartungen* an die Familie als Sozialisationsinstanz. Andererseits lassen sich Diskrepanzen zwischen *familialen Ressourcen* und diesen an Eltern herangetragenen Erwartungen feststellen. [31] Eltern befinden sich in der schwierige Lage, zum einen die gesellschaftlichen Erwartungen einer bestmöglichen Erziehung und Bildung der Kinder erfüllen zu sollen. Zum anderen erschweren es gerade die gesellschaftlichen Bedingungen, dass Eltern die Erwartungen erfüllen können. [32]

Eltern leben in Deutschland in einer *sich wandelnden pluralen und individualisierten Gesellschaft* – sei der Prozess nun als zunehmende Pluralisierung oder als eine Wiederkehr von Vielfalt interpretiert. [33] Die räumlichen Mobilitäts- und Flexibilitätsansprüche des Arbeitsmarktes führen, häufig verbunden mit dem Wunsch nach Erwerbstätigkeit beider Elternteile, zu besonderen Herausforderungen an das familiale Mobilitätsmanagement: Es müssen Lösungen für die Wege zur Arbeit, die Organisation von Familienformen und -planung gefunden werden. [34] Hinzu kommen allgemeine soziale Verunsicherungen und ökonomische Zumutungen, denen Eltern sich stellen müssen. [35] Die Pluralisierung von Lebensstilen zeigt sich auch in einer Pluralität an Familienformen. [36] Elternschaft ist heute eine Option neben anderen Lebensformen [37] und findet sich in unterschiedlichen Generationengefügen. [38] Das gestiegene Durchschnittsalter der Eltern beim ersten Kind kann zu schwierigeren physischen und psychischen Prozessen führen, etwa weil die eigene Kindheit weiter zurückliegt oder Eltern sich gut in ihrem ehedem kinderlosen Leben eingerichtet hatten. [39] Zugleich werden Partnerschaft, Ehe und Familie mit starken Erwartungen verknüpft im Hinblick auf ein erfülltes Leben. [40] *Zeit* wird in dieser komplexen Lebenswelt zu einem entscheidenden Faktor. [41] Zeit für Erwerbsarbeit und für Familientätigkeit und Erziehung zu gestalten beeinflusst das Wohlbefinden von Eltern. [42]

---

31 Rupp/Smolka 2007, 319.
32 Ebd., 317.
33 Hoffmeister 2012, 900ff.
34 Bmfsfj 2011, 8ff; bmfsfj 2010a, 31ff.
35 Lutz 2012.
36 Bmfsfj 2010a, 20ff.
37 Merkle/Wippermann 2008, 31f.
38 Bmfsfj 2010a, 26ff.
39 Rupp/Smolka 2007, 323.
40 Hoffmeister 2012, 902.
41 Bmfsfj 2012, Rupp/Smolka 2007.
42 Bertram 2011.

Die Individualisierung eröffnet einerseits vielfältige *Gestaltungsspielräume* verbunden mit dem elterlichen Recht, die Kinder nach eigenen Vorstellungen erziehen zu können.[43] Gleichzeitig mit einer Pluralisierung möglicher Wege der Kindererziehung finden Eltern sich in einer zunehmend komplexen Informationssituation, in der sie eine Auswahl treffen müssen.[44] Andererseits kann das Erziehungshandeln durch das Idealbild eines „Verhandlungshaushalts" schwieriger werden und die von der Gesellschaft auf Eltern übertragene Verantwortung für die Entwicklung ihrer Kinder größer erscheinen.[45]

Immer wieder verweisen Untersuchungen auf *Erziehungsunsicherheit und Orientierungslosigkeit* von Eltern.[46] Eltern äußern wiederholt einen Bedarf an Orientierungshilfen.[47] Merkle/Wippermann (2008) gehen in der Studie „Eltern unter Druck" der Frage nach, wie es Eltern heute geht und was sie brauchen. Die qualitativ-ethnomethodologische Untersuchung erhebt 100 narrative leitfadengestützte Einzelinterviews bei Eltern zuhause. Ergänzend erfolgt eine quantitative Repräsentativbefragung (502 Fälle). Die Studie bestätigt das oben skizzierte Bild, nach dem Eltern einen vielfältigen Druck in Bezug auf Zeit, Organisation, Leistung im Beruf, Vereinbarkeit von Familie und Beruf und finanzielle Mittel empfinden. Die befragten Eltern sehen sich generell unter dem Druck, das eigene Elternsein aktiv selbst erfinden zu müssen.[48] Frauen beispielsweise müssen sich hierbei mit den jeweils milieuentsprechenden Normbildern einer „guten Mutter"[49] auseinandersetzen. Verunsicherung und Selbstzweifel über die eigene Erziehungsqualität[50] verbinden sich mit dem Pflichtgefühl, alles richtig machen zu wollen. Zugleich empfinden die befragten Eltern hohe Erwartungen – etwa hinsichtlich des Erfolgs ihrer Kinder in der Schule – und fühlen sich als Eltern allein gelassen.[51]

Die hier skizzierte Situation von Eltern zeigt deutlich, dass Eltern ihr Elternsein erlernen müssen und dass das Lernen teilweise ein schwieriger Prozess sein kann. Tschöpe-Scheffler (2005, 249) fasst dies wie folgt zusammen:

> „Schnelllebigkeit, Mobilitäts- und Flexibilitätsansprüche führen dazu, dass Kinder und Erwachsene gleichermaßen Lebenskompetenzen erlangen müssen, um sich in der immer rascher verändernden Welt zurechtzufinden. Eine gemeinsame Suche nach Orientierung und das Lernen mit- und voneinander sind an die Stelle des eindeutigen Orientierungs- und Informationsvorsprungs der Eltern gegenüber ihren Kindern getreten. Durch die Pluralisierung von Lebensstilen gibt es kaum noch etwas, auf das sich Eltern berufen und an das sie anknüpfen können."

---

43 Giesinger 2007, 374.
44 Bmfsfj 2011, 15f.
45 Rupp/Smolka 2007, 324.
46 Z.B. bmfsfj 2006, Fuhrer 2007, Minsel 2007, Tschöpe-Scheffler 2005.
47 Smolka 2002; bmfsfj 2006.
48 Ebd., 37.
49 Ebd., 36ff.
50 Ebd., 14f.
51 Ebd., 21.

Die gesellschaftlichen Wandlungen erfordern immer neue Anpassungsleistungen von Eltern/Familie. Gleichzeitig ist es notwendig, dass Eltern ihre Erziehungs- und Beziehungskompetenzen beständig der kindlichen Entwicklung angepasst weiterentwickeln.[52] So ist einerseits in der Familie das Lernen der Kinder immer auch mit dem Lernen von Eltern verbunden. Andererseits zeigt die Situation von Eltern in unserer Gesellschaft deutlich, dass Eltern ihr Elternsein in einer komplexen Gesellschaft erlernen müssen. Vor dem Hintergrund der eingangs referierten Bedeutung, die Eltern für die Entwicklung ihrer Kinder und damit für die Gesellschaft zugeschrieben wird, erscheint es als *zwingend notwendig, dass Eltern lernen und dass sie dies erfolgreich tun.*

Eltern bilden. Die Forderung nach „Erziehung der Erzieher" (Salzmann 1806) hat ebenso eine lange Tradition in der Pädagogik wie das Klagen, Eltern verfügten in Erziehungsfragen nicht über die nötigen Kompetenzen.

> „Seitdem die Bedeutung von Erziehung ins Bewusstsein der Menschheit gerückt ist, gibt es auch Ideen zur Unterstützung elterlicher Erziehungskompetenz – immer auf der Suche nach Beantwortung der Frage wie ‚die rechte Erziehung treuer Eltern' auszusehen hätte (Plutarch)" (Tschöpe-Scheffler 2005, 252).

Der auch von Eltern artikulierte Bedarf an Orientierungshilfen führt zu vielen Forderungen nach Unterstützung und Bildung der Eltern.[53] Die politische Forderung nach früher Elternbildung ist deutlich: „Daher muss Elternbildung früh ansetzen, um Eltern effektiv bei ihren Erziehungsaufgaben zu unterstützen" (bmfsfj 2006, 5). Auch sozialökonomische Berechnungen, die darauf hinweisen, dass der Ertrag von Elternbildung von allgemein öffentlichem Interesse ist, werden als Begründung für verstärkte Elternbildung angeführt – und der Markt an Elternbildungskursen wächst beständig.[54]

Das Angebot an Elternbildungsveranstaltungen wächst beständig.[55] Nach einer anfänglich eher an elterlichen Defiziten ausgerichteten *Elternbildung* kommen heute verstärkt präventiv wirkende Konzepte zur Stärkung elterlicher Erziehungskompetenz und zur Orientierung hinsichtlich übergeordneter Erziehungsziele zum Einsatz[56] In §16 SGB VIII wird festgelegt, dass die Angebote der Familienbildung u.a. „auf Bedürfnisse und Interessen sowie auf Erfahrungen von Familien in unterschiedlichen Lebenslagen und Erziehungssituationen eingehen" sollen (Tschöpe-Scheffler 2005, 254). Elternbildung versucht, den Eltern ressourcenorientiert (neue) Lernmöglichkeiten zu erschließen, um sie auf das Familienleben vorzubereiten.[57] Die Erziehungsleistung von Eltern soll vor allem präventiv gefördert und unterstützt werden.[58] Dabei soll

---

52 Minsel 2007, 303; Rupp/Smolka 2007, 329.
53 Rupp/Smolka 2007, 317.
54 Vgl. Bauer/Bittlingmayer 2005.
55 Vgl. Schiersmann 1998.
56 Vgl. Minsel 2007.
57 Rupp/Smolka 2007, 325.
58 Ebd., 329.

eine passgenaue Elternbildung für die unterschiedlichen Anforderungen der Elternschaft ein entsprechendes präventives Angebot bereithalten.[59] Es gibt spezielle Angebote für Problemgruppen und viele Versuche, möglichst niedrigschwellige Angebote, also solche, bei denen eine geringe Hemmschwelle zum Besuch beispielsweise durch Wohnortnähe besteht, zu entwickeln.[60]

Dennoch wird häufig eine *mangelhafte Erreichbarkeit* von Eltern beklagt. Die gewünschte Zielgruppe besucht die angebotenen Elternbildungsveranstaltungen nicht oder nur sehr spärlich. Es braucht Untersuchungen über Gründe für die Nichtteilnahme. Dazu gehören auch systematische Bedarfs- und Zielgruppenanalysen, wie etwa Untersuchungen über Erziehungs- und damit verbundene Lernprozesse in der Familie. Ein Wissen über diese Lernprozesse von Eltern kann dazu beitragen, die bestehenden Elternbildungskonzepte weiter zu entwickeln.

Eltern lernen. Wir wissen jedoch wenig darüber, wie Eltern ihren Alltag als Eltern bewältigen oder besser gesagt, wie sie lernen, Eltern zu sein.[61] Dabei weisen eine ganze Reihe von Studien darauf hin, dass Lernprozesse bei Eltern stattfinden. So unterstellen beispielsweise Untersuchungen und Konzepte, die von elterlichem Kompetenzerwerb, Hilfe zur Selbsthilfe oder Transition zur Elternschaft sprechen, dass Eltern lernen. Diese Begriffe zeigen, dass eine Form elterlichen Lernens angenommen wird. Der Lernprozess wird, jedoch nicht weiter expliziert. Ich führe das im Folgenden an einigen Beispielen aus.

Tschöpe-Scheffler (2005) rekonstruiert in einer Studie zentrale Faktoren einer erfolgreichen Elternschaft aus der Fachliteratur sowie mit Hilfe von Interviews. Sie vergleicht dabei auch prominente Elternbildungskonzepte und untersucht, in wie fern die ermittelten Faktoren in den Konzeptionen bearbeitet werden. Diese Perspektive unterstellt, dass Elternschaft *in Bildungsveranstaltungen erlernt und beigebracht werden kann.* Die untersuchten Elternbildungskonzepte berufen sich dabei fast ausschließlich auf allgemeine psychologische Theorien und Theoretiker,[62] wenn sie überhaupt eine theoretische Grundlage aufweisen.

In der *Generationsforschung* entstehen viele Studien über die Familie. Es gibt eine ganze Reihe von Untersuchungen, die sich etwa mit Identitätskonzepten befassen.[63] Die Forschung zu Familienbiographien beschreibt Identitätsentwicklung im Kontext familialer Interaktionen und so einen gemeinsamen Entwicklungsprozess der Familienmitglieder.[64] Auf Subjektebene steht

---

59   Ebd., 327, 329.
60   Minsel 2007, 305.
61   Ecarius 1998; Demick 2006; vgl. zu diesem und dem folgenden Abschnitt auch Michalek 2014, 2013.
62   So beziehen sich beispielsweise das Kursprogramm „Eltern Stärken" unter anderem auf das sozialpsychologische Konzept der Salutogenese nach Antonovsky und der Kurs „Kess – erziehen" auf Adler (Tschöpe-Scheffler 2006, 307ff).
63   Vgl. Ecarius 2008.
64   Vgl. Macha 2009, 10ff.

die individuelle Biographie in Bezug zu Familienkonstruktionen im Fokus.[65] Die Autor_innen stellen jedoch meist keine Verbindung zu Theorien über das Lernen Erwachsener und der entsprechenden Forschung her. Die Entwicklung von Elternschaft und damit deren Erlernen wird nicht explizit untersucht – teilweise sogar ausdrücklich ausgeklammert.[66]

Ähnliches gilt für die *Transitionsforschung*. Aus dieser Forschung kennen wir Faktoren, die zu einem gelungenen Übergang zu einer erfolgreichen Elternschaft beitragen. Ein Beispiel wäre etwa die LBS-Familienstudie von Fthenakis et al. (2002). Diese Längsschnittstudie über drei Jahre schließt an Untersuchungen zur Partnerschaftsentwicklung von Eltern und die Entwicklung einer Eltern-Kind-Interaktion an. Fthenakis et al. entwerfen ein Modell der Partnerschaftsentwicklung, mit dem das Ineinanderwirken zahlreicher individueller, familialer und kontextueller Faktoren beim Übergang zur Elternschaft erfasst wird. Das Modell des Übergangs unterstellt dabei implizite Lernprozesse. Die konkrete Bewältigung des Alltags und damit das Erlernen von Elternschaft werden, wenn überhaupt, nur randständig thematisiert.

Dass Elternschaft irgendwie erlernt wird, steht also außer Frage. Doch wie lernen Eltern das Elternsein? Von besonderer Bedeutung sind vor allem informelle Lernprozesse von Eltern. Eltern erlernen Elternsein überwiegend und häufig ausschließlich in ihrem Alltag als Eltern. Wird jedoch *Familie als informeller* Lernort beschrieben, in dem Bildungsprozesse beiläufig in Alltagsinteraktion geschehen,[67] so sind beinahe ausschließlich die Kinder als Lernende gemeint. Die Lernprozesse von Eltern kommen hierbei kaum in den Blick.

> „Wir haben allerdings noch wenige sorgfältige Verhaltensbeobachtungen der Beziehungs- und Erziehungsprozesse in der Familie. Solche Studien wären für eine verbesserte Prävention durch zielgruppenspezifische Elternbildung und -beratung hilfreich, denn Erziehungskompetenzen lassen sich lernen" (Alt 2005, 1).

Alt geht davon aus, dass Studien, die Interaktionen in der Familie untersuchen, zu einer auf die spezifischen Bedürfnisse ausgerichteten präventiven Elternbildung führen kann. Erziehungskompetenzen lassen sich also erlernen, doch wir wissen nicht, wie das im Alltag geschieht. Hier fehlen entsprechende Studien. Rupp/Smolka (2007, 323) gehen davon aus, dass Familienkompetenzen in aller Regel durch Nachahmung und learning by doing erworben werden und diese Gelegenheitsstrukturen für den elterlichen Kompetenzerwerb abnehmen. Mit dem zunehmenden Verschwinden von Kindern aus den Alltagsbezügen[68] nimmt auch das Erfahrungswissen über den Umgang mit Kindern ab.[69]

---

65 Ebd., 12f.
66 „Die Lern- und Bildungsprozesse der Eltern in Konfrontation mit ihren Kindern (die zweifellos auch stattfanden) wurden allerdings nicht genauer analysiert" (Herzberg 2009, 186).
67 Vgl. Minsel 2007, 311.
68 Vgl. Geburtsstatistik des Statistischen Bundesamts (2014).
69 Vgl. Rupp/Smolka 2007.

Wie lernen Eltern? Bisher ist ungeklärt, wie Eltern diese nicht formal vermittelten „familienbezogenen Daseinskompetenzen" (Rupp/ Smolka 2007, 323) erlernen. Es gibt nur einige wenige Studien, die explizit nach elterlichem Lernen fragen.

Eine eher kausal ausgerichtete Perspektive findet sich *im englischen Sprachraum im Kontext psychologischer Forschung zur Entwicklung von Kindern* bis in die 70er Jahre des 20. Jahrhunderts. Hier wurden Eltern zunächst – wie eingangs auch skizziert – als sozialisierende Effekte für ihre Kinder betrachtet. In den 50er Jahren begann sich diese Perspektive zu öffnen. Bidirektionale Effekte rückten in den Blick, so dass beispielsweise Bell (1968) das Verhalten von Eltern als Reaktion auf kindliche Eigenschaften beschreibt. Seit den 70er Jahren werden diese auf kausale Zusammenhänge basierenden Modelle mehr und mehr durch transaktionale Modelle ersetzt. Dabei wird die Eltern-Kind Beziehung als fortwährende gegenseitige Beeinflussung im Familiensystem betrachtet, ohne dass diese Effekte in direkte kausale Zusammenhänge gegliedert werden.[70] Es entstehen Stufenmodelle elterlicher Entwicklung. Als eine der ersten rekonstruiert Galinsky (1981) mit Hilfe von Interviews mit Eltern und Kindern ein sechsstufiges Modell, das sich am Alter der Kinder orientiert und für jede Stufe bedeutende Entwicklungsaufgaben für Eltern beschreibt. Im Anschluss an diese Studie gibt es eine wachsende Zahl an empirischen Untersuchungen und Modellen.[71] Demick (2006, 365) stellt fest, dass es eine zunehmende theoretische und empirische Basis für die These gibt, dass Kinder häufig für die Entwicklung und das Lernen Erwachsener eine große und zudem unterschätzte Rolle spielen. In dieser Forschung wurde gezeigt,

> „that raising a child influences not only parents' immediate behavior but also their cognitive, emotional, ego/personality development and overall life satisfaction" (Demick 2006, 366).

In der *deutschsprachigen erziehungswissenschaftlichen Forschung* gibt es eine Grounded Theory Studie, die explizit zur erziehungswissenschaftlichen Theoriebildung über das Lernen von Eltern beiträgt. Hierbei wird das Kind, ähnlich wie in der eben genannten englischsprachigen Forschung, als Anlass für elterliche Lernprozesse betrachtet. Schmidt-Wenzel (2008) untersucht die konstituierenden Faktoren und Momente elterlichen Lernens.[72] Sie stellt fest:

> „Alle bewussten Entscheidungen, die auf Reflexion, Modifikation, Entwicklung oder Feedback elterlicher Handlungsstrategien und Wahrnehmungsmuster angelegt waren, wurden offenbar primär ausgelöst durch die Deutung des kindlichen Ausdrucks" (Schmidt-Wenzel 2008, 74).

Schmidt-Wenzel verortet ihre Studie in der Biographieforschung und im Kontext des Lebenslangen Lernens. Lerntheoretisch beruft sie sich auf die Theorie

---

70   Vgl. Warper/Demick 1998.
71   Vgl. Demick 2002, Dillon 2002.
72   Vgl. ebd., 3.

Holzkamps und beschreibt das Lernen von Eltern als Folge der Deutungen des Kindes, also als Reaktion auf das Kind. Elterliches Lernen wird in dieser Studie nur in der Interaktion mit dem Kind betrachtet.

Zusammenfassend lässt sich festhalten: Die Situation von Eltern in der heutigen Gesellschaft ist komplex und erfordert Lernprozesse. Eltern sind bedeutsam für ihre Kinder und damit ist ihr Lernen bedeutsam. Es ist also wichtig, dass Eltern gut lernen können. Gleichzeitig weist der Forschungsstand zum Lernen von Eltern große Lücken auf. Die Eltern- und Familienforschung in der Erziehungswissenschaft beginnt sich erst langsam zu systematisieren. Dies zeigt sich beispielsweise in den Handbüchern zu Eltern und Familie.[73] Dennoch kann nach wie vor Mollenhauer et al. (1975, 19) zugestimmt werden:

> „Eingangs schon behaupteten wir, daß die Pädagogik eigentümlicherweise noch keine Theorie der Familienerziehung entwickelt habe."

Es gibt keine erziehungswissenschaftliche Theorie der Familienerziehung und -bildung, wie auch Macha (2009, 10ff) feststellt, als sie „Bausteine einer empiriegeleiteten Theorie der Familie" zusammenstellt. Weder in den Ausführungen zu Familienbiographien noch in denen zu Theorien der Subjektebene oder dem familialen Mikrosystem finden sich Hinweise auf das Erlernen von Elternschaft.[74] Eine Theorie über Lernprozesse von Eltern kann als Teil einer solchen von Mollenhauer et al. geforderten Theorie der Familienerziehung angesehen werden. Sie nehmen an, dass für eine solche Theorie gilt:

> „Wir nehmen an, daß Theorien der Familienerziehung nur dann pädagogisches Handeln aufklären und leiten können, wenn sie den Handelnden zugleich zur Selbstreflexion anleiten; das aber ist nur möglich, wenn die Theorien immer mit seiner Erfahrung vermittelt bleiben können" (Mollenhauer et al. 1975, 18).

Mollenhauer et al. meinen, dass eine auf Erfahrung aufbauende Theorie der Familienerziehung pädagogisches Handeln leiten soll. Das heißt, dass pädagogische Interventionen in der Familie an die Formen und Inhalte der Erfahrungen in und mit Familie anknüpfen müssen. Auch wenn der explizite Fokus bei Mollenhauer et al. auf den Lernprozessen des Kindes liegt, verweisen sie, da sie das gesamte Familiensystem betrachten, implizit immer wieder auf das Lernen von Eltern – etwa wenn sie feststellen:

> „In der Erforschung familiärer Erziehungsstile ist sehr deutlich geworden, daß nicht nur das Verhalten der Kinder als Resultat der Handlungen und Erwartungen der Eltern verstanden werden darf, sondern daß deren Verhalten zunächst einmal Resultat der kindlichen Handlungen ist, die man kaum vorhersehen kann" (Mollenhauer et al. 1975, 125).

---

73   Z.B. Ecarius 2007, Macha/Witzke 2009.
74   Macha 2009, 10ff.

Eine solche von den Autoren geforderte allgemeine Theorie der Familienerziehung, die auf Erfahrung aufbaut, fehlt bisher. Es gibt auch keine speziellereTheorie, die auf elterliche Erfahrung aufbaut. Die vorliegende Studie erweitert die vorhandenen Forschungs- und Theoriebildungen und untersucht Eltern als Lernende. Um Eltern als Lernende untersuchen zu können, müssen wir sie als aktive Aneigner von Elternschaft annehmen. Eltern lernen in der Auseinandersetzung mit der Umgebung, was es heißt, Eltern zu sein. In der Interaktion mit ihrer Lebenswelt entwickeln sie ihre Vorstellungen von Elternschaft. Das Lernen ist ein andauernder Prozess, bei dem Eltern jedoch zunehmend auf Erfahrungen zurückgreifen können. Elternsein kann als der aktive Prozess der Aneignung von Elternschaft rekonstruiert werden, es können Lerninhalte und Lernformen beschrieben werden. Hier setzt die vorliegende Untersuchung an.

Kapitel 2

Struktur des Buches

Mit dem Aufbau des vorliegenden Buches versuche ich so gut es geht, den Forschungsprozess dieser Studie zu spiegeln. In den folgenden Teilen der Einleitung referiere ich die Fragestellung und die Ziele der Untersuchung und beschreibe ihre generelle Anlage als Grounded Theory Studie. Mit dem pragmatistischen Lernbegriff Deweys stelle ich die grundlegende Untersuchungsperspektive und Heuristik vor. In den nun folgenden drei Teilen des Bandes werden die Ergebnisse der Studie erläutert. Zudem führe ich, wie im Abschnitt Funktionen von Theorien (3.2) dargestellt, jeweils da weitere Theorien ein, wo die Analyseheuristik weiterentwickelt oder Ergebnisse durch andere hinzugezogene Theorien systematisiert oder geschärft werden können. Mit diesem Aufbau unterstreiche ich den zeitlichen Prozess der Grounded Theory Methodology (GTM), nach der zunächst Ergebnisse rekonstruiert und dann weitere Theorien bei Bedarf hinzugezogen werden.

In Teil II, *Das Lernen von Eltern – Inhalte*, stelle ich erst die aus den Daten rekonstruierten Theoriebausteine in Bezug auf die erste Forschungsfrage nach den elterlichen Lerninhalten vor. Die untersuchten Eltern unterscheiden nachdrücklich zwischen ihrem jetzigen Leben mit und dem früheren Leben ohne Kind. Elternschaft wird als neue Erfahrung, als etwas Fremdes gefasst. Das hier rekonstruierte Schlüsselphänomen *Elternschaft – das Fremde* beschreibe ich in Kapitel 6. Im Anschluss daran entwerfe ich in Kapitel 7, *Das Lernfeld Elternidentität*, ein Modell, das die Inhalte der Lernprozesse systematisiert, die durch das Phänomen Elternschaft hervorgerufen werden. Wenn ich im abschließenden Kapitel 8, *Inhalte des elterlichen Lernens – Zusammenschau mit Waldenfels*, die vorangegangenen Ergebnisse zusammenfasse, ziehe ich eine weitere Theorie als Deutungsfolie heran. Ich skizziere für diesen Zweck relevante Aspekte Bernhard Waldenfels Topographie des Fremden.

In Teil III, *Formen des Lernens mit Normalisieren*, untersuche ich, in welcher Weise Eltern nun das Schlüsselphänomen bearbeiten, wie sie mit den Herausforderungen des *Lernfeldes Elternidentität* umgehen, also in welchen Formen sie lernen. Bei der Analyse der Daten zeigte sich bereits früh, dass die Eltern häufig von normalen Sachverhalten sprechen. Das Normalisieren erweist sich als eine Möglichkeit, wie Eltern die für sie fremde Elternschaft mit ihren fremden Handlungsproblemen bearbeiten können. Ich zeige dies an einem Eingangsbeispiel in Kapitel 10.1 auf. Deweys Lernbegriff erweist sich an diesem Punkt der Untersuchung nun als zu unspezifisch für eine differenzierte Analyse. Daher ziehe ich Jack Mezirows Theorie des Transformative Learning als Heuristik hinzu. Diese Theorie stelle ich in Kapitel 10.2 vor. Die Analysen der Relationen, in denen elterliches Lernen und Normalisieren zusammenkommen können, finden sich in Kapitel 11. Ich erläutere, wie Normalisieren das Lernen rahmen, unterstützen, aber auch be- oder verhindern kann. Analog zum vorangehenden Teil fasse ich im abschließenden 12. Kapitel die rekonstruierten Formen zusammen und systematisiere wiederum mit Bezug auf Waldenfels.

Im Teil *Funktionen des Normalisierens* (IV) befasse ich mich nach der Analyse von Inhalten und Formen des elterlichen Lernens mit den Funktionen, die das Normalisieren haben kann. Ich unterscheide zwischen allgemeinen Ressourcen (Kapitel 14) und speziellen Ressourcen (Kapitel 15). Die Funktion einer allgemeinen Ressource nimmt das Normalisieren für Eltern immer ein. Darüber hinaus kann das Normalisieren auch noch zur speziellen Ressource werden. In der Zusammenfassung der ersten drei Funktionen des Normalisierens (Abschnitt 15.4) ziehe ich Axel Honneths Theorie der Anerkennung systematisierend hinzu. Für die Betrachtung der vierten Funktion als spezielle Ressource verweise ich in Abschnitt (15.6) auf Joas Theorie der Wertebildung. Ich skizziere jeweils die für diesen Zweck notwendigen Aspekte der Theorie. Der Teil zu den Funktionen des Normalisierens schließt mit einer abschließenden Zusammenschau in Kapitel 16.

Den Abschluss dieser Studie bildet der Teil V, *Elternlernen und Elternbildung – Systematisierende Zusammenschau der Ergebnisse*. Hier beziehe ich einerseits in Kapitel 17 die bisher in drei getrennten Teilen vorgestellten Bausteine meiner Grounded Theory aufeinander. Andererseits skizziere ich in Kapitel 18 Anregungen, die die vorliegende Studie für Forschung und Theoriebildung geben kann. Schließlich umreiße ich in Kapitel 19, welche Anregungen die hier vorgestellte Theorie zum Lernen von Eltern für die Pädagogik bzw. genauer für die Elternbildung gibt.

In den nun folgenden Abschnitten stelle ich die Ziele und die Anlage der Studie vor und führe in die zugrunde gelegte lerntheoretische Heuristik ein.

Kapitel 3

Ziele und Anlage der Studie

In dieser Studie untersuche ich das Lernen von Eltern in ihrem Alltag.[75] Ich frage danach, wie Eltern ihr Elternsein erlernen. Damit zielt die Untersuchung darauf, eine Theorie über das Erlernen von Elternschaft zu entwickeln. Nachfolgend ordne ich meine Studie zunächst in den methodologischen Rahmen der Grounded Theory[76] ein. Auf dieser Grundlage lassen sich weitere theoretische Festlegungen vornehmen. Anschließend beschreibe ich die Daten, ihre Erhebung und ihre Auswertung. Da auch die Forschungsfrage im Prozess einer Grounded Theory Studie beständig weiterentwickelt und dem Gegenstand angemessen gefasst wird, spezifiziere ich erst im Anschluss an die methodologischen und methodischen Ausführungen am Schluss dieses Kapitels die verfolgten Forschungsfragen der nun vorliegenden Untersuchung.

3.1 Methodologie

Elternschaft zu erlernen betrachte ich als einen Prozess, der sich über einen großen Zeitraum im Leben erstreckt. Die Untersuchung lässt sich somit in der Biographieforschung verorten.

> „Biographie wird damit konventionalisiert als ein ‚Lernen in der Lebensspanne‘ (vgl. Alheit/Dausien 1999) und die Analyse von Biographieverläufen gewährt Zugang zu diesen auf individuellen Erfahrungen basierenden lebensgeschichtlichen Lernprozessen" (Schell-Kiehl 2007, 88).

Die Biographieforschung untersucht Lernprozesse, die sich im Lebensverlauf ereignen. Mit Hilfe biographischer Materialien können komplexe soziale Strukturen und Situationen rekonstruiert werden. Ihr Einfluss auf Lernprozesse kann auf diese Weise beschrieben werden.[77]

---

75 Näheres zu meinem Lernbegriff siehe Kapitel 4.

76 Die dreifache Verwendung des Begriffs Grounded Theory (GT) erscheint bisweilen verwirrend: So beschreibt GT einerseits eine Forschungsmethodologie (s. Abschnitt 3.1). Andererseits wird eine, je nach methodologischer Richtung unterschiedliche, methodische Vorgehensweise für die Datenauswertung GT genannt („ich mache GT"). Schließlich bezeichnet GT auch das Ergebnis einer Studie, die im Sinne der Grounded Theory Methodologie vorgeht, also die aus der Datenanalyse hervorgehende Theorie.

77 Vgl. v. Felden 2008, 116.

Göhlich/Zirfas (2007, 53f) beschreiben drei Wurzeln für die Methodologie der erziehungswissenschatlichen Biographieforschung. In phänomenologischer Perspektive wird untersucht, „ob und inwiefern Menschen Lernprozesse mit Bedeutsamkeit, Emotionalität, Affektivität, Interesse und Engagement ‚aufladen'" (ebd., 53). In der Tradition der geisteswissenschaftlichen Pädagogik befasst sie sich mit dem Ausmaß und der Qualität des Lernens, mit Fragen nach „Ordnung, Konstistenz und Strukturierung oder eben nach Unordnung, Unregelmäßigkeit und Kontingenz von Lernproblemen" (ebd., 54). Schließlich werden mit Bezug auf die verstehende Soziologie oder die Wissenssoziologie in der sozialwissenschaftlichen Traditionslinie deskriptive, ethnographische Perspektiven aufgegriffen, die „auf eine Beschreibung der Prozesse und Regeln von Lehr- und Lernprozessen ziel[en]" (ebd.), ethnomethodologisch Bedeutungskonstitutionen des Lernens analysiert, emotionalistisch die Emotionen subjektiver Erfahrungsmomente rekonstruiert sowie konstruktivistisch die „Perspektivitt und Komplexität des Lernens" (ebd.) betont. Unabhängig davon, wie der jeweilige Fokus gelegt wird, steht immer die Analyse von Lernprozessen in ihrem Kontext im Zentrum der Untersuchung.

In der vorliegenden Studie werden die Lernprozesse von Eltern in den sozialen Strukturen unserer Gesellschaft rekonstruiert. Nach Alheit (2009, 125) enthält das biographische Lernen eine „double educational ressource". Der Übergang in eine neue Form der Beziehung zu sich selbst und der Welt, und ein solcher ist der Lernprozess im Lebensverlauf, verändert sowohl das lernende Subjekt als auch die Strukturen, die das lernende Subjekt umgeben. Das Lernen ist daher einerseits durch Interaktionen und soziale Strukturen gerahmt. Andererseits folgt es den individuellen Strukturen, die durch die jeweiligen Erfahrungen des oder der Lernenden entstehen.

Der Fokus der vorliegenden Studie liegt auf dem Lernprozess, bei dem neue Erfahrungen von Eltern, die diese auf Grund ihrer Elternschaft erleben, in ihre biographische Strukturen integriert werden.

In der Biographieforschung sind Formen der Narrationsanalyse verbreitet.[78] Diese zielen eher auf die Rekonstruktion von Strukturen biographischer Verläufe. Meine Frage nach elterlichen Lernprozessen richtet sich weniger auf biographische Gesamtstrukturen. Vielmehr geht es bei der Rekonstruktion von Lernprozessen um die Frage, in welcher Weise Eltern welche Inhalte lernen. Die Lerninhalte und -formen sollen unabhängig von biographischen Gesamtformungen ermittelt werden. Es geht um das Lernen im konkreten Handeln des Alltags. Hier eignet sich der Ansatz der Grounded Theory Methodology (Strauss/Corbin [3]2008).

> „Ergänzend zu der Narrationsanalyse bietet das Kodierverfahren nach Strauss und Corbin die Möglichkeit, die (sozialen) Kontexte der Subjekte und deren Wechselwirkung mit biographischen Lernprozessen gezielter in den Blick zu nehmen" (Tiefel 2005, 66).

---

78   Z.B. Schütze 1983.

Die Elternschaft bildet in diesem Fall den sozialen Kontext. Im Elternsein, also im praktischen Handeln als Eltern, erlernen Eltern Elternschaft. Die Untersuchungen mit Hilfe der Grounded Theory Methodologie (GTM)[79] zielen darauf, die soziale Welt aus der Perspektive der Handelnden zu sehen und in ihren Strukturen zu rekonstruieren.

> „Das Ziel der Grounded Theory ist es, eine Theorie zu generieren, die ein Verhaltensmuster erklärt, das für die Beteiligten relevant und problematisch ist" (Strauss 1998, 65).

Das heißt, ausgehend vom Einzelfall werden allgemeine Strukturen theoretisch beschrieben. Dabei sind die Analyse von handlungspraktischem Erfahrungswissen, Interaktionsstrukturen und Mustern der Handlungspraxis zentraler Gegenstand der Rekonstruktionen.

> „Es bedarf [...] des Einblicks in das handlungspraktische Wissen und in die Eigendynamik der Interaktion und der habitualisierten Praxis. Diese erschließen sich über die Analyse von Beschreibungen oder Erzählungen oder in direkter Beobachtung" (Bohnsack 2002, 120).

Mit Hilfe der erhobenen Daten werden Regeln, Muster und Strukturen der Interaktionen rekonstruiert. Damit wird die Ebene des subjektiven Sinns überschritten, da diese tiefer liegenden Strukturen nicht mehr bewusst sind – sie haben aber eine große Bedeutung für das Handeln der Personen im Feld und lassen Rückschlüsse über Lernprozesse zu.

Die zirkuläre Forschungsstrategie der GTM bildet den Rahmen für eine möglichst offene Zugangsweise zum Forschungsgegenstand. Die Festlegung der Forschungsfrage, die Bestimmung der Datenform sowie die Datenerhebung und Datenauswertung sind in diesem Prozess wechselseitig aufeinander bezogen und werden dem jeweiligen Analysestand entsprechend angepasst.

Die GTM bietet mit ihren drei Kodierverfahren zugleich einen Rahmen für die systematische Analyse der Daten. Beim offenen Kodieren wird der Text in seinen Möglichkeiten und Perspektiven rekonstruiert. Die untersuchten Phänomene sollen dabei nicht nur dem Inhalt nach, sondern auch theoretisch erschlossen werden. Dies geht über das reine Beschreiben oder Paraphrasieren der Inhalte hinaus. Kodes werden benannt und in Bezug auf ihre Eigenschaften und Dimensionen so zusammengefasst, dass (Sub-)Kategorien identifiziert werden können. Das axiale Kodieren dient der Verfeinerung und Differenzierung schon vorhandener Kategorien. Kernkategorien werden in den Mittelpunkt gestellt und es wird ein dichtes Beziehungsnetz um diese Kategorie

---

79 Dieser Ansatz wurde in den USA von Barney Glaser und Anselm Strauss (1967; dt. 1998) entwickelt. Im deutschen Sprachraum lag anfangs nur die Übersetzung der von Anselm Strauss und Juliet Corbin (1990; dt. 1991 bzw. 1996) weiterentwickelten Variante der GTM vor, so dass die von Glaser fortan getrennt von Strauss vertretene Linie und die später von Kathy Charmaz (2006) entworfene konstruktivistische Variante in Deutschland lange weitgehend unbekannt waren (Vgl. Strübing 2004, Mey/Mruck 2011). Ich folge im Wesentlichen der von Corbin/Strauss (2008) beschriebenen Variante der GTM.

ausgearbeitet. Beim selektiven Kodieren schließlich werden die rekonstruierten Ergebnisse zu einer Theorie integriert. Es wird eine für den Gegenstandsbereich zentrale Schlüsselkategorie bestimmt. [80]

Die drei verschiedenen Kodierverfahren werden nicht zwingend nachein-
ander durchgeführt. Gewöhnlich führt der offene Analyseprozess der GTM
dazu, dass die Verfahren einander abwechseln und ineinander übergehen. Die
Analyse beginnt dicht am Text und führt mit fortschreitender Theorieentwicklung immer weiter von den Daten weg und zur neuen Grounded Theory
hin.

Die Offenheit des Feldzugangs ist eine zentrale Voraussetzung für diesen
Nachvollzug der betrachteten sozialen Welt. Modelle und Verallgemeinerungen entstehen aus der Erfahrung der Forschenden im Untersuchungsfeld.

> „[H]äufig stellt sich im Forschungsprozeß (wenn mit der Grounded Theory ge-
> arbeitet wird) heraus, daß ein anderes Phänomen als ursprünglich angenom-
> men für den Gegenstandsbereich eine zentrale Bedeutung gewinnt. Es sind ge-
> rade solche Verschiebungen der Forscherperspektive im Zuge der Datensamm-
> lung und Interpretation, die zu neuen und überraschenden Erkenntnissen führen"
> (Böhm/Legewie/Muhr 2008, 62).

Die entwickelten Fragestellungen leiten somit den Prozess nur an. Sie werden
ständig modifiziert und erweitert. [81] Die aus diesem Prozess heraus entstehenden Theorien sind gegenstandsbezogen, da sie aus dem Material heraus
entwickelte Konstruktionen sind. [82]

3.2   Funktionen von Theorien

Um dem Kriterium der Offenheit zu entsprechen, stelle ich dem ausgewählten Gegenstandsbereich, also dem Lernen von Eltern, zunächst einmal keine
vorab formulierten Theorien oder Konzepte entgegen. Dennoch bedarf es einer analyseleitenden Perspektive. In früheren Publikationen galt das Kodierparadigma in der GTM-Lesart von Strauss/Corbin als zentrales Element der
Theoriebildung. Es wurde insbesondere beim axialen Kodieren angewendet.
Das ursprünglich in soziologischen Studien entwickelte Verfahren der GTM
muss jedoch für die Analyse von Lernprozessen an dieser Stelle modifiziert
werden.

> „Die Grounded Theory weist aufgrund ihrer soziologischen Herkunft eine starke
> handlungstheoretische Fundierung auf. Wenn das Erkenntnisinteresse nicht vor-
> rangig auf die Exploration von Handlungsbedingungen und -abläufen in Interak-
> tionen und Institutionen zielt, werden methodische Anpassungen nötig. Beson-
> ders in der Betrachtung biographischer Lern- und Bildungsprozesse, die ein grö-
> ßeres Emergenzpotential aufweisen, stoßen ForscherInnen bei der Anwendung
> des Kodierparadigmas auf Schwierigkeiten" (Tiefel 2005, 65).

---

80   Vgl. zu diesem Abschnitt Böhm/Legewie/Muhr 2008.
81   Die Forschungsfragen erläutere ich in Abschnitt 3.5 näher.
82   Vgl. Strauss/Corbin [3]2008.

Dieses Kodierparadigma ist ein Versuch, den zunächst völlig offenen Kodier-prozess zu rahmen. Es ist von sich aus erst einmal inhaltsleer und soll da-bei helfen, die Relationen zwischen Kategorien, die sich auf Teilaspekte des sozialen Handelns beziehen, zu ermitteln. Damit bildet es eine Möglichkeit, in den Daten vorgefundene Phänomene nach Bedingungen, Handlungskon-texten, Handlungs- und Interaktionsstrategien und Konsequenzen zu sortie-ren.[83]

Bei der Rekonstruktion von Lernprozessen können die im Kodierparadig-ma fokussierten Aspekte relevant sein. Es fehlen hierbei jedoch die Orien-tierungen und Deutungsmuster der handelnden Subjekte, die sich im Lern-prozess entwickeln, verändern oder bestärken.[84] Glaser schlägt eine ganze Reihe von „Kodierfamilien" vor, die den Prozess des Kodierens strukturieren können.[85] Dabei bezieht er sich auf unterschiedliche soziologische Theorien. Ich halte jedoch auch diese, wie von Tiefel oben ausgeführt, für die Rekon-struktion elterlicher Lernprozesse weniger geeignet, da sie die Veränderung von Orientierungen und soziale Strukturen und Kontexten nicht gleichzei-tig erfassen können. Für diese Studie bedarf es einer Analyseperspektive, die sich an einem Lernbegriff orientiert und so Lernprozesse in ihren Kontexten rekonstruieren hilft.

> „Wie gezeigt, sollten bei der Analyse biographischer Lernprozesse die subjekti-ven *Sinnkonstruktionen* und *Orientierungsrahmen*, die (sozialen) *Strukturen* und *Kontexte*, in die die Biographie eingebettet ist und die *Handlungsweisen* der unter-suchten Akteure Berücksichtigung finden." (Tiefel 2005, 75; kursiv i.O.)

Ich arbeite in der vorliegenden Untersuchung weder mit dem von Strauss/Corbin (1990) vorgeschlagenen Kodierparadigma noch mit einer der Kodierfamilien nach Glaser.[86] Daher benötige ich ein Schema, das der Frage-stellung, dem Gegenstandsbereich und dem theoretischen Hintergrund ange-messen ist. Ich brauche ein „inhaltsleeres" Lernparadigma, das ich zu meinem „Kodierparadigma" erkläre. Hierfür nutze ich den Lernbegriff John Deweys als Ausgangsheuristik. Der lerntheoretische Anschluss an Dewey ist damit zugleich eine erste Form, wie ich in dieser Studie Theorien einbinde: Ich nutze diese Theorie als eine Heuristik für die Datenanalyse. Zudem gilt es dann im Zuge der GTM, die entwickelten theoretischen Konzepte und Theoriebaustei-ne an bestehende Theorien anzuschließen oder in bestehende zu integrieren. Ich kläre im Folgenden, welche Stellung die verschiedenen Theorien in dieser Studie haben.

Zu Beginn der Analysen bildete, wie gesagt, der Lernbegriff den Rahmen für die Auswertung. So konnte der Prozess der Theoriegenerierung entschei-dend strukturiert werden, ohne die notwendige Offenheit einzubüßen. Die

---

83   Vgl. Strauss/Corbin 1990. Corbin/Strauss (2008) führen das Kodierparadigma in der völlig
      neu überarbeiteten Auflage des Buches „Basics of Qualitative Research" nicht mehr auf.
84   Vgl. Tiefel 2005, 67.
85   Vgl. Glaser 1978 und 1998. Zum Kodieren nach Glaser siehe Mey/Mruck 2011, 35ff.
86   Vgl. Glaser 1978 und 1998.

Datenauswertung begann in einem möglichst offenen Feldzugang mit dem pragmatistischen Lernbegriff Deweys:[87] Lernen ist demnach da möglich, wo Handlungsprobleme wahrgenommen und angenommen werden. Nehmen Eltern Aspekte ihrer Beziehung zur Umwelt als Handlungsprobleme wahr, so können Lernprozesse ablaufen, kann Lernen stattfinden. Daher kann das Lernen von Eltern als Prozess angesehen werden, in dem Lösungen für diese identifizierten Probleme gesucht und bestenfalls auch gefunden werden.

Der GTM entsprechend begann ich das offene Kodieren mit dieser breiten Forschungsperspektive, basierend auf der lerntheoretischen Basis. Der pragmatistische Lernbegriff Deweys gab die Orientierung bei der sukzessiven Datenerhebung und -auswertung und der damit verbundenen Theoriebildung mit dem Ziel, ein zentrales Phänomen (Schlüsselphänomen) zu identifizieren.

Auf diese Weise gewann ein zentrales Phänomen nach und nach an Kontur: Die Eltern beschreiben Elternschaft als eine fremde Situation. Zugleich fiel bei diesen ersten Kodierungen auf, dass Eltern sich häufig auf „normale" oder „natürliche" Sachverhalte beziehen. Ich möchte an dieser Stelle betonen, dass Normalisierungen nie explizit erhoben wurden. In den Interviews wurde nie ausdrücklich nach etwas Normalem gefragt. Dieses Phänomen tauchte in den Daten selbst auf und ist damit im Feld der Elternschaft verankert („grounded"). Im Verlaufe der Analysen kristallisierte sich das Normalisieren als ein Konstrukt heraus, das eine Bedeutung im Lernprozess von Eltern hat. Daher begab ich mich auf die Suche nach einer Theorie, mit der ich dieses Phänomen im Kontext von Lernen differenziert beschreiben konnte. Ich zog als zweiten theoretischen Kontext die Theorie des transformative Learning von Jack Mezirow (1991) hinzu. Mit ihrer Hilfe lassen sich die zuvor gefundenen Phänomene strukturiert und systematisch beschreiben. Die Theorie des transformative Learning wurde zur speziellen Heuristik, um das Phänomen des Normalisierens in seinen Relationen zum Lernen zu rekonstruieren.

Hier zeigt sich eine zweite Funktion, die Theorien in der vorliegenden Studie einnehmen: Während die Lerntheorie Deweys bereits vorab die Analyseperspektive rahmt, unterstützt die Theorie des transformativen Lernens die Analyse eines in den Daten gefundenen Phänomens. Es ist damit eine dem Gegenstand (Phänomen) angemessene, verfeinerte Heuristik und hilft als solche, das entdeckte Phänomen differenziert rekonstruieren zu können.

In einer dritten Funktion ziehe ich bestehende Theorien hinzu, wenn ich datenbasierte Theoriebausteine systematisierend darstelle. So nutze ich etwa bei der Rekonstruktion des Schlüsselphänomens *Elternschaft – das Fremde* oder des *Lernfeldes Elternidentität* im Anschluss an meine Analysen die Theorie des Fremden von Bernd Waldenfels, um die von mir aus den Daten entwickelten Theoriebausteine mit einer spezifischen theoretischen Perspektive erneut zu rekonstruieren und auf diese Weise zu schärfen.[88] Auf diese Weise

---

87   Vgl. Kapitel 4.
88   Vgl. Kapitel 8.

stelle ich Anschlussmöglichkeiten zu existierender Theorieentwicklung her. Nachfolgende Übersicht[89] zeigt die theoretischen Bezüge dieser Studie und deren Funktionen noch einmal im Überblick.

Funktion	Theorie
allgemeine Heuristik	Pragmatistischer Lernbegriff (Dewey)
spezielle Heuristik für ein gefundenes Phänomen	Transformative Learning Theory (Mezirow)
Theoriebausteine systematisieren	Phänomenologie des Fremden (Waldenfels)
	Normal – Normalisieren (Waldenfels)
	Anerkennung (Honneth)
	Werteentwicklung (Joas)

Übersicht 3.1: Funktionen der in dieser Studie herangezogenen Theorien

3.3 Datenformen

Die Identifikation von biographischen Lernprozessen ist nach von Felden (2008, 121f) an eine autobiographische Selbstdarstellung gebunden.

> „Da Lernen in biographischen Prozessen nicht durch Beobachtung oder durch die Überprüfung von kognitiven Leistungen zu erfassen ist, der üblichen Methode in psychologischen Lerntheorien, durch Lernergebnisse auf Veränderungen durch Lernen zu schließen, ist die Identifikation von Lernprozessen über die Lebenszeit an die autobiographische Selbstdarstellung von Menschen gebunden."

Ich kombiniere in der vorliegenden Studie zwei Formen biographischer Daten. Zum einen werden von mir und anderen Interviewer_innen teilstrukturierte narrative Interviews speziell für die Studie sukzessive erhoben. Zum anderen ziehe ich unabhängig von der Untersuchung und ursprünglich nicht für wissenschaftliche Zwecke verfasste Tagebücher als Datenmaterial heran. Die beiden Datenformen ergänzen sich in besonderer Weise.

In *Tagebüchern* können über einen großen Zeitraum andauernde Lernprozesse rekonstruiert werden. Die Verfasserinnen und Verfasser schreiben überwiegend kontinuierlich Tagebuch. Daher entstehen die festgehaltenen Reflexionen relativ zeitnah zu den erzählten Ereignissen. Es lassen sich sowohl in den erzählenden Passagen als auch in den Sequenzen, die eher reflektierende Inhalte haben, Lernprozesse über einen längeren Zeitraum hinweg rekonstruieren.

Während für Forschende bei der Datenform bereits bestehender Tagebücher keine Möglichkeit zur Nachfrage besteht,[90] können in *Interviews* detailliert Rückfragen gestellt sowie explizit Themen angesprochen werden, die im

---

89 Alle Abbildungen und Übersichten dieses Buches sind von mir selbst erstellt.
90 Eine Möglichkeit zur Nachfrage wäre höchstens gegeben, wenn ein persönlicher Kontakt zu den Autorinnen bestehen würde. Dies ist in der vorliegenden Untersuchung nicht der Fall.

Fokus der Untersuchung stehen. Im Sinne der Grounded Theory Methodology können auch Veränderungen am Interviewleitfaden vorgenommen werden, wenn neue zusätzliche oder veränderte Bereiche erhoben werden sollen. In nachfolgenden Interviews können neue Themengebiete angesprochen werden, die erst mit der Analyse vorangehender Interviews an Bedeutung gewonnen haben. Ein Nachteil der Interviews ist, dass die erzählten Ereignisse immer im Rückblick mit mehr oder weniger großem zeitlichen Abstand und in rückblickender Reflexion generiert werden. Tagebucheinträge entstehen gewöhnlich in einem engeren zeitlichen Bezug auf einzelne oder wenige Ereignisse, während in den Interviews in dieser Studie ja die gesamte bisherige Elternschaft in den Blick genommen wird.

In der Kombination von Tagebüchern und Interviews können jedoch die Stärken der beiden Datenformen genutzt und ihre jeweiligen Schwächen bis zu einem gewissen Grad kompensiert werden. Zugleich dient diese Variation der Datenform der Triangulation.[91]

3.4   Datenerhebung und -auswertung

Der Offenheit des Forschungszugangs entsprechend werden bei einer GTM Studie wie der vorliegenden die Daten sukzessive im Verlaufe des Forschungsprozesses erhoben.

Die Qualität einer qualitativen Studie zeigt sich unter anderem in der **Samplebildung**. Beim *selektiven Sampling* werden äußere Kriterien angelegt.[92] Die Fallauswahl geschieht dann nach vorher festgelegten Merkmalen. Die Auswahl der Tagebücher geschah in dieser Form. Die in der Studie analysierten Tagebücher wurden nicht eigens für die Untersuchung geschrieben. Es sind Tagebücher, die mir über das Deutsche Tagebucharchiv in Emmendingen (Baden-Württemberg) und eine private Quelle zugänglich sind. Keine der Tagebuch schreibenden Personen ist mir bekannt. Ich habe zunächst einmal nur Tagebücher nach dem Merkmal ausgewählt, dass die schreibende Person mindestens ein Kind haben muss. Zudem musste die Elternschaft in dem Tagebuch thematisiert werden. In der Datenbank des Tagebucharchivs fand ich so gezielt Tagebücher von verschiedenen Eltern. Ich wählte die Tagebücher zweier Verfasserinnen aus, da diese über einige Jahre geschrieben hatten.

Beim *theoretischen Sampling*[93] werden die Fälle dem Stand der Theorieentwicklung entsprechend ausgewählt. So können gezielt Fälle erhoben werden, die dazu geeignet sind, einen entsprechenden Bereich der bisherigen Theorie auszudifferenzieren. Ein Teil der Interviews wurde nach dem ersten Merkmal selektiv gesampelt. In der ersten Erhebungsphase der Studie erfolgte so zunächst eine Auswahl nach Zugänglichkeit der Interviewpartner_in. Nach

---

91   Flick 2011.
92   Kelle/Kluge 2010, 50.
93   Kelle/Kluge 2010, 47ff.

einer ersten Datenanalyse wurde weitere Interviews vorwiegend dem theoretischem Sampling entsprechend erhoben. Das bedeutet, dass jeweils nach der Auswertung eines oder weniger Interviews die nächsten Probanden und Probandinnen gewählt wurden, um zusätzliche Details zu den bis dahin entwickelten theoretischen Konzepten zu erhalten oder um neu entstandene Fragen zu beantworten. So habe ich beispielsweise den Kontakt zu anderen Eltern als wichtig in Bezug auf Elternschaft rekonstruiert. Daher wählte ich als nächste Interviewpartnerin eine Mutter, die bereits mehrere Kinder im Schulalter hat und so über eine längere Erfahrung über unterschiedliche Kontakte zu anderen Eltern verfügt. Im Sinne des theoretical samplings wurden so jeweils neu Probanden und Probandinnen gewählt. Es erwies sich generell als sehr einfach Eltern zu finden, die zu einem Interview bereit waren.

Ich möchte kurz das auf diese Weise entstandene **Sample** skizzieren, um einen Eindruck der Vielfalt zu vermitteln.[94] Die interviewten Eltern wurden jedoch nicht nach diesen nachfolgend referierten Merkmalen ausgewählt. Insgesamt liegen Daten von 22 Frauen und 9 Männern vor. Das Spektrum der Berufe erstreckt sich über den medizinischen (8 Personen), den pädagogischen (7 Personen), den mathematisch-naturwissenschaftlichen (4 Personen), den kaufmännischen (1 Person) und den sprachlichen (1 Person) Bereich. 6 Personen haben hierzu im Sozialdatenblatt, das zu Beginn der Interviews erhoben wurde, keine Angaben gemacht; eine Angabe zu einer Verfasserin von Tagebüchern fehlt ebenfalls. Zwei befragte Eltern waren zum Zeitpunkt des Interviews bzw. beim Verfassen der Tagebücher zwischen 20 und 30 Jahren alt, 10 Personen waren zwischen 30 und 40 Jahren und 12 Elternteile waren im Alter von 40 bis 50 Jahren. Fünf Proband_innen gaben hierzu keine Auskunft. Die Kinder der Eltern waren zwischen zwei Monate vor der Geburt und 19 Jahren alt. Die Eltern hatten ein bis vier Kinder. Es wurde jeweils nur ein Elternteil interviewt. Die befragten Eltern lebten teilweise in einer festen Beziehung (20 geben an, verheiratet zu sein) und teilweise allein mit dem Kind oder den Kindern.

Der dieser Studie zugrunde liegende **Datenkorpus** umfasst einerseits *Tagebücher*, die im Zeitraum von 20 Jahren verfasst wurden. Sie wurden von zwei Müttern geschrieben: Eine Mutter führte ihr Tagebuch über neun Jahre, die zweite über 11 Jahre. Des Weiteren wurden 27 *teilstrukturierte narrative Interviews* sukzessive erhoben und ausgewertet. Der Interviewablauf ist durch einen offenen Leitfaden teilstrukturiert.[95] Dieser wurde zunächst auf der Grundlage des Forschungsstandes erstellt. Dem Forschungsprozess angepasst wurde der Interviewleitfaden dann jeweils dem gerade auszuarbeitenden Theoriebestandteil entsprechend modifiziert. Die Interviews wurden von unterschiedlichen Interviewenden durchgeführt.[96] Sie wurden in der eigenen

---

94 Mein herzlicher Dank gilt allen Eltern, die sich die Zeit für ein Interview genommen haben. Vielen Dank den beiden Müttern, die ihre Tagebücher zur Verfügung gestellt haben.
95 Vgl. Helfferich 2011.
96 Herzlichen Dank den Studierenden des Forschungshauptseminars im Diplomstudiengang

häuslichen Umgebung der Probanden und Probandinnen erhoben. Durch das
gewohnte Setting entstand durchweg eine relativ entspannte Interviewsituation.

> „Im Unterschied zur standardisierten Befragung wird der Interviewpartner in
> qualitativen Befragungen nicht als objekthafter Datenlieferant einer Untersu-
> chung, sondern als Subjekt in einer möglichst alltagsnahen Gesprächssituation
> verstanden. Nur so ist es möglich, den alltäglichen Bedeutungshorizont des Be-
> fragten in der Erhebungssituation zu aktualisieren" (Lamnek 2005, 353).

Zudem ist der zeitliche Aufwand für die Teilnehmenden so am geringsten. Die
Interviewten haben im Interviewverlauf einen großen Gestaltungsspielraum.
Die Dauer der Interviews lässt sich daher nicht im Vorfeld festlegen. Bei den
erhobenen Interviews schwankt die Länge zwischen 50 Minuten und zwei
Stunden.

Die **Daten** wurden digital aufbereitet. Die vorliegende Studie verwendet
ein von Bohnsack (2003) vorgeschlagenes und von mir leicht modifiziertes
und erweitertes Transkriptionssystem.[97] Die ausgewählten Tagebücher wurden von studentischen Hilfskräften anonymisiert und digitalisiert und so der
computergestützten Analyse zugänglich gemacht. Technisch wurde die Datenanalyse durch die Arbeit mit atlas.ti unterstützt.

Die **Interpretation** der Daten erfolgte allein und in der Gruppe.[98] Die
Analyseperpektive folgte dabei durchgehend der Frage nach Lernprozessen.
Einzelne Sequenzen aus den Daten werden im Hinblick auf die Forschungsfrage betrachtet. Der Einzelfall kommt dabei als solcher nicht als ganzer Fall
in den Blick. Das heißt, ich untersuche nicht ein Interview mit einem Elternteil als Ganzes unabhängig von den anderen Daten, um fallinterne fallspezifi-
sche Strukturen zu rekonstruieren. Es erfolgte also keine Fallrekonstruktion
mit anschließender Typisierung. Im Fokus standen von Anfang an mögliche
Lernbewegungen, die ich als solche vergleichend analysiert habe.

3.5 Forschungsfragen

Nachdem ich die methodologischen und methodischen Eckdaten der Studie
vorgestellt habe, kann ich nun die am Gegenstand entwickelten Forschungsfragen und ihre Bedeutung beschreiben. Diese Abfolge in der Darstellung versucht dem Prozess der GTM-Studie zu entsprechen.

Erziehungswissenschaft an der Pädagogischen Hochschule Freiburg für die intensive und
ertragreiche Zusammenarbeit.

97 Siehe Anhang.

98 Ausgewählte zentrale Passagen wurden gemeinsam im Arbeitskreis Interpretationswerk-
statt der Pädagogischen Hochschule Freiburg analysiert. Zudem fanden über drei Semester
während der Vorlesungszeit regelmäßige wöchentliche Sitzungen mit einer weiteren In-
terpretationsgruppe statt. Die gemeinsame Interpretation dient der kommunikativen Validierung und damit der Güte der Forschung (vgl. Strübing 2008, Steinke 2005). Allen Mit-
interpretierenden gilt an dieser Stelle mein herzlicher Dank!

Zu Beginn der Auswertungen lag der erste Fokus bei den elterlichen Lerninhalten. Hinzu kam die Frage, welche Lernformen sich identifizieren lassen. Im Verlauf der Analysen konnte ich ein erstes Kodierschema als Heuristik entwickeln, das der zugrunde liegenden Lerntheorie entspricht.[99] Die untersuchten Interaktionssituationen, die Fallgeschichten, lassen sich unter folgenden Perspektiven beschreiben, die damit zugleich die zunächst nur sehr offen formulierte Forschungsfrage konkretisieren:

1. Phänomen: Was bedeutet Elternsein in den thematisierten Situationen?
2. Lerninhalte: Welche konkreten Lerninhalte werden ausgehandelt? Gibt es grundlegende Lerninhalte? Was lernen Eltern über sich?
3. Formen: Wie lernen die Eltern?

Aus der ersten Perspektive (Phänomen) entstanden die Analysen des Schlüsselphänomens *Elternschaft – das Fremde*. Die zweite Perspektive führte zu Analysen des *Lernfeldes Elternidentität*. Bei der dritten Perspektive, der Frage nach den Lernformen, ergab sich eine weitere Differenzierung. Im Verlaufe der Auswertungen stellte ich fest, dass die Eltern in den Schilderungen von Handlungsproblemen häufig etwas als normal oder natürlich bezeichnen. So schränkte ich die bis dahin offene Frage nach elterlichen Lernformen weiter ein auf die Frage, in welcher Relation diese Normalisierungen zu dem Lernen stehen. Damit verbunden entstand dann die zusätzliche Frage, welche Funktionen sich mit diesen Normalisierungen verbinden. Auf diese Weise entwickelte ich aus dem Gegenstand heraus nachfolgende Forschungsfragen:

1. Phänomen: Was bedeutet Elternsein in den thematisierten Situationen?
2. Lerninhalte: Welche konkreten Lerninhalte werden ausgehandelt? Gibt es grundlegende Lerninhalte? Was lernen Eltern über sich?
3. Formen: In welcher Relation stehen Normalisieren und das elterliche Lernen?
4. Funktion: Welche Funktionen haben dieser Formen des Lernens mit Normalisieren?

Nachdem ich nun Ziele und Anlage der Studie referiert habe, gehe ich im nächsten Schritt auf die bisher nur angedeutete Heuristik ein. Der pragmatistische Lernbegriff John Deweys bildet die Basis aller nachfolgenden Analysen.

---

99 Dieses Vorgehen wird von Böhn/Legewie/Muhr (1992, 55) vorgeschlagen.

Kapitel 4

Der pragmatistische Lernbegriff Deweys als allgemeine Heuristik

Die vorliegende Studie hat das Ziel, Lernprozesse von Eltern in ihrem Alltag zu untersuchen. Lernen ist hier ein Prozess im biographischen Verlauf. Die erziehungswissenschaftliche Biographieforschung untersucht Lern- und Bildungszusammenhänge aus der Perspektive der Lernenden. Marotzki (1990) trifft mit Bezug auf Batesons Lerntheorie eine Unterscheidung zwischen Lernen und Bildung. Während Bateson sowohl das Lernen innerhalb eines gegebenen Rahmens (Lernen I) als auch ein Lernen, das diesen Rahmen transformiert (Lernen II), in seinem Modell als unterschiedliche Ebenen des Lernens erfasst, bezeichnet Marotzki letzteres als Bildung. Auch Koller (2012, 9) bezieht sich bei seiner Theorie transformatorischer Bildungsprozesse auf Veränderungen, die „das gesamte Verhältnis des Subjekts zur Welt, zu anderen und zu sich selber [betreffen]" und damit auf die zweite von Bateson beschriebene Form des Lernens. Bildungsprozesse geschehen nach Marotzki (1990, 131) als eine sprunghafte Wandlung, während Lernprozesse sich nach Ecarius (1998a) langsam und kaum merklich vollziehen. Die bildungstheoretisch orientierte Biographieforschung fokussiert Veränderungen von Selbst- und Weltverhältnissen und unterscheidet diese Bildungsprozesse von Lernprozessen. Diese Unterscheidung treffe ich in der vorliegenden Studie nicht und schließe mich damit von Felden (2008) an, die im Rahmen ihrer Studie zu Lernprozessen über die Lebenszeit von Dimensionen eines Lernbegriffs ausgeht.[100] Auf diese Weise können alle Phänomene des Lernens seien sie nach Bateson auf unterschiedlichen Ebenen angesiedelt oder verschieden in der Zeit (langsam, sprunghaft) – bei der Analyse in den Blick kommen.[101]

Die Verzahnung von Theorie und Empirie in der Grounded Theory ermöglicht einerseits, eine Theorie zu nutzen, um den Gegenstand zu betrachten. Andererseits wird abduktiv eine gegenstandsbezogene Theorie entwickelt, die wiederum die Theorie weiterentwickeln kann. Hierfür bedarf es im Falle der vorliegenden Untersuchung eines Lernbegriffs, der zum einen gemäß der

---

100 Auch Alheit versteht unter biographischem Lernen eine Veränderung der Beziehung zu sich selbst, der Welt und den Anderen (vgl. Alheit 2009, 125f).

101 Zusätzlich suggerierte eine Frage danach, wie Eltern sich bilden, meines Erachtens sehr stark den Kontext von institutionalisierter Elternbildung.

Methodologie der Grounded Theory offen für die datenbasierte Theoriebildung ist. Zum anderen muss der Begriff scharf genug sein, damit Phänomene in den Daten erfasst werden können.

> „Es geht also darum, einen Begriff des Lernens auszuweisen und mit diesem Begriff an die empirische Forschung heranzugehen, um allgemeine Dimensionen des Begriffs durch die empirische Forschung konkreter bestimmen zu können und zu verändern" (Felden 2008, 110).

Obwohl mit der Diskussion um das lebenslange Lernen mittlerweile auch nicht formelles Lernen in den Fokus erziehungswissenschaftlicher Forschung gekommen ist, ist die Theoriebildung nicht so weit fortgeschritten wie etwa für den Lernkontext Schule.

> „Formal education has long been the preferred daughter of educational theorizing while nonformal education has been relegated to the position of an exotic or poor relative" (Bekerman 2006, 2-2).

Insbesondere im Hinblick auf die Biographieforschung muss konstatiert werden, dass „eine Lerntheorie in biographietheoretischer Perspektive [...] bisher nicht entwickelt [ist]" (Felden 2008, 109). Für die Analyse biographischer Daten ist es jedoch notwendig zu wissen, welche Dimensionen betrachtet werden müssen, um Lernen rekonstruieren zu können.

> „Wenn es empirisch um das Lernen in biographischen Prozessen geht oder genauer: um ein Lernen, das durch Rekonstruktionen aus autobiographischen Materialien herausgearbeitet werden kann, dann ist es nötig, sich Dimensionen eines Lernbegriffs zu vergegenwärtigen, um im empirischen Material etwas wahrnehmen zu können" (ebd.).

Ein erster Vorschlag für eine mögliche Dimension findet sich bei Schell-Kiehl (2007). Schell-Kiehl bezieht Lernen auf die Dimension Erfahrung:

> „Veränderungen innerhalb der individuellen Erfahrungsaufschichtung und damit des lebensgeschichtlich akkumulierten Wissens können als Lernprozess gefasst werden. Es wird davon ausgegangen, dass Individuen so flexibel sind, ihre Wissensstrukturen und die darauf basierenden Handlungen aufgrund von in sozialen Interaktion neu erworbenen Erfahrungen zu ändern (vgl. Ecarius 1999: 90; Hoerning 2000:16) bzw. ändern zu müssen, da eine Erfahrung (s.o.) aus biographietheoretischer Sicht nur gemacht werden kann, wenn diese an die bereits akkumulierten Erfahrungs- und Wissensbestände anschlussfähig ist bzw. der bereits existierende Bestand auf Grundlage eines Ereignisses so umstrukturiert wird, dass eine Passung möglich ist. [...] Lernen und Erfahrung sind in dieser Perspektive nicht von einander zu trennen. Sie bedingen einander. Darüber hinaus sind sie grundsätzlich biographisch angelegt" (Schell-Kiehl 2007, 87).

Göhlich/Zirfas (2007, 180) entwickeln einen pädagogischen Lernbegriff, der den Aspekt der Erfahrung beinhaltet. Sie weisen zudem darauf hin, dass Lernen immer auch dialogisch, sinnvoll und ganzheitlich verläuft. Dialogisch bedeutet, dass Lernen nicht nur individuell stattfindet, sondern in einer Auseinandersetzung mit Anderem oder Anderen. Im Lernen bildet sich ein Sinn für die Lernhandlung. Dieser Sinn des Handelns kann das Lernen unterstützen oder hemmen. Zudem ist Lernen ein sinnvoller Prozess, der den ganzen Lernenden und seine Lebenswelt betrifft (ganzheitlich). Göhlich/Zirfas definieren Lernen in dieser Perspektive wie folgt:

> „Lernen ist aus pädagogischer Sicht der erfahrungsreflexive, auf den Lernenden – auf seine Lebensfähigkeit und Lebensweise sowie auf seine Lernfähigkeit und Lernweise – sich auswirkende Prozess der Gewinnung von spezifischem Wissen und Können" (ebd., 180).

Göhlich/Zirfas nennen in dieser Definition den Prozesscharakter des Lernens. Felden (2008) führt diesen als eigenständige Dimension ein. Zudem weist sie darauf hin, dass Lernen als Suchbewegung zur Lösung von Problemen verstanden werden kann (ebd., 115). Sie hat ihren Ursprung in der Negativität einer Erfahrung.[102] Wenn eine Erfahrung irritiert oder zum Problem wird, kann das der Ausgangspunkt für Lernprozesse werden. Der von Felden entwickelte Lernbegriff zur Analyse biographischer Daten

> „betont den Prozesscharakter des Lernens, fokussiert Weltaneignung durch Sinnzuschreibung, definiert Lernen als erfahrungsgestützte und leibbedingte Reflexion und betont den sozialen und dialogischen Charakter des Lernens. Subjekt, soziale Struktur und Prozess sind Kategorien, die einen Lernbegriff in diesem Sinn strukturieren. Lernen als Prozess nimmt seinen Ausgangspunkt aus der Negativität der Erfahrung, ist wesentlich ein Umlernen, das mit der Änderung der Einstellung der Lernenden einhergeht und bedeutet einen Suchprozess zur Lösung eines Problems" (Felden 2008, 119).

Lernen geschieht auf Erfahrung gestützt in sozialen Zusammenhängen. Die Lernenden schreiben ihrem Lernprozess bei der Suche nach einer Lösung des vorliegenden Problems Sinn zu.

Eine Lerntheorie, die diese Aspekte des Lernbegriffs berücksichtigt, findet sich bei Dewey. Er betrachtet den Prozess des Problemlösens als Lernprozess. Ausgangspunkt des Lernens ist eine *Irritation*, ein *Problem* im gewohnten Handlungsfluss *Experience* ist ein zentraler Begriff. In der experience findet eine Auseinandersetzung mit der Lebenswelt (*dialogisch und ganzheitlich*) statt. Mit dem Begriff der habits legt Dewey ein Konzept vor, mit dem *Sinn- und Bedeutungszuschreibungen* erfasst werden können. Der *Prozesscharakter* ist grundlegend in dem Konzept der inquiry verankert. Dewey beschreibt hier, welche Schritte ein Lernprozess idealtypisch enthält. Es finden sich alle oben entwickelten Dimensionen für eine Heuristik wieder, um Lernen im biographischen Verlauf rekonstruieren zu können.

Darüber hinaus erläutert Dewey, wie Forschung und Theoriebildung selbst als Prozess betrachtet werden können. Dewey beschreibt in der Schrift „Knowing and the Known" (LW 16) Möglichkeiten für wissenschaftliche Wege

---

102 Felden bezieht sich vor allem auf die Überlegungen Meyer-Drawes zu den Anfängen des Lernens (vgl. z.B. Meyer-Drawe 2005).

der Erkenntnisgewinnung. Bei der von Dewey als *interaktionistisch* bezeichneten Perspektive werden, analog zu Newtons Gesetz, Aktion und Reaktion in einer Interaktion als gleichberechtigt sich gegenüberstehend (entgegengesetzt) betrachtet.[103] Es wird von bestehenden Objekten ausgegangen, die die Basis für die zu untersuchenden Phänomene bilden. Organismus und Objekte der Umwelt werden hierbei als getrennte Existenzformen betrachtet.[104] Es gibt sie unabhängig voneinander und sie reagieren wechselseitig aufeinander. Auf eine Aktion des Organismus folgt eine Reaktion der Objekte der Umwelt und umgekehrt. Die obigen Ausführungen sowie die Analyse der Daten zeigen jedoch, dass bei der Untersuchung der Lernprozesse von Eltern diese Untersuchungsperspektive zu kurz greift. Es lassen sich keine direkten Aktion-Reaktion-Verhältnisse beschreiben. Zudem ist es kaum möglich, vorgängig bestehende Objekte zu beschreiben, die als Grundlage oder Ausgangspunkt für die zu identifizierenden Phänomene im Voraus bestimmt werden können. Es ist eine Untersuchungsperspektive notwendig, die veränderliche ineinander greifende Prozesse beschreibt.

In der von Dewey vorgeschlagenen *transaktionalen Perspektive* sind vorläufige Beschreibungen und deren Erweiterung oder Einschränkung in jedem Schritt der Untersuchung möglich. Alle Bestandteile des Untersuchungsgegenstands werden als in ihrer Spezifizierung abhängig von den Anderen angesehen. Es gibt ein Phänomen nicht unabhängig von den Handlungen und Objekten der am Phänomen Beteiligten. Handlung und die Objekte einer Handlung werden als voneinander abhängig betrachtet – es gibt das Eine ohne das Andere nicht. Elternschaft ist beispielsweise nicht das Fremde, ohne das Befremden der Eltern. Würden Eltern nicht „fremdeln" gegenüber ihrer Elternschaft, so gäbe es das Schlüsselphänomen *Elternschaft – das Fremde*[105] mit seinen rekonstruierten Eigenschaften nicht. Erst durch das Befremden wird Elternschaft für Eltern zum Objekt, zum Fremden. Und wäre Elternschaft nicht das Fremde, wären Eltern nicht befremdet. Diese transaktionale Perspektive erscheint mir hier als weiterführend, um eine Grounded Theory zu entwickeln.

Nachfolgend untersuche ich auf der Grundlage der pragmatistischen Lerntheorie Deweys das Lernen von Eltern als einen transaktionalen Prozess. In dieser Perspektive lässt sich der Lernprozess als Prozess wechselseitiger handelnder Veränderung der Welt in der Eltern leben sowie der Eltern selbst beschreiben. Diese Untersuchungsperspektive entspricht auch der Methodologie der Grounded Theory. Die ersten Analysen beginnen mit dem pragmatistischen Lernbegriff als Heuristik. Dieser erweist sich bei den vorliegenden Daten als geeignet. Im Folgenden skizziere ich Deweys Lerntheorie in ihren Grundzügen.

---

103   Vgl. LW 16, 67.
104   Vgl. LW 16, 113f.
105   Siehe Kapitel 6.

Der Begriff experience nimmt im Werk Deweys eine zentrale Rolle ein. Ich gehe daher von diesem Begriff und seinen grundlegenden Prinzipien und Unterscheidungen aus. Nach der Beschreibung der inquiry als dem Prozess der Suche nach und Erprobung von einer Problemlösung führe ich die Begriffe habit und knowledge ein.

4.1 Experience

Dewey beschreibt sein Verständnis von experience, das nur schwer mit dem deutschen Wort Erfahrung übersetzt werden kann, [106] ausführlich in dem 1934 erschienenen Band „Art as Experience" (LW 10). Ich werde mich in den folgenden Ausführungen daher vor allem auf diese Schrift beziehen. Ergänzend ziehe ich vor allem die Bände „Experience and education" (1938/39, LW 13, 1-63), „Democracy and education" (1916, MW 9), „Human nature and Conduct" (1922, MW 14) sowie „The Dewey School" (1935-37, LW 11, 191-216) heran. [107]

Ausgangspunkt für Deweys Überlegungen zu experience ist die Beziehung von Lebewesen und ihrer Umwelt. „The first great consideration is that life goes on in an environment; not merely *in* it but because of it, through interaction with it" (LW 10, 19; kursiv i.O.). Dewey geht davon aus, dass Lebewesen in einer Einheit mit ihrer Umwelt leben (adjustment), die durch Phasen der Desintegration unterbrochen werden. [108] Dewey beschreibt die Interaktion zwischen Mensch und Welt als Ursprung der experience. In diesen experiences lässt sich eine erste Unterscheidung treffen. Dewey beschreibt Situationen, in denen eine Handlung begonnen und dann abgebrochen wird im Unterschied zu einer experience, wie er den Begriff im Weiteren verwendet.

> „We put our hands to the plow and turn back; we start and then we stop, not because the experience has reached the end for the sake of which it was initiated but because of extraneous interruptions or of inner lethargy. In contrast with such experience, we have an experience when the material experienced runs its course to fulfillment. Then and then only is it integrated within and demarcated in the general stream of experience from other experiences" (LW 10, 42).

Experience zielt auf die Vollendung. Wird eine Handlung hingegen abgebrochen durch Gründe, die außerhalb ihrer selbst liegen – Dewey nennt eine nicht zur Sache gehörige Unterbrechung oder innere Trägheit –, dann bleibt sie unabgeschlossen und ist als solche keine wirkliche experience. Nur wenn sie abgeschlossen ist, ist sie im Sinne Deweys eine wirkliche experience. Und nur eine abgeschlossene experience reiht sich ein in den Fluss der experiences.

---

106   Im Folgenden bleibe ich jeweils bei den englischen Begriffen, um darauf hin zu weisen, dass ich sie in der speziellen Bedeutung nach Dewey verwende.

107   Wenn ich punktuell auf weitere Schriften verweise, nenne ich den Titel jeweils an der betreffenden Stelle im Text, an der ich mich das erste Mal darauf beziehe. Im übrigen halte ich mich an die Bezeichnungen der Collected Works Ausgabe von Dewey/Boydston/Hickman (1996).

108   Vgl. LW 10, 22.

Erst dann lässt sie sich in den Kontext früherer und möglicher experiences eingliedern. Eine experience steht nicht für sich. Sie ist immer eingebunden in vergangene und zukünftige experiences. Jede neue experience wird durch vergangene beeinflusst, zugleich beeinflusst sie zukünftige. [109] *Abgeschlossenheit* und *Kontinuität* sind die ersten Prinzipien der experience, wie Dewey sie definiert.

Die oben bereits angesprochene *Interaktion* bildet das nächste Prinzip. Dewey betrachtet jede experience als das Ergebnis einer Interaktion zwischen einem Menschen und einem Ausschnitt seiner Umwelt. Er gibt hierfür ein Beispiel:

> „A man does something; he lifts, let us say, a stone. In consequence he undergoes, suffers, something: the weight, strain, texture of the surface of the thing lifted. The properties thus undergone determine further doing. The stone is too heavy or too angular, not solid enough; or else the properties undergone show it is fit for the use for which it is intended. The process continues until a mutual adaptation of the self and the object emerges and that particular experience comes to a close. What is true of this simple instance is true, as to form, of every experience. The creature operating may be a thinker in his study and the environment with which he interacts may consist of ideas instead of a stone. But interaction of the two constitutes the total experience that is had, and the close which completes it is the institution of a felt harmony" (LW 10, 50).

Dewey misst äußeren Faktoren und inneren Bedingungen den gleichen Wert bei. Im Zusammenspiel von äußeren Faktoren und inneren Bedingungen gestaltet sich die Situation (vgl. LW 13, 24). In diesem interaktionistischen Verständnis von experience sind – betrachtet man die Situation aus Perspektive der Person, die eine experience erfährt – auf diese Weise aktive und passive Aspekte angelegt. Experience wird damit als eine Handlung betrachtet, so beginnt Dewey seine Ausführungen im Kapitel „Experience and Thinking" (MW 9), die aktive und passive Anteile vereinigt. Dieses Zusammenspiel von *Aktivität (doing)* und *Erleiden (undergoing)* ist ein weiteres Prinzip der experience.

> „The nature of experience can be understood only by noting that it includes an active and a passive element peculiarly combined. On the active hand, experience is trying – a meaning which is made explicit in the connected term experiment. On the passive, it is undergoing. When we experience something we act upon it, we do something with it; then we suffer or undergo the consequences. We do something to the thing and then it does something to us in return: such is the peculiar combination" (MW 9, 146).

Experience konstituiert sich durch das Zusammenspiel von doing und undergoing. Eine Handlung erhält ihre Bedeutung, wenn die Verbindung zwischen doing und undergoing erkannt wird. [110] Erst wenn eine Aktivität und die Konsequenzen einer Aktivität in ihrer Relation zueinander wahrgenommen werden, bekommt eine Handlung eine Bedeutung. Umfang und Inhalt dieser Relationen zeigen an, wie bedeutsam der Gehalt einer experience ist.

---

109   Vgl. LW 13, 19.
110   Vgl. LW 11, 214.

„An experience has pattern and structure, because it is not just doing and undergoing in alternation, but consists of them in relationship. To put one's hand in the
fire that consumes it is not necessarily to have an experience. The action and its
consequence must be joined in perception. This relationship is what gives meaning; to grasp it is the objective of all intelligence. The scope and content of the
relations measure the significant content of an experience" (LW 10, 50f).

Denken und Reflexion konstituieren sich in der konkreten Situation. Denken
zielt darauf, spezifische Beziehungen zwischen dem, was wir zu tun versuchen
und dessen Konsequenzen herzustellen.[111]

„To say that thinking occurs with reference to situations which are still going on,
and incomplete, is to say that thinking occurs when things are uncertain or doubt-
ful or problematic. Only what is finished, completed, is wholly assured. Where
there is reflection there is suspense" (MW 9, 155).

Dabei kann der Umfang, den Denken und Reflexion in einer experience einnehmen, variieren. Dewey trifft hier die Unterscheidung zwischen experiences, bei denen nach dem Prinzip „Versuch und Irrtum" nach Lösungen gesucht wird und solchen, die er _reflexive experiences_ nennt. Die einfache experience führt dazu, dass Zusammenhänge zwischen einer Art und Weise zu
Handeln und bestimmten Konsequenzen festgestellt werden. Diese Zusammenhänge werden jedoch nicht weiter bestimmt, es sind keine Details bekannt, wir kennen die Zwischenglieder der Zusammenhänge nicht. Diese Art
der experiences benötigt grundlegende Denk- und Reflexionsvorgänge, jedoch keine ausführlichen Überlegungen.[112] Anders verhält es sich mit den
reflexive experiences.

„In other cases we push our observation farther. We analyze to see just what lies
between so as to bind together cause and effect, activity and consequence. This
extension of our insight makes foresight more accurate and comprehensive. The
action which rests simply upon the trial and error method is at the mercy of cir-
cumstances; they may change so that the act performed does not operate in the
way it was expected to. But if we know in detail upon what the result depends, we
can look to see whether the required conditions are there. The method extends
our practical control " (MW 9, 151f).

Die Auseinandersetzung mit dem doing und undergoing einer experience, die
Reflexion der Situation, kann zu Lernen führen. Wenn wir etwas Neuem begegnen, ist das Gleichgewicht der Verbindung von doing und undergoing gestört. Es entsteht eine Unsicherheit, eine Situation, die Dewey als Problemsituation bezeichnet. Hier wird Lernen möglich. Dewey beschreibt, wie das
doing und undergoing beim Lernen in experiences, die in den Fluss der vorherigen und nachfolgenden eingebettet sind, geschehen.

---

111   Vgl. MW 9, 152.
112   Vgl. MW 9, 151f.

„To ‚learn from experience' is to make a backward and forward connection between what we do to things and what we enjoy or suffer from things in consequence. Under such conditions, doing becomes a trying; an experiment with the
world to find out what it is like; the undergoing becomes instruction – discovery
of the connection of things" (MW 9, 147).

Sind wir in einer ungewissen Situation, so begeben wir uns auf die Suche nach
einer Lösung. Gelingt die Suche und lässt sich die Lösung erfolgreich anwenden, dann haben wir gelernt. Wichtig ist, dass die Handlung durch Reflexion
Bedeutung erlangt.

„When an activity is continued into the undergoing of consequences, when the
change made by action is reflected back into a change made in us, the mere flux
is loaded with significance. We learn something" (MW 9, 146).

Denken und Reflexion können einsetzen, wenn eine Situation ungewiss oder
problematisch erscheint. Es ist jedoch zu betonen, dass experience nicht pri-
mär kognitiv ist. Experience, so wie Dewey sie entwirft, ist „primarily an
active-passive affair" (MW 9, 147). Doing und undergoing haben beide ihren
Anteil im Lernprozess. Eine Lösung zu finden, die Erkenntnis ist dabei ein
Teil der experience. Der Lernprozess ist nicht rein kognitiv. Die Kognition ist
ein Teil der experience und hat eine eigene Funktion innerhalb derselben. Sie
ist als Denk-Handeln Teil des gesamten Handlungsvollzugs einer experience.
Diese Funktion wird klarer, wenn man den Ablauf einer Lösungsfindung genauer betrachtet. Dewey nennt diesen Prozess inquiry.

4.2 Inquiry

„The rhythm of loss of integration with environment and recovery of union not
only persists in man but becomes conscious with him; its conditions are material
out of which he forms purposes. Emotion is the conscious sign of a break, actual
or impending" (LW 10, 20f).

Dewey geht davon aus, dass der Mensch zunächst in seine Umwelt integriert
lebt. Taucht nun eine Störung auf, geht diese Integration verloren, so zeigen
Gefühle diesen Bruch auf. Diese Gefühle der Konfusion („perplexity, confu-
sion, doubt, due to the fact that one is implicated in an incomplete situation
whose full character is not yet determined"; MW 9, 157) bilden den Anfang
der inquiry. Die inquiry zielt auf die Transformation einer unbestimmten Situation in eine bestimmte, wie Dewey in „Logic: The Theory of Inquiry" (1938,
LW 12) beschreibt:

„Inquiry is the controlled or directed transformation of an indeterminate situation
into one that is so determinate in its constituent distinctions and relations as to
convert the elements of the original situation into a unified whole" (LW 12, 108).

Dewey fasst den Prozess der inquiry in fünf Schritte.[113] Er beschreibt diesen Prozess in unterschiedlichen Schriften. Da im Prozess der inquiry Denk-

---

113   Vgl. MW 9, 157f.

handlungen bedeutsam sind, verweise ich im Folgenden auch auf die 1910/11 erschienene Schrift „How We Think" (MW 6). Nach einem (1) ersten Gefühl der Befremdung oder Verwirrung erfolgt (2) eine versuchsweise Antizipation („conjectural anticipation"). Es wird vorläufig interpretiert, welchen Beitrag einzelne Faktoren für bestimmte Konsequenzen haben. Häufig fallen diese beiden ersten Schritte ineinander. Das Gefühl der Unsicherheit geht einher mit Spekulationen über mögliche Lösungen.[114] Manchmal führt die Verwirrung oder Schwierigkeit zu einem eher vagen Gefühl, dass etwas nicht stimmt. Dann sind erste Beobachtungen notwendig, um das Problem zu identifizieren.

> „In large measure, the existence or non-existence of this step [„the acts of observation that serve to define the character of the difficulty"; ebd.] makes the difference between reflection proper, or safeguarded critical inference, and uncontrolled thinking" (MW 6, 238).

Es folgt (3) eine gründliche Analyse der Situation („careful survey"). Diese bringt alle möglichen beteiligten Umstände zu Tage, die für die Definition des vorliegenden Problems notwendig sind. Es gilt, das Problem sorgfältig zu erfassen und zu klären. Nun kann als nächster Schritt (4) nach und nach eine Hypothese erarbeitet werden, die sich auf möglichst viele vorliegende Fakten gründet. Schließlich (5) kann auf der Grundlage der Hypothese ein Handlungsplan entworfen werden. Dieser Plan wird durchgeführt mit der Absicht, die erwarteten Ergebnisse zu erzielen. Damit wird zugleich die Hypothese getestet.[115]

> „It is the extent and accuracy of steps three and four which mark off a distinctive reflective experience from one on the trial and error plane. They make thinking itself into an experience. Nevertheless, we never get wholly beyond the trial and error situation. Our most elaborate and rationally consistent thought has to be tried in the world and thereby tried out. And since it can never take into account all the connections, it can never cover with perfect accuracy all the consequences. Yet a thoughtful survey of conditions is so careful, and the guessing at results so controlled, that we have a right to mark off the reflective experience from the grosser trial and error forms of action" (MW 9, 157f).

Dewey weist hier nochmals auf seine grundlegende Unterscheidung zwischen experiences, die nach dem Versuch und Irrtum Schema operieren und solchen, die reflektierend vorgehen, hin. Denken und Reflexion nehmen eine zentrale Position im Prozess der inquiry ein. Die inquiry beginnt und endet mit Beobachtung: Anfangs ist eine Beobachtung notwendig, um das Problem genauer zu fassen; am Ende führt die Beobachtung dazu, dass die entwickelte Hypothese getestet werden kann.[116] Es wird beobachtet, ob die erwünschten Konsequenzen sich einstellen oder nicht. Das Denken in der Mitte der inquiry beschreibt Dewey wie folgt:

---

114   Vgl. MW 6, 237.
115   Vgl. MW 9, 158.
116   Vgl. MW 6, 241.

> „Between those two termini of observation, we find the more distinctively mental aspects of the entire thought-cycle: (i) inference, the suggestion of an explanation or solution; and (ii) reasoning, the development of the bearings and implications of the suggestion. Reasoning requires some experimental observation to confirm it, while experiment can be economically and fruitfully conducted only on the basis of an idea that has been tentatively developed by reasoning" (MW 6, 241).

Ist eine Lösung (bzw. Idee oder Theorie) erfolgreich getestet, so können die überlegten Zusammenhänge als valide angesehen werden. Eine unsichere und unklare Situation kann so durch intelligentes Handeln in eine relativ harmonische transformiert werden. Misslingt die Anwendung, so müssen die Überlegungen modifiziert und neue Lösungen entwickelt werden[117] Durch die denkende Auseinandersetzung in der experience und die Probe der entwickelten Lösungen gewinnt man knowledge.[118] Zudem bilden und verändern sich sogenannte habits. Auf beide gehe ich gleich näher ein. Die Person verändert sich im Zuge der experience, da neue Bedeutungen erarbeitet werden. Das hat Konsequenzen für nachfolgende experiences und das Lernen.

> „there has been a change in the person because of the meaning which has accrued to his experience. He has learned something which should – and which will if the experience be had under educative conditions – open up new connections for the future and thereby institute new ends or purposes as well as enable him to employ more efficient means. Through the consequences of his acts are revealed both the significance, the character, of his purposes, previously blind and impulsive, and the related facts and objects of the world in which he lives. In this experience knowledge extends both to the self and the world; it becomes serviceable and an object of desire. In seeing how his acts change the world about him, he learns the meaning of his own powers and the ways in which his purposes must take account of things. Without such learning purposes remain impulses or become mere dreams" (LW 11, 216).

Unabhängig davon, wie sehr neue Möglichkeiten eröffnet werden, verändert jede experience die Person, die sie erlebt. Lernen durch experience führt dazu, dass Erlebtes Bedeutungen erlangt und diese Bedeutungen in Bezug auf die eigene Person überdacht werden. Zudem werden experiences in den Kontext früherer und zukünftiger experiences eingeordnet. Durch diese Kontinuität beeinflusst jede experience bis zu einem gewissen Grad, die Möglichkeiten nachfolgender experiences.[119] Jede neue experiences kann sowohl dazu führen, dass weiteres Wachstum behindert wird, als auch dazu, dass neue Erfahrungsräume eröffnet werden. Der Wert einer experience misst sich nach Dewey „on the ground of what it moves toward and into" (LW 13, 20f). Habits nehmen im Umgang mit experiences eine wichtige Rolle ein, daher gehe ich im Folgenden auf diesen Begriff ein.

---

117   Vgl. LW 11, 215.
118   Siehe Abschnitt 4.4.
119   Vgl. LW 13, 20.

4.3 Habit

Oben habe ich festgestellt, dass sich in und durch experience habits bilden und verändern. Mit dem Begriff der habits verbindet Dewey menschliche Handlungspraxis mit der Entwicklung des Selbst in Bezug auf die Welt. Ausführlich setzt sich Dewey mit habits in dem Band „Human Nature and Conduct" (1922, MW 14) auseinander. Dewey fasst dabei habits weiter als der Begriff üblicherweise verwendet wird:

> „The word habit may seem twisted somewhat from its customary use when employed as we have been using it. But we need a word to express that kind of human activity which is influenced by prior activity and in that sense acquired; which contains within itself a certain ordering or systematization of minor elements of action; which is projective, dynamic in quality, ready for overt manifestation; and which is operative in some subdued subordinate form even when not obviously dominating activity" (MW 14,31).

Habits sind somit Aktivitäten, die durch frühere Aktivitäten beeinflusst werden. Sie systematisieren unser Handeln. Ihre Aktivität ist jedoch nicht offensichtlich. Sie arbeiten unterhalb der Ebene des direkt zugänglichen Bewusstseins [120] Der Begriff habit ist schwer direkt zu übersetzen. Neubert (2006, 237) zufolge lassen sich habits verstehen als „all jene Fertigkeiten, Verhaltensdispositionen, Einstellungen und Haltungen [...], die Lernende in der Interaktion mit ihren (natürlichen und kulturellen) Umwelten erwerben." Dewey umschreibt habits, indem er auf ihre Entstehung und Wirkungsweise eingeht. Habits kommen im Prozess der experience zum Tragen. Sie wirken als Wahrnehmungs- und Denkfilter. In jeder experience werden die Empfindungen, Wahrnehmungen, Absichten und Ideen durch inkorporierte, in vorangegangenen experiences gestalteten habits gelenkt. [121] Habits lassen sich verstehen als eine besondere Sensibilität für bestimmte Impulse, als eine Zugänglichkeit für spezielle Anregungen. [122] Habits sind jedoch keine starren Raster. Jede experience führt dazu, dass auch habits weiterentwickelt und umgestaltet werden. Dewey beschreibt dies wie folgt:

> „The basic characteristic of habit is that every experience enacted and undergone modifies the one who acts and undergoes, while this modification affects, whether we wish it or not, the quality of subsequent experiences. For it is somewhat different person who enters into them. The principle of habit so understood obviously goes deeper than the ordinary conception of a habit as a more or less fixed way of doing things, although it includes the latter as one of its special cases. It covers the formation of attitudes, attitudes that are emotional and intellectual; it covers our basic sensivities and ways of meeting and responding to all the conditions which we meet in living" (LW 13, 18f).

Dewey nennt als hervorstechendes Merkmal von habits, sie seien „a form of executive skill, of efficiency in doing" (MW 9, 51). In der Auseinandersetzung

---

120   Vgl. MW 14, 26.
121   Vgl. MW 14, 26.
122   Vgl. MW 14, 32.

mit der Umwelt entwickeln wir habits. Damit wird mit jedem habit ein Stück
der Umwelt inkorporiert. Es kann jedoch niemals die ganze Umwelt in einer Situation in Form von noch so vielen habits abgebildet werden. So bleibt,
auch wenn die vorweggenommenen Überlegungen zu Handlungskonsequenzen noch so intensiv sind, immer eine Differenz zwischen den habits und den
erreichten Konsequenzen in einer Situation. Daher kann die Auseinandersetzung mit Umwelt auch nie abgeschlossen sein. Es müssen immer wieder aufs
Neue Konsequenzen für vorliegende Problemsituationen abgewogen und Lösungen überlegt werden. Habits müssen immer wieder neu justiert und überarbeitet werden [123] Ideen und Gefühle stehen für Dewey ebenfalls im Zusammenhang mit habits. Sie werden durch habits beeinflusst und tragen in der
Handlung zur Modifikation und Gestaltung neuer habits bei [124] Interessant erscheint mir bei der Konzeption der habits die damit verbundene Konstitution
des *self*. Wie bei den obigen Ausführungen zu experience schon angeklungen,
trennt Dewey zunächst nicht zwischen Subjekt und Welt. Subjekt und Objekt
sind im Handlungsvollzug zunächst nicht getrennt. Erst im Verlaufe einer experience, wenn der Handlungsvollzug gestört ist, tritt dem Subjekt etwas als
Objekt entgegen.

> „Object is, as Basil Gildersleeve said, that which objects, that to which frustrati-
> on is due. But it is also the objective; the final and eventual consummation, an
> integrated secure independent state of affairs. The subject is that which suffers,
> is subjected and which endures resistance and frustration; it is also that which
> attempts subjection of hostile conditions; that which takes the immediate initia-
> tive in remaking the situation as it stands. Subjective and objective distinguished
> as factors in a regulated effort at modification of the environing world have an
> intelligible meaning" (LW 1, 184).

Dewey denkt damit das Subjekt immer in Verbindung mit der Umwelt. Die
Konstitution des self ist folglich auch immer im Kontext der Welt zu sehen. Sie geschieht auf der einen Seite im sozialen Kontext: „individuals form
their personal habits under conditions set by prior customs"(MW 14, 43). Jedes Kind wächst in soziale Kontexten auf, die durch die jeweiligen *customs*
(„widespread uniformities of habit", ebd.), also die sozialen Sitten, die gemeinsamen habits einer Lebenswelt, geprägt sind. Die es umgebenden Personen
schätzen ihre habits. Habits sind, so Dewey, von Natur aus „assertive, insis-
tent, self-perpetuating" (ebd.). Daher können customs über eine lange Zeit
bestehen. Persönliche habits bilden sich auf diese Weise durch den Kontext
der sozialen customs und tragen zugleich zu deren Erhalt bei.

Auf der anderen Seite führen unterschiedliche erworbene habits zur Konstitution des self. Alle habits zusammen machen das self aus. Dewey betrachtet self als etwas, das sich durch Handlung kontinuierlich in Entwicklung befindet.

---

123   Vgl. MW 14, 28.
124   Vgl. MW 14, 25.

„All habits are demands for certain kinds of activity; and they constitute the self. In any intelligible sense of the word will, they are will. They form our effective desires and they furnish us with our working capacities. They rule our thoughts, determining which shall appear and be strong and which shall pass from light into obscurity. We may think of habits as means, waiting, like tools in a box, to be used by conscious resolve. But they are something more than that. They are active means, means that project themselves, energetic and dominating ways of acting" (MW 14, 21f).

Jede Handlung wird so zu einem Abenteuer „in discovery of a self which is possible but as yet unrealized" (MW 14, 97). Dewey weist in seinem Band „Ethics" (1932, LW 7) darauf hin, dass Handlungen und ihre Konsequenzen bedeutsam für das self werden, indem sie dieses formen, enthüllen und herausfordern. [125] Das self wird in Identität mit Handlung gedacht. Es gibt kein self unabhängig von Handlung. „There is no one ready-made self behind activities" (MW 14, 96). Eine Auswahl oder Entscheidung zu treffen, Dewey nennt dies die „most characteristic activity of a self" (LW 7, 286), stehen in einer doppelten Relation zum self. Einerseits wird das bestehende self enthüllt, indem die Wahl auf der Grundlage des gegenwärtigen self getroffen wird: Das, was das gegenwärtige self wünscht, wird gewählt. Jede vorgestellte Möglichkeit der Entscheidung entspricht einem Aspekt der Konstitution des self. Eine Seite tritt schließlich in den Vordergrund und bestimmt die Entscheidung. Andererseits formt die getroffene Entscheidung das self mit und macht es so in gewisser Weise zu einem neuen self. [126] Dewey spricht von einem „old, an accomplished self" (LW 7, 306) und einem „new and moving self" (ebd.). Das alte self konstituiert sich durch bereits bestehende habits. Es ist erleichternd, auf das Bestehende zurückgreifen zu können. Handlungsroutinen können innerhalb bestehender habits genutzt werden. Häufig wird daher dieses habitualisierte self als das (unveränderliche) self betrachtet. [127]

Die von Dewey konzipierte Parallelität von Kontinuität und Veränderung des self ermöglicht die Konstitution von Selbstsein („selfhood") oder Charakter sowie von *identity*. Das Selbstsein ist in einem ständigen Entstehungsprozess. Zudem können gleichzeitig unterschiedliche inkonsistente „selves" bestehen. Selbstsein ist also relativ veränderlich und vielfältig (vgl. MW 14, 96).

„There is no one ready-made self behind activities. There are complex, unstable, opposing attitudes, habits, impulses which gradually come to terms with one another, and assume a certain consistency of configuration, even though only by means of a distribution of inconsistencies which keeps them in water-tight compartments, giving them separate turns or tricks in action" (MW 14, 96).

Nun ist es zudem so, dass die habits nicht unabhängig voneinander existieren. Sie beeinflussen sich gegenseitig, da Lebensbereiche sich überschneiden.

---

125   Vgl. LW 7, 286.
126   Vgl. LW 7, 286f.
127   Vgl. LW 7, 307.

Überschneidungen von Lebensbereichen führen dazu, dass Situationen entweder kontinuierlich sind oder aber, wenn sie sich unterscheiden, ähnliche Elemente enthalten. Daher existieren auch habits nicht unabhängig voneinander sondern befinden sich in einem kontinuierlichen gegenseitigen Veränderungsprozess. Die gegenseitige Verflechtung der habits ist der Charakter. [128]

Identity ist nun die Instanz, in der sich bei all der Veränderung der selves Kontinuität zeigt:

> „Every living self causes acts and is itself caused in return by what it does. All voluntary action is a remaking of self, since it creates new desires, instigates to new modes of endeavor, brings to light new conditions which institute new ends. Our personal identity is found in the thread of continuous development which binds together these changes. In the strictest sense, it is impossible for the self to stand still; it is becoming, and becoming for the better or the worse" (LW 7, 306).

Persönliche identity zeigt sich in dem Zusammenhang, in dem „roten Faden" der die kontinuierliche Entwicklung des self verbindet.

Dewey unterscheidet nun drei verschiedene Möglichkeiten, wie durch die Veränderung von habits Lernen und damit growth (Wachstum) stattfinden kann. [129] Zunächst kann eine Veränderung beiläufig vorkommen. Sie geschieht in einer unreflektierten Anpassung an die bestehende Umwelt. Dieser Prozess, den Dewey *habituation* (MW 9, 52) oder *accomodation* (LW 9, 12) [130] nennt, ist meist passiv und betrifft nur Teile des self. Der Prozess der *adaptation* ist aktiver. Es werden sowohl die eigenen Handlungen der Umwelt angepasst als auch die Umwelt verändert. An Stelle der einseitigen Anpassung an die Verhältnisse werden diese auch den eigenen Bedürfnissen und Absichten angepasst. Schließlich gibt es aber auch Veränderungen, die umfassender und tiefgreifender sind. Dewey nennt sie *adjustment*. Sie betreffen das Leben umfassend. Die stattfindende Veränderungen des self und der Lebensbedingungen sind dauerhaft.

> „This attitude includes a note of submission. But it is voluntary, not externally imposed; and as voluntary it is something more than a mere stoical resolution to endure unperturbed throughout the buffetings of fortune. It is more outgoing, more ready and glad, than the latter attitude, and it is more active than the former. And in calling it voluntary, it is not meant that it depends upon a particular resolve or volition. It is a change of will conceived as the organic plenitude of our being, rather than any special change in will" (LW 9, 12f).

Nun führt der Prozess der inquiry wie vorhin beschrieben nicht nur dazu, dass habits (weiter-)entwickelt werden. Wir eignen uns nach Dewey auch knowledge (Wissen) an. Ich stelle abschließend diesen Begriff vor.

---

128   Vgl. MW 14, 29f.
129   Für diesen Abschnitt vgl. LW 9, 12f.
130   Dewey befasst sich in der Schrift „A common Faith" mit der Rekonstruktion von Religion und Religiösität. Hier setzt er sich auch mit dem Verhältnis von self und Lebenswelt auseinander. Imagination ist für Dewey eine Kraft, mit der dem self auch ein adjustment, also eine aktive umfassende Veränderung mit und in der Lebenswelt gelingen kann.

4.4 Knowledge

Dewey entwickelt in der Schrift „Democracy and Education" (MW 9) im Kapitel „Theories of Knowledge" seine Theorie über das Wissen. Wenn ich mich im Folgenden auf diesen Wissensbegriff beziehe, bleibe ich auch hier bei dem englischen Wort knowledge, um auf seine spezifische Bedeutung zu verweisen. Dewey beginnt seine Ausführungen mit Beispielen dafür, wie in der Diskussion um eine Theorie des Wissens vielfach mit dualistischen Konzepten („antithetical conceptions", MW 9, 343) gearbeitet wird. So zeigt sich dies etwa in den beiden Bedeutungen in Bezug auf das Lernen: Einerseits ist Wissen die Summe all dessen, was erlernt werden kann. Es ist damit „something external" (MW 9, 344), das als objektiver Korpus („body of truth", ebd.) in Büchern oder anderen Medien gesichert und von dort angeeignet werden kann. Andererseits beschreibt Wissen etwas „purley internal" (ebd.). Wissen ist hier etwas, das dem Individuum zugesprochen wird, „a ready-made mind equipped with a faculty of knowing" (ebd.). Dewey zufolge verweisen alle Dualismen auf eine grundlegende Unterscheidung zwischen „knowing and doing, theory and practice" (MW 9, 346). Sein Vorschlag ist nun, diesen Dualismus aufzuheben, indem knowledge als ein Kontinuum zwischen den beiden Polen gedacht wird. Er betont damit die Verbindung, die zwischen der Aktivität, bei der knowledge erworben werden kann, und dem knowledge selbst („the knowledge is a mode of participation", MW 9, 347).[131] Dewey spricht damit gegen eine isolierte Betrachtung von knowledge und dessen Kontext in der Lebenswelt eines Menschen. Seiner Ansicht nach ist jedes knowledge verbunden mit der Aktivität, vorhandenes knowledge zu reorganisieren und neues knowledge in bestehende Kontexte einzuordnen.

> „If the living, experiencing being is an intimate participant in the activities of the world to which it belongs, the knowledge is a mode of participation, valuable in the degree in which it is effective. It cannot be the idle view of an unconcerned spectator" (MW 9, 347).

Der Prozess des Wissenserwerbs ist somit eine experimentelle Methode, um zu knowledge zu gelangen. Dieses knowledge unterscheidet sich von einer bloßen Meinung, indem es sich in der „world to which it [ein Individuum; RM] belongs" bewährt haben muss.

Die enge Verbindung von knowledge und Lebenswelt eines Individuums legt die Frage nahe, was dann der Unterschied zwischen habits und knowledge ist. Auch habits werden in der Auseinandersetzung mit der Lebenswelt erworben. Auch sie haben sich einst bewährt und müssen sich immer wieder bewähren oder werden andernfalls verändert. Dewey stellt fest:

> „In brief, the function of knowledge is to make one experience freely available in other experiences. The word ‚freely' marks the difference between the principle

---

131   Auch hierin zeigt sich die transaktionale Struktur Deweys Theorie.

of knowledge and that of habit. Habit means that an individual undergoes a modification through an experience, which modification forms a predisposition to easier and more effective action in a like direction in the future. Thus it also has the function of making one experience available in subsequent experiences. [...] But habit, apart from knowledge, does not make allowance for change of conditions, for novelty. Prevision of change is not part of its scope, for habit assumes the essential likeness of the new situation with the old" (MW 9, 349).

Die freie Verfügbarkeit zeichnet knowledge gegenüber habits aus. Beide haben gemeinsam, dass sie sich durch das Lernen in experiences verändern. Beide ermöglichen, dass frühere experiences für spätere zur Verfügung stehen. Im gegensatz zu habits bietet knowledge jedoch die Möglichkeit der Veränderung. Mit Hilfe von knowlege können wir Bedingungen verändern und neue schaffen. Wenn nun etwas Unerwartetes passiert, kann es sein, dass ein Handeln, dass sich nur auf habits bezieht, nicht erfolgreich ist. Dewey vergleicht dies mit einem Mechaniker, der eine Maschine am Laufen halten möchte. Nur wenn der Mechaniker versteht, wie die Maschine funktioniert, wenn er ein knowledge über die Maschine hat, kann er erfolgreich handeln. Ebenso kann ein Mensch in unerwarteten Situationen nur erfolgreich handeln, wenn er die Kontexte kennt, in denen ein habit „funktioniert".

„But a man who understands the machine is the man who knows what he is about. He knows the conditions under which a given habit works, and is in a position to introduce the changes which will radept it to new conditions. In other words, knowledge is a perception of those connections of an object which determine its applicability in a given situation" (MW 9, 350).

Knowledge bietet so die Möglichkeit der Veränderung. Es umfasst ein Netzwerk der Verbindungen zwischen experiences der Vergangenheit und bildet damit zugleich den Ausgangspunkt für mögliche Veränderungen in neuen experiences. Damit macht knowledge experiences „freely available" (s.o.). Knowledge führt dazu, dass habits effektiv genutzt werden können. Zugleich gibt knowledge aktuellen Situationen eine Bedeutung, indem es sie in das Netzwerk der experiences und damit in einen weiten Kontext einbettet.

Nach Dewey lassen sich Inhalt und Bezug von knowledge in einer zeitlichen Dimension wie folgt beschreiben:

„While the content of knowledge is what *has* happened, what is taken as finished and hence settled and sure, the *reference* of knowledge is future or prospective. For knowledge furnishes the means of understanding or giving meaning to what is still going on and what is to be done" (MW 9, 351; kursiv i.O.).

Es wird deutlich, dass knowledge nicht dem oben beschriebenen Wissen gleichzusetzen ist, das als ein Gesichertes und Gespeichertes gedacht wird. Dewey denkt knowledge immer in Relation zum Individuum. Dennoch ist knowledge nicht nur partikulär. Es hat auch eine generalisierende Funktion.

„Anything which is *to be* known, whose meaning has still to be made out, offers itself as particular. But what is already known, if it has been worked over with

> a view to making it applicable to intellectually mastering new particulars, is general in function. Its function of introducing connection into what is otherwise unconnected constitutes its generality. Any fact is general if we use it to give meaning to elements of a new experience" (MW 9, 353; kursiv i.O.).

Knowledge lässt sich nach Dewey somit nur in Verbindung mit einzelnen experiences denken. Zugleich führt der Vorgang, einzelne experiences eine Bedeutung zuzuschreiben und sie in einem Netzwerk zu kontextualisieren dazu, dass eine Generalisierung stattfindet. Knowledge umfasst das Kontinuum zwischen Einzelfall und Generalisierung mit der Perspektive auf eine Veränderung. Dewey fasst seine Überlegungen als eine „theory of the method of knowing" (MW 9, 353) zusammen, die er „pragmatic" (ebd.) nennt.

> „Its [the theory's of method of knowing; Anm. RM] essential feature is to maintain the continuity of knowing with an activity which purposely modifies the environment. It holds that knowlwedge in its strict sense of something possessed constits of our intellectual resources – of all the habits that render our action intelligent. Only that which has been organized into our disposition so as to enable us to adapt the environment to our needs and to adapt our aims and desires to the situation in which we live is really knowledge" (MW 9, 353f).

Hier zeigt sich nun der Unterschied zwischen habit und knowledge deutlich: Habits leiten unser Handeln an. Knowledge leitet unser Handeln auch an. Es führt darüber hinaus noch dazu, dass wir überlegt und der Lebenswelt möglichst angemessen handeln. Dieses Handeln ist wiederum ein doppeltes: Einerseits ermöglicht knowledge, dass wir die Situation, in der wir leben, unseren Bedürfnissen entsprechend anpassen und andererseits können wir unsere Ziele und Bedürfnisse auf die Situation, in der wir uns befinden, einstellen. Knowledge sind all die habits, die wir bewusst einsetzen, damit wir eine aktuelle experience in beide richtungen beurteilen und bearbeiten können. Knowledge ist damit für Dewey fest mit Handeln verbunden. Hier zeigt sich der oben genannte Gedanke eines Kontinuums.

> „Knowledge as an act is bringing some of our dispositions to consciousness with a view to straightening out a perplexity, by conceiving the connection between ourselves and the world in which we live" (MW 9, 354).

Mit dem Begriff des knowledge führt Dewey Wissen im Sinne eines gesicherten Bestandes und das Individuum, das über knowledge verfügt, in eine Perspektive des Veränderns und Herstellens von knowledge in dem umfassenden Kontext der individuellen Lebenswelt zusammen.

4.5 Das Lernen von Eltern als Problemlösen

Ausgangspunkt meiner Untersuchungen ist nun der oben beschriebene pragmatistische Lernbegriff von Dewey, nach dem Lernen dort möglich ist, wo Handlungsprobleme wahrgenommen und angenommen werden. Mit Dewey kann Elternschaft als knowledge und als habits verstanden werden, die in der interaktiven Auseinandersetzung mit der jeweiligen Lebenswelt konstituiert werden. Ich betrachte Elternschaft somit unter der Perspektive ihrer interaktiven Herstellung. In Interaktionen in konkreten Situationen konstituieren Eltern ihre Bedeutungen von Elternschaft. Dabei werden sowohl individuelle habits entwickelt als auch soziale customs angeeignet und gestaltet. Nehmen Eltern Aspekte ihrer Beziehung zur Umwelt als Handlungsprobleme wahr, so können sie in Lernprozesse eintreten, kann Lernen stattfinden. Unter den zu identifizierenden Lernprozessen verstehe ich die Suchbewegungen von Eltern, ihre Aktivitäten, Lösungen zu finden. Zu Beginn ihrer Elternschaft müssen Eltern lernen, in welchen Umgebungen Elternsein welche Bedeutungen erhält. Dies bleibt ein ständiger Lernprozess, bei dem Eltern jedoch zunehmend auf in experiences erworbenes knowledge und habits zurückgreifen können. Ich untersuche daher zunächst, welche Handlungsprobleme Eltern erkennen und annehmen. Ich systematisiere, welche Handlungsprobleme konstituiert werden. Zudem stellt sich die Frage, wie Eltern Ausschnitte ihrer Lebenswelt in ein Lernproblem transformieren und wie sie es bearbeiten, auf welchem Wege Lösungen gefunden werden.

Teil II

Das Lernen von Eltern – Inhalte

Kapitel 5

Elternschaft als Lernsituation – ein erster Zugang

In einem ersten Schritt möchte ich nun ein grundlegendes Phänomen von Elternschaft und dessen Eigenschaften, die ich in den vorliegenden Daten rekonstruiert habe, darstellen. Es zeigt sich, dass mit Dewey Elternschaft als eine fremde Situation und damit als Problemsituation angesehen werden kann.

Die Beschreibung dieses grundlegenden Phänomens mit seinen Eigenschaften bietet eine erste Orientierung beim Blick auf Elternschaft. Ein durch die Analysen rekonstruiertes Grundmodell soll hier weitere Systematisierung ermöglichen. Ich werde in diesem Teil II das Schlüsselphänomen *Elternschaft – das Fremde* erläutern (Kapitel 6). Anschließend stelle ich das Grundmodell *Lernfeld Elternidentität* näher vor und beschreibe mit dessen Hilfe zentrale Lerninhalte von Eltern.

Beginnen möchte ich, analog zum Vorgehen am Anfang der Analysen, mit den Eingangspassagen eines Interviews. Mit dem Blick auf einen Fall skizziere ich Umrisse der vorgenommenen Interpretationen. Anschließend entfalte ich dann losgelöst von einzelnen Interviews und ausgehend von dem Grundphänomen *Elternschaft – das Fremde* meine Systematik.

Die Eltern wurden jeweils zu Beginn des Interviews gebeten zu erzählen, wie das denn war, als sie Eltern wurden. Der Eingangsimpuls war bewusst so offen formuliert, damit die Eltern mit der Eingangserzählung so weit zeitlich zurück gehen konnten, wie sie es für nötig hielten. Es gibt Erzählungen, die mit dem Abwägen einer möglichen Elternschaft beginnen, solche, die bei der Nachricht der bevorstehenden Vaterschaft einsetzen und andere, die dort beginnen, wo das Kind schon einige Zeit geboren ist. In den Eingangserzählungen werden grundlegende Problemsituationen angedeutet. Es zeigen sich generelle Orientierungen der Eltern, sie beschreiben ihre Perspektive auf Elternschaft. In der Art und Weise, wie Eltern die Erzählrahmen setzen, können habits rekonstruiert werden, die mit Elternschaft in Bezug stehen. Die grundlegenden Bedeutungen von Elternschaft werden sichtbar.

Damit die Analysen der Interviews bzw. Tagebücher und die damit verbundenen systematisierenden Überlegungen nachvollziehbar sind, stelle ich im Folgenden einige Textpassagen eines Interviews exemplarisch vor. Ich zitiere aus einem Interview mit einem Vater. Die angeführten Überlegungen verweisen auf Aspekte, die sich auch in vielen anderen Interviews finden. Gerade bei den nachfolgend vorgestellten Überlegungen zum Grundphänomen der Elternschaft als neuer, fremder Lebenssituation und damit als genereller Problemsituation möchte ich darauf hinweisen, dass die aufgeführten Analysen keine Einzelfälle darstellen. Es werden ein Phänomen und dessen Eigenschaften beschrieben, die sich als Grundzüge in allen vorliegenden Daten zeigen.

> 5   I: „wie hast du dich da in dein vatersein REINgefunden?
>
> 6   AM: hmmm
>
> 7   I: von da erzähl doch mal
>
> 8   AM: jaaa *3* hmm also um irgendwie sogar chronologisch anzufangen wars so dass die äh *2* dass die ina meinte äh sie könnte mich als äh toll als vater vorstellen ne? das war für mich damals für mich irgendwie ne ja irgendwie n tolles lob ne? und ich war war * trotzdem immer wieder unsicher ob ich das so alles bewältigen würde ob ich wirklich dem gerecht werde was was son ähm * vatersein bedeutet und was son kind von einem fordert und * wies einen herausfordert und dann als ähm ja plötzlich die nachricht kam dass äh ja die ina mit der vermutung kam naja * ja da war ich da war ich erstmal noch skeptisch"
>
> (Interview 3, 5-8) [132]

Dewey beschreibt Gefühle als den initialen Schritt für experiences. Emotionen finden sich in der vorliegenden Passage auf zwei Ebenen: Einerseits berichtet der interviewte Vater von früher empfundenen Gefühlen. Andererseits ist er in der Interviewsituation emotional beteiligt. Die emotionale Beteiligung in der Interviewsituation steht im Zusammenhang mit dem Erzählten. Persönlich bedeutsame Erinnerungen rufen in der Erzählsituation ebenfalls Gefühle hervor. Diese äußern sich in der gesprochenen Sprache häufig in Verzögerungen in der Formulierung. Das zeigt sich beispielsweise in Wortwiederholungen („das war für mich damals für mich irgendwie ne ja irgendwie", 8), in Pausen („jaaa * 3 * hmm also", 8), in einer Unsicherheit bei der Formulierung („dem gerecht werde was was son ähm * vatersein bedeutet", 8).

Betrachtet man nun die erinnerten Gefühle aus der Vergangenheit, so berichtet der Interviewte hier in Bezug auf eine potentielle Vaterschaft von zwei unterschiedlichen Empfindungen: Einerseits freut sich der Erzähler über das Lob seiner Partnerin, andererseits berichtet er von einem diffusen Gefühl der Unsicherheit. Diese Unsicherheit kehrt immer wieder („trotzdem immer wieder unsicher", 8). Nach Dewey kann ein Gefühl der Unsicherheit der Ausgangspunkt für eine experience sein. Es kann gelernt werden, wenn ein reflektierendes Nachdenken über die Definition des Problems, möglicher Lösungen und deren Konsequenzen einsetzt, bei dem eine Lösung abschließend erprobt und evaluiert wird. Aus der Erzählung wird deutlich, dass eine Auseinandersetzung um die Entscheidung für eine Vaterschaft stattgefunden hat. Der Va-

---

132   Hinweise zur Transkription finden sich im Anhang.

ter spricht mögliche Aspekte an, die er abgewogen hat. Zunächst einmal nennt er seine Freundin: „dass die ina meinte äh sie könnte mich als äh toll als vater vorstellen ne?" (8). Zwei grundlegende Bereiche der Auseinandersetzung um Elternschaft werden hier angesprochen. Zum einen ist die *Partnerschaft* als ein Lebensumfeld erwähnt, in dem es im Zuge von Elternschaft zu Veränderungen kommen kann, zum anderen zeigt sich der Aspekt der Erwartungen *Anderer*. Partnerschaft wird an dieser Stelle nicht umfassend ausgeführt. Es zeigt sich jedoch im weiteren Verlauf sowie in den anderen Interviews, dass die Beziehung der Eltern untereinander einen Bereich darstellt, in dem sich viele Lernmöglichkeiten ergeben. Dennoch finden sich auch in dieser Passage einige Anhaltspunkte. Die Partnerin wird als diejenige eingeführt, die das Nachdenken über Vaterschaft initiiert („die ina meinte", 8). Die Meinung der Partnerin veranlasst Gedanken über das (eigene) Vatersein. Durch ihre Erklärung, sie könne sich Herrn AM gut als Vater vorstellen, stellt sie die Möglichkeit einer Familiengründung in den Raum. Diese „Familienerklärung" erfordert – analog zu einer Liebeserklärung – eine Reaktion. Der potentielle Vater ist in Zugzwang, er muss sich positionieren. Die gegenseitige Einschätzung von Eltern in Bezug auf ihre Fähigkeiten als Elternteil stellt eine mögliche Lernherausforderung im Bereich Partnerschaft dar. Die Beurteilung durch den Partner oder die Partnerin kann zum Anlass für Lernprozesse werden. Mit der Erklärung baut die Freundin Erwartungen gegenüber einer zukünftigen Vaterschaft des Partners auf. Die Erwartung an sich als Elternteil kann zu Überlegungen darüber führen, ob es möglich ist, den Erwartungen gerecht zu werden („unsicher ob ich das so alles bewältigen würde ob ich wirklich dem gerecht werde", 8). Hier mischt sich die geäußerte Erwartung der Partnerin mit generellen Überlegungen zu Erwartungen, die durch eine Vaterschaft entstehen können. Der Umgang mit Erwartungen *Anderer*, speziell der Erwartungen der Partnerin oder des Partners, ist eine weitere mögliche Lernherausforderung für Eltern.

Die geäußerte Beurteilung („toll als vater vorstellen", 8) kann aber auch eine unterstützende Funktion haben („tolles lob", 8). Gegenseitige Unterstützung, mögliche Formen der Unterstützung aber auch deren Fehlen bilden eine weitere Lernherausforderung in der Partnerschaft.

Die Interaktion mit anderen Menschen hat für das Lernen in der Elternschaft eine grundlegende Bedeutung. Im Beispiel ist das die Interaktion der Eltern miteinander. Darüber hinaus gibt es viele *Interaktionen mit Anderen*, die bedeutsam für das Lernen von Eltern sind. *Bedeutungen von Elternsein* werden in Interaktionen konstruiert. Eltern lernen in der Auseinandersetzung mit der Umgebung, was es heißt, Eltern zu sein. Sie handeln mit den jeweiligen Interaktionspartner_innen, z.B. den eigenen Kindern, aus, was Elternsein situativ bedeutet. Elternsein zeigt sich als eine interaktive Kategorie, die sich über Beziehungen und deren Ausgestaltung konstituiert. Diese Aushandlungsprozesse sind den Akteuren meist nur rudimentär präsent. In Anlehnung an ähnliche Konzepte der Schul- und Geschlechterforschung (doing pupil, doing gender) kann man hier von einem „doing parent" sprechen.

Dewey geht in seiner Lerntheorie davon aus, dass Bedeutungen in Interaktionen konstituiert werden. Interessant erscheint mir nun, welche Interaktionsbeziehungen sich als bedeutsam erweisen. Die Analysen weisen auf zentrale Interaktionsbeziehungen für Eltern hin: die Interaktionen zwischen Eltern und Kind, die Interaktionen von Eltern untereinander sowie die Interaktionen von Eltern mit pädagogischen Fachkräften (Erzieher_innen, Lehrpersonen) und den zugehörigen pädagogischen Institutionen. Des Weiteren sind Interaktionen mit Verwandten und Bekannten – insbesondere mit anderen Eltern – bedeutsam.

Ein Aspekt, der in der Interaktion mit Anderen immer wieder eine Rolle spielt, ist das oben schon angesprochene *Beurteilen*. In der Beispielsequenz beurteilt die Partnerin den Erzähler. Dieser teilt die Beurteilung nicht völlig („ich war war * trotzdem immer wieder unsicher ob ich das so alles bewältigen würde ob ich wirklich dem gerecht werde"). Es zeigt sich eine Ambivalenz bezüglich der Beurteilung. Generell stellt sich in den Interviews immer wieder die Frage, wer beurteilt Eltern. Hier spielt beispielsweise eine Rolle, wer als Autorität für Beurteilungen zugelassen oder nicht toleriert wird. Zudem kommen Beurteilungen in unterschiedlichen Kontexten unterschiedliche Funktionen zu. Sie können Anlass für eine Auseinandersetzung, für eine Problemsituation sein. Sie können aber ebenso als Lösungsmöglichkeit herangezogen werden – etwa, wenn der Rat einer verwandten Person eingeholt wird. Die (imaginäre) Beurteilung einer von einem Elternteil als Autorität angesehenen Person wie etwa der eigenen Mutter kann auch eine Rolle im Prozess der Lösungsfindung spielen.

Die Feststellung „ob ich wirklich dem gerecht werde was was son ähm * vatersein bedeutet" (8) verweist auf den zentralen Lernfokus des *Eltern-Selbst-Bildes*. Eltern entwickeln eine Vorstellung davon, was Elternschaft bedeutet. Dieser generalisierten Vorstellung von Elternschaft steht der Entwurf der eigenen Elternschaft gegenüber. „was was son ähm * vatersein bedeutet" (8) rekurriert auf generalisierende Ansichten über Vaterschaft. „Ob ich wirklich dem gerecht werde" (8) signalisiert eine Differenz zwischen angenommener allgemeiner Vaterschaftsvorstellung und dem eigenen Vatersein. Eltern stehen vor der Aufgabe, eigene Eltern-selves zu entwickeln. Dies ist insofern schwierig, als dass auch eine generalisierte Vorstellung von Elternschaft sehr vage zu sein scheint („das so alles", 8).

Direkt im Anschluss an obige Feststellung spricht Herr AM das Kind an: „was son kind von einem fordert und * wies einen herausfordert" (8). Hier ist der nächste zentrale Lernfokus von Eltern angesprochen. Eltern sind analog zum eigenen Eltern-Selbst-Bild aufgefordert, sich ein *Bild von ihrem Kind* zu machen. Dies geschieht wiederum in Auseinandersetzung mit generalisierenden Vorstellungen über Kinder („son kind", 8). Eltern konstituieren das Bild vom eigenen Kind in Relation zu ihren allgemeinen Vorstellungen über Kinder.

Schließlich ist als dritter Lernfokus mit der Tätigkeit des „Bewältigen(s)" das Spektrum der Handlungsmöglichkeiten, Überzeugungen, Einstellungen und des Wissens in Bezug auf Elternschaft angesprochen. Eltern entwickeln *habits und knowledge*, die im Zusammenhang mit Elternschaft entstehen. Ein in dieser Sequenz eher am Rande mitschwingender Aspekt betrifft *zeitliche Dimensionen* von Elternschaft: „irgendwie sogar chronologisch anzufangen" (8). Herr AM bemüht sich um eine Chronologie. Dabei setzt er einen sehr frühen Startpunkt für seine Elternschaft. Die vorangehende Frage „wie hast du dich da in dein vatersein REINgefunden?" (5) lässt offen, wo der Prozess der Vaterschaft beginnt. Der interviewte Vater setzt den Zeitpunkt vor die Schwangerschaft seiner Freundin. Der Prozess der Vaterschaft beginnt für ihn, als die Freundin ihre Vorstellung über seine Vaterschaft ins Gespräch bringt. Die Passage verweist auf einen zeitlichen Verlauf von Elternschaft.

Eine weitere Eigenschaft, die Elternsein zugeschrieben wird, zeigt sich in der nächsten Sequenz. Der Vater äußert sich wenig später im Gespräch wie folgt:

50   AM: „aber auf der andern seite ist klar * ab jetzt ändert ändert sich grundlegend was in meinem leben und des lässt sich nimmer wegdiskutieren ja? ähm des iss da und * und wird mich jetzt auch * jetzt auf DAUER mit seinem * begleiten * herausforderungen * herausfordern *3* ja also *2* es gab SCHON manchmal so situationen und die gibts auch immer mal wieder so einzelsituationen wo ich denke hmm wer weiß was da noch so alles kommt und ob ich des so alles hinkriege also * ich glaub insbesondre * und jetzt mal sonen kurzen sprung machen * insbesondre wenns so um um pubertät geht ne? DAA bin ich mal gespannt weil * da fühl ich mich * ja * in vielem * ich bin ich bin selber so jemand der * der auch an etlichen sachen einfach vorbeigegangen iss ne? * oder * irgendwie * selber gar nit so mitgemacht hat und von daher * weiß ich nit wie ich dann ob ich reagiere oder damit zurechtkomme wenn daniel irgendwann sich ausprobiert

51   I: alles mitmacht?

52   AM: irgendwie dinge wo ich die ich überhaupt nit einschätzen kann"
          (Interview 3, 50-52)

Der interviewte Vater, Herr AM, spricht in dieser Sequenz wiederum einige grundlegende Aspekte von Elternschaft an. Zunächst zeigen sich erneut Gefühle, allerdings nicht explizit. Der Vater ist wiederholt verunsichert („gibts auch immer mal wieder so einzelsituationen wo ich denke hmm wer weiß was da noch so alles kommt und ob ich des so alles hinkriege", 50). Doch es klingt nicht nur allgemeine Verunsicherung an. Der Vater ist durch das Kind verunsichert. Der Gedanke an mögliches Verhalten des Kindes in der Pubertät lässt ihn an seinen Fähigkeiten zweifeln („wenn daniel irgendwann sich ausprobiert", 50).

Hier deutet sich auch eine gewisse Distanz zum Kind an: Herr AM spricht von „Daniel", nicht von „meinem Sohn". Wir erfahren noch mehr über das Bild vom Kind. Das Kind wird als in der Entwicklung begriffen angesehen. Zudem wird eine gewisse Unberechenbarkeit angesprochen: Möglicherweise kann man dem Kind nicht trauen („irgendwann sich ausprobiert", 50). Es könnte ein Verhalten zeigen, das den Eltern Schwierigkeiten bereitet („irgendwie dinge wo ich die ich überhaupt nit einschätzen kann", 52). Die Zukunft des Kindes ist nicht greifbar, das zukünftige Kind ist nicht erkennbar. Hier deutet sich die Eigenschaft der *Unvorhersehbarkeit* von Elternschaft an, die durch die Konstitution von Elternschaft durch die Anwesenheit eines Kindes grundgelegt ist.

Des Weiteren wird wiederum das *Eltern-Selbst-Bild* angesprochen. Es kommt misslingendes Elternsein in den Blick („ob ich des so alles hinkriege"; „wie ich dann ob ich reagiere oder dmait zurechtkomme", 50). Hier klingen auch gewisse Selbstzweifel an, ob die eigene Vaterschaft in Zukunft gelingen kann. Der Vater spricht hier zudem ein Lernverständnis an:

> „ich bin ich bin selber so jemand der * der auch an etlichen sachen einfach vor-
> beigegangen iss ne? * oder * irgendwie * selber gar nit so mitgemacht hat und
> von daher * weiß ich nit wie ich dann ob ich reagiere oder damit zurechtkomme"
> (Interview 3, 50)

Der Gedankengang lässt sich abstrahieren zu dem habit: Was ich selbst nicht mitgemacht habe, damit kenne ich mich nicht aus; ich kenne etwas, wenn ich es selbst erlebt habe. Da dieses eigene Erleben „lückenhaft" zu sein scheint, erwartet der Vater Schwierigkeiten. Andere Lernmöglichkeiten spricht er hier nicht an. Deutlich wird aber, dass durch die Unvorhersehbarkeit der Elternschaft mögliche Problemsituationen bevorstehen, die ein Lernen nach Dewey möglich machen. Diese Parallelität von kindlicher Entwicklung und elterlichem Lernprozess ist eine weitere Eigenschaft von Elternschaft. Eltern sind damit beschäftigt, ihr Elternsein zu entwickeln. Zugleich sind sie aber auch gefordert, Lehrende für ihr Kind zu sein. Es zeigt sich eine *Lehr-Lern-Parallelität der Elternschaft.*

Die obigen Interviewsequenzen deuten zudem das Schlüsselphänomen an: Elternschaft wird generell als neue Situation und damit im Sinne von Dewey als mögliche Problemsituation betrachtet: „ab jetzt ändert ändert sich grundlegend was in meinem leben und des lässt sich nimmer wegdiskutieren" (50). Hinzu kommt, dass diese *Veränderung dauerhaft* ist, sie muss in ihrer Endgültigkeit angenommen werden („des iss da und * und wird mich jetzt auch * jetzt auf DAUER mit seinem * begleiten * herausfoderungen * herausfordern", 50). Hier wird eine umfassende Veränderung der Lebenswelt angesprochen. Diese macht es naheliegend, dass umfassende Lernprozesse stattfinden, dass mit Dewey ein adjustment naheliegt oder gar notwendig ist.

Nachdem ich nun einen ersten Eindruck von einem Interview und dessen Analysen gegeben habe, gehe ich im Folgenden systematisch vor. Den Ausgangspunkt bildet das zuletzt genannte Phänomen *Elternschaft – das Fremde.* Es soll näher beschrieben und in seinen Eigenschaften erfasst werden.

Kapitel 6

Das Schlüsselphänomen: Elternschaft – das Fremde

Viele der Eltern beschreiben bereits gleich zu Beginn des Interviews ihre Elternschaft als grundlegend neue Situation, wie auch in nachfolgendem Beispiel.

> „also ich muss gleich mal zu anfang an sagen man stellt sich ganz ganz anders vor wie es nachher isch also so wie es dann war kann man sich es gar nicht vorstellen es sei denn man hat schon ein kind" (Interview 15, 9)

In den Daten finden sich zahlreiche Belege dafür, dass Eltern ihre Elternschaft als gänzlich neue Erfahrung einschätzen. Sie weisen immer wieder darauf hin, dass Elternsein für sie eine Fremdheitserfahrung ist, eine Erfahrung, die sich mit keiner vorhergehenden in ihrem Leben vergleichen lässt.

> „ne aber man kann dass * man kann sich das im geringsten nicht also:, ich möchte nicht sagen dass der Karl der kleine ein schreikind war oder so was * aber auch wenn man vorher irgendwie gesagt bekommt man kriegt wenig schlaf * dann kann man sich nicht im entferntesten ausdenken was das bedeutet es ist nicht nur so dass man nur wenig schlaf kriegt sondern dass man dann auch ein schreiendes kind versorgen muss * dass man gucken muss dass man irgendwie selber wenigsten angezogen bekommt und geduscht bekommt oder mal was essen kann zwischendrin * es ist halt alles tota:l ja* ungwohnt einfach es ist eine ganz ganz neue welt" (Interview 22, 58)

Elternsein führt hinein in eine zuvor unbekannte Welt. Die Eltern unterscheiden sowohl in den Interviews als auch in den Tagebüchern zwischen ihrem vorangegangenen Leben ohne Kind und ihrem jetzigen Leben mit einem Kind. Diese neue Welt mit Kind wird häufig als Kontrasterfahrung zur Berufstätigkeit beschrieben. Das Berufsleben wird als Gegenhorizont einerseits in einer Abgrenzung des vorigen Lebens ohne Kind von dem Leben mit Kind herangezogen. Andererseits wird es als Gegenhorizont angeführt, wenn Berufstätigkeit und Elternschaft parallel erlebt werden. Elternschaft wird hier zu einem „Paralleluniversum".

> „also ich ich sag manchmal so ma ma taucht da ich merks jetzt auch wo ich jetzt auch wieder angefangen hab zu arbeiten man taucht in einer andere welt ein es isch wirklich es sin so zwei paralleluniverse des eine dann mit kind"
> (Interview 15, 66)

Elternschaft wird als „Eintauchen in eine andere Welt" erlebt. Die Erfahrung der Fremdheit scheint umfassend zu sein. Es sind alle Lebensbereiche betroffen, die ganze Lebenswelt scheint eine fremde zu sein, die sich von Grund auf von der vorangegangenen unterscheidet, wie nachfolgendes Beispiel aus dem Tagebuch einer Mutter nochmals verdeutlicht:

> 7   „Was war es doch im Büro so friedlich, man kam nach einem Spaziergang in ein geheiztes Büro, konnte Zeitung lesen (in aller Ruhe) dann ein bisschen arbeiten, dann Frühstücken (wurde gemacht) Mittagessen (war auch fertig) alles in aller Ruhe.
>
> 8   Und jetzt? Man steht auf, wird schon knörig geweckt und dann geht es den ganzen Tag knörig und weinerlich weiter.
>
> 9   Bis abends!"
>
> (Tagebuch 1, 7-9)

Mit einem Kind zu leben interpretieren Eltern, wie oben gezeigt, als vollständig neue Erfahrung. Eltern stehen einer neuen und unbekannten Situation gegenüber, die sich mit keiner anderen im bisherigen Leben vergleichen lässt. In Bezug auf die Person des Elternteils kann eine vorher-nachher-Unterscheidung eingeführt werden und die interviewten Eltern tun dies auch. Elternsein ist damit grundlegend eine Unterbrechung des Lebensflusses und als solche eine mögliche experience im Sinne Deweys. Die unbekannte „neue Welt", die werdenden Eltern bevorsteht, kann bereits vor der Geburt des Kindes zu Gefühlen der Unsicherheit führen:

> „während der schwangerschaft fragt man sich zwar immer so oh schafft man das
> * wollt ich das wirklich [LACHT] es verändert sich ALLES" (Interview 23, 25)

Diese Verunsicherung kann mögliche Lernprozesse in Gang setzen. Nach Dewey kann daher die ganze Situation Eltern zu werden und Eltern zu sein als Problemsituation interpretiert werden, in der Eltern neue Bedeutungen, neue erweiterte Einsichten und Lösungen gewinnen müssen. In dieser inquiry, in der Suche nach Lösungen für diese experience lernen Eltern.

Das von den Eltern wie in den obigen Zitaten beschriebene Phänomen bezeichne ich als Schlüsselphänomen der vorliegenden Studie, da sich das Befremden der Eltern in allen Interviews und den Tagebüchern wiederfindet. Es scheint ein zentrales Phänomen zu sein. Ich bezeichne dieses Schlüsselphänomen als *Elternschaft – das Fremde*.[133]

In den nachfolgenden Abschnitten soll dieses Schlüsselphänomen *Elternschaft – das Fremde* in seinen zentralen Eigenschaften beschrieben werden. In den Eigenschaften andauernde Veränderung auf Dauer, Unvorhersehbarkeit, Lehr-Lern-Parallelität und Bedeutungsvielfalt durch die Interaktion mit Anderen zeigt sich, worin die Fremdheit der Elternschaft besteht. Die Eigenschaft

---

133   Ich wähle hier bewusst diese sperrige Bezeichnung und nicht etwa „Fremde Elternschaft", um ein zu schnelles Assimilieren des Phänomens zu verhindern. Durch die Bindestrich-Schreibweise erhoffe ich mir, dass eine gewisse Fremdheit auch durch die Bezeichnung erhalten bleibt und damit beim Lesen ein offener Zugang zu den nachfolgenden Analysen erleichtert wird.

Verantwortung verleiht den anderen Eigenschaften ihre besondere Qualität. Die Aufteilung des Phänomens *Elternschaft – das Fremde* in diese Eigenschaften ist eine analytische. Die Eigenschaften greifen ineinander. Sie sind eng ineinander verwoben.

6.1 Andauernde Veränderung auf Dauer

„aber auf der andern seite ist klar * ab jetzt ändert ändert sich grundlegend was in meinem leben und des lässt sich nimmer wegdiskutieren ja? ähm des iss da und * und wird mich jetzt auch * jetzt auf DAUER mit seinem * begleiten * herausforderungen * herausfordern *3* ja also *2*" (Interview 3, 50)

Nachdrücklich weist Herr AM darauf hin, dass die Elternschaft eine Veränderung des Lebens ist, die nicht rückgängig gemacht werden kann („nimmer wegdiskutieren"). Die durch die Geburt des Kindes eingetretene Veränderung bleibt auch in Zukunft bestehen, sie besteht auf Dauer. Herr AM stellt fest: „des iss da und * und wird mich jetzt auch * auf DAUER [...] begleiten". Die Veränderung auf Dauer ist eine erste Eigenschaft des Phänomens *Elternschaft – das Fremde*.

Die Veränderung ist tiefgreifend und umfassend („ändert sich grundlegend was in meinem Leben"). Die Elternschaft führt zu Veränderungen in vielen Lebensbereichen. Diese Veränderungen lassen sich nicht rückgängig machen. Sie bestehen von nun an für immer, auf Dauer.

Zugleich klingt noch ein zweiter Aspekt an. „auf DAUER mit seinem * begleiten * herausforderungen" bezeichnet die Dauerhaftigkeit der Veränderung im Sinne von zukünftig wiederkehrenden Situationen der Veränderung. Der Erzähler erwartet dauerhaft Herausforderungen. Er geht davon aus, dass Elternschaft dadurch gekennzeichnet ist, dass sich in Zukunft immer wieder fremde Situationen („herausforderungen") einstellen. Dies ist die zweite Facette der Veränderung. Es wird im Verlaufe der Elternschaft nach Ansicht Herr AMs dauerhaft so sein, dass immer wieder neue Veränderungen herausfordern.

Die zeitliche Eigenschaft des Phänomens zeigt sich damit in zwei Dimensionen: Elternschaft ist einerseits eine Veränderung, die auf Dauer besteht. Einmal eingetreten ist sie endgültig und für immer da. Sie lässt sich nicht mehr verändern. Andererseits ist Elternschaft auch nicht nur mit der Geburt des ersten Kindes und in einer gewissen anschließenden Gewöhnungszeit durch Fremdheit geprägt. Das Phänomen *Elternschaft – das Fremde* kann als ein dauerhaftes angesehen werden. Elternschaft ist dauerhaft immer wieder auftretenden Veränderungen unterworfen, die zu immer neuen Herausforderungen und damit Fremdheitserfahrungen führen. Ich möchte diese beiden zeitlichen Dimensionen durch weitere Interviewsequenzen näher beschreiben.

„denk ich mal ne, puH Ja *2* ja erstma hat sich nach der geburt natürlich ganz viel verändert weil plötzlich ein mensch MEHr da war, das war ganz komisch da

musste ich mich auch erstma dran gewöhN weil man sonst einfach so leichtfertig
irgendwohin gefahrn is war ja jetzt plötzlich immer noch jemand DA, * das war
das hat so jA eigentlich schon auch ein paar wochen gedauert. wirklich ähm mir
klar war dass noch ein mensch DA is [LACHT] ja genau" (Interview 25, 30)

Als Ursache für die dauerhafte Veränderung im Leben von Eltern wird das
Kind genannt: „plötzlich ein mensch MEHr da". Der Anfang von Elternschaft
wird an der Geburt des Kindes fest gemacht. Die interviewten Eltern definieren überwiegend die *Geburt als Beginn ihrer Elternschaft*. Die zusätzliche Interaktion mit dem Kind ist nicht vorübergehend, so wie etwa ein Freundeskind
zu Besuch kommt und nach ein paar Tagen wieder geht. Das eigene Kind ist
dauerhaft da. Damit wird auch Elternschaft zu etwas Dauerhaftem. Diese Veränderung durch die Anwesenheit eines Kindes ist unumgänglich („immer").
Elternschaft wird als *zeitlich unbegrenzt* entworfen.

> „während der schwangerschaft fragt man sich zwar immer so oh schafft man das
> * wollt ich das wirklich [LACHT] es verändert sich ALLES. also man hat dann nen
> 24 stunden job, [...] wie gesagt man hat dann halt 24 stunden am tag immer n
> kind was eventuell was mag von einem, nachts mal schreit " (Interview 23, 14)

Die Mutter in diesem Zitat vergleicht Elternschaft mit einem Beruf. Im Gegensatz zum Beruf gibt es bei Elternschaft keinen Feierabend oder Urlaub. Elternschaft ist „nen 24 stunden job". Die Dauerhaftigkeit der Elternschaft wird
vor dem Gegenhorizont der Berufstätigkeit mit ihren geregelten Arbeits- und
Freizeiten beschrieben. Elternteil ist man rund um die Uhr.

Es zeigen sich viele mögliche Situationen, in denen Eltern Fremdheit erleben können, wie nachfolgende Mutter, Frau ZF, schildert:

> „aber was sich wirklich am gravierensten verändert hat war plötzlich die tatsache
> dass es nicht nur ein ereignis ist des ma jetzt mal mit erlebt und auskosten kann
> und dann wars das wieder wenn man möchte sondern es ist jetzt einfach immer
> da jaaa und man weißt dann nachts muß aufstehen und vielleicht auch tagsüber
> sich auch irgend nem anderen rhythmus anpassen und das macht man auch gern
> und irgendwann kommt der punkt da kommt man an seine eigenen körperlichen
> grenzen auch oder auch psychische grenzen und da ist dann niemand da der da
> dann frägt wie möchtest dus jetzt einfach haben also sich auf den prozess ein-
> zulassen dass du jetzt trotzdem deine handlung unterbrechen musst die du jetzt
> eigentlich machen möchtest also wenn du zum beispiel liest und du denkst jetzt
> schläft das kind und du bist schön am lesen oder irgendwas anders am machen
> und dann klappt des eben trotzdem nicht vielleicht hast du grad drei minuten an
> einem spannenden artikel gelesen und du musst wirklich aufhören mit lesen und
> auch nach fünf minuten kannst du nicht einfach weiter lesen sondern dann viel-
> leicht erst in drei wochen übertrieben gesagt und das ist schon etwas auf das man
> sich dann einlassen muss und das fand ich dann echt gravierend"
> (Interview 28, 14)

Frau ZF beschreibt Situationen, in denen sie von den geplanten Handlungen abweichen muss („dass du jetzt trotzdem deine handlung unterbrechen
musst"). Diese Situationen können an persönliche Grenzen führen („irgendwann kommt der punkt da kommt man an seine eigenen körperlichen grenzen auch oder auch psychische grenzen"). Befindet sich die Mutter in einer

solchen Grenzsituation, dann muss sie nach Lösungen suchen. Die Lösungen müssen selbst gefunden werden („dann niemand da der da dann fragt wie möchtest dus jetzt einfach haben"). Dieser Lernprozess, der sich im Zuge der Unveränderlichkeit der Situation (Anwesenheit des Kindes) einstellt, wird als etwas beschrieben, das „echt gravierend" ist.

Die geschilderte Situation – Frau ZF muss das Lesen unterbrechen und kommt erst sehr viel später („in drei wochen übertrieben gesagt") dazu zurück – verweist auf eine weitere Facette der dauerhaften Veränderung durch Elternschaft. Neben dem oben festgestellen generellen temporalen Aspekt von Elternschaft hinsichtlich ihrer Dauerhaftigkeit ist hier mit der unplanbaren *Strukturierung und Rhythmisierung* ein nächster angesprochen. Die Gestaltung des Tagesablaufs, die Rhythmisierung des eigenen Lebens wird dauerhaft verändert.

> „also wenn ein kind zur welt kommt ist es schon so dass man plötzlich nicht mehr von jetzt auf gleich zum beispiel das haus verlassen kann od:er man muss sich sehr viel mehr an einen rhytmus halten was man vielleicht vorher nicht tun musste je nachdem ä:hm wie man vorher gelebt hat" (Interview 26, 12)

Die Gestaltung des Tagesablaufs wird einerseits dadurch eingeschränkt, dass spontane Handlungen („zum beispiel das haus verlassen") nicht mehr ohne weiteres möglich sind. Andererseits scheint das Leben durch einen Rhythmus, an den man sich „sehr viel mehr" halten muss, gekennzeichnet. Dies kann sich vor dem Gegenhorizont des vorhergehenden Lebens ohne Kind als deutliche Veränderung zeigen, wie eine ganze Reihe von Eltern in den Interviews und Tagebüchern bestätigen.

> „a:lso ähm im prinzip is es so dass des des leben ähm eigentlich total umkrempelt weil man jetzt so in seiner freizeit einfach die freizeit völlig umstellen muss also vorher wenn man jetzt nur en paar is hat ma einfach (äh) beruflich is klar des is die zeit die ma dafür braucht aber in der freizeit is ma eigentlich ja. hat ma viele möglichkeiten sag ich jetzt mal so und die ersten jahre is es so dass ma Eigentlich dann vor allem wenn beide weiterhin berufstätig sein wollen einfach die freizeit völlig umkrempeln muss und sich des einfach völlig fokussiert halt auf die kinder" (Interview 11, 22)

Der Vater bestätigt in dieser Sequenz nochmals die Umgestaltung der Freizeit der Eltern durch die Anwesenheit eines Kindes. Die Situation vor der Elternschaft wird charakterisiert durch die „viele möglichkeiten", die sich in der Lebensgestaltung eröffnen. Im Gegensatz dazu ist die zeitliche Gestaltung als Elternteil „einfach völlig fokussiert halt auf die kinder". Die vorherige Vielfalt wird durch den Fokus auf das Kind eingeschränkt. Dieser Fokus bestimmt nun den Lebensrhythmus, die Struktur des Alltags. Die ausschließliche Fokussierung auf das Kind und die durch das Kind rhythmisierte Zeit scheinen insbesondere in der ersten Zeit mit einem kleinen Kind zentral zu sein.

> „es war halt der * der tagesablauf war strukturiert durch die kinder, die ja am anfang ein hohes maß an zuwendung einfach auch gebraucht ham durch die stillzeiten die dann regelmäßig warn war man ja doch sehr an das kind gebunden

> äh:m gut dann ähm auch durch die nächtlichen aktionen nachts das stillen ähm
> die pflege ähm das war ganz am anfang wars ja auch noch en unregelmäßiger
> tagesrhythmus * ja also äh war zu beginn ähm so im ersten lebensjahr oder so
> das erste halbe noch mehr aber so insgesamt das erste lebensjahr doch viel an das
> kind gebunden." (Interview 13, 5)

Die Mutter führt an dieser Stelle nicht näher aus, wie sich die Rhythmisierung
und Strukturierung der Zeit durch das Kind weiter gestaltet. Die verwendeten Steigerungen („hohes maß", „sehr", „viel") weisen darauf hin, dass hier
eine Veränderung stattfindet. Sie bezeichnet das erste halbe Jahr mit Kind als
sehr stark durch das Kind strukturiert. Bis zum Ende des ersten Lebensjahres
ist ihrer Ansicht nach weiterhin eine starke Strukturierung des Tagesablaufs
durch das Kind vorhanden.

Auch über das erste Lebensjahr hinaus scheint der Tagesrhythmus durch
die Elternschaft geprägt zu sein.

> „ich selber neige jetzt vielleicht dazu etwas die dinge laufen zu lassen auf mich zu-
> kommen zu lassen * und äh dann erst zu handeln wenn man aber kinder hat äh ist
> es klar, dass * einfach ständig wiederkehrende termine da sind die man * äh einzu-
> halten hat, oder die man organisieren muss im rahmen von * äh schulverantaltung
> sportveranstaltung in rahmen von ärztlicher regelmäßiger ärztlicher versorgung,
> und ähm * das ist natürlich dann * äh ja für mich ANDERS gewesen jetzt wo die
> kinder älter sind * kann ich wieder so bisschen diese diese strukturierung diese
> straffe etwas * liegen lassen" (Interview 12, 12)

Die Veränderung des Tagesablaufs ist Frau HF zu Folge auch nach dem ersten
Lebensjahr des Kindes gegeben. Der Alltag wird durch die Kinder strukturiert
(„ständig wiederkehrende termine"). Mit zunehmendem Alter der Kinder verändert sich diese Rhythmisierung weiter. Frau HF stellt fest, dass die Struktur
mit zunehmendem Altern der Kinder offener wird („kann ich wieder so bisschen diese diese strukturierung diese straffe etwas * liegen lassen"). Zugrunde
liegt die Vorstellung einer andauernden Veränderung. Es ändert sich immer
wieder etwas aufgrund der Elternschaft.

Die interviewten Eltern führen an vielen Stellen weiter aus, wie sich die
dauerhafte Veränderung durch Elternschaft in zeitlicher Perspektive zeigt. Im
nachfolgenden Zitat sind dies die in der zur Verfügung stehenden Zeit zu bewältigenden Tätigkeiten.

> „ich frage mich selber * was ich vorher mit meiner zeit gemacht habe * als ich
> noch kein kind hatte *5* So: [lacht] ähm *3* was hat sich für mich geändert? *5*
> JA: ich habe jetzt viel zu TUn * ich habe ein niedliches kind * ich habe jetzt * ein
> ganzer tag ist sehr geregelt* von morgen bis abend * und von abend bis nächsten
> morgen *3* ähm ja: ich habe viel zu tun aber das sind auch schö:ne sachen * was
> man so macht * das ganze leben hat sich verändert * alles hat sich verändert"
> (Interview 27, 7)

Frau YF stellt sich selbst die Frage „was ich vorher mit meiner zeit gemacht
habe". Sie verknüpft dies mit dem Hinweis auf Veränderung, bevor sie dann
auf die Zunahme von Tätigkeiten zu sprechen kommt („ich habe jetzt viel zu

TUn"). Im Hinblick auf die zeitliche Gestaltung von Elternschaft spricht Frau YF zunächst ebenfalls den geregelten Ablauf des Tages und der Nacht („von morgen bis abend * und von abend bis nächsten morgen") an. Zudem ist hier über das im vorigen Zitat genannte „hohe maß an zuwendung" eine vermehrte Tätigkeit („jetzt viel zu TUn") genannt. Die Zeit vor der Elternschaft („was ich vorher mit meiner zeit gemacht habe") scheint mit anderen Tätigkeiten gefüllt gewesen zu sein. Die derzeitigen Tätigkeiten als Elternteil sind so dominant, dass frühere verblassen. Die Mutter geht nicht näher darauf ein, was dieses „viel zu tun" umfasst. Festzuhalten ist, dass Elternschaft dazu führt, dass *Zeiten anders gestaltet* werden - sowohl in ihrer *Rhythmisierung* als auch in den *Tätigkeiten.*

Während Frau YF eine Zunahme an Tätigkeiten für sich feststellt, erfahren andere eine Abnahme. Nicht für alle Eltern erscheint die Zeit mit vielen Tätigkeiten angefüllt.

> „ganz krass fand i de einschnitt dass ich ganz daheim bliebe bin* also nicht mehr beruf war und i hab meinen beruf sehr gern gmacht und die zeit daheim zu fülle mit n:ur einem kind des war manchmal net einfach * weil sich alles immer nur auf des eine kind konzentriert hat und das muss ma lerne * damit umzugehe zum einen m:it mehr zeit was ma hat au manchmal leerlauf u:nd * dann au: * sich selber zurückzustelle des war au a großes problem *2* des isch so was mir spontan kommt" (Interview 14, 7)

Im Gegensatz zur vorherigen Berufstätigkeit erlebt diese Mutter die Zeit mit dem Kind als zu wenig gefüllt. Sie sieht es als notwendigen Lernprozess an, plötzlich zu viel Zeit zu haben („lerne * damit umzugehe zum einen m:it mehr zeit was ma hat au manchmal leerlauf"). Die Eigenschaft der veränderten zeitlichen Gestaltung zeigt sich bei Frau LF in der Dimension der zur Verfügung stehenden Zeit anders als bei der vorhergehenden Frau YF. Sie hat eine Fülle von Zeit, die neu gestaltet werden muss.

Am Schluss obiger Passage wird ein weiterer Aspekt der zeitlichen Gestaltung angesprochen, der sich in dieser Eigenschaft des Phänomens *Elternschaft – das Fremde* zeigt: Die Zeit, die Eltern für sich selbst zur Verfügung steht, verändert sich. Frau LF erlebt das „sich selber zurückstelle" als „großes problem". Die Gestaltung des Verhältnisses der Zeit für das Kind und der Zeit für sich selbst ist eine weitere Dimension, in der sich der veränderte Lebensrhythmus in der Elternschaft beschreiben lässt. Die *eigene Zeit,* die Zeit, die Eltern für sich selbst zur freien Gestaltung haben, wird eingeschränkt.

> „also man hat eigentlich gar keine ruhe mehr man hat nicht wirklich mehr zeit für SIch *2* das ist so das was ich mit am schlimmsten für mich finde so * also * von heut auf nachher geht da nix mehr von wegen ich geh jetzt mal abends weg ins kino oder mach mal was für mich * das fällt halt alles flach" (Interview 23, 24)

Die interviewte Mutter, Frau UF, erlebt die fehlende Zeit zur eigenen Gestaltung als schwerwiegende Veränderung durch die Elternschaft („am schlimmsten für mich"). Die zeitliche Gestaltung mit ihrer Fokussierung auf das Kind hat zur Folge, dass sich die „zeit für SIch" verändert. Eltern gestalten ihre Zeit

zwischen den Polen Zeit für das Kind und Zeit für sich. In dem nachfolgenden
Zitat wird die Zeit für sich als ein Bedürfnis beschrieben, das eingeschränkt
wird.

> „ja * also * meine eigenen bedürfnisse wurden eingeschränkt also * ich bin ein
> mensch der immer etwas zeit für sich gebraucht hat und die hatte ich dann nicht
> mehr * ich hab das aber nie als einschränkung empfunden * ich wollte das ja auch
> das heißt meine bedürfnisse haben sich grundlegend geändert * ich war immer
> ein mensch der viel freiraum gebrauch hat auch freiheit das war mir immer sehr
> wichtig nicht auf kosten anderer * aber die möglichkeit frei entscheidungen zu
> treffen dass man halt in urlaub geht und so und ne entscheidung treffen kann von
> jetzt auf gleich ganz spontan * und das kannst du nicht mehr mit kindern * äh
> und äh das war aber für mich komischerweise nie ein problem * ich hab mich
> auch nie in der freiheit eingeengt gefühlt die bedürfnisse habe sich geändert und
> ich wollte nicht mehr öfters ganz allein für mich sein ich wollte einfach mit dem
> kind zusammensein * einfach etwas machen" (Interview 24, 7)

Herr KM beschreibt die Veränderung der zeitlichen Gestaltung als Einschränkung seiner Bedürfnisse. Die Elternschaft führt zu einer fortdauernden Einschränkung in der Zeitplanung („das kannst du nicht mehr mit kindern"). Er
erlebt die Einschränkung seiner Bedürfnisse nicht als negativ. Er stellt eine
Veränderung seiner Bedürfnisse fest. Hier zeigt sich eine Anpassung an die
veränderte Lebenssituation.

Die Veränderung der zeitlichen Gestaltung zeigt sich nicht nur im Hinblick
auf die Zeit für sich, sie wirkt sich auch auf die Eltern untereinander aus:

> „ja: ich habe früher viel mehr für mich gemacht * für mich alleine * für meine
> beziehung * jetzt mache ich halt mehr für das kind*" (Interview 27, 13)

Mit einem letzten Zitat möchte ich noch einmal auf den Aspekt der zukünftig
immer weiter eintretenden Veränderungen eingehen. Die nachfolgende Sequenz zeigt, dass andauernde Veränderungen ständige Anpassungsprozesse
nach sich ziehen. Frau PF zu Folge reichen diese Anpassungsprozesse auch in
die Zukunft hinein.

> „ich war ja auch noch sehr jung als ich schwanger wurde * aber auch so * denke
> ich hätte ich auch jetzt noch * ähm mit 28 weiterhin in den tag hineingelebt und
> gespannt gewartet was auf mich zukommt * ähm ja und das geht natürlich nicht
> mehr mit kind * ich mache mir eigentlich ständig gedanken über unsere zukunft
> * was er in den nächsten schulferien macht * wo und mit wem wir irgendwo
> hinfahren * auf welche schule schicke ich ihn und derlei fragen beschäftigen mich
> eigentlich ständig" (Interview 18, 62)

Frau PF beschreibt, wie sie sich „eigentlich ständig" mit Fragen beschäftigt,
die die Zukunft betreffen. Zu der einmal entstandenen Veränderungen, nicht
mehr „in den Tag hinein" leben zu können, kommt die wiederkehrende Veränderung, Entscheidungen die Zukunft betreffend überdenken zu müssen.

6.2   Unvorhersehbarkeit

13   MF: „und ähm * des kann man gar nicht nachvollziehen irgendwie man denkt
            *man sieht dann halt andere kinder und man nimmt sie dann bewusster
            wahr und man weiss ma isch schwanger oder *
14   I: mhm
15   MF: weil man sich auch eins wünscht aber was dann wirklich ABGEHT ähm
            des kann man sich überhaupt ned"
            (Interview 15, 13-15)

Wie Frau MF beschreibt, versuchen sich Eltern auf die bevorstehende als
fremd empfundene Situation vorzubereiten, indem sie Vorstellungen darüber
entwickeln, wie die Elternschaft wohl sein werde. Diese Vorstellungen über
das zukünftige Zusammenleben mit einem Kind und die eigene Elternschaft
scheinen jedoch die später dann real erlebte Elternschaft nur unzureichend zu
treffen. Die Wahrnehmung für andere Kinder verändert sich, doch auch dies
hilft nicht, eigene Elternschaft vorwegzunehmen.

Die befragten Eltern können einzelne Aspekte als mögliche Problemfel-
der benennen, wie der nächste Interviewausschnitt zeigt (z.B. Energiebedarf,
Zeitbedarf). Das ganze Ausmaß der Neuigkeiten ist jedoch nicht absehbar.

> „ja ich glaub man kann sichs im vorhinein NICHT vorstellen wie wiev wieviel zeit
> un energie des eigentlisch kostet * also ne richtige vorstellung dadrüber * hatt ma
> einfach net also es is einfach vieles doch sag ich jetzt mal ma weiß ma will ne
> familie gründn * und des wird sicherlich anstrengend un ma muss einfach kuckn
> wie mas hinkriegt * aber ähm *2* es es is schon einfach viel * viel zeit und so
> richtig ausmalen kann mas sichs net *4*" (Interview 11, 86)

Herr GM nennt hier die Zeit und die Energie als Bereiche, deren Veränderung
sich in ihrem Ausmaß nicht vorhersehen lassen. Er betont ebenfalls, das es
nich tmöglich ist, Elternschaft vorher zu sehen („so richtig ausmalen kann
mas sichs net").

Die beiden Sequenzen weisen auf die fehlende Vorhersehbarkeit von Elternschaft hin – vor allem in dem Moment, wo das Kind auf die Welt kommt.
Es zeigt sich jedoch in den Interviews, dass die Fremdheit von Elternschaft
sich nicht mit zunehmender Dauer verliert. Die Eigenschaft, dass Elternschaft
sich nicht vorstellen lässt und damit eine Vorbereitung nicht möglich ist, bleibt
immer bestehen.

Im folgenden Ausschnitt sagt ein Vater, eine Vorbereitung auf Elternschaft
sei für ihn unmöglich. Er beschreibt in der direkt dem Zitat vorangehenden
Passage des Interviews, wie er sich durch Geburtsvorbereitungskurse, einen
Wickelkurs und Informationsveranstaltungen von Klinik und Geburtshaus
auf die Geburt und Elternschaft vorbereiten will und kommt dennoch zu diesem Schluss.

> „und trotzdem wird es ganz viel geben auf was ich mich nicht vorbereitet HAB
> der gar nicht vorbereiten KANN weils tausend eventualitäten gibt die ich nie alle
> irgendwie durch- THEORETISCH durchspielen kann" (Interview 3, 29).

Elternschaft bleibt dauerhaft gekennzeichnet durch neue Situationen, die sich einstellen. Damit bleibt Elternschaft immer auch unvorhersehbar. Das Fremde ist ein Phänomen, das dauerhaft mit Elternschaft verbunden ist und zeigt sich mit der Eigenschaft der Unvorhersehbarkeit.

6.3   Lehr-Lern-Parallelität

> „ja * ja *1* JA * also für MICH war des für MICH war des wichtig dass ich für mich das gefühl krieg ich stolper da nicht äh völlig unbedarft und unvorbereitet in ne neue situation sondern anhand dieser * anhand dieser kurse und dem vortrag und so * konnte ich mich schon mal n bisschen reinfinden rein * reindenken *2* und damit damit dann auch so diese ähm dieses theoretische gefühl ich muss ja eigentlich erstmal ganz ganz viel wissen um * um das richtig zu machen hat dann bisschen abgenommen ne?" (Interview 3, 27)

Der Vater, Herr AM, spricht von seinen Versuchen, der Eigenschaft entgegenzutreten, dass eine Vorbereitung auf Elternschaft schwierig ist. Er besucht Kurse und einen Vortrag. Deutlich ist die Feststellung („dieses theoretische gefühl"), dass er „ganz ganz viel wissen" müsse. Die *Lernnotwendigkeit* als solche wird erkannt und mit Hilfe von Kursen und einem Vortrag bearbeitet. Mit Dewey kann, wie oben ausgeführt, die ganze Situation Eltern zu werden und Eltern zu sein als Problemsituation interpretiert werden, in der Eltern neue Bedeutungen, neue erweiterte Einsichten und Lösungen gewinnen müssen. In dieser inquiry, in der Suche nach Lösungen für diese experience der fremden Elternschaft lernen Eltern. Sie sehen sich fortdauernd neuen Situationen gegenüber und erfahren sich als Eltern in der Rolle der Lernenden.

Im folgenden Zitat spricht die Mutter notwendige Lerninhalte an.

> „ne also nein * ich hab mir irgendwann mal ein newsletter abonniert von irgend so einer elternzeitschrift online ähm die sich damit beschäftigt wie lernen kinder am besten beziehungsweise wie fördert man kinder früh das war eher ein thema das mich interessiert hat aber wie gesagt das war eher auf das lernen bezogen auf die förderung meines kindes * als auf die erziehung selbst sicherlich spielt das da auch eine rolle mit rein aber für mich war das jetzt nicht so ausschlaggebend nicht so wichtig einfach * weil ich mir dachte es kommt viel intuitiv gerade wenn man bedenkt dass man gerade am anfang sehr wenig schlaf kriegt und wenn man miteinander lebt man wächst auch miteinander * es verändert sich eigentlich alles man selber verändert sich komplett während der schwangerschaft von der geburt an sowiso:" (Interview 22, 54)

Die Mutter, Frau TF, spricht das Internet als Möglichkeit an, elterliches Lernen zu unterstützen. Sie kennt eine online Elternzeitschrift und abonniert den zugehörigen Newsletter. Die Feststellung „man selber verändert sich komplett" deutet auf die Notwendigkeit hin, dass Eltern lernen.

Die Schilderungen dessen, was Frau TF im Onlineangebot sucht, verweist neben der Notwendigkeit, als Elternteil selbst zu lernen, auf einen weiteren Aspekt von Elternschaft. Frau TF sucht im Internet nach Antworten auf Fragen nach dem Lernen von Kindern und nach Möglichkeiten, wie sie als Elternteil das kindliche Lernen fördern kann. Hier werden Eltern als *Lehrende ihrer Kinder* eingeführt. Sie sind in ihrer Elternschaft nicht nur selbst Lernende. Gleichzeitig sind sie gefordert, für ihre Kinder Lehrende zu sein. Die Feststellung „man wächst auch miteinander" verweist auf die Parallelität dieser beiden Eigenschaften des Phänomens *Elternschaft – das Fremde*. Eltern sind parallel Lernende und Lehrende. Unter Lehren verstehe ich in diesem Kontext nicht das hiermit häufig assoziierte Unterrichten wie etwa in der Schule. Ich meine vielmehr das Aufzeigen von etwas zu Lernenden. [134]

Im letzten Abschnitt des Kapitels „Progressive Organization of Subject-Matter" in „Experience and Education" (LW 13, 48ff) beschreibt Dewey den Ablauf der experimentellen Methode der Wissenschaft. Darin heißt es dann im Hinblick auf das Lehren:

> „[…] experiences in order to be educative must lead out into an expanding world of subject-matter, a subject-matter of facts or information and of ideas. This condition is satisfied only as the educator views teaching and learning as a continuous process of reconstruction of experience. This condition in turn can be satisfied only as the educator has a long look ahead, and views every present experience as a moving force in influencing what future experiences will be" (LW 13, 59).

Dewey beschreibt hier den bereits in Kapitel ausgeführten Begriff der experience im Hinblick auf das Lehren. Experiences als Lernerfahrungen erweitern den Blick auf einen Sachverhalt. Sie eröffnen Perspektiven. Die Aufgabe von Lehrenden ist daher, den Lernenden solche experiences zu ermöglichen. Erziehende müssen mit Dewey Lehren und Lernen als einen kontinuierlichen Prozess der Rekonstruktion von Erfahrung ansehen. Dies wiederum kann nur geschehen, wenn Erziehende mit Weitblick erziehen und jede gegenwärtige Erfahrung als treibende Kraft zukünftiger Erfahrungen betrachten. Das bedeutet für Eltern, sie müssen für ihre Kinder vorausblicken. Sie tun dies etwa wie der Vater in obigem Beispiel, wenn sie vorausschauend versuchen, Kenntnisse zu erlangen und vorbereitende Kurse besuchen oder wie die Mutter im letzten Beispiel, die sich über das Lernen von Kindern informiert, um vorausschauend das eigene Kind in seinem Lernprozess unterstützen zu können. In den Erzählungen der Eltern finden sich viele Hinweise auf vorausschauendes Handeln, das öffnende Erfahrungen der Kinder ermöglicht, wie beispielsweise bei folgender Mutter, die versucht, ihren Kindern durch das Einbeziehen in alltägliche Tätigkeiten Erfahrungsmöglichkeiten zu eröffnen.

> „wenn ich am geschirr wasche dann stell ich halt n hocker danebe un dann dürfen sie da mitplantschen un dann is halt e mal wilder un n bisschen verspritzter, * aber * dadurch sin sie auch beschäftigt, un * lerne au arbeite gerne durchzuführe in dem alter sind sie auch in dem alter mein ich jetzt mit vier jahre zum beispiel sind sie au wirklich für alle arbeite un un handwerkliche tätigkeite zu habe un zu begeistern sei's koche sei's backe sei's * karotte schneide un raspeln" (Interview 1, 6)

In den Daten sind auch Erzählungen, in denen Eltern vorausschauend handeln und bestimmte Erfahrungen verhindern, wenn es darum geht, das Kind vor

---

134   Vgl. Prange 2005.

möglichen Gefahren zu bewahren. Im folgenden Tagebucheintrag räumt die
Mutter gezielt Gegenstände, die zu einer Gefahr für das Kind werden können,
beiseite.

> „Wenn Tobias aber ausgeschlafen hat und frei herumlaufen kann ist nichts mehr
> sicher vor ihm. Er kann sich jetzt schon mit ausgestrecktem Arm einiges von
> Tisch und Schränken holen, wie oft hatte er meine Brille in der Hand und brachte
> sie mir zum aufsetzen. In der Küche muß ich jetzt alles abräumen sonst macht es
> Toby" (Tagebuch 1, 14)

Die Mutter hat eine klare Vorstellung davon, wie sie die Umgebung für das
Kind vorbereitet. Sie räumt alles weg, was das Kind nicht erreichen soll. Hier
ist vorausschauend Handeln genannt, das vorbeugend Unfälle verhindern soll.

Zusammenfassend bedeutet das, Eltern sind – betrachtet man sie als Erziehende – permanent gefordert, ihre sich ständig entwickelnden und sich
verändernden Kindern zu begleiten. Sie versuchen, Entwicklungen und damit
verbundene Situationen im Voraus einzuschätzen und abzuwägen und ihre
habits und ihr knowledge anzupassen und zu erweitern. Betrachtet man Eltern selbst als Lernende, so bedeutet die Entwicklung des Kindes eine perma-
nente Forderung, die eigene Erfahrung neu zu ordnen.

6.4   Bedeutungsvielfalt – Interaktion mit Anderen

> „jeder hat sicher im bekanntenkreis irgendwelche freundinnen die schon ein kind
> bekommen haben und die auch noch ihre erfahrungen beschreibe können wenn es
> irgendwo spannt oder weh tut oder so also ich habe mich gut unterstützt gefühlt"
> (Interview 28, 10)

Die fremde Situation der Elternschaft ist gekennzeichnet durch eine Vielfalt in
den Bedeutungen, die Elternschaft von unterschiedlichen Personen und Institutionen zugesprochen werden. Eltern versuchen auch über die Interaktion
mit Anderen, eigene Vorstellungen zu Elternschaft zu konstituieren. Obige
Mutter nutzt die Interaktion mit Freundinnen, um eigene Bedeutungen ihrer
Elternschaft zu entwickeln. Sie betont kurz vorher insbesondere die Entwicklung eigener Einstellungen gegenüber Kindern im Allgemeinen sowie gegenüber dem eigenen Kind.

> „ich hab mich auch mit anderen unterhalten die schon kinder haben und auto-
> matisch entwickelt sich auch langsam so ein bezug zu dem werdenden kind so
> ne haltung einstellung überhaupt kindern gegenüber und dann natürlich seinem
> eigenen kind gegenüber" (Interview 28, 8)

Die Mutter beschreibt, wie sie eine allgemeine Vorstellung ihrer Elternschaft
im Hinblick auf das Kind konstitutiert („so ne haltung einstellung überhaupt
kindern gegenüber"), wie sie eigene habits enwickelt. Das Gespräch mit anderen Eltern ist hier bedeutsam. Die befragte Mutter beschreibt es als hilfreich,
dass sie mit anderen Eltern sprechen konnte. Sie kann auf diese Weise eine
generelle Vorstellung von Kindern („überhaupt kindern gegenüber") und eine

Einstellung zum eigenen kind („seinem eigenen kind gegenüber") entwickeln. Andere Eltern erfahren die Vielzahl unterschiedlicher Erzählungen eher als verwirrend oder nicht hilfreich für die eigene Elternschaft.

> „es wird einem viel erzählt aber letztendlich muss man es auf sich zukommen lassen * jedes kind ist anders *2*" (Interview 23, 29)

Die Mutter verweist darauf, dass Elternschaft in Bezug auf das Kind gestaltet wird. Hier gibt es notwendig eine Vielfalt, da Kinder unterschiedlich sind. Die Erzählungen Anderer können die Konstitution von Bedeutungen daher nur begrenzt unterstützen. Hinzu kommt, dass jedes Elternteil andere Erfahrungen macht und Elternschaft mit anderen Bedeutungen versieht.

> „am anfang * habe ich mir alles anstrengender vorgestell * u:nd dass der max so lieb war * habe ich mir gedacht * die ganze erzählungen von meinen freunden und bekannten * wie wie furchtbar das ist * die schlaflose nächte hat * wie man alles so: Stressig hat und erlebt hat wars halt nicht * bei uns * also es war immer schön * und immer ruhig * u:nd ohne probleme" (Interview 27, 27)

Die Erfahrungen Anderer können also auch dazu beitragen, Bedeutungen zu konstituieren, die Elternschaft eher bedrohlich erscheinen lassen. Die Ungewissheit der fremden Situation kann so durch den Erfahrungs- und Wissensvorsprung anderer Eltern verstärkt werden.

> „also man bekommt immer gesagt kind wart nur bis das kleine auf der welt ist du wirst schon sehen ne, * oder die rache der großmutter oder der eigenen mutter jaja das hast du verdient [LACHT] so wie das kleine balg gerade abgeht warst du auch früher" (Interview 22, 58)

In diesem Beispiel bieten andere Personen zudem eine Erklärung für aktuell erfahrene Elternschaft an. Es wird ein Zusammenhang zwischen dem derzeitigen Verhalten des Kindes und dessen Mutter konstruiert. Das Verhalten des Kindes wird als erblich interpretiert. Eine Bedeutung wird tradiert, die sich in Form von habits oder Wissensbeständen festigen kann.

In der folgenden Sequenz wird wiederum auf die Bedeutungen Anderer verwiesen. Diesmal die Bedeutungen, die die eigenen Eltern der Elternschaft zuschreiben. Hier zeigt sich, dass die Vielfalt der Deutungen auch zu einer aktiven Auseinandersetzung mit den eigenen Bedeutungen führen kann.

> „manches erinnert man sich dann was die eigenen eltern vielleicht einem mal so gesagt haben versteht das auch eher und macht es vielleicht genauso oder macht es genau konträr weil man denkt * gut war für mich nicht das richtige mache ich bei meinem kind anders aber das sind so sachen di:e find ich kann man nicht planen" (Interview 26, 24)

Die selbst als Kind durch die Eltern erlebte Elternschaft wird Anlass zur Auseinandersetzung mit der eigenen Elternschaft. In diesem Beispiel zeigt sich, dass Eltern Position beziehen zu den Bedeutungen, die durch Andere an sie herangetragen werden. *Bedeutungen werden übernommen, abgelehnt oder modifiziert.* Dies gilt nicht nur für den Umgang mit dem Kind. Auch Verhaltensweisen von Eltern in Kontexten, in denen es nicht um die direkte Interaktion

mit dem Kind geht, können zu fremden Situationen führen, in denen Elternschaft konstituiert wird. Der Vater im nachfolgenden Beispiel ist Lehrer und
verweist auf die Konstitution von Bedeutungen im Kollegium.

> „beruf war für mich anstrengend und als das erste kind da war hatte alles ein völlig
> andere relation ich konnte nachts nicht schlafen * und mit so augenrändern in der
> schule * da gab es andere kollegen die immer nur rumgeklagt haben * das wollte
> ich nicht auch wenn ichs gerne gemacht hätte * du standest im prinzip vor nem
> riesigen berg und du wusstest gar nicht wie du das ganze bewältigen solltest *3*
> doch * und das war für mich die erfahrung" (Interview 24, 5)

Der Vater beschreibt sich in einer Situation, in der er „vor nem riesigen berg"
steht und ratlos ist, wie dieser zu bewältigen sein könnte. Die Strategie anderer Eltern in ähnlicher Situation ist, so kann unterstellt werden, sich bei
Außenstehenden über ihre Situation als Elternteil zu beklagen. Diese Lösung
kommt für den Erzähler nicht in Betracht. Er grenzt sich ab gegenüber der bei
Anderen beobachteten Darstellung von Elternschaft. Die Vielfalt möglicher
Bedeutungen von Elternschaft führt hier zu einer deutlichen Abgrenzung gegenüber einer Inszenierungsform. Elternschaft kann also auch in Kontexten
Bedeutung erlangen, die zunächst nicht direkt mit Elternsein zu tun haben.
Auch in diesen Kontexten werden Bilder von Elternschaft ausgetauscht und
(weiter-)entwickelt.

Die Interaktion mit Anderen ist nicht nur als Eltern mit Säuglingen bedeu-
tungsvoll. Auch als Eltern größerer Kinder stehen Eltern vor einer Vielzahl an
Bedeutungen, die ihnen durch Andere entgegengebracht werden. In nachfolgendem Beispiel werden die Institutionen Kindergarten und Schule genannt.

> „und grad wenn die kinder nachher in die schule kommen ä:hm * dann wird s
> schwierig weil man einfach äh von außen auch spürt dass man schon zur verant-
> wortung gezogen wird im kindergarten geht das mal noch aber nachher mit der
> schule denke ich ä:h bekommt man muss man sich noch mal anders organisieren
> sag mal so" (Interview 26, 26)

Die Mutter spricht davon, dass sie sich von Kindergarten und Schule in die
Verantwortung genommen fühlt. Es werden von diesen Institutionen Bedeutungen von Elternschaft an Eltern herangetragen, auf die diese reagieren müssen. Diese Bedeutungen sind verschieden – die Erzählperson trifft hier die
Unterscheidung zwischen Kindergarten und Schule.

In den obigen Sequenzen zeigt sich, dass eine Bedeutungsvielfalt besteht, die
sich in der Interaktion mit anderen Personen und Institutionen eröffnet. Ich
halte dies als eine weitere Eigenschaft des Phänomens *Elternschaft – das Fremde* fest.

6.5 Verantwortung

> „privat hat sich natürlich auch ganz viel verändert weil * ich plötzlich natürlich
> gAnz viel verantwortung hatte * das kannt ich ja auch nich ich hatte immer nur für

> miCH verantwortung das hab ich ja eigentlich auch nich so ernst genommen aber
> für das kind plötzlich * hat das natürlich nen ganz anderen stellenwert bekommen
> das thema verantwortung." (Interview 25, 32)

Die Eigenschaft Verantwortung wird sehr häufig und immer wieder in den Interviews thematisiert. Wie Frau WF in obiger Sequenz anspricht, nimmt die Verantwortung einen besonderen Stellenwert ein. Die Verantwortung ist es, die allen vorher genannten Eigenschaften des Schlüsselphänomens eine besondere Bedeutung verleiht. Durch die Verantwortung als Eltern erhalten andauernde Veränderung auf Dauer, Unvorhersehbarkeit, Lehr-Lern-Parallelität und Bedeutungsvielfalt – Interaktion mit Anderen ein besonderes Gewicht. Die nachfolgenden Zitate illustrieren zunächst die Eigenschaft der Verantwortung. Zudem sollen sie verdeutlichen, wie die Eigenschaft Verantwortung mit den anderen Eigenschaften des Schlüsselphänomens verbunden ist und dadurch ihre spezielle Relevanz hervorhebt.

Frau WF spricht bereits in dem Eingangszitat den besonderen Stellenwert der Verantwortung an. Sie weist darauf hin, dass die Verantwortung keine Nebensache ist („gAnz viel verantwortung"). Im Gegensatz zu der alleinigen Selbstverantwortung („nich so") muss diese Verantwortung nun „ernst genommen" werden. Die zentrale Position der Verantwortung, ihr besonderes Gewicht unter den Eigenschaften des Schlüsselphänomens Elternschaft das Fremde, zeigt sich deutlich in den Gefühlen, die die interviewten Eltern in Verbindung mit Verantwortung beschreiben.

> „hat mi am anfang gschlaucht dass alle verantwortung bei mir lag"
> (Interview 14, 11)

Frau LF spricht hier die Belastung zu Beginn der Elternschaft an. Gerade in der Zeit direkt nach der Geburt des ersten Kindes scheinen Eltern die Belastung, die durch die Verantwortung für das Kind entsteht, als besonders stark zu empfinden. Dennoch ist die Belastung durch Verantwortung kein kurzfristiges Phänomen. Es finden sich viele Hinweise in den Daten, dass die Verantwortung eine Eigenschaft ist, die im gesamten Verlauf der Elternschaft zu Belastungen führen kann. Frau HF, die interviewte Mutter der nächsten Sequenz, skizziert dies ein wenig ausführlicher:

> „man hat ja: dann. mit mit eintritt in der in die elternschaft * äh is man ja * ständig
> ver·ant:wort:lich für das wohlergehen vom vom kind oder von den kindern und äh
> * da kommt man gar nicht weg, man hat quasi keine pause vielleicht liegt es auch
> am persönlichen charakter dass man manche dinge leichter sieht aber für mich
> wars dann * ja äh schon schwer dieses anzunehmen dass man jetzt immer immer
> verantwortlich is [...] * äh empfand ich des: als belastend da hätte ich mir das
> irgendwie anders vorgestellt dass man so zwischendurch mal man ist immer
> in der verantwortung. wo sind die kinder was machen die kinder wie werden sie
> versorgt auch von fremden oder von drittpersonen" (Interview 12, 10)

Die Verantwortung wird hier als dauerhaft beschrieben („mit eintritt [...] in die elternschaft"). Frau HF betont mehrfach, wie Verantwortung in Kombination mit der Eigenschaft der zeitlichen Dimension zur Belastung wird („ständig", „da kommt man gar nicht weg", „quasi keine pause", „immer immer"). Selbst wenn das Kind, oder wie im Zitat die Kinder, von dritten Personen betreut werden, sieht diese Mutter sich dauerhaft in der Verantwortung für das Wohlergehen ihrer Kinder. Die Dauerhaftigkeit der Elternschaft bringt die dauerhafte Verantwortung für das Wohlergehen des Kindes mit sich. Diese andauernde Verantwortung „ist härter als man glaubt", wie Frau PF in nachfolgender Sequenz sagt.

> „die verantwortung ist härter als man glaubt * also du bist einfach nicht mehr alleine sondern von der geburt an nur noch zu zweit immer auch wenn das kind nicht dabei ist du hast es immer im kopf ähm * du denkst ja immer an das kind und du bist ja * also die verantwortung für ein kind das hab ich unterschätzt" (Interview 18, 56)

Frau PF spricht an, worin diese enorme Belastung für Eltern besteht. „du hast es immer im Kopf". Als Mutter sieht sie sich in der Situation, immerzu an und für das Kind mitdenken zu müssen. Frau NF nennt in der nachfolgenden Sequenz hierfür ein Beispiel. Wann auch immer sie als Mutter irgendwohin von zuhause aufbricht, muss sie zuvor überlegen, was sie alles für ihr Kind einpacken muss.

> „da mhm hat des die ganze konzentration erfordert alles für die kinder dabei zu haben * weil es einfach, * also des find ich war schon ne schwierige umstellung, * ähm EBEN * diese verantwortung für jemand anderen in der form * leichten zu können. also des find ich ne wAHNsinnige ANschtrengung, des war vorher nit so" (Interview 16, 144)

Die bisherigen Sequenzen dokumentieren die Relation zwischen der Eigenschaft andauernde Veränderung auf Dauer und der Verantwortung. Dabei ist der Fokus vor allem auf dem zeitlichen Aspekt der Veränderung auf Dauer. In dem nachfolgenden Beispiel zeigt sich nun der Aspekt der andauernden Veränderung. Damit kann ich festhalten, dass die Eigenschaft der andauernden Veränderung auf Dauer durch die Verantwortung ebenfalls ein besonderes Gewicht erhält.

> 45   RF: WEIL natürlich viel verantwortung da ist und man auch dieser verantwortung gerecht, werden sollte. fängt damit an, dass wenn man zum beispiel sagt ok man kriegt während der studentenzeit kinder, * wenn man alleine, ist und keine kinder hat ja schnell schnell. zurück. komm [FRAU RF SPRICHT HIER ZU IHREM GERADE ANWESENDEN KIND] dann isses so ähm * dann würd man halt arbeiten, grad halt so wie mans braucht, ja? und dann passt des *3* ähm wenn man kinder hat is schon einfach diese vorsorge da? *6*
>
> 46   Kind: [WEINT]
>
> 47   RF: ähm dass mer sagt ok, wie plan ich die nächsten ferien. äh wieviel geld muss ich überhaupt hAben damit ich auch im nächsten monat über die runden komme j:a ? dass es nich so knapp auf knapp ausge:ht oder ä::hm j:a des sind auch solche sachen wo man dann zum beispiel ne @risiko lEbensversicherung@ abschließt einfach zu sagen wenn dem einen was

> passiert ä:hm dass der andere zumindest n bissl geld bekommt um um
> einfach so des zu gewährleisten ok den kindern denen wirds an nix fehlen
> *2* des is schon so n aspekt wo man wo man ja * auf der einen seite mehr
> gedanken machen muss um dieses gemEInsame wohl um dieses miteinander,
> planen und des is schön, des verbindet, aber auf der anderen seite
> der druck is auch einfach is auch einfach MEHR da fInanziell auf jeden
> fall." (Interview 19, 45-47)

Frau RF spricht zunächst die große Verantwortung („viel", 45) und die damit verbundenen Konsequenzen an. Die Verantwortung führt dazu, dass beispielsweise Finanzen geplant werden müssen. Dies ist ein Prozess, der nie abgeschlossen ist. Es werden „die nächsten Ferien" oder der „nächste[n] Monat" (beide 47) oder längerfristig eine Risikolebensversicherung geplant. Frau RF verbindet einerseits positive Gefühle mit Verantwortung („dieses gemEInsame", 47) und andererseits negative („der druck", 47).

Auch die Unvorhersehbarkeit wird mit Verantwortung in Beziehung gesetzt. Frau OF weist in der nächsten Sequenz darauf hin, dass sie, auch wenn ihren Einflussmöglichkeiten Grenzen gesetzt sind, „stark in der Verantwortung" ist.

> „ja * als erziehende Person * naja, ich bin halt stark in die verantwortung * stark
> in der verantwortung denk ich * ne * weils * gut ich kann NET ALLES beeinflusse
> sag ich jetzt amol weil des kind isch ja au individuum es entwickelt sich au selber
> un * außeeinflüsse sin au da * aber äh mer kanns SCHON irer gewissen weise
> * lenken aber wie gsagt mer kann halt net alles abhalte also weil halt von auße
> au was kommt und die einflüsse und dann * dann steht mer uf eimal machtlos da
> *dann kammer garnichts mehr @he@" (Interview 17, 27)

Es ist für Eltern zwar möglich, gewisse unvorhersehbare Einflüsse in einer „gewissen weise" zu lenken. Und hier scheinen Eltern in der Verantwortung zu sein. Doch auch diese starke Verantwortung ist begrenzt („mer kann halt net alles abhalte", „machtlos").

Herr GM erläutert, welche Relationen zwischen Verantwortung und Unvorhersehbarkeit oder andauernde Veränderung auf Dauer für ihn bestehen.

> „vatersein is ähm zum zum einen halt net die hh äh Verantwortung zu ham für
> für die h:f kinder die einem anvertraut sin * ähm *2* was ich genieß is aber dass
> äh dieses vatersein sich eigentlisch ständig verändert. weil sisch die kinder ver-
> ändern *2* des fordert zwar ständig äh von einem dass man sich immer wieder
> neu einstellen muss als vater also vatersein is net so irgendwie so nach dem mot-
> to status äh hfff irgendwie s symbol sondern es is so ständig neu gefordert sein
> un des is aber grad des schöne dadran dass ich ähm * eben misch immer wie-
> der neu einstellen muss und dadurch dass die kinder immer selbständiger werden
> ähm verändert sich die führung also von eher enger führen un un viel vor-
> gebn hin zu äh des ganze dann eben in die selbständigkeit stellen un des is dann
> zwar AUCH schwierig des zu begleiten ähm @wenn dann die pubertät kommt@
> wirds richtig lustig hfff aber ähm * ja * des bedeutet für misch so vatersein ja *"
> (Interview 11, 59-60)

Herr GM spricht von seiner Verantwortung als Vater. Dies sei jedoch nur ein
Ausschnitt der Vaterschaft. Ein für ihn zentraler positiver Aspekt seines Va-
terseins ist die ständige Veränderung, die sich durch die ständige Veränderung
der Kinder ergibt. Und eben diese ständige Veränderung führt dazu, dass sich
mit zunehmender Selbstständigkeit der Kinder auch die Verantwortung verändert. Herr GM schränkt das zunächst mit Veränderungen verbundene positive Gefühl („genieß", „des schöne dadran") nun etwas ein. Er findet es „AUCH
schwierig", die zunehmende Selbstständigkeit der Kinder zu begleiten. Zudem
erwartet er, dass diese Belastung in Zukunft noch anwachsen wird, wenn die
Kinder in die Pubertät kommen.

Die Verbindung von Verantwortung mit der nächsten Eigenschaft des
Schlüsselphänomens, der Lehr-Lern-Parallelität, zeigt sich in dem folgenden
Interviewausschnitt.

> „die * perspektivenerweiterung die man durch kinder bekommt sei es dass ma
> wirklich n spiegel vorgehalten kriegt sei es * was es heißt verantwortung wirk-
> lich verantwortung um leben zu tragen. also nich nur weil ich finanziell ja n haus
> abbezahlen muss, oder sonstiges oder ne oma zu pflegen hab wie auch immer.
> dann ähm hier gehts um menschenleben wo ich sAge dass is die stehn am anfang
> des lebens man muss sie begleiten und n stück weit hängt deine begleitung davon
> ab was sie aus ihrem leben machen is ne wahnsinnig hohe verantwortung. und
> j:a ich sag immer die diejenigen die keine kinder haben wissen gar nich * was
> ihnen auf beiden seiten einfach verlorn geht. zum einen diese verantwortung was
> man auch hAt wo man auch dazulernen muss aber auch die FREUDE was es heißt
> ähm sich selber so zu vernachlässigen damit den kindern gut geht * des ist * per-
> spektivenerweiterung pur. egal in welcher hinsicht. un des kann einer der keine
> kinder hat nich im entferntesten abschätzen." (Interview 19, 113)

Frau RF spricht einleitend zunächst die Eigenschaft der Verantwortung an. Sie
betont, dass gerade die Verantwortung für ein Menschenleben dieser Eigenschaft ein besonderes Gewicht gibt („wahnsinnig hohe"). Diese Verantwortung führt nun dazu, dass „man auch dazulernen muss". Elternschaft führe im
Gegensatz zu einem Leben ohne Kinder zu einer „Perspektivenerweiterung".
Diese Perspektivenerweiterung, das mit der Elternschaft verbundene Lernen,
ist mit der elterlichen Verantwortung eng verbunden. Auch diese Eigenschaft
des Schlüsselphänomens erhält damit durch die Verantwortung ein besonderes Gewicht.

Und auch die letzte Eigenschaft des Schlüsselphänomens *Elternschaft –
das Fremde*, die Bedeutungsvielfalt – Interaktion mit Anderen, steht in enger
Relation mit der Verantwortung.

> „hey man man setzt neues leben in die welt irgendwo und äh egal wie es kom-
> men wird sind wir dafür verantwortlich und das schweißt natürlich zusammen,
> absolut." (Interview 8, 66)

Herr EM weist darauf hin, dass die gemeinsame Verantwortung von Eltern
die Beziehung der Eltern miteinander verändert. Die Art und Weise der Interaktion mit dem Partner oder der Partnerin erhält durch die Eigenschaft der
Verantwortung eine besondere Bedeutung. Die geteilte Verantwortung kann

dazu führen, dass die Interaktion enger wird. Doch auch hier findet sich eine Vielzahl an Bedeutungen. Während Herr EM von einer gemeinsamen geteilten Verantwortung ausgeht, berichtet Frau NF von unterschiedlich gewichteter Verantwortung zwischen ihr und ihrem Partner.

26 NF: „und natürlich auch verantwortlichkeiten, also des isch * ähm denk ich
         au en großes thema in in in der fragestellung zum beispiel ähm, * was
         isch ne: ne ganz große veränderung von verantwortUNG. * ähm oder ver-
         änderung, also diese verANTwortung und DES auch wieder aufzuteilen
         zwischen zwei partnern. * also grade ähm * da empfind ich auch, * und
         da weiß ich nit * ob des daran liegt dass man, * dass also dass ICH jetzt
         als frau halt gesagt hab ich bleib zuhause. * ICH empfind des so, ich trag
         die größere verantwortung. also wenn's irgendwas zu entscheiden gibt.
         ich sag jetzt mal zum beispiel medizinisch. * wenn's in in * ja, also soll
         er jetzt als säugling des antibiotikum nehmen oder nit.* ähm wär der ver-
         dacht dass des kind keuchhuschten hatte wenn, dann muss er's nehmen,
         * dann sagt er halt mehr, * mpff was meinsch DU? *2*
27 I: mhm
28 NF: also, des bin letschten endes immer ich, * und des isch denk ich die ähm
         * die verantwortung die ich in in der erschten nacht schon gespürt hab,
         beim eric. also * DU hasch die verantwortung also des isch zum beispiel au
         n schlüsselmoment für MICH gewesen, ich hab ja in der klinik entbunden,
         * und ähm bin beim erschten kind nit nach hause gegangen, und ich war
         in der nacht allein * ich hab KEIN EINziges auge zu gemacht. * die erschte
         nacht.* ich hab die GANZE ZEIT gehört atmet der, * atmet der noch. *
         und hab mich SO allein glassen gefühlt. und hab gedacht und DER hockt
         jetzt daheim und trinkt sein bier, und erzählt jetzt jedem er isch papa und
         su:perGEIL und ICH lieg jetzt HIER *
29 I: mhm
30 NF: und also es war au dieses dieses GLÜCKSgefühl in mir, aber ich hab mich
         au TOTAL allein gelassen gef also und des war, glaub ich der moment wo
         ich gesehen hab, * Diese verantwortung diese große DIE laschtet jetzt *
         auf dir.“

(Interview 16, 26-30)

Wie Verantwortlichkeiten aufgeteilt werden ist Frau NFs Meinung nach Verhandlungssache zwischen dem Elternteilen („DES auch wieder aufzuteilen zwischen zwei partnern", 26). Die Bedeutung dessen, was elterliche Verantwortung ist, wird in Interaktionen zwischen Vater und Mutter ausgehandelt. Hier zeigt sich der Zusammenhang zwischen den beiden Eigenschaften Bedeutungsvielfalt – Interaktion mit Anderen und Verantwortung. In ihrer Partnerschaft sieht Frau NF sich als diejenige an, die die Hauptverantwortung trägt („ICH empfind des so, ich trag die größere verantwortung.", 26). Sie beschreibt zunächst am Beispiel der medizinischen Versorgung ihres Kindes, wie ihr Mann letztendlich ihr die Verantwortung überlässt zu entscheiden, welche Form der medizinischen Versorgung ihr Kind erhalten soll („was meinsch DU?", 26). Besonders eindrücklich erlebte Frau NF die Aufteilung der Verantwortung zwischen ihr und ihrem Partner gleich zu Beginn ihrer Elternschaft („Schlüsselmoment", 28). Sie erzählt von ihrer ersten Nacht als Mutter, wie

sie neben der Freude über die Mutterschaft („dieses GLÜCKSgefühl in mir",
30) ihre Verantwortung und die damit verbundene Belastung erlebt („Diese
verantwortung diese große DIE laschtet jetzt * auf dir", 30).

Doch nicht nur die Eltern untereinander handeln in Interaktionen aus,
was Elternschaft und damit verbunden die Verantwortung bedeuten. Dies gilt
auch für andere Interaktionen wie zum Beispiel im Kindergarten.

> „ich MUSS die verantwortung oder ich geb in dem Moment wo des kind in de
> kindergarte geht au die verantwortung nach ausse an FREMDE personen die mir
> net vertraut sind ab. für viele stunden" (Interview 1, 89)

Frau AF weist darauf hin, dass auch in der Interaktion mit Anderen, wie hier
im Beispiel dem Kindergarten, der Aspekt der Verantwortung mit verhandelt
wird. Mit dem Eintritt des Kindes in den Kindergarten verändert sich Elternschaft im Hinblick auf die Eigenschaft Verantwortung.

Nachdem nun das Schlüsselphänomen *Elternschaft – das Fremde* in seinen einzelnen Eigenschaften detailliert beschrieben ist, möchte ich diese abschließend noch einmal zusammenfassen.

6.6   Schlüsselphänomen Elternschaft – das Fremde: Zusammenfassende Betrachtung

Die obigen Analysen haben gezeigt, dass sich für das Phänomen *Elternschaft –
das Fremde*, wie in dem nachfolgenden Schaubild dargestellt, fünf Eigenschaften beschreiben lassen:

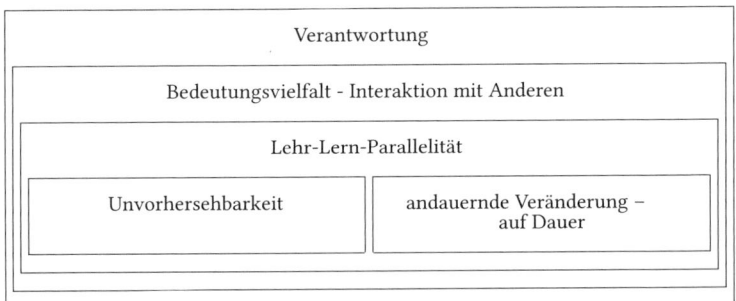

Übersicht 6.5: Eigenschaften des Schlüsselphänomens *Elternschaft – das Fremde*

Elternschaft bedeutet für das Leben von Eltern eine *andauernde Veränderung
auf Dauer*. Elternschaft zeigt sich einerseits als eine dauerhafte grundlegende
Veränderung des Lebens. Die mit Elternschaft einhergehende Veränderung ist
endgültig. Elternschaft ist eine Veränderung, die, einmal geschehen, für immer Bestand hat. Andererseits ist Elternschaft einem andauernden Wandel
unterworfen. Elternschaft ist mit einer fortwährenden, andauernden Verän-

derung verbunden. Dies führt dazu, dass fortwährende Anpassungsprozesse notwendig sind. Die beiden zeitlichen Dimensionen bergen für Eltern viele Felder der Auseinandersetzung.

Diese erste Eigenschaft weist direkt auf die zweite: Die fremde Elternschaft ist nie völlig absehbar oder planbar. Elternschaft ist gekennzeichnet durch *Unvorhersehbarkeit*. Aufgrund der permanenten Möglichkeit der Veränderung hat Elternschaft immer diese Eigenschaft der Fremdheit. Es ist nicht möglich, sich Elternschaft einmal anzueignen oder einmal zu lernen, wie man als Elternteil zu sein hat. Elternschaft lässt sich nicht gänzlich vorbereiten, weil sie unvorhersehbar ist. Die Unvorhersehbarkeit ist eine grundlegende Eigenschaft des Elternseins schon auf Grund ihrer Konstitution: Elternschaft besteht nur durch die Relation zu einem Kind. Ohne ein Kind gibt es keine Elternschaft. Daher konstituiert die Relation und die damit verbundene Interaktion mit einem Kind Elternschaft. Und diese Interaktion ist nicht vorhersehbar – allein schon deshalb, weil sich ein Kind entwickelt und verändert und sich damit seine oder ihre Bedürfnisse ebenfalls verändern. Diese beiden ersten Eigenschaften hängen eng miteinander zusammen, deshalb sind sie im Schaubild nebeneinander gestellt. Die andauernde Veränderung führt zur Unvorhersehbarkeit von Elternschaft und die Unvorhersehbarkeit hat ständige Veränderungen zu Folge. Beide Eigenschaften verweisen auf die Notwendigkeit der dritten, die aus den beiden ersten resultiert.

Elternschaft ist gekennzeichnet durch eine *Lehr-Lern-Parallelität*. Eltern sind beständig dabei, ihr individuelles Elternsein zu erlernen. Sie müssen lernen, Eltern zu sein. Zugleich sind sie Eltern für ihre Kinder und als solche für das Lernen der Kinder verantwortlich. Sie müssen ihr Kind erziehen. Sie lehren ihr Kind. Indem sie ihre Kinder lehren und diese sich entwickeln, tragen Eltern zugleich zur ständigen Veränderung der Elternschaft bei. Um Unvorhersehbarkeit und Veränderungen bewältigen zu können, müssen Eltern beständig lernen.

Diese drei Eigenschaften sind nicht ohne die Lebenswelt zu denken, in der Eltern leben. Bedeutungen von Elternschaft konstituieren sich in Interaktion mit Anderen. Bedeutsam sind hier zunächst das Kind und der andere Elternteil. Hinzu kommen aber noch andere bedeutsame Personen der Lebenswelt sowie allgemein soziale Interaktionen. In der Lebenswelt von Eltern gibt es Familie, Freunde, Nachbarschaft und zugleich Medien wie Bücher, Internet. Hier sehen sich Eltern einer großen Bandbreite an Bedeutungen gegenüber, die der Elternschaft gegeben werden. In jeder Interaktion in der Lebenswelt sehen sich Eltern den Perspektiven Anderer gegenüber, wie diese Elternschaft denken. Eltern müssen das eigene Elternsein in der Auseinandersetzung mit diesen unterschiedlichen Perspektiven entwickeln. Die *Bedeutungsvielfalt*, konstituiert in der *Interaktion mit Anderen*, ist die vierte Eigenschaft des Phänomens. Durch die Vielzahl der unterschiedlichen Bedeutungskonstitutionen in unterschiedlichen Situationen ist eine Bedeutungsdiffusion von Elternschaft grundgelegt. Sie bildet den Kontext, indem die ersten drei Eigenschaften des Schlüsselphänomens *Elternschaft – das Fremde* eingebettet sind. Die Interaktionen in der Lebenswelt sind der Rahmen, innerhalb dessen Elternschaft Bedeutung erhält. Während die ersten Eigenschaften sich bereits mit der ursprünglichen Interaktionskonstellation Elternteil und Kind zeigen, kommt hier eine erweiterte Perspektive zum Tragen. Die Eigenschaft Bedeutungsvielfalt – Interaktion mit Anderen öffnet den Blick über die Eltern Kind Beziehung hinaus. Ich habe sie daher im Modell so dargestellt, dass sie die ersten drei Eigenschaften umschließt.

Der fünften und letzten Eigenschaft kommt eine besondere Bedeutung zu. Sie gibt den anderen Eigenschaften eine besondere Qualität: die *Verantwortung*. Unvorhersehbarkeit, andauernde Veränderung auf Dauer, Lehr-Lern-Parallelität und Bedeutungsvielfalt durch die Interaktion mit Anderen erhalten durch die umfassende elterliche Verantwortung ein besonderes Gewicht. Die Verantwortung führt dazu, dass Eltern die Lernherausforderungen, die das Phänomen Elternschaft mit seinen Eigenschaften mit sich bringt, als zwingend erleben. Da Eltern die umfassende Verantwortung für ihr Kind tragen, sind veränderliche oder unvorhersehbare Situationen bedeutsam und riskant. Da sie umfassend verantwortlich sind, wird die Lehr-Lern-Parallelität bedeutsam und herausfordernd. Da Eltern umfassende Verantwortung haben, können all die unterschiedlichen Meinungen und Ansichten darüber, wie Elternschaft sein sollte, belastend werden. Betrachtet man den Lernprozess der Elternschaft, so scheinen die Eigenschaften des Phänomens in der ersten Fremdheitserfahrung besonders ausgeprägt zu sein. Die Eltern berichten in den Daten davon, dass sie insbesondere in den ersten Wochen und Monaten die Belastung der Elternschaft als besonders erleben. Zugleich zeigen die Daten, wie oben ausgeführt, dass im weiteren Prozess der Elternschaft die genannten Eigenschaften weiterhin vorhanden sind. Sie finden sich in unterschiedlichen Konstellationen unterschiedlich gewichtet im elterlichen Lernprozess.

Die Ausführungen in Kapitel 5 sowie in diesem Kapitel 6 zeigen, dass für die vorliegende Untersuchung eine Perspektive notwendig ist, die verschiedene ineinandergreifende Prozesse beschreiben kann. Der erste Zugang erfolgte im Kapitel 5 entlang eines Falls. Hier wurden zentrale Beobachtungen eingeführt, jedoch nicht systematisiert. In Kapitel 6 erfolgte eine erste grundlegende Systematisierung, indem das zentrale Phänomen dieser Studie in seinen Eigenschaften erfasst wurde. Die bisherige Systematisierung umfasst jedoch nicht alle Aspekte, die im vorangegangenen ersten Zugang angesprochen wurden. In einem nächsten Schritt befasse ich mich daher mit den Inhalten, mit denen Eltern sich beschäftigen, wenn sie auf die Herausforderungen des Schlüsselphänomens antworten. Nachdem ich das Schlüsselphänomen *Elternschaft – das Fremde* in seinen Eigenschaften beschrieben habe, kann ich nun das *Lernfeld Elternidentität* und damit die Inhalte des elterlichen Lernens entfalten.

Kapitel 7

Das Lernfeld Elternidentität

In Kapitel 6 habe ich die grundlegenden Eigenschaften vorgestellt, die das Phänomen *Elternschaft – das Fremde* auszeichnen: die Dauerhaftigkeit der Veränderung, die Unvorhersehbarkeit, die Parallelität von Lehren und Lernen, die Konstitution von Bedeutungen von Elternschaft in der Interaktion mit Anderen und die daraus resultierende Bedeutungsvielfalt, die auch eine Veränderung von Lebensrhythmus und zeitlicher Gestaltung mit sich bringt sowie die Verantwortung, die allen vorher genannten Eigenschaften eine besondere Bedeutung verleiht. Diese Eigenschaften finden sich in dem Grundmodell wieder, das ich im Folgenden vorstellen werde. Dieses Grundmodell soll mögliche Lerninhalte systematisieren. Ausgangspunkt für die Erläuterung des Grundmodells bildet das Phänomen *Elternschaft – das Fremde*.

Die Eltern treffen sowohl in den Interviews als auch in den Tagebüchern wie gesehen eine Unterscheidung zwischen ihrem vorangegangenen Leben ohne Kind und ihrem jetzigen Leben mit Kind. Mit einem Kind zu leben interpretieren Eltern als vollständig neue Erfahrung. Eltern stehen einer neuen und unbekannten Situation gegenüber, in der sie ihr Kind erziehen – also lehren – müssen und zugleich selbst lernen. In diesem Kapitel schlage ich ein Modell vor, dass die Inhalte des elterlichen Lernens systematisiert. Die Eigenschaft Lehr-Lern-Parallelität soll zusammen mit einem ersten Beispiel den Zugang bilden.

In den Erzählungen von Eltern wird deutlich, wie Eltern sich an der Parallelität des Lehrens und Lernens abarbeiten – etwa in ihrer Suche nach einem ‚aktuellen Bild vom Kind‘, um als Eltern handlungsfähig zu sein. Hier lassen sich beständig Prozesse der eigenen Neuordnung von Erfahrung rekonstruieren. Zugleich versuchen Eltern vorausblickend zu handeln, um ihren Kindern pädagogische Erfahrungen zu ermöglichen. Das nachfolgende Beispiel illustriert dies.

> „das merke ich schon dass ich mich umgestellt hab und da:ss * j:a es ist schon ein stückchen einfach so als hätte man ne zweite person zu sich selber dazu gewonnen für die man immer weiter denken muss und * das gibt einem ein stückchen stärke einfach auch zu wissen gewisse dinge muss man durchziehen für sich selber und auch für andere" (Interview 20, 93)

Frau SF spricht zunächst über sich selbst als Mutter. Sie stellt fest, dass sie sich „umgestellt" hat. Sie scheint etwas gelernt zu haben. Dann zählt sie auf, was

sie gelernt hat – die Lerninhalte. Es gibt eine „zweite Person zu sich selber".
Das Kind als Gegenüber, für das Frau SF „immer weiter denken muss". Hier
klingen zunächst zwei Lerninhalte an. Zum einen gibt es diese „zweite Person
zu sich selber dazu". Es gibt eine andere Person, „für die" gedacht werden
muss. Um für eine andere Person, das Kind, denken zu können, braucht es eine
Vorstellung von dieser Person. Die Mutter muss sich ein Bild von ihrem Kind
machen, um abwägen zu können, was es braucht. Das für das Kind denken
setzt ein *Bild vom Kind* voraus. Die Mutter macht sich ein Bild von ihrem
eigenen Kind. Zum anderen spricht die Mutter eine Veränderung an sich selbst
an. Sie ist nun eine geworden, die für ihr Kind „weiter denken muss". Frau SF
„merkt" die Veränderungen an sich selbst. Sie hat ein *Bild von sich als Mutter*
entwickelt. Die verallgemeinerte Formulierung „man ... muss" weist zudem
darauf hin, dass sie eine allgemeine Vorstellung davon hat, wie eine Mutter zu
sein hat. Zugleich verweist dies auf eine allgemeine Vorstellung von Kindern,
auf ein allgemeines Bild vom Kind: Ein Kind, genauer ein Säugling, ist eine
Person, für die mitgedacht werden muss. Ein Säugling im allgemeinen hat
dieses Bedürfnis und ihr eigenes Kind im speziellen demnach auch. Frau SF
macht sich damit ein Bild ihres individuellen Kindes und zugleich entwickelt
sie ein Bild von Kindern im Allgemeinen. Zudem ist eine Mutter nach Ansicht
Frau SFs jemand, die „weiter denken" muss. Sie hat die beständige Aufgabe
selbst weiter zu lernen, um für die Zukunft mit dem Kind vorbereitet zu sein.

Schließlich spricht Frau SF noch ein „Wissen" über „gewisse Dinge" an.
Hier zeigt sich ein dritter Lerninhalt. Es gibt ein bestimmtes *Wissen*, das sie
sich als Mutter angeeignet hat. Wieder verallgemeinert Frau SF. Das Wissen
„gewisse Dinge muss man durchziehen" teilt sie ihrer Ansicht nach mit allen
Eltern. Eltern („einem") erhalten durch dieses Wissen „ein stückchen stärke".
Diese verallgemeinerte Stärke verweist wiederum darauf, dass Frau SF ein all-
gemeines Bild von Müttern oder Vätern hat. Die hier am Beispiel aufgezeigten
Lerninhalte finden sich in den Daten in unterschiedlicher Gewichtung immer.
Sie spannen gemeinsam des Feld dessen auf, was Eltern als Eltern lernen:

1. Eltern entwickeln ein Bild ihres Kindes. (Lernfokus: *Bild vom Kind*)
2. Eltern entwickeln ein Bild von sich als Eltern. (Lernfokus: *Eltern-Selbst-Bild*)
3. Eltern entwickeln ein Repertoire an Handlungsmöglichkeiten und
   -routinen. (Lernfokus: *habits/knowledge*)

Diese drei genannten Aspekte elterlicher Lerninhalte nenne ich die *Lernfoki* von Eltern. Die Analysen zeigen, dass sich die Lerninhalte von Eltern,
die jeweiligen Probleme unterschiedlicher Situationen, in unterschiedlicher
Schwerpunktsetzung immer auf diese drei Lernfoki beziehen. Die Trennung
dieser drei Lernfoki ist jedoch eine analytische. Im Sinne Deweys betreffen
alle drei die Entwicklung und Ausgestaltung von habits sowie die Konstitution von knowledge. Für die Analyse wurde hier eine inhaltliche Trennung
vorgenommen.

Mit dem Lernfokus *Bild vom Kind* sind die habits und das knowledge gemeint, die explizit das Kind betreffen. Eltern machen sich ein Bild von dem, was bzw. wer ihnen als „objekt" gegenübertritt. Sie entwickeln habits und knowledge über das Kind. Hier geht es um die Vorstellungen, die Bedeutungszuschreibungen zu Kindern allgemein – das wäre die Anthropologie des Kindes – sowie die Vorstellungen und Bedeutungszuschreibungen, die das eigene Kind betreffen. Hierfür müssen Sie Fragen beantworten wie „Wer ist diese Person, die ich erziehe?" „Wer sollte sie sein?". Vorstellbar sind Sätze, die jeweils anfangen mit „Kinder sind…" bzw. „Mein Kind ist…".

Der nächste Lernfokus umfasst alle habits und das knowledge, die in einem engen Sinn das eigene Bild von sich als Elternteil betreffen, das *Eltern-Selbst-Bild*. Wenn Eltern sich ein Bild von ihrem Kind machen, bedeutet dies zugleich, dass sie sich klar werden müssen über ihre eigene Positionierung, ihre Haltung, ihre eigene Rolle dieser neuen Umwelt gegenüber. Sie entwickeln eine Vorstellung davon, wie sie sich selbst sehen, welches Bild sie von sich selbst als Mutter oder Vater haben. Sie müssen Antworten auf Fragen finden wie „Wer bin ich als Vater oder Mutter?" „Wer bin ich, die/der interagiert?" „Wer ist das, der/die erzieht?". Diese Vorstellungen von sich selbst lassen sich in Sätzen formulieren, die jeweils beginnen mit „Ich als Mutter oder Vater bin…" oder „Ich als Vater oder Mutter habe…".

Die beiden obigen Lernfoki führen dazu, dass Eltern einerseits neue habits entwickeln und sich andererseits neues knowledge aneignen. Der Lernfokus *habits/knowledge* fasst die Wissensbestände und habits zusammen, die sonst noch in Zusammenhang mit Elternschaft stehen, wie etwa bestimmte Fertigkeiten im Umgang mit Kindern. Mit dem Lösen von aktuellen Handlungsproblemen entwickeln sie Lösungen für mögliche zukünftige Probleme. Sie eignen sich ein knowledge und eine Art „Sammlung pädagogischer Handlungsstrategien" an. Dabei suchen sie Antworten auf Fragen wie „Wie sollte ich mein Kind erziehen?" „Wie kann ich mein Kind erziehen?". Hierzu gehört beispielsweise ein knowledge über geeignete Ernährungsmöglichkeiten von Kleinkindern (z.B. Anfertigen eines Breis und Formen des Fütterns).

Alle drei Aspekte – das *Bild vom Kind*, das *Eltern-Selbst-Bild* und elterliche *habits/knowledge* – stehen dabei in einem transaktionalen Zusammenhang. Sie bedingen sich gegenseitig. Kein Aspekt besteht ohne den anderen. Eine Veränderung einer dieser Aspekte führt dazu, dass auch die anderen beiden umgestaltet werden müssen.[135]

Abbildung 7.1[136] verdeutlicht diese Zusammenhänge: Die drei Lernfoki *Bild vom Kind*, *Eltern-Selbst-Bild* und *habits/knowledge* bilden die Eckpunkte des elterlichen *Lernfeldes*. Sie umspannen, bildlich gesprochen, das Feld dessen, womit Eltern sich aufgrund ihrer Elternschaft auseinandersetzen müssen. Alle Problemsituationen im Sinne Deweys, auf die Eltern stoßen, lassen sich

---

135   Zum Begriff der Transaktion siehe die Einleitung des Kapitels 4.
136   Alle Abbildungen und Übersichten dieses Buches sind von mir selbst erstellt.

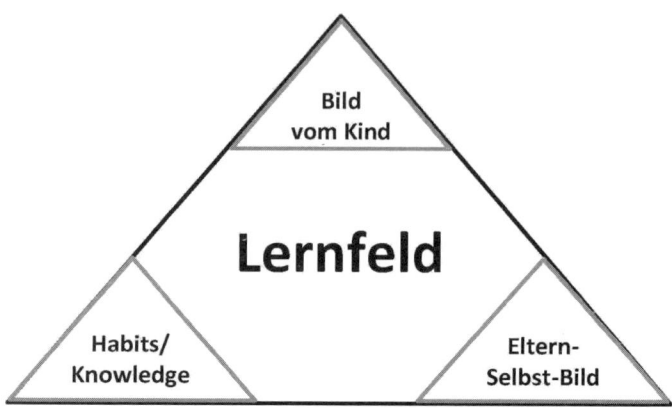

Abbildung 7.1: *Lernfeld Elternidentität* – Inhalte elterlichen Lernens (I)

hinsichtlich der drei Lernfoki beschreiben. Jedes Problem enthält in unterschiedlicher Gewichtung diese Lernfoki. Wenn Eltern sich in einer Lernsituation befinden, wenn sie ein Problem lösen müssen, enthält diese Herausforderung immer eine Kombination der drei Lernfoki, der drei Ecken. Das eigene Selbst-Bild und das Bild des Kindes und damit verbunden die Beziehung zum Kind werden jeweils anders interpretiert. Das eigene knowledge und die habits werden in unterschiedlicher Weise reflektiert. Hinzu kommen häufig unterschiedliche Interaktionskonstellationen, die je nach Problemsituation die Lerninhalte mit konstituieren. Daraus ergeben sich jeweils unterschiedliche Handlungsoptionen.

Ich möchte dies an einem Beispiel aus einem Tagebuch verdeutlichen, bevor ich ausführlicher auf das Modell und seine Bestandteile eingehe.

> 10 „Tobias fühlte sich nun schon über 1 Woche nicht wohl, Fieber, Husten, Schnupfen.
>
> 11 Und dann zu allem noch 2 Backenzähne. Manche Nacht bin ich 4-5 mal aufgestanden um ihm Tee trinken zu lassen, bis ich von der Ärztin Fieberzäpfchen bekam die auch ruhig machten, mit dem Erfolg dass Toby morgens um 4.00 Uhr meinte, die Nacht wäre vorbei und meckernd und singend den Tag begrüßte. „Wa wa wa wa" die Tonlage ständig wechselnd, so ging es manchmal 2-3 Stunden.
>
> 12 Weil ich sauer war habe ich beide Türen geschlossen und ihn meckern lassen. Trotzdem hörte man es durch die geschlossene Türen, mit meinem Schlaf war es dann auch vorbei."
>
> (Tagebuch 1, 10-12)

Zuallererst stellt sich die Frage, wie es dazu kommt, dass die Mutter die Situation mit dem kranken Kind als eine Problemsituation auffasst. Der Hinweis hierauf kommt erst relativ am Schluss dieser Sequenz: „Weil ich sauer war". Frau DF benennt starke Gefühle. Diese verweisen darauf, dass eine experience vorliegt. Nun muss geklärt werden, um was für eine Problemsituation es sich handelt, welche Situation vorliegt. Frau DF beschreibt dies anschaulich. Ihr Kind Tobias ist längere Zeit krank („über 1 Woche"). Zu der fieberhaften Erkältung kommen „noch 2 Backenzähne" hinzu, die das Kind unruhig schlafen lassen und auch die Mutter nachts wach halten. Frau DF zeichnet das Bild eines sehr bedürftigen Kindes (*Bild vom Kind*). Es bedarf außergewöhnlicher Fürsorge. Sich selbst (*Eltern-Selbst-Bild*) beschreibt sie als fürsorgliche Mutter, die für ihr Kind und dessen Wohlbefinden sorgt. Darüber hinaus erfahren wir, dass Frau DF weiß, wie sie in solch einer Situation handeln kann (*habits/knowledge*). Sie steht nachts auf und gibt dem Kind zu trinken. Zudem holt sie sich Hilfe von außen und geht mit dem Kind zur Ärztin. Sie verabreicht dem Kind das verordnete Medikament (Fieberzäpfchen). Hier verändert sich nun das Bild vom Kind. Tobias behält zwar seine Schlafschwierigkeiten bei, doch scheint die Wachheit für ihn aus Sicht der Mutter nicht mehr problematisch zu sein. Er äußert Laute des Wohlbefindens, scheint wach und wieder energievoll: „Wa wa wa" meckernd und singend begrüßt er den Tag. Nun deutet sich das eigentliche Problem an. Frau DF findet sich in einem Konflikt zwischen den Bedürfnissen des Kindes und ihren eigenen Bedürfnissen wieder. Sie muss ihr Handeln, jede Nacht nach dem Kind zu sehen ändern, weil das Kind solch eine lange Zeit wach bleibt und – das ist jetzt meine Interpretation, sie schreibt dies nicht explizit – weil sie erschöpft ist nach den vielen unterbrochenen Nächten. Die Mutter beschreibt starke Gefühle und versucht das Problem zu lösen: beide Türen schließen und das Kind meckern lassen. Aber diese Lösung ist nicht erfolgreich. Es lässt sich hier an dieser Sequenz nur der Beginn eines Lernprozesses rekonstruieren. Es gibt keine Auskunft darüber, wie die Mutter hier eine Lösung findet.

Deshalb ein weiterer Auszug aus diesem Tagebuch.

32 „Tobias kommt jetzt mit Schlafsack übers Bett! [...]

33 Dann kamen Abende wo er drei-/viermal aufgestanden war und nicht schlafen wollte. Und letzte Nacht kam er um ½ 2 Uhr: „Mama, Tee". Von Jan-Tobias wußte ich daß er das nachts öfter macht und alle Stunde kommt, das wollte ich erst gar nicht einreissen lassen. „Tobias, in Deinem [...]

36 Proviantbeutel ist eine Flasche, ab ins Bett. ½ Stunde später: „Mama, Tee." Tobias stand wieder vor dem Schlafzimmer. „Tobias du hattest Deinen Tee, jetzt gibt es keinen mehr." Ich lege ihn wieder ins Bett, gehe in meins und hörte wieder wie des Bett rappelte. Dann bin ich vor der Tür stehen geblieben und habe ihn gleich wieder ins Bett gelegt wenn er drüber gestiegen war. Beim vierten Male blieb er liegen, unter Protestgebrüll."

(Tagebuch 2, 32-37)

Da ist Tobias, der nun allein aufstehen kann und dies an manchen Abenden mehrmals tut. Diesem *Bild vom Kind* entsprechend folgt nun die Erzählung einer Einzelsituation. Eines Nachts steht Toby mitten in der Nacht auf und fragt seine Mutter nach Tee. Die Mutter stellt in ihrer Geschichte nun eine Verbindung her zwischen diesem einmaligen Geschehen und Erfahrungen anderer

Eltern: „Von Jan-Tobias wußte ich". Dieses andere Kind, Jan-Tobias, scheint häufig nachts aufzustehen und Tee zu trinken. Wir erfahren über das *Eltern-Selbst-Bild* von Frau DF, dass sie in Kommunikation mit anderen Eltern steht, die Erfahrungen anderer Eltern teilt und darüber reflektiert. Zugleich erfahren wir von der besonderen Bedeutung, die diese andere Familie und deren Interaktion für Frau DF bekommt (*Andere*). Die Mutter kommentiert die Situation anderer Eltern und beurteilt die Erfahrungen anderer Eltern. Sie distanziert sich von der Eltern-Kind-Interaktion einer anderen Familie und definiert ihre eigene Vorstellung: „das wollte ich erst gar nicht einreissen lassen." Damit geht sie auf Distanz zu der von ihr bei anderen beobachteten Form des Handelns als Elternteil. Die Mutter interpretiert die Handlung ihres Kindes als potentiell gleich zu den Gewohnheiten eines anderen Kindes. Indem sie eine Verbindung herstellt zwischen ihrer einmaligen Erfahrung, dass ihr Kind aufwacht, mit der dauernden Erfahrung anderer Eltern, transformiert sie ihre Situation in ein Lernproblem: Sie muss eine Lösung für ein Problem finden, das sie haben könnte, für eine Situation anderer Eltern, die sie als problematisch einschätzt.

In dieser Problemsituation finden sich alle Lernfoki des *Lernfeldes Elternidentität* und deren Einbettung in die Lebenswelt in Form der Anderen. Zudem zeigt sich in der Geschichte, dass die Mutter scheinbar das in der ersten Sequenz genannte Problem gelöst hat. Sie hat ihre Position bezüglich des Nachtschlafs gefunden. Sie könnte heißen: Nachts benötige ich als Individuum meinen Schlaf und mein Kind hat dies zu akzeptieren.

Schließlich zeigt sich hier die Art und Weise, wie die Mutter eine Lösung für das Problem findet. Die erste Reaktion der Mutter ist, dem Kind bei seinem Bedürfnis zu Trinken zu helfen. Als das Kind ein zweites Mal nach Tee fragt, interpretiert sie dies im Vergleich zu der Gewohnheit des anderen Kindes Jan-Tobias, der nachts stündlich trinken möchte. Frau DF möchte verhindern, dass ihr Kind ebenfalls diese Angewohnheit entwickelt. Sie scheint zukünftige Aktivitäten des Kindes zu antizipieren und entwickelt eigene Ziele aus diesem antizipierten Problem heraus. Ihre Lösung für das hier angesprochene Lernproblem ist, eine eigene Position zu beziehen. Sie entwickelt ihre eigene Idee von Elternschaft und bringt ihr Kind auf eine sehr strikte Art und Weise dazu, dies zu akzeptieren. Die Konsequenz ihrer Interaktion mit dem Kind ist, dass sie eine Strategie gegen ein antizipiertes Problem entwickelt: Sie entscheidet sich, strikt zu handeln und konsequent zu sein. Sie hat auf der Ebene von *habits/knowledge* neue Optionen angeeignet. Sie informiert ihr Kind, zeigt ihm eine einzige Handlungsmöglichkeit auf, und ist damit erfolgreich. Sie hat eine Lösung gefunden – ihre eigene Position – und vertritt diese erfolgreich. Frau DF hat gelernt, dass sie eine Position finden kann, die sich von der anderer Eltern unterschiedet. Dann könnte sie gelernt haben, dass sie entschieden auftreten kann und dass dies erfolgreich sein kann. Sie hat sich in einer erfolgreichen pädagogischen Situation erfahren und in den folgenden Tagebucheinträgen kann man sehen, dass sie diese Strategie weiter einsetzt, ihrem Kind sehr klar eine einzige mögliche Handlungsoption aufzuzeigen und ihr Kind strikt zum Befolgen anzuhalten. Am Ende der obigen Geschichte schreibt sie:

37   „Morgens um ½ 9 Uhr kam er wieder, Papa brachte ihm Tee und er blieb [...]
40   noch ein bisschen in unseren Betten liegen.
41   Dann meinte er triumphierend zu mir: „Mama Tee" und hielt die Flasche hoch."
(Tagebuch 2, 37-41)

Dies scheint die ganze Situation als Win-Win-Situation zu beschreiben: Die Mutter bekommt schlussendlich ihren Schlaf, ist erfolgreich mit ihrer Vorstellung von Elternschaft und das Kind bekommt etwas zu trinken, kann zumindest dieses Bedürfnis stillen. Sie Mutter kann somit auch gelernt haben, dass es dem Kind nicht schadet, ihre eigenen Bedürfnissen zu stillen. Zudem wird der Vater des Kindes erwähnt, der auch handelnd zur Lösung beiträgt.

Schematisch kann das am Beispiel aufgezeigte Modell nun, wie in Abbildung 7.2 dargestellt, erweitert werden. Im Zentrum des Modells befindet sich

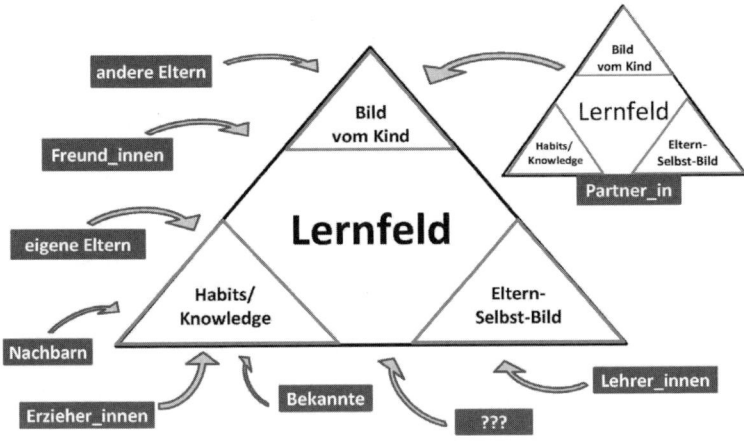

Abbildung 7.2: *Lernfeld Elternidentität* – Inhalte elterlichen Lernens (II)

wie in Abbildung 7.1 das *Lernfeld Elternidentität*. Dies stellt das Lernfeld eines Elternteils dar. Es umfasst die basalen Lerninhalte eines Elternteils, die durch die Relation zu dem Kind entstehen. Das Lernfeld ist dem Schlüsselphänomen *Elternschaft – das Fremde* entsprechend eingebettet in den Kontext der Interaktion mit Anderen. Zu den drei Lernfoki kommen nun noch die Anderen als weitere Interaktionspartner_innen hinzu. Dies hatte sich auch am Ende des ersten Beispiels in diesem Kapitel diffus angedeutet („für andere", Interview 20, 93). Das Lernfeld eines Elternteils ist eingebettet in den Kontext möglicher Interaktionspartner_innen. Hier aufgeführt sind die in den vorliegenden Daten bedeutsamsten: andere Eltern, Verwandte wie beispielsweise die eigenen

Eltern, pädagogische Fachkräfte sowie Freunde und Freundinnen. Die Anderen können als bedeutsame Andere ebenfalls transaktional dazu beitragen, dass hier und im Hinblick auf die drei Lernfoki Veränderungen stattfinden. Die Genannten führen zu weiteren Lernherausforderungen, die immer auch in Beziehung zu den drei Lernfoki stehen. Eine herausragende Position innerhalb der Anderen nimmt der andere Elternteil ein. Diese Lerninhalte des elterlichen Lernfeldes erweitern sich, wenn man den Partner oder die Partnerin als Teil der Lebenswelt mit betrachtet (rechts im Schaubild). Der andere Elternteil ist ebenfalls durch ein dreieckiges Lernfeld dargestellt, da der Partner oder die Partnerin ja ein analoges Lernfeld zu bearbeiten hat. Dabei scheint der zweite Elternteil den Daten zur Folge in jeder Familienform bedeutsam zu sein, egal ob die Eltern zusammen oder getrennt leben oder ein Elternteil mehr abwesend ist als der andere. In unterschiedlichen Familienformen zeigen sich die Lernfoki in unterschiedlicher Konstellation und führen zu verschiedenen Problemsituationen. Das Modell versucht, die grundlegende Struktur zu beschreiben.

In den folgenden Abschnitten erläutere ich zunächst an Beispielen aus den Daten dieses Grundmodell.

7.1 Lernfokus: Eltern-Selbst-Bild

Nachfolgend erläutere ich illustriert durch Interviewsequenzen den Lernfokus *Eltern-Selbst-Bild* und seine beiden zentralen Teilaspekte das eigene Eltern-Selbst-Bild und das allgemeine Eltern-Bild.

Die Interviewerin stellt Frau HF die Frage „wie siehst du dich als erziehende person und wie hast du dich durch deine kinder persönlich verändert". Frau HFs Antwort beschreibt explizit, was sich in den Daten meist implizit in unterschiedlicher Gewichtung zeigt, wenn Eltern Problemsituationen schildern.

> „persön:lich veränderung is auf jeden die persönliche veränderung ist dass man mmh * dass ich strukturierter geworden bin, zumindest in der zeit als die kinder jünger kleiner grundschul oder oder gymnasium noch waren dass ich einfach sehen musste dass ich mich selber besser strukturiere, damit die zeiteinteilung äh habe und somit äh ein * angenehmen lebensablauf irgendwo finde und äh ich selber neige jetzt vielleicht dazu etwas die dinge laufen zu lassen auf mich zukommen zu lassen * und äh dann erst zu handeln wenn man aber kinder hat äh ist es klar, dass * einfach ständig wiederkehrende termine da sind die man * äh einzuhalten hat, oder die man organisieren muss im rahmen von * äh schulveranstaltung sportveranstaltung in rahmen von ärtzlicher regelmäßiger ärztlicher versorgung, und ähm * das ist natürlich dann * äh ja für mich ANDERS gewesen jetzt wo die kinder älter sind * kann ich wieder so bisschen diese diese strukturierung diese straffe etwas * liegen lassen" (Interview 12, 12)

Frau HF antwortet zuerst auf den zweiten Teil der Frage, wie sie sich durch die Kinder verändert hat. Sie stellt fest, dass sie selbst „strukturierter geworden" sei und führt die Begründung dafür aus. Sie setzt also bei der Frage der Interviewerin an, der Eigenschaft *Veränderung* des Phänomens *Elternschaft – das Fremde*. Die festgestellte Veränderung geschieht nicht freiwillig („dass ich einfach sehen musste"). Frau HF begründet dies mit einer „zeitenteilung" und der Suche nach einem „angenehmen lebensablauf". Sie charakterisiert sich selbst als eine, die dazu neigt „etwas die Dinge laufen zu lassen auf mich zukommen zu lassen * und äh dann erst zu handeln". Diese Form der Lebensgestaltung sei als Mutter nicht mehr möglich. Die Kinder sollen eine strukturierte Zeiteinteilung erhalten. Aufgabe der Eltern sei es hierfür zu sorgen. Ständig wiederkehrende Termine der Kinder führten dazu, dass Eltern ihren Lebensablauf strukturieren müssten. Frau HF äußert hier eine klare Vorstellung davon, was Elternsein bedeutet. Eltern müssen Termine einhalten und organisieren. Diese allgemeine Feststellung wird durch einige Beispiele illustriert: Veranstaltungen in der Schule und mit dem jeweiligen Sport des Kindes sowie wiederkehrende Arzttermine. [137] Zum elterlichen Zuständigkeitsbereich gehört damit nach Frau HF, die Termine der Kinder zu verwalten und eine zeitliche Struktur zu schaffen. Ein Teilbereich des Lernfokus *Eltern-Selbst-Bild* ist, dass Eltern Überzeugungen dazu entwickeln, wie ihr Zuständigkeitsbereich als Eltern aussieht. Sie stellen fest, wofür sie sich als Eltern verantwortlich fühlen und worin sie ihre Aufgabe sehen. Dies geschieht häufig in Abgrenzung zur nicht-Zuständigkeit und nicht-Aufgabe. Sie versuchen festzulegen, wo sich die Grenzen ihrer Elternschaft befinden.

Damit Frau HF der erklärten Zuständigkeit, eine zeitliche Struktur herzustellen, nachkommen kann, ist es ihrer Ansicht nach notwendig, „die dinge" nicht einfach „laufen [zu] lassen" (Mitte). Sie als Mutter muss eine vorausschauende Haltung einnehmen und nicht erst handeln, wenn sich etwas aufdrängt. Zum eigenen Eltern-Selbst-Bild gehört, dass Eltern eine Haltung zu ihrer Elternschaft entwickeln. Sie entwickeln Überzeugungen über das Elternsein im Allgemeinen und ihr eigenes Selbstverständnis. Die eigene Haltung zur Elternschaft wird, wie sich in den Daten insgesamt zeigt, häufig in Auseinandersetzung oder Abgrenzung zu konstruierten gesellschaftlichen Normen eingenommen. Hier spiegelt sich die im Schlüsselphänomen beschriebene Eigenschaft der *Bedeutungsvielfalt* wieder.

In obiger Sequenz lässt sich auch eine Selbstbeurteilung erkennen. Frau HF beurteilt sich und ihre Handlungen in Bezug auf das Elternsein. Dabei zieht sie eine allgemeine Vorstellung dessen heran, was Elternsein ist. Diese Vorstellung ist im Text gekennzeichnet durch den Wechsel von der ersten Person Singular („ich selber neige [...] dazu") zur verallgemeinernden Formulierung „man" („wenn man aber Kinder hat", „Termine da sind die man [...] einzuhalten hat [...] die man organisieren muss"). Das Bild von Elternsein im Allgemeinen wird zunächst zusätzlich verstärkt durch drei zwingende Formulierungen („sehen musste", „einzuhalten hat", „organisieren muss").

---

137 Frau HF verweist hier vermutlich auf die in regelmäßigen Abständen stattfindenden Vorsorgeuntersuchungen für Säuglinge und (Klein-)Kinder.

Mit der Bekräftigung „ist es klar, dass [...]" versichert sich Frau HF zudem in der direkten Interaktion mit der Interviewerin, dass die folgenden Aussagen (ständig wiederkehrende Termine sind einzuhalten, müssen organisiert werden) selbstverständlich sind und keiner weiteren Erläuterung bedürfen. Schließlich bestärkt die Zuschreibung zu einer von Natur aus gegebenen Situation („natürlich") den unausweichlichen und damit allgemeinen Charakter der Situation: Es ist allgemein nachvollziehbar, dass sich mit der Elternschaft für Frau HF diese Veränderung ergeben hat („das ist natürlich dann [...] für mich ANDERS gewesen").

Eltern entwickeln also einerseits ein Bild davon, was Elternsein für sie selbst individuell bedeutet, welche Aufgaben damit verbunden sind und welche Haltungen sie einnehmen. Andererseits entwerfen sie ein *allgemeines Bild von Elternsein*, eine verallgemeinerte Vorstellung von Elternsein und beurteilen die eigene Elternschaft vor diesem Hintergrund. Die nachfolgende Sequenz illustriert noch einmal den oben genannten Teilaspekt der Vorstellung über die eigene Elternschaft, die Eltern für sich entwerfen. Die Passage schließt nach der kurzen Pause von 5 Sekunden direkt an die obige an.

> „wie sehe ich mich als erziehende person, als erziehende person sollte ich dann schon * vorbild sein für die kinder, in * der art wie ich * handle wie ich mich gebe, ich sollte ähm den kindern eben eine erziehung * mitgeben auch durch eigene persönliche darstellung * und ähm * sollte vorbild sein MUSS aber oft entscheidungen treffen oder äh ja entscheidungen treffen die eben für die kinder unter umständen jetzt mal nicht so angenehm, sind aber die eben als als elternteil für mich in der verantwortung sind dass ich sagen muss ich muss das jetzt für die kinder entscheiden" (Interview 12, 12)

Frau HF hat eine klare Vorstellung darüber entwickelt, wie sie als Mutter sein möchte. Sie beschreibt eine Anforderung, die sie für sich als erziehende Personen sieht: den Kindern ein Vorbild zu sein und ihnen „durch eine persönliche Darstellung" etwas „mit[zu]geben", das sie mit „eine Erziehung" umschreibt. Frau HF möchte als Elternteil durch ihr Handeln vorbildhaft für ihre Kinder sein. Dass es sich hierbei um eine Vorstellung, also eher eine Wunschvorstellung von ihrer Elternschaft handelt, unterstreicht die wiederkehrende Formulierung „ich sollte". Sie hat eine Vorstellung davon, wie Elternschaft sein sollte. Dies verweist bereits darauf, dass diese allgemeine Vorstellung sich von ihrer gelebten Wirklichkeit als Mutter unterscheidet. Sie schränkt ihre Vorstellung davon, wie ihre Elternschaft sein sollte, dann auch ein („MUSS aber oft"). Es gibt demnach zwingende Situationen, in denen sie dieser Eltern-Vorstellung nicht folgen kann und „entscheidungen treffen" muss, die „für die kinder unter umständen jetzt mal nicht so angenehm, sind". Unangenehme Entscheidungen zu treffen scheint der Vorstellung von Elternschaft zu widersprechen. Frau HF unterscheidet hier zwischen ihrer Vorstellung und der Wirklichkeit als Elternteil. Eltern entwickeln ein Bild ihrer Wirklichkeit im Alltag als Eltern. Dies geschieht häufig in Abgrenzung zu einer allgemeinen Vorstellung vom Elternsein.

Eine andere Möglichkeit des Vergleichs ist, sich auf andere Eltern zu beziehen. In dem nachfolgenden Beispiel vergleicht Frau KF ihre eigene Erfahrung, wie sich die Bedeutung einer beruflichen Weiterentwicklung mit der Geburt eines Kindes verändert, mit den Erfahrungen anderer Mütter.

> 19   KF: „da hab ich erstes staatsexamen gemacht ja ich mein das is ein stückweit schon in den hintergrund gerückt dadurch dass ich das verlängert HABE, aber das is ähm dieses ziel hab ich ja weiter verFOLGT.
>
> 20   I: mhm.
>
> 21   KF: un auch bei der johanna dann mit anderthalb jahren ins referendariat un es zweite staatsexamen * also so des ich weiß net dass das berufliche in den hintergrund getreten is mmh geringfügig aber nich * nich so stark wie das vielleicht bei anderen müttern der fall is wenn en kind auf die welt kommt.“
>
> (Interview 13, 19-21)

Frau KF stellt fest, dass ihre beruflichen Ziele mit der Elternschaft weniger im Vordergrund standen als zuvor. Sie führt zugleich mit dieser Aussage an, dass diese Veränderung bei ihr jedoch nicht so stark ausgefallen sei, wie dies bei anderen Müttern vorkommen könne. Andere Mütter werden zum Gegenhorizont. Auch wenn dieser hier nur sehr vage gefasst ist („vielleicht“), beschreibt Frau KF die eigene Elternschaft in Abweichung von der potentiellen allgemeinen Vorstellung darüber, wie Eltern sich der beruflichen Karriere gegenüber verhalten. Andere Eltern werden so zum Bezugspunkt für eine Beurteilung des eigenen Elternseins.

Ein wichtiger weiterer Bezugsrahmen für die Beurteilung des eigenen Elternseins ist das individuelle Selbstbild abgesehen von der Elternschaft: Das Selbstbild, das Eltern von sich als Person haben, das sich nicht auf ihre Elternschaft bezieht. Eltern erlernen ihr Eltern-Selbst-Bild auch, wenn sie in der Interaktion mit dem Kind entscheiden, ob sie als individuelle Erwachsene mit eigenen Bedürfnissen handeln oder ob sie handeln, indem sie ihre „Rolle als Eltern“ betonen. Das heißt, Eltern müssen eine Position beziehen zwischen diesen beiden Polen eines Kontinuums: entweder den Pol „ich als Elternteil“ zu betonen oder den anderen Pol „ich als individuelle Person“. Eltern nehmen in der Interaktion mit dem Kind eine Position ein zwischen diesen Polen oder manchmal auch einen der Pole. Dabei entwickeln sie ein Selbstbild von sich als Elternteil. Entsprechend der gewählten Selbstpositionierung interpretieren sie ihre Beziehung zum Kind unterschiedlich und scheinen unterschiedliche Handlungsoptionen zu haben. Dies zeigte sich deutlich in dem eingangs betrachteten Tagebuchauszug.[138] Am Anfang der Erzählung handelt die Mutter aus der Perspektive der fürsorgenden Mutter. Frau DF aktiviert alle mit diesem Elternbild verbundenen habits: Sie steht nachts auf, sorgt für ihr krankes Kind, fühlt mit dem Kind, versucht mit Tee zu helfen. Dann kommt der Moment, wo ihre Hilfe nicht erfolgreich zu sein scheint. Sie

---

138   Vgl. Einleitung zu Kapitel 7: der kranke Tobias und die nächtlichen Schlafunterbrechungen.

versucht, von einer anderen Person, der Ärztin, Hilfe zu bekommen. Während Frau DF mehrmals nachts aufsteht, ignoriert sie ihr eigenes Schlafbedürfnis. Weil die Krankheit länger andauert und durch die Medikamentengabe, die dem Kind hilft, entsteht eine Problemsituation, bei der ein potentielles Eltern-Selbst-Bild der fürsorglichen Mutter in Konflikt gerät mit dem Selbst-Bild eines schlafbedürftigen Individuums. Mutter braucht ihren Schlaf. Weil sie dem Kind mit der Medizin hilft, verschärft sich ihr Problem, im Schlaf unterbrochen zu werden. Begeitet von starken Gefühlen („sauer") entscheidet sich Frau DF, dem individuellen Bedürfnis nach Schlaf nachkommen zu wollen. Sie modifiziert ihr Handeln als auch nachts ständig fürsorgende Mutter und versucht, dem eigenen Bedürfnis nachzukommen. Sie versucht eine Lösung für ihr Schlafbedürfnis zu finden – in diesem Fall ohne Erfolg. Am Ende des Tagebucheintrags hat die Mutter keine Lösung für den Konflikt zwischen ihrem Handeln als fürsorgende Mutter und der Selbstfürsorge gefunden zu haben. Damit scheint auch das Eltern-Selbst-Bild hier noch ungeklärt zu sein. Es bleibt offen, was diese Erfahrung für das Eltern-Selbst-Bild bedeutet. Doch es verdeutlicht, dass das Eltern-Selbst-Bild auch in der Auseinandersetzung mit dem Selbstbild des Elternteils als Individuum mit eigenen Bedürfnissen und Wünschen erlernt und umgelernt wird.

Ein letzter Aspekt, der von den untersuchten Eltern in Bezug auf das Eltern-Selbst-Bild immer wieder thematisiert wird, sind Fragen der eigenen Energieinvestition und der eigene Energiehaushalt. Wenig später im gleichen Interview erläutert Frau HF, wie sie sich in Entscheidungssituationen fragt:

> „wie handle ich jetzt da drauf is es nötig sich da aufzureiben, ein konflikt herauf zu beschwören oder versucht man da eben auch immer geschickter zu einzugreifen" (Interview 12, 30)

Die Überlegung, ob es notwendig sei, „sich da aufzureiben" verweist auf die Notwendigkeit, Energie einzusetzen, um potentielle konfliktäre Situation als Elternteil zu bewältigen. Eltern investieren ihre Kraft und Zeit, um Eltern zu sein. Sie betrachten ihre Ressourcen und beurteilen die Höhe ihres Einsatzes. Sie berichten von Grenzerfahrungen in Bezug auf die eigene Leistungsfähigkeit als Eltern. Die untersuchten Eltern erzählen davon, wie sie an Grenzen kommen, überfordert sind, sich energielos fühlen oder wie sie dafür sorgen, dass ihre Energie für die Elternschaft ausreicht – wie ein letztes Beispiel illustriert.

> „des isch wichtig die entwicklung zu fördern und zu gucke dass des kind sich gut entwickelt, aber es isch au wichtig dass man sich selber gut entwickelt. *5* und seine persönliche freiheit hat," (Interview 1, 141)

Die interviewte Mutter verweist hier auf die auch für das eigene Lernen notwendige Energie. Die Eigenschaft der Lehr-Lern-Parallelität führt dazu, dass Eltern mit der ihnen zur Verfügung stehenden Energie haushalten müssen. Diesen Teilbereich zu gestalten gehört zu den Herausforderungen, die der Lernfokus *Eltern-Selbst-Bild* mit sich bringt.

7.2 Lernfokus: Bild vom Kind

Auch der Lernfokus *Bild vom Kind* gliedert sich in zwei Teilaspekte. Eltern entwickeln ein individuelles Bild ihres eigenen Kindes. Zugleich entwerfen Sie ein Bild davon, wie Kinder im Allgemeinen sind.

> 19 „Der Sommer ist da, mit allen Vor- und Nachteilen, ca. 26-28° Hitze, Toby schläft sehr schlecht, ich weiß nicht wie ich ihn im Bett ausziehen soll. Dafür ist er auf dem Spielplatz sehr aktiv. Neulich war er plötzlich verschwunden, und ich sah seine rote Mütze auf dem kleinen Berg im Gestrüpp. Dann kletterte er auf einer kleinen Mauer herum, und wußte genau, daß ich nicht hinterher kam. Da tanzte er so lange herum, bis er abrutschte und in die Brennesseln und Dornengestrüpp fiel.
>
> 20 Es macht ihm überhaupt Spaß abzuhauen, wo ich ganz sicher nicht hinterher komme.
>
> 21 Bei Karstadt kroch er zwischen und unter den ganzen Fahrrädern durch und lachte mich aus, weil ich ihn nicht fangen konnte."
>
> (Tagebuch 1, 19-21)

Frau DF schreibt in ihrem Tagebuch über das Leben mit ihrem Sohn Tobias. Gleich im ersten Satz dieser Sequenz erfahren wir, dass Tobias zum Zeitpunkt des Eintrags Schwierigkeiten mit dem Schlafen hat. Er scheint so lebhaft zu sein, dass Frau DF Probleme damit hat, ihn zum Schlafengehen auszukleiden. Trotz des Schlafmangels („dafür") scheint Tobias in bestimmten Situationen tagsüber sehr aktiv zu sein. Durch den Gegenhorizont des fehlenden Schlafes wird seine Aktivität hervorgehoben. Frau DF schildert zwei Beispiele („auf dem Spielplatz", „Bei Karstadt"). Sie beschreibt, wie Tobias „kletterte", „tanzte", „kroch" und „lachte". Frau DF hat eine deutliche Vorstellung davon, wie ihr Kind ist. Sie hat ein Bild von ihrem Kind. Es ist zwar müde, hat aber dennoch so viel Energie, dass es viel in Bewegung ist. In dieser Passage scheint es so, als wäre die Aktivität des Kindes eine situative Erscheinung. Frau DF schreibt keine allgemeinen Aussagen wie ‚mein Kind ist aktiv' oder ‚er ist immer schon einer, der ständig in Bewegung ist'. Durch die einleitende Feststellung „Der Sommer ist da, mit allen Vor- und Nachteilen" ist die Beschreibung des Kindes in einen bestimmten zeitlichen Kontext gestellt.

In den Daten findet sich zweierlei. Eltern scheinen sich sowohl ein Bild ihres Kindes zu machen, das scheinbar feststehende zeitlich nicht begrenzte Eigenschaften umfasst. Gleichzeitig ist das Bild des eigenen Kindes geprägt von situativen Zuschreibungen. Eltern beurteilen, wie ihr Kind gerade ist. Sie machen sich ein spezifisches Bild ihres Kindes, das allgemeine Zuschreibungen und situative Aspekte beinhaltet. Diese Überzeugungen über das eigene Kind sind die Vorstellungen von dem Menschen, dem Eltern sich in ihrer Interaktion gegenüber sehen.

Dabei umfasst diese Vorstellung nicht nur Eigenschaften. Eltern machen sich auch ein Bild etwa von kindlichen Gefühlen. Frau DF stellt fest „Es macht ihm überhaupt Spaß" und deutet, dass das Kind Freude empfindet. Zugleich beurteilt sie das Kind, indem Sie dessen Beweggründe interpretiert. Die Freude des Kindes liege darin, dass Sie als Mutter „ganz sicher nicht hinterher komme". Sie fügt gleich ein weiteres Beispiel an: „Bei Karstadt kroch er zwischen und unter den ganzen Fahrrädern durch und lachte mich aus, weil ich ihn nicht fangen konnte" (21). Frau DF beurteilt die Handlungen ihres Kindes hinsichtlich dessen Motivation. Das Lachen des Kindes ist aus ihrer Sicht nicht nur ein Ausdruck der Freude über dieses gemeinsame Spiel mit der Mutter. Das Lachen ist ein Auslachen („lachte mich aus"), dessen Grund Frau DF darin sieht, dass das Kind eine scheinbare Überlegenheit im Können („nicht fangen konnte") gegenüber der Mutter feststellt.

Es gehört zum Lernen von Eltern dazu, eine *Vorstellung vom eigenen Kind* (spezifisch, individuell) zu entwickeln. Dieses Bild umfasst Vorstellungen davon, wie das eigene Kind insgesamt und in besonderen Situationen ist und fühlt. Dabei beurteilen Eltern ihr Kind. In obiger Sequenz lässt sich nicht feststellen, auf welcher Grundlage diese Beurteilung stattfindet. In dem nachfolgenden Beispiel aus dem Interview mit Herrn DM zeigt deutlicher, dass Eltern eine *allgemeine Vorstellung von Kindern* entwickeln, anhand derer sie das eigene Kind beurteilen. Das eigene Kind kann zudem auch dazu beitragen, dass allgemeine eigene Theorien modifiziert werden.

275 DM: „und ich hab halt so naiv wie ich war, als beginn der vaterschaft, das ist so, so en kind entwickelt sich total linear, also am anfang ist die abhängigkeit, geht gegen unendlich und es wird dann immer weniger und es ist so ganz in einer konstanten, das ist natürlich überhaupt nicht so sondern es ist immer so en hoch und runter, mal schläft es durch, da denkt man so juhu

276 I: juhu, geschafft.

277 DM: dann hörts auch wieder auf mit dem durchschlafen, dann wacht man wieder dreimal in der nacht auf und ähm und dann haben die eben immer gesagt, ja das, jetzt fängts erst richtig an und so, dann habe ich immer gedacht [stösst Luft durch die Lippen aus] schwachsinn, was reden die da?

278 I: aha.

279 DM: [lacht] aber es ist genauso gekommen."
          (Interview 7, 275-279)

Herr DM spricht zu Beginn dieser Sequenz von der Entwicklung eines Kindes. Er äußert die allgemeine Vorstellung „so en kind entwickelt sich total linear". Diese Theorie über die kindliche Entwicklung habe er zu Beginn seiner Vaterschaft gehabt. Er illustriert diese Vorstellung an dem Aspekt der Abhängigkeit, die sich seiner eigenen Theorie entsprechend im Verlaufe der Zeit konstant verringert. Herr DM spricht sehr bestimmt („das ist so") und verwendet mathematische Ausdrücke („geht gegen unendlich", „in einer konstanten"), die den Eindruck einer wissenschaftlichen Bestätigung erwecken und die allgemeine Aussagekraft dieser Entwicklungstheorie unterstreichen. Diesem Horizont einer scheinbar allgemeinen Theorie zur kindlichen Entwicklung stellt Herr DM eine andere Einschätzung gegenüber, die er aus seiner individuellen Erfahrung entwickelt hat: „das ist natürlich überhaupt nicht so sondern es ist immer so en hoch und runter, mal schläft es durch, da denkt man so juhu [...] dann hörts auch wieder auf mit dem durchschlafen, dann wacht man wieder dreimal in der nacht auf". Eher umgangssprachlich schildert er die eigenen wechselhaften Erfahrungen mit dem Schlafverhalten des Kindes. Diese eigenen Erfahrungen erzählt Herr DM jedoch nicht in der ersten Person Singular. Er verallgemeinert sie („es ist immer", „man"). Zugleich taucht das Kind in diesem Abschnitt nicht als individuelle Person auf („es"). Bereits diese neuen Überzeugungen einleitend verweist Herr DM auf die Allgemeinheit und Normalität seiner neuen Vorstellung („natürlich"). Damit werden die geschilderten Abläufe zu einer allgemeinen Aussage, die vor dem Gegenhorizont der ersten Theorie zu einer neu erlernten Theorie werden. Die eigenen Erfahrungen wurden mit der ursprünglichen allgemeinen Auffassung verglichen und zu einer neuen Theorie der kindlichen Entwicklung pauschalisiert, die Teil seines allgemeinen Bildes von Kindern ist.

Eltern entwickeln den Daten zufolge einerseits eine allgemeine Anthropologie, die unabhängig vom speziellen Fall (eigenes Kind) das ‚Kind an sich' beschreibt. Eltern entwickeln pauschalisierte Überzeugungen, also *verallgemeinerte Vorstellungen über Kinder*. Zudem entwickeln Eltern ein *individuelles Bild ihres Kindes*. Eltern haben ein Bild ihres Kindes, um ein Gegenüber für ihre Handlungen als Eltern zu beschreiben. Die allgemeine Anthropologie bildet den Horizont, vor dem sie ihre eigenen Kinder und deren Individualität betrachten. Das Bild des eigenen Kindes scheint vor der Kontrastfolie des allgemeinen entwickelt zu werden. Und umgekehrt kann die allgemeine Anthropologie durch den Einzelfall des eigenen Kindes verändert werden. Unverändert zieht sich durch die ganze Passage die Vorstellung einer ständigen Veränderung des Kindes. Die unterschiedlichen Entwicklungstheorien stellen diesen Aspekt nicht in Frage. Hier spiegelt sich die Eigenschaft des Schlüsselphänomens *Elternschaft – das Fremde* auf der Ebene der Lerninhalte. Eltern stellen in den Daten immer wieder fest, wie die andauernden Veränderungen des Kindes dazu führen, dass das eigene Bild vom Kind angepasst werden muss. Dabei vergleichen Eltern die aus der Vergangenheit bestehende Vorstellungen über das Kind mit aktuellen und ermitteln Differenzen. Diese führen zur beständigen Weiterentwicklung des individuellen Bildes vom Kind und teilweise auch der allgemeinen Vorstellungen über Kinder.

Ein weiterer Aspekt des Lernfokus *Bild vom Kind* zeigt sich in der obigen Sequenz, wenn Herr DF fortfährt „und dann haben die eben immer gesagt". Andere nicht näher definierte Menschen äußern dem Vater gegenüber ihre Vorstellungen („und dann haben die eben immer gesagt, ja das, jetzt fängts erst richtig an und so,"). Es wird nicht wirklich klar, was da von Anderen gesagt wird. Doch deutlich ist, dass diese Vorstellungen von Herrn DF gehört und beurteilt werden („schwachsinn, was reden die da? [...] aber es ist genauso gekommen"). Auch in der Auseinandersetzung mit den Eigentheorien anderer Personen entwickeln Eltern ihre allgemeinen Vorstellungen und das individuelle Bild des eigenen Kindes weiter. Besonders nachdrücklich zeigt sich diese Auseinandersetzung mit fremden Bildern vom eigenen Kind oder allgemeinen Theorien über Kinder in der Interaktion mit pädagogischen Fachpersonen wie Erzieher_innen oder Lehrer_innen.[139]

7.3 Lernfokus: Habits/Knowledge

Der Lernfokus *Habits/Knowledge* erscheint auf den ersten Blick diffuser als die beiden bisher vorgestellten. Die beiden erstgenannten Lernfoki zeichnen sich jeweils durch den speziellen Bezug zum Kind bzw. zum eigenen Elternsein aus. Der dritte Lernfokus nun umfasst alle weiteren habits und das weitere knowledge, das sich im Rahmen der Elternschaft zeigt. Die vorigen Lernfoki weisen bereits darauf hin, dass Elternschaft und damit auch das damit verbundene Lernfeld nur eingebettet in die Lebenswelt zu verstehen sind. Im Hinblick auf das Bild vom Kind und das Eltern-Selbst-Bild lässt sich das elterliche Lernen nicht verstehen, wenn nicht auch die damit zusammen hängenden Interaktionen mit der Lebenswelt mit betrachtet werden. Dies trifft für den dritten Lernfokus in besonderem Maße zu. Hier finden sich die Interaktionen zur jeweiligen Lebenswelt der Eltern noch deutlicher als in den beiden anderen Lernfoki. Während erstere also jeweils vor allem in der Auseinandersetzung mit dem Kind bzw. mit sich selbst hervorgebracht werden, konstruiert sich dieser dritte Lernfokus überwiegend in der Interaktion mit der übrigen Lebenswelt. Der Lernfokus *Habits/Knowledge* umfasst alle über das *Bild vom Kind* und das *Eltern-Selbst-Bild* hinaus gehenden habits und knowledge von Eltern. Dabei zeigt sich wieder die grundlegende Aufteilung in allgemeine(s) habits/knowledge und individuelle(s) habits/knowledge von Eltern.

Ein erster Aspekt dieses Lernfokus ist die Reflexion von Eltern über knowledge. Die Eltern in den Daten stellen unterschiedlich explizit fest, dass es unterschiedliche Formen von habits gibt: übernommene Theorien und auf eigene Erfahrungen begründete Theorien. Sie verweisen auf unterschiedliche Ursprungs- und Begründungszusammenhänge ihrer Vorstellungen und Theorien.

> „natürlich iss für mich vieles selbstverständlich aber ich frag mich jetzt grade gibt es ganz bestimmte dinge die icchh * sozusagen die ich in MEINER erziehung * mitgekriegt hab *" (Interview 3, 324)

Herr AM benennt hier explizit, dass er möglicherweise „bestimmte dinge" aus seiner eigenen Erziehung übernommen hat und diese nun im Umgang mit dem eigenen Kind fortführt. In den Daten finden sich viele Passagen, in denen Eltern über die Begründungszusammenhänge ihrer Überzeugungen reflektieren. Im eigenen Handeln erworbene habits werden seltener explizit angesprochen. Häufig finden sich hingegen Beschreibungen davon, wo habits und knowledge erworben werden können.

---

139   Vgl. Krüger/Michalek 2011 und Michalek 2008.

16   AM: „die die VORBEREITUNG ging ja noch weiter * weil ich dann *4* wir hat-
              ten * wie war des? ja ich hab dann auch plötzlich irgendwie Dinge * auf
              dinge geachtet, auf die ich vorher NICHT geachtet hab und *2* wir hatten
              uns dann auch unterhalten wie wirs machen mit der * mit der entbindung
              und *2* so * ob hausgeburt ob ähm *2* na ähm GEBURTSHAUS oder *
              krankenhaus und sind dann auch schon ja ham einfach mal so dies und
              das uns auch angeguckt und dabei auch ähm programme mitgenommen
              * und von der diakonie * vom diakoniekrankenhaus gabs halt son heft
              elternschule und das hat mich auch sehr angesprochen und ich dachte ja
              klar ähm und ich weiss da herzlich wenig ne? und des iss ja nur gut wenns
              da angebote gibt um sich damit zu beschäftigen *2* und des hab ich denn
              auch häufiger mit Ina zuSAMMEN gemacht
              [...]
21   AM: [...] wir ham dann auch dann nen geburtsvorbereitungskurs mitgemacht
              und dann aber auch noch nen wickelkurs * und *2* ja zumindest * zumin-
              dest das noch
22   I: das heisst ihr habt die bestehenden angebote recht gut genutzt? [LACHT]
23   AM: [...] und ähm die ina hat glaube ich sogar noch vorher vorher nochn tra-
              getuch * binde * kurs also son abend ne? so tragetuchtechniken und binde-
              techniken gemacht das hab ich irgendwie nit * weiss nit * machen können
              * aber * ich
24   I: da seid ihr ja wie * so ganz klassische * so kurs? * kurskunden so * DEN
              kurs und DEN kurs und
25   AM: [LACHT] hmmm
26   I: JA find ich jetzt interessant
27   AM: ja * ja * JA * also für MICH war des für MICH war des wichtig dass ich
              für mich das gefühl krieg ich stolper da nicht äh völlig unbedarft und
              unvorbereitet in ne neue situation sondern anhand dieser * anhand dieser
              kurse und dem vortrag und so * konnte ich mich schon mal n bisschen
              reinfinden rein * reindenken *2* und damit damit dann auch so diese ähm
              dieses theoretische gefühl ich muss ja eigentlich erstmal ganz ganz viel
              wissen um * um das richtig zu machen hat dann bisschen abgenommen
              ne?"
              (Interview 3, 23-27)

Herr AM benennt Kurse für Eltern, die er und seine Frau vor der Geburt des
Kindes besuchen. Ganz zu Beginn und am Schluss dieser Sequenz begründet er
dies: Es gab „plötzlich irgendwie Dinge * auf dinge geachtet, auf die ich vorher
NICHT geachtet hab" (16). Herr AM stellt also zu einem bestimmten Zeitpunkt
fest, dass es „Dinge" gibt, auf die er nun „achtet", wie beispielsweise die Frage
nach dem Geburtsort. Die untersuchten Eltern berichten immer wieder von
Zeiten, in denen sie einen Bedarf an Theorien, reflektierten Überzeugungen
oder Einstellungen feststellen. Sie stellen ihren Bedarf an einem bestimmten
knowledge fest. Am Schluss der Sequenz begründet Herr AM nochmals auf
einer zweiten Ebene diesen Bedarf. Während er einleitend auf Inhalte, die ein
knowledge erfordern hinweist, spricht er nun von seinem Gefühl. Ausgehend
von dem Gegenhorizont des Gefühls „völlig unbedarft und unvorbereitet" (27)
in die Elternschaft hinein zu stolpern benennt er das „theoretische Gefühl",
das er für sich feststellt, „eigentlich erstmal ganz ganz viel wissen" (27) zu

müssen. Er beschreibt seinen Bedarf sich „reinfinden rein * reindenken" (27) zu wollen. Grundlage dieses als Gefühl beschriebenen Bedürfnisses ist der Wunsch „das richtig zu machen" (27). Um als Elternteil richtig handeln zu können, bedarf es aus Sicht Herrn AMs „ganz ganz viel wissen[s]" (27).

Zugleich zeigt sich in der obigen Sequenz, dass Herr AM über knowledge über mögliche Strukturen verfügt, wie er sich aus seiner Sicht notwendige(s) habits und knowledge aneignen kann. Er beschreibt spezielle öffentlich zugängliche Kursprogramme für Eltern („Elternschule", 16) und benennt auch konkrete Inhalte („geburtsvorbereitungskurs" (21), „wickelkurs" (21), „trage-techniken" (23)). Die Eltern in den Interviews und Tagebüchern sprechen über unterschiedliche Formen des Erwerbs von habits und knowledge. Das folgende Beispiel illustriert die beiden Aspekte öffentlicher und individueller privater Strukturen. Zugleich zeigt es, dass auch in diesem Lernfokus wieder unterschieden werden kann zwischen allgemeinen möglichen Vorstellungen und der individuellen Situation, die davon abweichen kann.

> „ich selber kann auf säuglingspflege so net zurückgreife aus der familie raus weil ich nur eine schwester hatte, die paar jahre jünger isch und au keine cousins un cousinen die klein ware, so dass ich so meine informationen zum teil aus dem beruf gezogen hab, weil ich krankengymnastin bin un au in der kinderarbeit tätig bin, u:nd au mir bücher dann angelesen hab. was jetzt * s bedürfnis isch von nem säugling da gibt's ja die verschiedensten buchrichtunge" (Interview 1, 2)

Frau AF spricht am Beispiel „säuglingspflege" zunächst die oben schon genannte Möglichkeit an, innerhalb der Herkunftsfamilie habits zu erwerben („zurückgreife aus der familie raus"). Sie grenzt sich von dieser allgemein potentiellen Struktur ab, indem sie erläutert, warum dies für ihren individuellen Fall nicht in Frage kam. Mit einer nur wenig jüngeren Schwester und ebenfalls etwa gleichaltrigen Cousins und Cousinen gab es keine Säuglinge in ihrem familiären Umfeld, bei denen sie habits hätte erlernen können. Vor diesem negativen Gegenhorizont verweist sie dann auf andere Strukturen, in denen habits und knowledge erlernt werden können: der eigene Beruf sowie Bücher. Sowohl das Berufsfeld als auch Literatur werden als allgemein mögliche Strukturen des Erwerbs von knowledge vorgeschlagen. Gleichzeitig grenzt Frau AF den Bereich Beruf ein, indem sie darauf hinweist, dass dieser als Informationsquelle in ihrem speziellen Fall in Frage komme, weil sie als Krankengymnastin „in der kinderarbeit tätig" sei. Sie spricht damit von den beiden Bereichen allgemein möglicher Strukturen (Bücher, Beruf) und ihrer eigenen Situation innerhalb der Strukturen, die ihr spezielle Möglichkeiten des Lernens eröffnen.

Ebenfalls zu dem Lernfokus *Habits/Knowledge* gehört der Bereich öffentlichen Strukturen von Kinderbetreuung und Schule. Diese sind dann wieder eng verbunden mit elterlichen Handlungsformen und den dazugehörigen habits und knowledge.

170 BF: „aja wenn jetzt ehm * warum schreiben die lehrer immer in die letzten
           zwei wochen vor der zeugniskonferenz so viele ARbeiten. warum is das nit
           besser koordiniert, oder organisiert. * so das des dann so geballt kommt. *
           also da muss ich mich jetzt viel mit dem ÄLteren auseinandersetzen, und
           der kleine bleibt aussen vor.

171 I: ja

172 BF: weil die großen jetzt VIEL zeit brauchen. * und er soll bitte gucken wie er
           * mit sich selber * jetzt * mit seinen bedürfnissen in den drei vier wochen
           dann so klar kommt. das könnte sicherlich auch besser organisiert sein.
           vom schulsystem her.

173 I: ja. *3*

174 BF: das war aber ja da glaub ich ja wirklich schon zu unserer zeit so dass ehm
           * diese ballung der arbeiten *2* ja."

           (Interview 2, 170-174)

Frau BF beschreibt ihre Beobachtungen über schulische Abläufe. Sie stellt fest,
dass es bestimmte zeitliche Ballungen von „ARbeiten" (170) gibt. Diese führen
zu innerfamiliären Schwierigkeiten. Es gibt Auseinandersetzungen mit dem
älteren Kind und das jüngere Kind erhält weniger Aufmerksamkeit. Dies liegt
aus der Perspektive von Frau BF daran, wie das Schulsystem organisiert ist.
Die Sequenz zeigt, dass Frau BF über allgemeine habits und knowledge über
Schule verfügt. Zudem reflektiert sie über die Folgen dieser Strukturen innerhalb ihrer Familie. Die Feststellung „das war aber ja da glaub ich ja wirklich
schon zu unserer zeit so" (174) verweist auf den Entstehungskontext dieser
habits.

In der obigen Sequenz deutet Frau BF nur an, dass ein gewisses Konflikt-
potential darin liegt, dass das ältere Kind phasenweise viel Aufmerksamkeit
benötigt und das jüngere dadurch weniger erhält. Habits und knowledge, die
sich auf Konfliktpotentiale oder Zwänge beziehen, sind ebenfalls Teil dieses Lernfokus. Als Begründungszusammenhang für mögliche Konflikte oder
Zwänge wird oft die elterliche Verantwortung herangezogen. In dem nachfolgenden Beispiel beschreibt Frau AF ihre Verantwortung für die Wahl des
richtigen Kindergartens.

     „da kommt schon mal die WAHL des Kindergartens, des heisst ich MUSS die ver-
     antwortung oder ich geb in dem Moment wo des kind in die kindergarte geht au
     die verantwortung nach ausse an FREMDE personen die mir net vertraut sind ab.
     für viele stunden * des isch au nit ganz einfach wenn ma überlegt geht ma dann
     in waldorfpadagogik oder nimmt ma n kindergarte wo die kinder no selbstständig
     hin gehn kann" (Interview 1, 89)

Aus ihrer Verantwortung heraus muss Frau AF die Entscheidung für einen
Kindergarten treffen. Sie verfügt über ein knowledge bezüglich unterschiedlicher Kinderbetreuungsformen („waldorfpädagogik") und reflektiert unterschiedliche Ebenen des Entscheidungsprozesses. Sie bedenkt generell das Ab-
geben der Verantwortung an „FREMDE personen", wägt die Pädagogik der
Einrichtung ab und betrachtet die Erreichbarkeit derselben. Ihr knowledge

erlaubt ihr, ihre Handlungsmöglichkeiten und die unterschiedlichen Konsequenzen der Entscheidung für eine dieser Möglichkeiten für das Kind und sich selbst zu reflektieren.

Ich möchte abschließend einen letzten wichtigen Bereich des Lernfeldes *Habits/Knowledge* skizzieren, die Hilfestrukturen. Eltern lernen Möglichkeiten, wie sie sich Hilfe beschaffen können. Auch hier gibt es übernommene habits und erlerntes knowledge. In dem abschließenden Beispiel fragt der Interviewer nach Zeiten, in denen die befragte Mutter Hilfe in Anspruch nehmen würde.

> „das mit dem schlagen ist zum beispiel was was mich sehr belastet dass das nicht aufhört das wird jetzt gerade besser und ich hoffe dass das daran liegt dass ich die taktik geändert habe aber ähm * da habe ich durchaus mit meiner mutter schon drüber geredet oder mit ner freundin drüber geredet und ich glaub allerdings dass der felix einfach noch zu jung ist als dass ich da irgendwelche beratungsstellen oder sonst irgendwas groß in anspruch nehmen kann also zum beispiel schlecht in ein coaching gespräch schicken kann oder so @irgend was@"
> (Interview 20, 134)

Frau SF spricht davon, dass ihr Sohn andere Kinder schlägt und es sie „sehr belastet dass das nicht aufhört" (134). Ihre Ausführungen lassen darauf schließen, dass sie über mögliche Handlungen zur Lösung dieses Problems reflektiert hat. Sie verfügt über knowledge, mit dessen Hilfe sie gezielt versucht, die belastende Situation zu ändern. Sie sucht einerseits das Gespräch mit möglichen kompetenten Bezugspersonen wie ihre eigene Mutter oder eine Freundin. Dann weist sie darauf hin, dass sie ihr Kind für zu jung hält, um eine Beratungsstelle aufzusuchen. Sie verfügt somit auch über ein gewisses knowledge über öffentliche Hilfeeinrichtungen („beratungsstellen") und deren Arbeitsformen („coaching gespräch"). Letztere erscheinen hier jedoch etwas diffus („irgend was").

7.4   Andere – Partnerschaft

Das Lernen von Eltern findet, wie eingangs zu diesem Kapitel bei den Erläuterungen des *Lernfeldes Elternidentität* bereits angedeutet, nicht unabhängig von der jeweiligen Lebenswelt statt. Vor allem für Eltern wichtige Personen im Umfeld sind bedeutsam für die Entwicklung einer Elternidentität. Das elterliche Lernfeld ist mit den bisher erläuterten Lernfoki eingebettet in eine Vielzahl von Interaktionen in der jeweiligen Lebenswelt. Zentral ist hier zunächst der jeweilige Partner oder die jeweilige Partnerin eines Elternteils. Dann spielen Verwandte und der Freundes- und Bekanntenkreis eine wichtige Rolle. Schließlich sind pädagogische Institutionen wie Kinderbetreuungseinrichtung und Schule mit den hier tätigen Professionellen für das elterliche Lernen bedeutsam. Nachfolgend werde ich exemplarisch am Beispiel der Partnerschaft skizzieren, wie andere Menschen der Lebenswelt mit dem elterlichen Lernfeld verbunden sind.

Der Partner oder die Partnerin ist zentral für die Entwicklung der eigenen Elternidentität. Dabei scheinen den Daten zur Folge sowohl anwesende als auch abwesende Elternteile bedeutsam zu sein. In der folgenden Darstellung unterscheide ich nicht zwischen Partnerschaften und deren biologische oder nicht biologische Elternschaft. In den Ausführungen der interviewten Eltern scheint der Aspekt der Anwesenheit oder Abwesenheit der oder des Partner_in zwar zentral zu sein. Da nicht explizit danach gefragt wurde, erscheint dieses Thema jedoch nur am Rande und wurde im Rahmen dieser Forschung ebenso wenig weiter verfolgt wie die Frage unterschiedlicher Formen der Berufstätigkeit und Elternschaft. Die interviewten Eltern sprechen von sich aus jedoch ausführlich über ihre jeweiligen Partnerschaften und deren Bedeutung bei der eigenen Elternschaft. Bedeutsam ist im Kontext des elterlichen Lernens, dass das Lernfeld Elternidentität auch in der Interaktion mit der oder dem Partner_in steht. Der Partner oder die Partnerin sind bedeutsam für das Erlernen der eigenen Elternidentität. In diesem Abschnitt soll es darum gehen.

Aus den vorliegenden Daten konnten unterschiedliche Aspekte rekonstruiert werden, die eine Partnerschaft für das Lernfeld Elternidentität bedeutsam machen: Zunächst sprechen die Eltern über Veränderungen, die sie bei der oder dem Partner_in feststellen oder die eben nicht wie erwartet eintreten. Dann ist die Veränderung der Partnerschaft von einer Zweierbeziehung zu einer Situation zu dritt bedeutsam. Die unterschiedlichen Vorstellungen von Elternschaft, die innerhalb der Partnerschaft auftreten können sind ein dritter Aspekt, der das Erlernen und Umlernen im Lernfeld Elternidentität betrifft. Eng damit zusammen hängt das elterliche Lernen, das damit verbunden ist, wenn Eltern ihre jeweiligen Eltern-Selbst-Bilder aneinander anpassen. Mit Blick auf die Partnerschaft verändert sich den Daten zufolge die Bedeutung der Beziehung selbst. Dies zieht wiederum (Um-)Lernprozesse nach sich. Schließlich geht der Blick über die Partnerschaft hinaus, wenn die Formen der Beziehungen zur Lebenswelt sich verändern – etwa durch eine veränderte Berufstätigkeit.

> „es gab natürlich schon veränderungen, dass dann durch die schwangerschaft meiner frau sich sachen verändert haben, weil sie einfach, sich ein bisschen verändert hat, * ähm * durch was weiß ich, hormonelle umstellungen oder sonst irgendwas, ähm * es gab einfach öfters streit, ähm * man muss auf jeden fall mehr rücksicht nehmen ähm und damit hatte ich eher ah probleme mich darauf einzulassen als irgendwie, dann wo das kind da war" (Interview 5, 28)

Wie in Abschnitt 6.1 dargestellt, wird in den Daten vielfach darauf hingewiesen, dass Elternschaft mit Veränderungen einher geht. Herr BM spricht in dieser Sequenz nun davon, dass seine Frau „sich ein bisschen verändert hat". Er begründet diese Veränderungen vage mit „hormonelle umstellungen oder sonst irgendwas". Fest steht, dass er seine Partnerin als verändert empfindet und sich veranlasst sieht, auf diese Veränderungen zu reagieren. Damit führt die Partnerschaft in diesem Fall bereits vor der Geburt des Kindes dazu, dass ein Lernen stattfindet. Er sieht sich gezwungen („man muss"), rücksichtsvoller zu handeln. Dies verursacht Herrn BM „probleme". Diese Probleme erscheinen ihm sogar größer als später, „wo das kind da war". Es scheint dem Selbstbild Herrn BMs zu entsprechen, als werdender Vater „mehr rücksicht" auf die Partnerin zu nehmen, als dies zuvor der Fall war.

Während einerseits die aktuelle Veränderung der Partnerin oder des Partners Anlass für Lernprozesse hinsichtlich der eigenen Elternidentität sein kann, so ist auch der Partner oder die Partnerin mit ihrer je eigenen Geschichte ein Kontext, der zu Lernprozessen führen kann. Frau AF fragt sich in dem Interview, auf „welche bezugspunkte" sie sich in ihrem Handeln als Mutter beziehen kann.

> „JA aber welche bezugspunkte hat man denn? ich hab ja mich und mein lebe, des hab ich wirklich ge * gelebt kann mich erinnern und ich kann dann au mEIne gefühle nachempfinde, *2* und der toni der vater der bringt sich natürlich mit seine sache ein die er erlebt hat, und die er gut findet, * des isch ganz viel isch ne ja ich denk mal isch wAHNSINnig geprägt durch die eigene kindheit und was man da erlebt hat." (Interview 1, 167)

Frau AF verweist auf im bisherigen Leben erlernte habits und knowledge, die für sie erklären, wie sie Situationen als Mutter einschätzt. Ebenso greift der Partner auf seine habits und sein knowledge zurück. Besonders wichtig ist für Frau AF vor allem die eigene Kindheit. Der Partner oder die Partnerin werden so zum Gegenhorizont der jeweiligen eigenen habits und des eigenen knowledge.

Beim Erlernen der eigenen Elternidentität kann dieser Gegenhorizont bedeutsam sein. Frau AF gibt an dieser Stelle kein Beispiel. Ein solches findet sich im Interview mit Frau NF. Frau NF erzählt, wie ihr Partner wiederholt vergisst, das Kind im Sommer mit Sonnenschutz einzucremen. Sie betont, dass der Grund hierfür ihrer Ansicht nach die fehlende Übung ist und stellt abschließend fest:

> „und des sind sachen, bei manchem find ich muss man einfach wieder der beziehung zu liebe sagen, des sin dinge, da kannsch du deinen partner einfach nit verändern. * du kannsch versuchen ihn mit in die verantwortung zu nehmen, * und bei vielem gelingt's dir au, * aber bei manchem einfach nit. und * MEine strategie isch dann die zu sagen, ähm * ich erinner ihn dran, wenn' s funktioniert isch gut, aber ich äh ich muss es auch ein STÜck weit ruhen lassen. un ICH mach's ja auch nit immer richtig" (Interview 16, 71)

Bei aller Veränderung, dem Lernen und Umlernen, das Eltern für sich selbst erleben, bildet der Partner oder die Partnerin einen Gegenhorizont. Der andere Elternteil erlernt die eigene Elternschaft auf ihre oder seine eigene Weise. Dieser Gegenhorizont wird so zum Kontext des eigenen Lernens. Frau NF versucht, Elternschaft nach ihrem Verständnis zu gestalten. Dazu gehört eine besondere Vorsicht vor Sonneneinstrahlung und die hiermit verbundene Verantwortung für das Kind. Sie versucht, dem Partner dieses Verständnis beizubringen, „ihn mit in die verantwortung zu nehmen". Zugleich hat sie sich die Überzeugung angeeignet, dass „du deinen partner einfach nit verändern [kannsch]". Damit relativiert sie ihre Möglichkeiten, das Lernen des Partners in einer Weise zu beeinflussen, wie es ihr für richtig erscheint („bei vielem gelingt's dir au, * aber bei manchem einfach nit").

Die bisherigen Beispielsequenzen zeigen, wie der andere Elternteil dazu beitragen kann, dass Eltern sich mit ihrer eigenen Elternidentität auseinander setzen. Ein nächster Aspekt wird in den folgenden Sequenzen illustriert. Hier geht es darum, wie sich die Beziehungsstruktur der Partnerschaft zu einer Dreierbeziehung verändert. Auch dies ist ein Kontext, der eng mit dem Lernfeld Elternidentität verbunden ist.

> „äh und die veränderung natürlich in der partnerschaft auch selbst wenn man jetzt zu zweit äh schon n länger zusammen gewohnt HAT * äh ist die äh veränderung * von null kinder auf ein kind die größte veränderung einer partnerschaft * weil man hat sich sonst vorher immer GEGENseitig und kann sich so miteinander äh absprechen kommunizieren und äh * oftmals ist dann eben mit mit vorhandensein eines kin:des äh * vielleicht ein partner etwas oder FÜHLT sich zurückversetzt äh zurückGEsetzt weil einfach die eben dieses dass die versorgung des kindes voran gestellt wird * was vielleicht bei männern eher zu: situationen führen kann wo sie sich etwas zurück äh äh ziehen oder eben sich eben zurückgesetzt fühlen und das muss die partnerschaft erstmal LERnen dass man da irgendwo einen normalen umgangsweg fin:det so dass jeder sein platz in der plötzlichen dreierbeziehung äh dann findet vorher ist es ja ganz einfach wechselspiel mann frau frau mann," (Interview 12, 8)

Frau HF spricht gleich zu Beginn der Sequenz die Veränderung innerhalb der Partnerschaft an. Eltern entwickeln ihr Eltern-Selbst-Bild auch in Interaktion mit ihrem Selbstbild als Partner oder Partnerin. Mit dem Eintritt des Kindes in das Leben der Eltern müssen nach Ansicht Frau HFs in der Partnerschaft die Kommunikationsformen neu erlernt werden. Sie führt als Grund an, „dass die versorgung des kindes voran gestellt wird". Dieser Aspekt des Eltern-Selbst-Bildes, die Versorgung des Kindes kommt vor der Sorge um den oder die Partner_in, kann innerhalb der Partnerschaft in Frage gestellt werden, wenn eine Person „sich zurückversetzt äh zurückGEsetzt" fühlt. Das Eltern-Selbst-Bild muss demnach auch mit Rücksicht auf das Selbstbild als Partner_in entwickelt werden – ebenso wie das Selbstbild innerhalb der Partnerschaft („das muss die partnerschaft erstmal LERnen dass man da irgendwo einen normalen umgangsweg fin:det so dass jeder sein platz in der plötzlichen dreierbeziehung äh dann findet"). Doch nicht nur der Lernfokus Eltern-Selbst-Bild steht hier in Interaktion. Auch der Fokus Bild vom Kind und der Fokus Habits/Knowledge sind involviert, wie sich in der Reflexion zeigt, die Frau HF direkt an obige Sequenz anschließend fortführt.

> „und äh später ist es dann einfach äh schon durch drei personen wer kann mit wem wie kommunizieren und wie wer kommt zurecht, wer ist jetzt dran äh äh wer versorgt die kinder wer ist erholungsbedürftig äh das ist natürlich dann etwas SCHWIERiger * später später dann mit mit a enventuell mehr kindern oder zwei-ten kind, is schon ne gewisse routine eingetreten * äh oder man hat GELERNT

> mit der ganzen situation umzugehen dann empfindet man das nicht: mehr also
> ich persönlich nicht mehr als so schwer. dann die annahme des zweiten kindes
> oder das einbinden des äh äh jeden weiteren kindes in den familienverband dann."
> (Interview 12, 8)

Frau HF beschreibt, dass jedes Elternteil und das Kind auf unterschiedliche
Weise miteinander kommunizieren können. Es entwickeln sich somit unterschiedliche Bilder vom Kind und Eltern-Selbst-Bilder und Frau HF zeigt
hier, dass sie ein knowledge darüber erlernt hat, dass es diese Unterschiede
gibt, die auch mit unterschiedlichen Bedürfnissen („erholungsbedürftig") verknüpft sind und dazu führen, dass sich „ne gewisse routine" ausbildet. Frau HF
reflektiert hier das gemeinsame aneinander und miteinander Erlernen von Elternschaft zusammen mit dem Partner. In den Daten zeigt sich dieser Prozess
häufig in den von den interviewten Eltern erzählten Beispielen.

> „und so:nst es gab zeit wenn der max ganz schlecht geschlafen hatte als nachts
> und da waren wir beide immer wach und nach der zeit haben wir beide festgestellt
> dass es so weiter nicht mehr gehen kann * dass wir alle drei kaputt sind * und da
> muss man halt auch schauen wie man das macht * ja: * damit umgehen und was
> wir da draus machen dass es halt eben net so ist" (Interview 27, 112)

Frau YF beschreibt zunächst ihr Kind als eines, dass zeitweise Schlafprobleme
hat (Bild vom Kind). Nun sind beide Eltern nachts wach und scheinen sich um
das Kind zu kümmern. Es scheint dem Eltern-Selbst-Bild beider Elternteile zu
entsprechen, nachts für das Kind da zu sein. Dies führt nun zum Problem
für Eltern und Kind („alle drei kaputt sind"). Beide Elternteile stellen einen
Veränderungsbedarf fest („haben wir beide festgestellt dass es so weiter nicht
mehr gehen kann"). Die Eltern suchen gemeinsam nach einer Lösung, mit der
sie die Situation verändern können. Welche Lösungen sie finden bleibt offen.
Denkbar ist, dass das eigene Eltern-Selbst-Bild modifiziert werden kann weg
von einem *ich muss immer für mein Kind da sein* hin zu den Überzeugungen
als Elternteil muss ich mit meiner Kraft haushalten und *Eltern können (nachts)
abwechselnd für ihr Kind da sein.*

7.5   Lernfeld Elternidentität: Zusammenfassende Betrachtung

Die obigen Ausführungen zusammenfassend lässt sich das *Lernfeld Elternidentität* nun allgemein wie folgt beschreiben. Alle elterlichen Problemsituationen
enthalten immer in unterschiedlicher Gewichtung die drei ermittelten Lernfoki. Zunächst einmal lernen Eltern kennen, wie sich Elternsein im alltäglichen
Erleben zeigt. Sie erlernen ein Bild ihrer eigenen Wirklichkeit als Elternteil,
ihr *Eltern-Selbst-Bild.* Dabei erlernen sie einerseits in ihrem Alltag als Eltern,
welche Aufgaben mit Elternschaft verbunden sind. Sie entwerfen ihr *individuelles Eltern-Selbst-Bild* und entwickeln es weiter, lernen um oder lernen neu.
Im Alltag als Eltern, im Erleben der individuellen Wirklichkeit, setzen Eltern

sich mit ihrer Vorstellung vom eigenen Elternsein auseinander und entwickeln diese weiter. Als Maßstab hierfür nutzen sie eine *allgemeine Vorstellung von Elternschaft*, ein Bild, das sie ebenfalls umlernen und auch neu erlernen. Dabei befassen sie sich mit ihren Ideen und Fantasien darüber, was Elternsein bedeutet. Sie stellen Vergleiche zwischen diesen allgemeinen Vorstellungen und dem an, wie sie als Eltern selbst sein wollen. Eng verbunden damit ist der Aspekt der Beurteilung. Eltern beurteilen sich und ihre Elternschaft unter anderem auch vor dem Hintergrund ihrer allgemeinen Überzeugungen zum Elternsein. Sie entwickeln so eine Haltung in Bezug auf ihre eigene Elternschaft. Sie erlernen Überzeugungen darüber, wie sie als Eltern sind und sein wollen. Dabei setzen sie sich mit ihren individuellen Energiehaushalt und der notwendigen Investitionen von Kraft und Energie auseinander.

Analog zum Fokus Eltern-Selbst-Bild gehörten zu dem Lernfokus *Bild vom Kind* ebenfalls *Überzeugungen zum individuellen Kind* und *allgemeine Überzeugungen über Kinder*. Allgemeine Überzeugungen umfassen Theorien in Bezug auf das Kind wie etwa Entwicklungstheorien, Lerntheorien oder auch Theorien über kindliche Bedürfnisse, kindliches Wissen oder die kindliche Lebenswelt. Der Bereich des eigenen Kindes ist nochmals untergliedert in einerseits überdauernde Vorstellungen zum eigenen Kind wie etwa Eigenschaften des Kindes und andererseits situative Zuschreibungen wie dessen aktuelle Gefühle. Der dritte Aspekt ist die Beurteilung. Wieder lässt sich rekonstruieren, dass Eltern insbesondere durch Vergleiche zu Beurteilungen kommen, in diesem Fall beurteilen sie das eigene Kind.

Der Lernfokus *habits/knowledge* lässt sich zusammen fassen als die Sammlung aller habits und des knowledge, die in der Auseinandersetzung mit der jeweiligen Lebenswelt von Eltern entstehen und die nicht das Bild vom Kind oder das Eltern-Selbst-Bild betreffen. Diese habits und dieses knowledge beinhalten die Reflexionen der Eltern über ihre Vorstellungen und Wissensbestände. Zu dem Lernfokus gehört die elterliche Einschätzung des Bedarfs an spezifischem knowledge sowie die verfügbaren Vorstellungen und das knowledge über gesellschaftliche Strukturen, die Eltern und Kinder betreffen wie etwa Kinderbetreuung, Schule und Hilfestrukturen. Schließlich umfasst der Lernfokus elterliche habits und ihr knowledge, die mögliche Konfliktpotentiale und Zwänge betreffen.

Alle Problemsituationen, die Eltern in ihrem Alltag als Eltern wahrnehmen, können durch die drei Lernfoki strukturiert werden, die zusammen das *Lernfeld Elternidentität* bilden. Das *Lernfeld Elternidentität* wiederum ist eingebettet in die elterliche Lebenswelt und deren Interaktionen. Die Interaktionen in der Lebenswelt sind bedeutsam für das elterliche Lernen. Zentral ist der oder die jeweilige Partner_in. Der Partner oder die Partnerin befindet sich ebenfalls im Lernprozess der Elternschaft. Das Bild vom Kind, das Eltern-Selbst-Bild und habits/knowledge bilden eingebettet in die Lebenswelt (Andere) in unterschiedlicher Gewichtung den Lerninhalt einer Problemsituation.

Im Bearbeiten der alltäglichen Problemsituationen entwerfen Eltern immer wieder aufs Neue ein Eltern-self. Der rote Faden, der diese selves miteinander verbindet, bildet nach Dewey[140] die Elternidentität.

Abbildung 7.3 zeigt, wie sich das Grundmodell nun darstellt – erweitert um die Unterscheidung von individuellem und allgemeinen Anteil der Lernfoki.

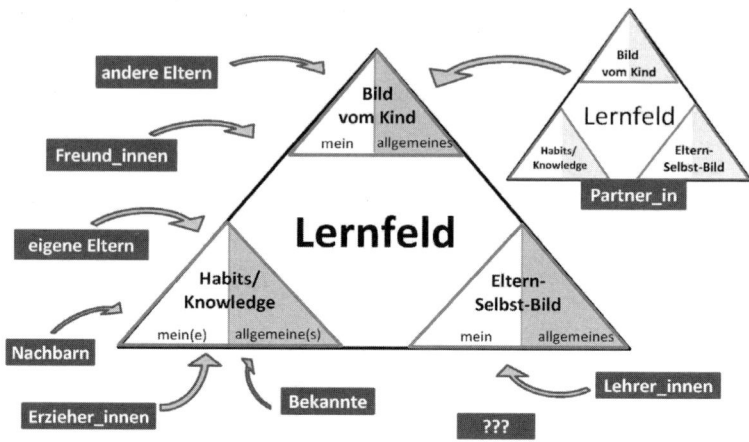

Abbildung 7.3: Das allgemeine Grundmodell: Das *Lernfeld Elternidentität* – Inhalte elterlichen Lernens

Den Teil „Das Lernen von Eltern – Inhalte" abschließend möchte ich nun in einem letzten Schritt die Rekonstruktionen zum *Lernfeld Elternidentität* mit dem Schlüsselphänomen *Elternschaft – das Fremde* in Beziehung setzen. Hierfür beziehe ich Waldenfels Überlegungen zum Phänomen des Fremden mit ein.

---

140   S. Abschnitt 4.3.

Kapitel 8

Die Inhalte elterlichen Lernens – Zusammenschau mit Waldenfels

Ich schließe nun den Teil II „Das Lernen von Eltern – Inhalte" ab, indem ich die Analysen zum Schlüsselphänomen *Elternschaft – das Fremde* sowie zum *Lernfeld Elternidentität* zusammenführe. Hierfür beschreibe ich die bisherigen Ergebnisse mit Hilfe von Bernhard Waldenfels Überlegungen zur „Topographie des Fremden".

Die Untersuchung des Phänomens „Fremd" steht im Zentrum der Forschungen des Philosophen Waldenfels. Er bietet mit seiner Theorie eine Struktur, mit deren Hilfe das Schlüsselphänomen *Elternschaft – das Fremde* zusammen mit dem verbundenen *Lernfeld Elternidentität* als spezifisches Phänomen der Fremdheit beschrieben werden kann. Ich skizziere nachfolgend Waldenfels grundlegende Überlegungen zur Systematik des Fremden und untersuche, wie sich das oben ausgeführte Schlüsselphänomen *Elternschaft – das Fremde* im Sinne Waldenfels als Fremdes betrachten lässt. Zudem zeige ich auf, wie das rekonstruierte *Lernfeld Elternidentität* in Waldenfels Systematik beschrieben und mit dem Schlüsselphänomen in Beziehung gesetzt werden kann.

Waldenfels fasst in seinen Studien zur Phänomenologie des Fremden *das Fremde in Abgrenzung zu Unbekanntem oder Anderem.*

> „Das Fremde bedeutet mehr als ein *Unbekanntes*, das dem Bekannten gegenübersteht. [...] Fremdes bedeutet auch mehr als ein *Anderes*, das dem Selben entgegengesetzt ist und als Variante innerhalb einer umfassenden Ordnung auftaucht, so etwa eine Tierart in Abgrenzung zu anderen Arten. *Fremdes bzw. Fremdartiges* steht vielmehr dem *Eigenen* und *Eigenartigen* gegenüber als das *Unzugängliche und Unzugehörige*, seien es fremdartige Erfahrungsgehalte oder fremdartige Erfahrungsstrukturen. Das Fremde entsteht durch einen Prozeß der Ein- und Ausgrenzung." (Waldenfels 2008, 131; kursiv i.O.)

Wenn Eltern ihre Elternschaft als gänzlich neu beschreiben, etwa als „paralleluniver[um]" (Interview 15, 66), in dem das Leben mit Kind dem vorhergehenden Leben ohne Kind gegenübergestellt wird, so könnte man zunächst sagen, Elternschaft sei nur etwas Unbekanntes. Auch Beschreibungen wie „man kriegt wenig schlaf" (Interview 22, 58) erscheinen zunächst nur wie eine Variante der bestehenden Ordnung, in der mehr Schlaf möglich ist. Feststellungen wie „dann kann man sich nicht im entferntesten ausdenken was das bedeu-

tet" (Interview 22, 58) oder „es verändert sich ALLES" (Interview 23, 25) unterstreichen hingegen, dass es bei Elternschaft nicht einfach um Unbekanntes
oder Anderes geht, sondern um eine umfassende *Fremdheitserfahrung*. Eltern
treffen auf fremde Erfahrungen.

> „Fremdes begegnet uns zunächst in Form einer Fremderfahrung, die dem Erken-
> nen, Verstehen und auch dem Anerkennen des Fremden vorausgeht. Dabei han-
> delt es sich um affektiv getönte Widerfahrnisse wie das Erstaunen und Erschre-
> cken, um Störungen, die den gewohnten Gang der Dinge unterbrechen, um An-
> omalien, die von der Normalität abweichen. Fremdes affiziert uns, bevor wir zu-
> stimmend oder ablehnend darauf zugehen. Es gleicht einem Einfall, der unvermu-
> tet, auch ungelegen kommt" (Waldenfels 2007, 3, Abs. 8).

Die untersuchten Eltern beschreiben starke Gefühle, die mit der Erfahrung
der Elternschaft verbunden sind („gschlaucht", Interview 14, 11; „belastend",
Interview 12, 10; „ne wAHNsinnige ANschtrengung", Interview 16, 144). Sie
sind überrascht von der Fremdheit und von der damit verbundenen Belastung. Deutlich ist zudem, dass diese Fremdheitserfahrung den gewohnten Lebensablauf massiv stört. Elternschaft ist eine experience im Sinne Deweys, bei
der die Interaktion von doing und undergoing nachhaltig aus dem Gleichgewicht gerät. Und auch wenn Eltern sich scheinbar auf ihre Elternschaft vorbereiten können – etwa durch entsprechende Kurse, Literatur oder Gespräche mit anderen Eltern – bleibt die eigene Elternschaft doch der unvermute-
te „Einfall", wie Waldenfels die Fremdheitserfahrung oben bezeichnet: „man
stellt sich ganz ganz anders vor wie es nachher isch also so wie es dann war
kann man sich es gar nicht vorstellen es sei denn man hat schon ein kind"
(Interview 15, 9).

> „Die Konfrontation mit dem Fremden löst stets einen Rückschlag aus. Erfahrung,
> Sprache, Land, Leib, Vernunft und Ich, die als fremd auftreten können, hören auf,
> schlicht das zu sein, was sie bislang waren. Erfahrung des Fremden, die mehr
> bedeutet aus einen Erfahrungszuwachs, schlägt um in ein Fremdwerden der Er-
> fahrung und ein Sich-Fremdwerden dessen, der die Erfahrung macht" (Waldenfels
> 1997, 9f).

Waldenfels spricht hier einen weiteren Aspekt an, der auch in den Daten immer wieder bestätigt wird. Die Fremdheitserfahrung wird *als Rückschlag erfahren* und ist damit *mit starken Gefühlen verbunden*. Dewey beschreibt Gefühle, die zu Beginn einer inquiry auftreten. Sie kennzeichnen eine experience.
Oben habe ich bereits mit ein paar kurzen Beispiele illustriert, dass in den
Daten Gefühle im Kontext der Fremdheitserfahrung beschrieben werden.

Eltern vergleichen die fremde Elternschaft mit ihrem bisherigen Erleben
und den Vorstellungen, die sie sich von Elternschaft machen. Diesen *Bezug,
der zwischen Fremdem und Eigenem besteht*, beschreibt Waldenfels wie folgt:

> „Schließlich gibt es *keine totale Fremdheit*, da Fremdes nur als bestimmtes Fremdes
> in Abhebung vom Eigenen entsteht. Dabei wirkt das Fremde um so bedrohlicher,
> je mehr es uns aus der Nähe heimsucht" (Waldenfels 2008, 132; kursiv i.O.).

Elternschaft scheint ein Fremdes zu sein, das Menschen „aus der Nähe" heimsucht. Die Eltern in den Daten beschreiben das Fremde als sehr fordernd, umfassend und bedrohend: Sie sprechen davon, an ihre Grenzen zu stoßen („also ich stoß an grenzen", Interview 18,82). Die Eltern erzählen beispielsweise, dass „einer der keine kinder hat nich im entferntesten abschätzen [könne]. ne was des heißt so stress zu haben. was es heißt nachts fünf mal aufzustehn, weil der kleine weint, ähm die ganze belAstung zu haben" (Interview 19, 113). Sie beschreiben ein Erleben, das „halt doch nochmal anders [ist]. aber dass es SO *3* ja einem SO besITZ von einem egreift. das ja, eben das weiß, man eigentlich, aber man * dass die empfindung SO stark is äh hätte man dann doch nich erwartet" (Interview 21, 66). Vor allem in Bezug auf die Eigenschaft der Verantwortung äußern die untersuchten Eltern starke Gefühle, wenn sie beschreiben, wie belastend sie ihre Verantwortung empfinden.[141] Die beiden letzten Interviewzitate illustrieren, wie das Erleben der Elternschaft für Eltern damit verbunden ist, sich selbst als fremd zu erfahren. Sie beschreiben hier mit Handlungen verbundene Gefühle, die in dieser Form für sie nicht vorstellbar, erwartbar waren.

Sich selbst als fremd zu erfahren ist eine von *drei Dimensionen des Fremden*, die Waldenfels aufzeigt. Er unterscheidet drei Dimensionen: die Fremdheit im Eigenen, die des Anderen und die einer anderen Ordnung.

> „Fremdes beginnt am eigenen Leib, im eigenen Haus, im eigenen Land. Stets ist Eigenes mit Fremdem durchsetzt. […] Sie verschränkt sich mit der Fremdheit des Anderen, die mich begleitet wie ein Schatten. Der Andere ist eine Art Doppelgänger […] Die Fremdheit durchdringt schließlich alle Ordnungen, die unser Zusammenleben ermöglichen. Gemessen daran erscheint das Fremde als außerordentlich im buchstäblichen Sinne" (Waldenfels 2007, 4, Abs. 11f).

Das Eigene enthält Waldenfels zur Folge immer auch fremde Anteile. Jedes Reden oder Handeln ist bei aller Eigenheit auch immer zu einem gewissen Grad fremd. Das Eigene entsteht dann, indem fortwährend Fremdes angeeignet wird. Dieser Prozess ist nie abgeschlossen.[142] Das *Fremde im Eigenen* zeigt sich bei der Elternschaft besonders deutlich in der Eigenschaft Lehr-Lern-Parallelität. Indem Eltern die eigene Lernnotwendigkeit feststellen und sich selbst als Lernende entwerfen, verweisen sie auf die dem eigenen Handeln innewohnende Fremdheit („es verändert sich eigentlich alles man selber verändert sich komplett während der schwangerschaft von der geburt an sowieso:"; Interview 22, 54). Die an sich selbst wahrgenommenen Veränderungen umschreiben die Aspekte des Selbst, die fremd geworden sind.

Das Fremde im Eigenen werden verweist auf die Notwendigkeit, dass Eltern sich diese fremd gewordenen selves wieder aneignen. Nach Dewey bildet sich Identität als roter Faden der selves.[143] In den experiences als Eltern erlernen Eltern ihre Identität als Eltern. Das *Lernfeld Elternidentität* systematisiert

---

141   Vgl. Abschnitt 6.5.
142   Vgl. Waldenfels 2008, 131f.
143   Vgl. Abschnitt 4.3.

die Inhalte dieses elterlichen Lernens. Der Lernfokus Eltern-Selbst-Bild umfasst die elterlichen selves, die habits der Elternrolle im allgemeinen und der
eigenen Ausgestaltung im besonderen betreffen. Hier dokumentiert sich im
engen Sinn das Fremd im Eigenen werden durch Elternschaft. Nicht nur die
Erfahrung selbst wird als fremd klassifiziert. Zugleich mit der Erfahrung wird
auch die Person, die diese Erfahrung macht, sich selbst fremd. Waldenfels beschreibt dies so:

> „Erfahrung des Fremden, die mehr bedeutet als einen Erfahrungszuwachs, schlägt
> um in ein Fremdwerden der Erfahrung und ein Sich-Fremdwerden dessen, der die
> Erfahrung macht" (Waldenfels 1997, 10).

Mit Dewey müssen nun neue oder andere selves erlernt werden. Eine neue
Identität kann sich ausbilden. Die im Lernfokus knowledge/habits zusammen-
gefassten weiteren Bereiche, in denen Eltern um-, hinzu- oder neu lernen beschreiben ebenfalls inhaltliche Aspekte eines Lernprozesses, in dessen Verlauf
Eltern sich neue selves aneignen und in ihre Elternidentität integrieren müssen.

Die Fremdheit des Anderen, die sich Waldenfels zufolge mit der Fremdheit
meiner selbst verschränkt, zeigt sich beim Lernen von Eltern zentral in der
Fremdheit des Kindes. Zum Erlernen der Elternidentität gehört der Lernfokus
Bild vom Kind. Die Fremdheit des eigenen Kindes wird durch habits bear-
beitet, die das individuelle Kind betreffen, sowie durch habits, die allgemeine
Überzeugungen über Kinder umfassen.

Die im letzten Abschnitt skizzierte Bedeutung der Interaktion mit der Lebenswelt zeigt, dass für das Lernen der Eltern der Umgang mit der Fremdheit
des Anderen hier ebenfalls eine Rolle spielt. Am Beispiel des Partners oder
der Partnerin habe ich aufgezeigt, wie diese Fremdheit für das Erlernen der
Elternidentität bedeutsam werden kann. Die Eigenschaft der Bedeutungsvielfalt des Schlüsselphänomens *Elternschaft – das Fremde* verweist direkt auf die
Fremdheit des Anderen. Die Bedeutungsvielfalt zeigt sich ja gerade in der Interaktion mit Anderen. Die untersuchten Eltern sprechen beispielsweise von
einer Fremdheit, die zwischen der eigenen Elternschaft und der anderer Eltern
besteht („die ganze erzählungen von meinen freunden und bekannten * wie
wie furchtbar das ist * die schlaflose nächte hat * wie man alles so: Stressig hat
und erlebt hat wars halt nicht * bei uns"; Interview 27, 27). Andere Eltern und
überhaupt andere Personen, die über Elternschaft sprechen, haben andere Erfahrungen oder Ansichten und können so ein fremdes Bild von Elternschaft
zeichnen.

Die beiden Eigenschaften der andauernden Veränderung auf Dauer und
der Unvorhersehbarkeit zeigen, dass die Fremdheit des Schlüsselphänomens
auch in der *fremden Ordnung* durch Elternschaft begründet ist. Waldenfels
beschreibt drei „Steigerungsgrade der Fremdheit", die sich in Bezug auf den
Aspekt der Ordnung ergeben. Eine alltägliche oder normale Fremdheit – dies
ist der erste Steigerungsgrad – verbleibt in der gewohnten Ordnung. So können wir uns beispielsweise mit Nachbarn verständigen, obwohl diese uns

fremd sind.[144] Der Steigerungsgrad der Fremdheit ist größer, wenn die gewohnte Ordnung verlassen wird. Waldenfels (1997, 36) nennt dies „strukturelle Fremdheit".

> „Die Fremdheit steigert sich mit dem Auftreten einer *strukturellen* Fremdheit, die all das betrifft, was außerhalb einer bestimmten Ordnung anzutreffen ist, so etwa der fremde Festkalender, die fremde Sprache, die wir nicht verstehen, das fremde Ritual oder selbst nur der Ausdruck eines Lächelns, dessen Sinn und Funktion uns verschlossen bleibt, oder ein vergangener Zeitgeist, der uns nichts mehr sagt" (kursiv i.O.).

Die Eigenschaften der andauernden Veränderung auf Dauer sowie der Unvorhersehbarkeit scheinen auf eine strukturelle Fremdheit zu verweisen. Sie beschreiben Strukturen, die außerhalb der von Eltern gewohnten Ordnung entstehen wie etwa, wenn nicht mehr elterliche Bedürfnisse Bewertungsmaßstab und zeitliche Strukturierung bestimmen, sondern die Bedürfnisse des Kindes, die von Eltern oft nur erahnt und mühsam erlernt werden können.

Waldenfels nennt als dritte und höchste Steigerung der Fremdheit die, die keiner Ordnung entspricht.

> „Die Fremdheit findet schließlich ihre höchste Steigerung in einer *radikalen* Form. Diese betrifft all das, was außerhalb jeder Ordnung bleibt und uns mit Ereignissen konfrontiert, die nicht nur eine bestimmte Interpretation, sondern die bloße »Interpretationsmöglichkeit« in Frage stellen (Geertz 1987, S. 61)" (Waldenfels 1997, 36f; kursiv i.O.).

Es stellt sich die Frage, ob Elternschaft als Phänomen Züge einer solchen radikalen Fremdheit trägt. Die befragten Eltern betonen nachdrücklich, dass Elternschaft unerklärbar sei und auch immer unerklärbar bleibe. Elternschaft würde für Menschen, die nicht Eltern sind, immer fremd bleiben („kann man sich es gar nicht vorstellen es sei denn man hat schon ein kind", Interview 15, 9). Diese Fremdheitserfahrung scheint jede beschreibbare Ordnung zu übersteigen. Sie ist nur erfahrbar. Eine Interpretationsmöglichkeit scheint zu fehlen. Dies lässt vermuten, dass die Fremdheit der Elternschaft in Teilen eine radikale Form der Fremdheit aufweist.

Wenn Fremdheiten nun in Bezug auf unterschiedlichen Ordnungen definiert werden, dann folgt daraus, dass es *viele verschiedene Fremdheiten* gibt.

> „Fremdheit lässt sich nur im Plural denken. Es gibt so viele Fremdheiten, wie es Ordnungen gibt. Die Fremdheit durchdringt sämtliche Lebensbereiche, indem sie spezifische Fremdheitsfiguren schafft. Dazu gehört nicht nur der Ausländer oder der Einwanderer, sondern auch der Patient, dessen Leiden mehr ist als ein allgemeiner Krankheitsfall, oder das Opfer, dessen Verletzung mehr ist als ein formaler Rechtsfall oder ein moralisches Exempel" (Waldenfels 2007, 5, Abs. 14).

Das Fremde ist in sich nicht homogen, es gibt „viele Nuancen" (Waldenfels 1997, 33). Jede Ordnung erschließt etwas Fremdes und verschließt zugleich etwas anderes Fremdes, so dass es viele unterschiedliche Ordnungen und damit

---

144   Vgl. Waldenfels 1997, 35.

viele verschiedene Fremdheiten gibt. Der Begriff „Fremdheitserfahrung" (ebd., 33) meint dann nicht ein vorübergehendes Befremden sondern beschreibt, dass sich „die Lebenswelt selbst in Heimwelt und Fremdwelt" (ebd., 33) trennt. Die Fremdheit der Elternschaft ist eine dieser Fremdheitserfahrungen, bei der sich die Lebenswelt von Eltern zu trennen scheint in die heimische „Vor-Elternwelt" mit ihrer bekannten Ordnung und die fremde Elternwelt, deren Ordnung teilweise neu zu erschließen ist und die sich teilweise nur erfahrbar aneignen lässt. [145]

Das Schlüsselphänomen *Elternschaft – das Fremde* kann somit im Sinne von Waldenfels als Fremdes angesehen werden. Wie in Kapitel 6 erläutert, zeichnet sich das Schlüsselphänomen durch die fünf rekonstruierten Eigenschaften andauernde Veränderung auf Dauer, Unvorhersehbarkeit, Lehr-Lern-Parallelität, Bedeutungsvielfalt – Interaktion mit Anderen und Verantwortung aus. Die Eigenschaften des Schlüsselphänomens *Elternschaft – das Fremde* spiegeln sich im *Lernfeld Elternidentität*.

So zeigen sich die Eigenschaften *andauernde Veränderung auf Dauer* und *Unvorhersehbarkeit* besonders in dem Lernfokus *Bild vom Kind*, da das Kind allein schon durch seine Entwicklung für ständige Veränderung sorgt. Durch seine eigenständige Existenz ist es im Sinne der *Fremdheit des Anderen* immer unvorhersehbar. Im Hinblick auf den Lernfokus *Eltern-Selbst-Bild* und auch den Lernfokus *habits/knowledge* zeigen sich diese beiden Eigenschaften in der wiederkehrenden Erfahrung der *Fremdheit im Eigenen*. Jede Veränderung und alle unvorhersehbaren Situationen kann dazu führen, dass das eigene Bild als Elternteil und oder die eigenen habits und das knowledge fremd werden.

Die *Lehr-Lern-Parallelität* dokumentiert sich besonders im Lernfokus *Eltern-Selbst-Bild* und dessen paralleler Existenz mit dem Fokus *Bild vom Kind*. Der Lernfokus *Habits/Knowledge* wiederum verweist darauf, wie umfassend die elterliche Lernaktivität sein kann, die parallel zum Lehren des Kindes stattfindet.

Die *Bedeutungsvielfalt – Interaktion mit Anderen* konstituiert sich durch die Lebenswelt und zeigt sich im Lernfeld durch die *Anderen*. Hier spiegelt sich die Dimension der *Fremdheit des Anderen*. Zugleich umfassen die jeweils verallgemeinerten Anteile des *Eltern-Selbst-Bild*, des *Bild vom Kind* sowie der *Habits/Knowledge* die möglicherweise auch als fremd erfahrenen allgemeinen Vorstellungen zu diesen drei Aspekten der Elternidentität.

Die *Verantwortung* schließlich durchzieht das gesamte Lernfeld und verweist besonders auf das *Eltern-Selbst-Bild* im Kontext der Lebenswelt, wie sie durch die Interaktion mit *Anderen* in und mit der Gesellschaft gestaltet wird.

Die *Fremdheit der Ordnung* kennzeichnet wie oben erläutert das Phänomen der Elternschaft als Ganzes. Sie spiegelt sich auch in den Eigenschaften des Schlüsselphänomens *Elternschaft – das Fremde*. Die Eigenschaften *andauernde Veränderung auf Dauer, Unvorhersehbarkeit* und *Bedeutungsvielfalt* ver-

---

145   Vgl. Kapitel 6.

weisen auf eine Fremdheit der Ordnung. Wenn nun wie oben gezeigt dokumentieren sich diese Eigenschaften in allen Lernfoki sowie in den Anderen. Damit durchzieht diese Fremdheit der Ordnung das ganze *Lernfeld Elternidentität*. In Übersicht 8.1 stelle ich diese Zusammenhänge noch einmal tabellarisch dar.

Eigenschaft	Fremdheit im Eigenen	Fremdheit im Anderen	
andauernde Veränderung auf Dauer, Unvorhersehbarkeit	Eltern-Selbst-Bild, Habits/Knowledge	Bild vom Kind	**Fremdheit der Ordnung**
Lehr-Lern-Parallelität	Eltern-Selbst-Bild, Habits/Knowledge		
Bedeutungsvielfalt – Interaktion mit Anderen		allg. Eltern-Selbst-Bild, allg. Bild vom Kind, allg. Habits/Knowledge, Andere	**Fremdheit der Ordnung**
Verantwortung	Eltern-Selbst-Bild	Andere	

Übersicht 8.1: Dimensionen des Fremden in den Eigenschaften des Schlüsselphänomens *Elternschaft – das Fremde* und im *Lernfeld Elternidentität*

Das *Lernfeld Elternidentität* umfasst alle Inhalte, die für Eltern fremd werden können und die daher zu elterlichen Lernaktivitäten führen können. Das Schlüsselphänomen *Elternschaft – das Fremde* beschreibt die Eigenschaften, die diese Inhalte aufweisen. Es dokumentieren sich alle drei von Waldenfels beschriebenen Dimensionen des Fremden (im Eigenen, des Anderen, der Ordnung). In einem nächsten Schritt stellt sich nun die Frage, in welcher Form Eltern die beschriebenen Lerninhalte bearbeiten. Wie lernen sie? Dies soll im folgenden Teil III *Formen des Lernens mit Normalisieren* genauer untersucht werden.

Teil III

Formen des Lernens mit Normalisieren

Kapitel 9

Das Fremde und das Normalisieren

Bei der Rekonstruktion von Lernprozessen in biographischen Materialien geht es unter anderem darum, die komplexen Strukturen zu erfassen, in denen das Lernen stattfindet. Nach von Felden (2008, 116) gehören hierzu auch Zuschreibungen oder Normorientierungen. Sie dokumentieren sich in den Daten.

> „Die Interviewpartnerinnen stellen in den von ihnen erzählten Inhalten und in der Art ihrer Darstellung ihre Lebenswelt dar und weisen auf Milieu- und Generationenzusammenhänge hin. In ihren Erzählungen kommen ihr kulturelles, soziales und ökonomisches Kapital zum Ausdruck und gesellschaftliche, kulturelle und normative Diskurse" (von Felden 2008, 124).

Beck/Beck-Gernsheim stellen bereits 1998 die These auf, es gäbe nicht länger „Normalbiographien" oder normale Familien als Orientierungspunkte. Bereits sehr früh während der Analysen der ersten Interviews erweist sich das Normalisieren von Sachverhalten als Kategorie, die wiederholt auftritt. die Zuschreibung, etwas sei normal, dokumentiert sich in den Daten. Eltern kategorisieren bestimmte Sachverhalte in den biographischen Erzählungen und Beschreibungen als normal. Schlüter (2007, 305) erläutert, welche analyseleitenden Fragen sich hier anschließen könnten.

> „Die Einschätzung bzw. Evaluation in biographischen Erzählungen, dass etwas ‚normal' sei, könnte man von daher als ‚diskursive Strategie' verstehen, die sich auf ein soziales Feld bezieht, in dem es selbstverständliche Erwartungen von Verhaltensweisen gibt. Die Frage ist: Wann wird diese Evaluation, etwas sei ‚normal' vorgenommen? Welche Funktion erhält diese Zuordnung zur ‚Normalität'? Und generell: Wie haben die Biographieträger ihre soziale Wirklichkeit geordnet, welche Klassifikationen verwenden sie, welche Erwartungen haben sie ausgebildet, und welchen Regeln des sozialen und kulturellen Lebens folgen sie?"

Schlüter sagt, dass einerseits danach zu fragen sei, in welchen Zusammenhängen, Situationen oder Kontexten etwas als normal eingeschätzt wird. Hier zeigen sich selbstverständliche Handlungserwartungen. Andererseits stellt sich die Frage, welche Funktionen es haben kann, wenn etwas als normal eingeschätzt wird. Ich differenziere die erste Frage nochmals in zwei Aspekte. Es ist zu klären, in Bezug auf welche Inhalte normalisiert wird: Was wird normalisiert? Zudem stellt sich die im Hinblick auf den Lernprozess zweite Frage, in welcher Relation die Normalisierung zum Lernen steht: Wie wird im Lernprozess normalisiert?

In diesem Kapitel befasse ich mich nun mit Normalisierungen, wie sie sich in den Daten finden. Hierbei soll nach einer kurzen begrifflichen Klärung zunächst erläutert werden, wie ich das Normalisieren in den Daten rekonstruiert habe (9.1). Danach skizziere ich in einem Überblick (9.2), welche Normalisierungen sich in den Daten aufzeigen lassen. Hier geht es um die rekonstruierten Inhalte, die normalisiert werden. In Abschnitt 9.3 modifiziere ich auf die vorangehenden Überlegungen aufbauend das bisher entwickelte Grundmodell *Lernfeld Elternidentität*. Nach diesem systematisch und forschungsmethodisch ausgerichteten Kapitel III widme ich mich dann in den beiden nachfolgenden Kapiteln 10 und 11 der Frage, wie im Lernprozess normalisiert wird, also welche Formen sich zeigen. Dabei führt Kapitel 10 am Beispiel methodisch und methodologisch in diese Analysen ein. In Kapitel 11 stelle ich die rekonstruierten Relationen von Normalisieren und Lernen vor.

9.1 Normalisierungen in der Sprache der Daten

Im Folgenden erläutere ich, woran ich bei der Analyse festmache, dass eine Normalisierung vorliegt. Hier ist also zu klären, wann etwas in der Sprache der Daten als normal angesehen wird. Hinweise auf Prozesse des Normalisierens finden sich in den Daten dann, wenn etwas explizit als „normal" bezeichnet wird. Hinzu kommt, dass in der gesprochenen Sprache auch das Wort „natürlich" verwendet wird, wenn wir etwas als normal ansehen. Ich folge hier den Ausführungen von Kudlien/Ritter (1984, Sp.920) im historischen Wörterbuch der Philosophie.

> „Im alten Griechenland setzte man normal mit ‚gesund' bzw. mit ‚Natur' gleich. Natur bezeichnete dabei die durchschnittliche, also natürliche Beschaffenheit des Körpers sowie seinen gesunden Zustand. Dieser war zugleich der Idealzustand und das Ziel aller ärztlichen Bemühungen. Das heißt, schon in der ursprünglichen griechischen Bedeutung des Normalen finden sich deskriptive und normative Elemente sowie die Gleichsetzung von normal und natürlich, die bis heute die Mehrdeutigkeit von Norm und Normalität ausmachen."

Neben den Kennzeichen normal und natürlich bezeichnet der Begriff „selbstverständlich" ebenfalls einen Sachverhalt, den die betreffende Person als normal kategorisiert. Er verweist somit auch auf eine Normalisierung. Textpassagen, in denen einer oder mehrere dieser drei Begriffe vorkommen, wurden erfasst und in die Analyse einbezogen.

In einer etwas abgeschwächten Form finden sich Normalisierungen, wenn eine interviewte Person von der ersten Person Singular zum allgemeineren „man" oder dem umgangssprachlichen, vor allem im Dialek vorkommenden „du" wechselt. Hier wird eine persönliche Aussage verallgemeinert und so in den generalisierten Kontext der Normalisierung gestellt. Sequenzen, die durch „man" oder „du" gekennzeichnet sind, zählen ebenfalls zum im Folgenden untersuchten Korpus.

Deweys Vorschlag einer transaktionalen Theorieentwicklung[146] folgend
sollen sowohl der Vorgang, bei dem ein Sachverhalt als normal gekennzeichnet wird, als auch dieser normalisierte Sachverhalt selbst in den Blick kommen. Das normalisierte Objekt und der Vorgang des Normalisierens durch
einen Elternteil bestehen nicht unabhängig voneinander. Ich unterstreiche
diese Gleichzeitigkeit von objektivieren und Objekt dadurch, dass ich die Aktivität, einem Sachverhalt Normalität zuzuschreiben, also die Kategorisierung
durch eine interviewte Person, als „normalisieren" bezeichne. Den auf diese
Weise als normal klassifizierten Sachverhalt bezeichne ich als „Normalisierung". Wenn also Frau EF in ihrem Tagebuch schreibt,

> „Gestern Abend haben wir Deine gewaschenen Häärchen das 1. Mal mit dem Fön
> getrocknet. Du wolltest **natürlich** immer gucken, wo der Wind herkommt u. hast
> den Kopf hin u. her gedreht" (Tagebuch 10, 404),[147]

dann normalisiert sie das „immer gucken, wo der Wind herkommt" ihres Kindes, indem sie es als „natürlich" bezeichnet. Der Sachverhalt, ein Säugling
schaut in die Richtung des Föns, wäre die Normalisierung.

Ich verwende bewusst nicht den Begriff „Normalität", da der eher weniger
gebräuchliche Begriff „Normalisierung" die transaktionale Perspektive klarer
verdeutlicht. Eine Normalität scheint eher statisch zu sein und unabhängig
von der Beobachtenden Person zu bestehen.

Bei der Analyse der Daten habe ich nun zunächst alle Sequenzen gekennzeichnet, in denen Eltern etwas normalisieren. Diese wurden dann in der in
Kapitel 3 beschriebenen Weise detailliert mit den nachfolgenden analyseleitenden Fragen rekonstruiert.

• Welche Sachverhalte normalisieren die Eltern in den Daten?
• In welchem Zusammenhang stehen diese zu dem *Lernfeld Elternidenti-
  tät*?
• An welcher Stelle des Lernprozesses wird normalisiert?
• Wo und wie wird das Lernen mit Normalisieren ermöglicht, unterstützt
  oder verhindert?
• Was kann es bedeuten, wenn Eltern im Zusammenhang mit ihrem Ler-
  nen normalisieren? Welche Funktionen zeigen sich?[148]

9.2 Normalisierte Inhalte

Der inhaltliche Bezug von Eltern auf Normalisierungen ist sehr umfassend.
Wie es dazu kommt, dass Eltern etwas normalisieren, lässt sich in diesen Daten nicht rekonstruieren. Ich kann nur feststellen, dass etwas für Eltern normal ist.

---

146   Vgl. Kapitel 4.
147   Im Folgenden markiere ich die Normalisierungen im Transkript jeweils durch Fettdruck.
148   Welche Funktionen sich zeigen erläutere ich in Teil IV.

Die von den Eltern in den Daten konstruierten Normalisierungen erstrecken sich inhaltlich über alle im Grundmodell beschriebenen Bereiche: Es gibt Normalisierungen, die sich auf das Selbst-Bild von Eltern beziehen, solche, die das Bild vom Kind betreffen, sowie Normalisierungen, die die Ebene der habits und des knowledge ansprechen. Zudem finden sich Normalisierungen in Bezug auf andere Personen (z.b. Lehrer_in, Erzieher_in). Ich gehe kurz auf die genannten Bereiche ein und illustriere durch einige Beispielsequenzen.

Eine große Anzahl an Textpassagen bezieht sich auf Normalisierungen des *Eltern-Selbst-Bildes.*

> „**man** sieht des **natürlich** au selber am eigene kind, * für was s kind sich grad interessiert und was es braucht * im kindergartenalter im schulalter"
> (Interview 1, 6)

Die interviewte Mutter sieht es als normal für Eltern an, dass diese dem eigenen Kind dessen Bedürfnisse und Interessen ansehen: Normale Eltern sehen, was das Kind braucht und was es interessiert.

Häufig stellen es die Interviewten in den Daten als normal dar, dass Eltern sich ein Bild davon machen, wie sie als Eltern sein wollen und was Elternschaft für sie konkret bedeutet.

> „wir hatten's zwar schon öfters mal darüber irgendwie das äh, wenn's denn passieren würde [eine Schwangerschaft, Anm. RM] und so weiter und so fort na klar wär super, aber in dem moment damit konfrontiert zu sein ist **natürlich** ne ganz andere liga" (Interview 8, 32)

Normal ist zudem, darauf verweist obige Interviewpassage, dass eine Differenz besteht zwischen der Vorstellung und der Wirklichkeit einer Elternschaft.

Das jeweilige Eltern-Selbst-Bild bewirkt unterschiedliche Gestaltungsmöglichkeiten für die Beziehung zu den Kindern. Auch in der Beziehung zwischen Eltern und Kindern gibt es Normalisierungen:

> „ja, dass **man** sich selber immer wieder abgrenzt. des isch wichtig die entwicklung zu fördern und zu gucke dass des kind sich gut entwickelt, aber es isch au wichtig dass **man** sich selber gut entwickelt. *5* und seine persönliche freiheit hat, und ich denk in dem moment wo ICH mir meine freiheiten nehm, muss des kind sich ja **natürlich** auch zurücknehme" (Interview 1, 141)

Elterliche Freiheiten haben normale Konsequenzen für das Kind. Es ist nach Ansicht von Frau AF normal, dass das Kind sich „zurücknehme" muss, wenn Eltern sich ihre „Freiheiten nehm[en]".

Im Hinblick auf das *Bild vom Kind* normalisieren die Eltern in den Daten ebenfalls. Die Eltern haben eine Vorstellung davon, wie ihr Kind ist und wie es ihm geht.

> „ja also am anfang hen mir halt dann immer also sie musstet also relativ zeitig immer zuhause sein * u:nd bei kind 1 hat des au relativ LANG und GUT funktioniert die hat net aufgmuckt da war des also alles beschtens u:nd * und kind 2 hat halt wirklich dagege ghalte der hat da also uffgmuckt ohne ende und kam dann

> aber au mit gute argumente so dass mer dann aber au gsa hat OK * also da lockern
> mer des a bissle * ne * isch **natürlich** blöd gwesa für kind 1 dann @haha@ in dem
> sinn ähm * weil mer des dann erscht beim zweite gmacht hat kind 3 profitiert jetzt
> **natürlich** davo weil kind 2 des jetzt schon durchboxt hat so uf gut deutsch ne"
> (Interview 17, 25)

Es ist nach Ansicht der Mutter normal, dass das erste Kind es nicht gut findet, dass die Geschwister anders behandelt werden. Es entspricht dem normalen Bild vom Kind, das die Mutter hat, wenn das Kind eine solche Ungleichbehandlung als „blöd" einschätzt.

Normalisierungen im Bereich von *habits und knowledge* von Eltern werden beispielsweise bezüglich einzelner Situationen, genereller Wissenslücken und in Form von Eigentheorien vorgenommen. Abläufe, die Eltern erleben, bilden einen großen Bereich, in dem Normalisierungen konstruiert werden. Hier finden sich viele Hinweise auf normale Ursache-Wirkungs-Verkettungen.

> „**natürlich** durch den beruflichen druck den ich auch bekomme isses **natürlich**
> so dass lena **natürlich** auch immer funktionieren mu:ss * und das sie wenig mög-
> lichkeiten hat da mal auszuscher:n." (Interview 25, 94)

Aus der Ursache „berufliche[r] druck" entsteht in normaler Folge, dass das Kind „funktionieren mu:ss". Die Mutter hat eine eigene Theorie über diesen Zusammenhang normalisiert.

Auch fehlendes Wissen kann normal sein. In nachfolgendem Beispiel normalisiert der Vater Fragen, die er sich im Vorfeld seiner Vaterschaft stellt.

> „es ist **natürlich** immer die frage * welche fragen stellt **man**, **man** geht auf ir-
> gendwas zu was **man** gar nicht weiß was auf einen zukommt. da ist **natürlich**
> immer die sache, was will ich denn überhaupt genau wissen? [SCHNAUBT] schwie-
> rig [LACHT]" (Interview 6, 70)

Schließlich finden sich in den Daten auch Normalisierungen, die *andere Personen* betreffen. Diese Normalisierungen anderer Personen können sich auf Großeltern, andere Familien, den oder die Partner_in und vor allem pädagogische Fachkräfte (Lehrpersonen, Erzieher_innen) beziehen.

> „**natürlich** will der [Rektor; Anm. RM] seine informaTIONEN uber mich haben.
> das is mir schon klar" (Interview 2, 372)

Für die Mutter ist es normal, dass der Rektor der Schule versucht, bei einer Tasse Kaffee von ihr als Elternbeirätin Informationen über die Eltern und Lehrenden zu erhalten. Die Normalisierungen in Bezug auf Andere beziehen sich in den vorliegenden Daten fast ausschließlich auf Handlungsabläufe.

Zudem gibt es Aspekte, die als Normalisierung für Nicht-Eltern beschrieben werden und damit als nicht normal für Eltern.

> „in ruhe kaffee, trinken ohne kindergeschrei * wenn **man** noch keine mutter ist
> nimmt **man** das als ganz **normal** hin. * oder viele sachen als ganz **normal** hin."
> (Interview 19, 185)

Hier werden Normalisierungen von Erwachsenen, die nicht Eltern sind, gegenüber den Normalisierungen von Eltern abgegrenzt. Was für Andere (Nichteltern) normal ist, ist für Eltern nicht normal.

Dieser kurze Überblick über die Fundstellen von Normalisierung in den Daten sollte das Spektrum der Aspekte umreißen, die als normal bezeichnet werden.

9.3 Lernfeld Elternidentität – Modifikation des Grundmodells

Ich habe oben gezeigt, dass sich die Inhalte, die von den Eltern normalisiert werden, auf alle Aspekte des *Lernfeldes Elternidentität* beziehen. In der bisherigen Fassung dieses Grundmodells gibt es Aspekte, die ich sehr diffus mit „allgemeines Bild von Kind", „allgemeines Eltern-Selbst-Bild" und „allgemeine(s) habits/knowledge" bezeichnet habe. Diese verallgemeinerten Aspekte beziehen sich auf das, was Eltern als allgemeingültig für alle Eltern ansehen. Damit ist das der normalisierte Bereich. Ich kann diesen also nun spezifischer fassen als „normales Kind", „normales Eltern-Selbst-Bild" und „normale(s) habits/knowledge". Abbildung 9.1 stellt dar, wie das Grundmodell mit dieser Modifikation nun aussieht. Wie eingangs beschrieben gehe ich in den folgenden

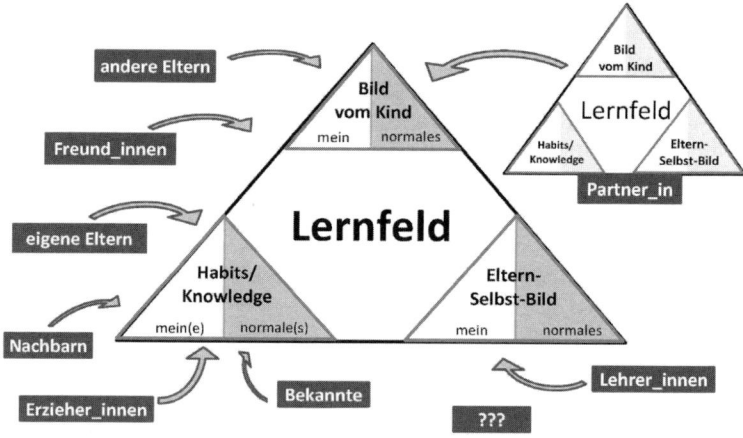

Abbildung 9.1: Das Grundmodell: Lernfeld Elternidentität – Inhalte elterlichen Lernens

Kapiteln nun näher auf die gefundenen normalisierten Textpassagen ein. Bevor ich die Ergebnisse jedoch systematisch darstelle, ist noch ein Zwischenschritt notwendig. Ich zeige auf, wie die Rekonstruktionen im Detail aussehen und skizziere die an dieser Stelle eingeführte spezifische Heuristik, die Theorie des transformativen Lernens.

Kapitel 10

Normalisieren im transformativen Lernprozess – Begriffe und Methoden

In Bezug auf die oben skizzierten Herausforderungen des elterlichen Lernfeldes nimmt das Normalisieren eine zentrale Rolle ein. Nachdem ich im vorherigen Abschnitt die normalisierten Inhalte skizziert habe, sollen im Folgenden die Formen des Lernens, bei denen die Eltern in den Daten normalisieren, analysiert werden. Die untersuchten Eltern bezeichnen unterschiedliche Teilaspekte des Lernprozesses – wie etwa das Ziel – sowie bestimmte umfassende Formen eines Lernprozesses bzw. der Bewältigung von Problemen als normal. Hier sind viele Kombinationen denkbar: Wenn Eltern ein Handlungsproblem wahr- und annehmen, dann ist unter anderem entscheidend, welche Annahmen sie als fest und welche als variabel ansehen. Das eröffnet jeweils unterschiedliche Lernmöglichkeiten. Die Annahme, etwas sei normal, kann beispielsweise Lernmöglichkeiten verschließen. Sie kann eine weitergehende Auseinandersetzung mit einem als normal erklärten Lernproblem verhindern. Beruft man sich auf eine Normalisierung, so entbindet das davon, eine eigene Position beziehen zu müssen. Es kann eine Reflexion verhindern. Zugleich ist andererseits möglich, dass genau so ein Normalisieren Sicherheit und Orientierung für die Einschätzung einer Situation gibt, insbesondere im Hinblick auf das eigene Anschlusshandeln und im Hinblick auf eine Beurteilung von Sachverhalten. Auf diese Weise können neue Lernmöglichkeiten vor dem Hintergrund eines sicheren normalisierten Rahmens eröffnet werden.

In den folgenden Kapiteln führe ich in einem ersten Zugang in die weiteren Analysen ein (10.1). Anschließend schärfe ich den bisherigen Lernbegriff nach Dewey mit Mezirows Theorie des transformativen Lernens (10.2). Schließlich führe ich in die methodische Vorgehensweise bei der Analyse ein, indem ich das Eingangsbeispiel nun auch mit Hilfe der Theorie des transformativen Lernens systematisch betrachte (10.4).

10.1   Normalisieren und Lernen – ein erster Zugang

312 AM: „ich halt es für * zunächst mal * völlig **selbstverständlich**dass *4* dass
          ich * dass ich mit meiner * nein dass * dass meine art **natürlich** GEPRÄGT
          iss von * von dem wie ich erzogen wurde * und da iss einfach die frage
313 I: ja gut
314 AM: da iss einfach die frage wie ähm * wie bewusst oder unbewusst geh ich
          damit UM und ich denke ganz vieles läuft im unbewussten und dass ich
          dinge halt so weitergebe wie ich sie selber * gelernt hab und denke das
          iss o.k. und das iss richtich oder * damit gehts mir gut und so geb ich das
          auch dann an * an MEINE kinder weiter * ne? des iss dann * die frage ob
          ich äh * ob ich vielleicht manchmal *2* nomma was hinterfrage und dann
          sage ja GUT des iss meine EIGENE erZIEHUNG aber des * und des iss des
          iss eigentlich schon das was * was in der * in der BEZIEHUNG abläuft *2*
          weil ina in nem ganz ANDERN elternhaus großgewordn iss und in völlig
          andern verHÄLTNISSEN * und des BILDET auch schon immer wieder n
          ähm *2* so ne * ne auseinandersetzung ne? weil * ich manchmal ÜBER-
          RASCHT bin manches einfach nit verSTEHN kann und nn? * und *2* also
          von DAHER kommt dann auch wieder so dieses ähm * dieses reflektiern
          über das was MIR eigentlich wichtich iss oder was ich einfach soo MIT-
          bekommn hab und was ich erstmal für **selbstverständlich** achte oder *
          was ich jetzt gut und richtich finde"
          (Interview 3, 312-314)

Gleich in der ersten Zeile dieser Sequenz wird zweimal eine Normalisierung
angesprochen: „selbstverständlich" (312) verweist auf einen Sachverhalt, der
keiner Begründung bedarf, der unhinterfragbar ist und sich von selbst versteht. Etwas ist normal. Das vorangestellte „völlig" (312) bestärkt dies. „natürlich" (312) ist als Begriff bei sozialen oder gesellschaftlichen Fragen inhaltlich fraglich, da diese Bezeichnung auf eine Naturgesetzmäßigkeit verweist.
Etwas ist von Natur aus so. Im Alltagssprachgebrauch ist „natürlich" jedoch
ebenso wie „selbstverständlich" ein Hinweis darauf, dass die sprechende Person einen Sachverhalt als normal kennzeichnet. In diesem Fall nun bezeichnet
Herr AM die Prägung durch die eigene Erziehung als selbstverständlich und
natürlich. Er sieht diese Prägung durch Erziehung als normal an. Es ist seiner
Ansicht nach normal, dass die eigene erlebte Erziehung alle Eltern in ihrer
Elternschaft prägt.

Mit der gewählten Begrifflichkeit („geprägt", 312) wird Erziehung zu einem passiven Ereignis, das dem Kind passiv wiederfährt. Eine mögliche aktive Komponente der Aneignung tritt in den Hintergrund. Was wird nun durch
diese normalisierte Prägung durch Erziehung eigentlich geprägt? Herr AM
wählt hier wiederum eine sehr offene Formulierung: „meine art" (312). Es
bleibt sehr diffus, was damit gemeint sein könnte. Deutlich ist jedoch, dass
es sich um so etwas wie eine Haltung, Einstellung oder Persönlichkeit drehen
muss – knowledge ist damit wohl eher nicht gemeint. Ebenso offen benennt
Herr AM, was diese Prägung verursacht hat: „von dem wie ich erzogen wurde"

(312). Herr AM spricht nicht nur die eigenen Eltern als erziehende Personen und damit verbunden deren Einstellungen an. Die Aussage greift weiter. „wie ich erzogen wurde" verweist auf alle erzieherischen Handlungen der Eltern und damit die Art und Weise, wie sich ihre habits von Elternschaft ausgedrückt haben. Herr AM verweist, so lässt sich mit Dewey formulieren, auf die in seiner Kindheit übernommenen customs. [149] Die habits der Eltern wurden angeeignet. Herr AM hat die erzieherischen Überzeugungen der Eltern und die Art und Weise, wie sich diese ausgedrückt hat, als unreflektierte habits in Form von customs übernommen.

Heute, in der Situation der eigenen Elternschaft, stellt sich der Vater die Frage, wie sehr er diese Überzeugungen der Eltern als customs, also als verallgemeinerte habits, aktiv wahrnimmt. Er stellt fest, dass er einen großen Teil der erlernten customs weiter gibt an sein Kind (314). Aus der ersten Feststellung in Zeile 312 kann jedoch geschlossen werden, dass Herr AM heute über seine eigene Erziehung nachdenkt. Er hat sich bewusst gemacht, dass es diese aus der selbst erlebten Erziehung übernommenen customs gibt, mit denen er sein heutiges Handeln mit dem eigenen Kind gestaltet. Die „auseinandersetzung" (314) mit der Freundin regt an, dass Herr AM über die customs und ihre Berechtigung für sein eigene Handeln nachdenkt. Er wird „überrascht" und kann „manches einfach nit verSTEHN" (314). Herr AM wird in seinen gewohnten Routinen gestört, etwas tritt ihm entgegen (objects). Der vorherige Ablauf des doing und undergoing gemäß der customs wird unterbrochen, eine inquiry ist möglich.

Zunächst einmal ist zu klären, was den Vater aus seiner Handlungsroutine heraustreten lässt. Wie kommt es dazu, dass er das eigene Erziehungshandeln hinterfragt und sich die Frage stellt „wie bewusst oder unbewusst gehe ich damit [mit der Prägung, Anm. RM] UM", (314). Herr AM nennt auf die rhetorische Frage „ob ich äh * ob ich vielleicht manchmal *2* nomma was hinterfrage" (314) die Beziehung als Ort der Reflexion: „des iss des iss eigentlich schon das was * was in der * in der BEZIEHUNG abläuft" (314). In der Beziehung liegt der Anlass für das Überdenken eigener habits begründet: „weil ina in nem ganz ANDEREN elternhaus großgewordn iss und in völlig andern verHÄLTNISSEN" (314). Die Freundin ist somit – formuliert man analog zum Eingangssatz der Sequenz – in ihrer Art dadurch geprägt, wie sie von ihren Eltern erzogen wurde. Die Normalität der Aneignung von customs in der Kindheit führt zur Auseinandersetzung, zur Überraschung, zum Nicht-Verstehen. Diese Unterbrechung des Handlungsvollzugs eröffnet nun die Möglichkeit der Reflexion eigener customs. Die eigenen habits werden beurteilt. Herr AM reflektiert darüber, „was MIR eigentlich wichtich iss oder was ich einfach soo MITbekommn hab und was ich erstmal für **selbstverständlich** achte" (314). Bei der Beurteilung des eigenen Erziehungshandelns dient die erlebte Erziehung durch die Eltern als Orientierung.

---

149   Zu den Begriffen habit und customs siehe Abschnitt 4.3.

Wieder taucht das Wort „selbstverständlich" auf. Neben der ersten genannten Normalisierung, dass Kinder customs der Eltern übernehmen, wird
hier auf die Normalisierung der übernommenen customs selbst verwiesen. Es
gibt habits, die für das Individuum so allgemeingültig zu sein scheinen, dass
es sie als normal ansieht. Diese Normalität wird durch die Partnerin in Frage gestellt. Sie scheint andere Normalisierungen zu haben. Während die erste Normalisierung einen als allgemeingültig postulierten Prozess beschreibt,
bezeichnet die letztere Sachverhalte als normal. Diese erweisen sich hier als
individuelle Normalisierungen.

Über die genauere Art und Weise der Reflexion erfahren wir an dieser
Stelle nicht mehr. Ob diese etwa im Gespräch mit Ina oder im zurückgezo-
genen Nachdenken stattfindet bleibt offen. Der Vater führt nur die Inhalte
seiner Überlegungen an. Er sucht nach einer Beurteilung dessen, was er „jetzt
gut und richtig" (314) findet. In dieser Sequenz sind unterschiedliche Kriterien
der Beurteilung angesprochen. Mit dem Hinweis „damit gehts mir gut" (314)
verweist Herr AM auf eine persönlichen Empfindung. Damit ist die Ebene der
Bedürfnisse genannt. „das ist richtich" (314) spricht eine Werteskala als Maßstab einer Beurteilung an. Die inquiry führt somit dazu, dass der Vater sich
mit seiner Werteskala und seiner Bedürfnispyramide als Grundlagen für eine Beurteilung auseinander setzt. Er reflektiert, ob und wo es ausreicht, die
Erziehung der Eltern zu reproduzieren und wann eine eigene Werteordnung
geschaffen werden muss.

Nun stellt sich abschließend die Frage, ob die inquiry darüber, wie mit in
der eigenen Erziehung angeeigneten habits umzugehen ist, zu einer Lösung
kommt. Dies zeigt sich zu Beginn des Abschnittes (314). Herr AM scheint eine
generelle Antwort gefunden zu haben: Es gibt zwei Arten von customs sowie
zwei Kriterien der Beurteilung. Zum einen gibt es solche customs, die nach
einer Prüfung, nach einem Nachdenken und Beurteilen als solche weiterge-
geben werden können: „ich denke das iss o.k. und das iss richtich oder * damit
gehts mir gut und so geb ich das auch dann an * an MEINE kinder weiter" (314).
Als Kriterien gelten einerseits die in der Reflexion festgestellte Richtigkeit der
customs und andererseits ein positives Gefühl. Zum anderen gibt es customs,
für die diese Kriterien nicht zutreffen. Diese müssen verändert werden.

Dennoch ist die inquiry auch ein immer wieder stattfindender Prozess:
Die unterschiedlichen Normalitäten, die unterschiedlichen customs der Eltern führen „schon immer wieder" (314) zu Auseinandersetzungen. Hier muss
jeweils für die in der konkreten Situation betroffenen habits neu entschieden
werden, ob sie einfach weiter übernommen oder verändert werden müssen.

Interessant in diesem Fall ist, dass Herr AM eine dualistische Orientierung vertritt. „was ich jetzt gut und richtig finde" (314) lässt keine Mitte zu.
Es gibt nur die Entscheidung zwischen richtig und falsch bzw. zwischen gut
und schlecht. Nuancen zwischen diesen Polen sind in dieser Perspektive nicht
vorgesehen. Hier könnte die Frage gestellt werden, ob das eine für die Erziehung hilfreiche Orientierung ist.

Ein wenig später im Interview führt Herr AM an einem Beispiel aus, wie eine solche Situation aussieht, in der er im Alltagshandeln unterbrochen und durch Inas Handlung „überrascht" wird.

338 AM: „aber ich weiß noch des war * des war was wo ich glaube ähmm was bei uns zuhause nich * nich SO ähm *4* akzeptiert oder * oder gutgefunden worden wäre also vor ner * vor ner woche * hat die ina ne ne pizza gemacht und * hat dem * daniel einfach auch so kleine pizzastückchen dann äh @geschnitten und in n teller gelegt ne?@* wir ham draussen aufm ähm * auf der * aufm balkon* gegessen * und er fand des also FURCHTBAR SCHÖN ne? und hat also wirklich so eins nachm andern sich wirklich so ins gesicht @geschmiert@ [LACHT] und ich zwischendurch @oh MEINE güte [BEIDE LACHEN] aber wir hatten einen so einen spass ne?@ und der der kleine war also so * so glückSELICH ne? also irgendwie * des ding wie der * irgendeins in mund gesteckt hat und die hälfte ging halt DANEBEN und * also er sah er sah wirklich [LACHT] völ lich verschmiert also das ganze gesicht war (verschm) ne? wo ich gedacht hab hm NE? JETZT? * soll ich jetzt * soll ich jetzt irgendwie * den saubermann spielen und sagen ina also hmm jetzt mal * jetzt mal halblang jetzt reichts mal wieder ne?

339 I: [LACHT]

340 AM: mit der sauerei [LACHT] * oder einfach sagen JA der kleine muss ja * muss ja einfach mal lernen ne? damit umzugehn und wenn er des halt im moment auch noch son bisschen als * spielerisches eleMENT sieht dann * iss des AUCH o.k. ne?

341 I: mmh

342 AM: SO das * des so war dann eher son * ja son son innerer * INNERER konflikt ne?

343 I: hmh

344 AM: so find ich des jetzt GUT? oder ähm * würd ich da irgendwie doch eher was anders * vornean stellen?

345 I: hmh

346 AM: so in der * in der beziehung merk ich DAA

347 I: war schon ne hinterfragung

348 AM: dass ich da manchmal* jaa * da manchmal merke da * kommt *3* schaltet sich bei mir dann so das ähm das reglementierende ein und ich denk das HAB ich von zuhause

349 I: aja mmh

350 AM: ne? so * des darfst **du** und da iss * da iss ne grenze und * so

351 I: mmh aja

352 AM: ne? des iss so fur fur mich was was ich dann häufiger mal * durch bewusste reflektiern * nochmal nochmal überSCHREITE so das was ich erstmal * glaube so mitgekriegt zu haben"

(Interview 3, 338-352)

Bevor Herr AM mit der eigentlichen Erzählung beginnt, stellt er die Beurteilung der nachfolgenden Begebenheit voran: „was bei uns zuhause nich * nich SO ähm *4* akzeptiert oder * oder gutgefunden worden wäre" (338). Die Beurteilung findet innerhalb der oben bereits rekonstruierten dualistischen Werteskala statt. Der Rückbezug auf das eigene Elternhaus zieht sich als Gegenhorizont zur nachfolgend erzählten Begebenheit durch die ganze Sequenz („bei uns zuhause" 338, „von zuhause" 348, „mitgekriegt" 352). Herr AM signalisiert durch diese Wortwahl eine starke Integration in die Herkunftsfamilie. Die Orientierung am Elternhaus scheint Sicherheit zu geben, die Wortwahl ist an diesen Stellen sehr bestimmt – im Gegensatz zu den Unsicherheiten in der Formulierung (Wortwiederholungen) und vielen nachfragenden „ne?" in der erzählenden Passage.

Nach dieser rahmenden Einleitung folgt die eigentliche Erzählung. Der Vater schildert eine beschauliche Szene der Kleinfamilie auf dem Balkon. Die entspannte lustige Situation beim Abendessen wird mehrfach als eine beschrieben, in der sowohl das Kind („er fand des also FURCHTBAR SCHÖN", „der kleine war also so * so glückSELICH" 338) als auch die Eltern („wir hatten einen so einen spass" 338) glücklich zu sein scheinen. Auch in der Interviewsituation lacht der Vater viel über die erinnerte Erfahrung.

Eher unvermittelt erscheint daher die Wendung am Schluss der Erzählung:

> „wo ich gedacht hab hm NE? JETZT? * soll ich jetzt * soll ich jetzt irgendwie * den saubermann spielen und sagen ina also hmm jetzt mal * jetzt mal halblang jetzt reichts mal wieder ne?" (Interview 3, 338).

Zusammen mit der einleitenden Beurteilung tritt ein Gegenhorizont zu Tage. „den saubermann spielen" wird als alternative Handlungspraxis eingeführt. Als Begründung für diese Alternative kann die einleitende Beurteilung angesehen werden: Ein solches Geschehen wie die geschilderte Szene wäre in der Herkunftsfamilie nicht akzeptiert worden. Die Vorstellung Herrn AMs zum Essen in der Familie trifft auf die davon abweichende Handlungspraxis der Freundin.

Aus der Erzählung lässt sich jedoch schließen, dass der Vater die Abendesssenssituation genossen hat. Es stellt sich also die Frage, was ihn aus dem ungestörten Handlungsvollzug heraustreten lässt. Wie kommt es, dass doing und undergoing unterbrochen werden? Die Antwort des Probanden ist sehr unscharf: „des so war dann eher son * ja son son innerer * INNERER Konflikt ne?" (342). Die Formulierung ist unsicher, er nimmt drei Anläufe („son"), um auf den „innere[n] Konflikt" zu verweisen und beendet den Satz mit einem relativierenden „ne?". Aus der Distanz betrachtet könnte man fragen, ob die geschilderte Begebenheit einen Konflikt wert ist. Die Familie scheint das gemeinsame Abendessen zu genießen, alle haben Spaß. Der Begriff Konflikt scheint nicht zu der dargestellten Situation zu passen. Die Unsicherheit Herrn AMs verweist jedoch darauf, dass dieser innere Konflikt für ihn wichtig zu sein scheint. Die Formulierung „schaltet sich bei mir dann so das ähm das reglementierende ein" (348) unterstreicht die Unausweichlichkeit der Situation. Herr AM kann sich nicht dagegen wehren, es geschieht mit ihm. Unfreiwillig greifen habits, die er als in der Herkunftsfamilie erlernte charakterisiert. Diese lassen ihn aus der positiv erlebten Situation heraustreten und dieser Situation eine andere Rahmung geben.

Der innere Konflikt, bei dem Herr AM meint, sich für eine Seite entscheiden zu müssen, besteht in der Beurteilung der Situation zwischen „find ich des jetzt GUT? oder ähm * würd ich da irgendwie doch eher was anders * vornean stellen?" (344). Er steht vor der Entscheidung, die Gestaltung der Essenssituation durch die Mutter geschehen zu lassen und mitzutragen oder einzugreifen. Ein Reglementieren würde anderen Werten die Priorität geben. In der Entscheidung „find ich des jetzt GUT?" ist der Vater gefangen in der Polarität zwischen dem Glück der guten Stimmung und der eigenen Prägung (312). Diese Spannung löst sich nicht auf und führt zu einem inneren Konflikt. Der Vater kommt nicht mit der seinen habits entsprechenden Rolle des „saubermann[s]" zurecht. Seine eigene Überzeugung scheint hier zu sein, dass mit Essen nicht gespielt wird.

Schließlich beruft der Vater sich noch auf das Lernen des Kindes. Das Kind muss essen lernen („muss ja einfach mal lernen ne? damit umzugehen" 340). Das Lernen des Kindes könnte für ihn als Rechtfertigung dafür gelten, nicht einzuschreiten. Das Kind soll lernen, die Pizza in den Mund zu treffen. Herr AM könnte die Freude am Geschehen hier zusätzlich rechtfertigen: Er bewertet ein spielerisches Element positiv. Das Spielerische ist für ihm ein mögliches Element in der Erziehung („spielerisches sleMENT sieht dann * iss des AUCH o.k." 340). Die Möglichkeit, dass das Kind Sauberkeit lernen muss, spricht der Vater an dieser Stelle jedoch nicht an, obwohl sie der Vorstellung des „saubermanns" entsprechen würde.

Lerntheoretische Implikationen

Auf den ersten Blick scheint die Frage danach, wie das Lernen des Kindes ermöglicht werden kann, die Problemsituation zu markieren, in der Herr AM sich befindet. Diese Frage scheint jedoch nicht seinen inneren Konflikt hervor zu rufen. Bei näherer Betrachtung tritt ein anderer Anlass in den Vordergrund, der insbesondere durch die Einleitung die Sequenz rahmt: die Auseinandersetzung mit der Freundin Ina. Am Ende der Erzählung bezieht Herr AM sich direkt auf seine Freundin („sagen ina also hmm jetzt mal * jetzt mal halblang jetzt reichts mal wieder" 338 Ende). Die Handlungsweise der Freundin widerspricht den in der Herkunftsfamilie angeeigneten customs des Vaters. Eine Reflexion setzt ein („bewusste reflektiern" 352). Dabei versucht Herr AM beispielsweise die Vorgehensweise der Mutter durch das Lernen des Kindes zu rechtfertigen. Die im ersten Teil angesprochenen verschiedenen Elternhäuser des Paares („in der beziehung" 346) führen zur Auseinandersetzung mit eigenen Erziehungsvorstellungen („des darfst **du** und da iss * da iss ne grenze und * so" 350), die Herr AM zuvor als normal angesehen hat („du")[150]. Herr AM reflektiert seine normalisierten, von den Eltern übernommenen habits. Er lotet dabei die Grenzen seiner habits aus und erwägt deren Änderung

---

150   Im badischen Sprachraum wird das „du" umgangssprachlich häufig an Stelle eines „man" verwendet. Auf Hochdeutsch wäre diese Stelle damit „das darf **man**".

oder Verschiebung. Er vergleicht die in der jeweiligen Herkunftsfamilie als normal erlernten Grenzen beider Elternteile. Dabei beginnt er sich zu fragen, wo seine eigenen Grenzen einsetzen und wie weit er für sich selbst gehen kann. Dies geschieht anfangs unbewusst. Er kommt in eine Situation, in der die Grenze überschritten wurde. Durch die andere Erziehungshaltung seiner Partnerin wird ein Prozess in Gang gesetzt, bei dem sich Herr AM mit seinen Normalisierungen über Erziehung auseinander setzt. Das Lernen findet statt, weil unterschiedliche habits des Paares aufeinander treffen. Herrn AM hatte seine eigenen zunächst als normal angesehen. In dieser Perspektive würde etwas Neues, und damit ein Lernen ohne die Reibung mit der anderen Orientierung nicht geschehen. Interessanterweise tritt das Lernen des Kindes neben dem eigenen Lernen als Elternteil in den Hintergrund. Die Reflexion darüber, wo die eigene Bereitschaft vorhanden ist, Grenzen zu überschreiten, steht im Zentrum.

Diese Reflexion ist keine einmalige: „des iss so für für mich was was ich dann häufiger mal * durchs bewusste reflektiern * nochmal nochmal überSCHREITE so das was ich erstmal * glaube so mitgekriegt zu haben" (352). Herr AM berichtet davon, dass er „häufiger" durch Reflexion eigene habits verändert, die er sich in der Herkunftsfamilie angeeignet hat („überSCHREITE"). Die Auseinandersetzung mit eigenen Normalisierungen führt zum Lernen.

Obige Analysen haben beispielhaft gezeigt, wie zunächst als normal angesehene habits in Frage gestellt werden. Das Aufeinandertreffen unterschiedlicher Normalvorstellungen führt zu Reflexions- und damit zu Lernprozessen.

Es erscheint hilfreich, die bisher grundgelegte Lerntheorie Deweys durch eine Lerntheorie zu ergänzen, die speziell die Auseinandersetzung mit Überzeugungen – zu denen auch Vorstellungen über Normalität gezählt werden können – in den Blick nimmt. Es gilt, geeignete Begrifflichkeiten und theoretische Rahmungen zu gewinnen, um Normalisierungen in Lernprozessen strukturiert und differenziert beschreiben zu können. Hier erweist sich die von Jack Mezirow (1991) vorgeschlagene und seither beständig weiter entwickelte Theorie des Transformativen Lernens als zielführend.

10.2 Mezirows Theorie des Transformativen Lernens als spezielle Heurisktik

Im nächsten Analyseschritt möchte ich also Prozesse des Normalisierens in Bezug auf das Lernen von Eltern untersuchen. Nach Dewey lernen Eltern habits durch unterschiedliche experiences. Zu den von Eltern gelernten habits gehören auch Überzeugungen darüber, was als normal anzusehen ist. Normalisierungen, also Überzeugungen darüber, etwas sei normal, bilden einen Ausschnitt der habits sowie des knowledge von Eltern. Die normalisierten habits sind scheinbar mit Anderen geteilt, sie scheinen für alle zuzutreffen. Sie haben einen generalisierenden Charakter. Um die Relationen von Normalisierungen mit dem elterlichen Lernen näher beschreiben zu können, beziehe ich mich auf die Theorie des Transformativen Lernens. Die Theorie entstand 1978 mit einer Studie von Jack Mezirow (Columbia University, New York) über Frauen, die nach einer längeren Pause wieder in ein College eintreten. 1991 legte Mezirow mit der Publikation „Transformative Dimensions of Adult Learning" (dt. 1997) seine Theorie zum Transformativen Lernen Erwachsener vor. Seither wurde sie kontinuierlich weiterentwickelt.[151] Die Theorie des transformativen Lernens (TLT)[152] ist eine der am meisten diskutierten und erforschten Theorien des Lernens Erwachsener im englischen Sprachraum. Sie hat dort die Theorie des Selbstgesteuerten Lernens als Mainstream-Theorie abgelöst. Im deutschen Sprachraum ist diese elaborierte Theorie bisher wenig rezipiert. Ich skizziere sie im Folgenden.

Dabei erläutere ich in Abschnitt 10.2.1 zunächst kurz Ausgangspunkt, Ziele und damit verbunden den Fokus der TLT. Ich stelle dar, was Mezirow allgemein unter Lernen und Transformation versteht, bevor ich in Abschnitt 10.2.2 die zentralen Begriffe habit of mind und point of view einführe.[153] Anschließend umreiße ich, welche Hauptbereiche des Lernens Mezirow beschreibt (10.2.3) und welche Rolle die Reflexion beim Lernen spielt (10.2.4). Es können verschiedene Formen der Reflexion und unterschiedliche Lernwege beschrieben werden. Schließlich führe ich in Abschnitt 10.2.5 aus, welchen Schritte ein Lernprozess nach Mezirow idealtypisch enthalten kann.

Ich werde die Bezüge zu der vorliegenden Studie in die Skizze der TLT immer wieder herstellen. Zudem begründe ich damit der Grounded Theory Methodology entsprechend, warum ich eine weitere Theorie als Heuristik hinzuziehe. Die TLT lässt sich, wie ich in den nun folgenden Ausführungen zeige, mit Deweys Lerntheorie verbinden. Abschließend erkläre ich noch einmal anhand des Eingangsbeispiels, wie ich die TLT in der vorliegenden Studie als Heuristik nutze (10.4).

10.2.1 Grundüberlegungen

Ich beginne meine Ausführungen zum TL mit einigen Rahmungen, die Mezirow seinem Konzept zu Grunde legt. Mezirow geht davon aus, dass der Lernprozess von Erwachsenen sich von dem von Kindern unterscheidet. Das Lernen Erwachsener zielt darauf, immer zuverlässigere Überzeugungen über die

---

151 Ein Überblick zentraler Studien findet sich bei Taylor 2007.

152 Der Einfachheit halber verwende ich im Folgenden die Abkürzungen TLT für „Transformative Learning Theory" bzw. „Theorie des Transformativen Lernens" und TL für „transformative learning" bzw. „transformatives Lernen".

153 Karl Arnold verwendet in seiner Übersetzung von Mezirows Publikation von 1991 (Mezirow 1997) die Begriffe „Bedeutungsperspektive" und „Bedeutungsschema". Ich bleibe jedoch analog zur Darstellung von Deweys Lerntheorie bei den englischen Begrifflichkeit. Zudem möchte ich an die in der aktuellen englischsprachigen Diskussion gebräuchlichen Begriffe anschließen, da sich hier im Laufe der Zeit Verschiebungen zu Mezirows ursprünglichen Bezeichnungen entwickelt haben.

eigenen Erfahrungen zu entwickeln. Das bedeutet, dass die Kontexte von Erfahrungen analysiert und beurteilt werden. Erwachsene suchen nach sachkundiger Zustimmung zu ihren Meinungen und Rechtfertigungen. Schließlich geht es darum, aus den entstandenen Einsichten begründete Entscheidungen zu treffen.

> „*Our understandings and beliefs are more dependable when they produce interpretations and opinions that are more justifiable or true than would be those predicated upon other understandings or beliefs.* Formulating more dependable beliefs about our experience, assessing their contexts, seeking informed agreement on their meaning and justification, and making decisions on the resulting insights are central to the adult learning process. Transformation Theory attempts to explain this process and to examine its implications for action-oriented adult educators" (Mezirow 2000, 4; kursiv i.O.).

Die Theorie des transformativen Lernens versucht, diesen Lernprozess von Erwachsenen zu verstehen und zu beschreiben und seine Bedeutung für das Handeln von Erwachsenenbildner_innen zu untersuchen. Diese beiden miteinander zusammen hängenden Interessen führen in der angelsächsischen Literatur dazu, dass es einerseits eine Vielzahl von Studien gibt, die Lernprozesse in unterschiedlichen Kontexten rekonstruieren und andererseits viele Studien, die untersuchen, wie transformative Lernprozesse in der Praxis der Erwachsenenbildung angeregt und begleitet werden können. [154]

Wenn nun das Lernen Erwachsener in Mezirows Konzept grundlegend darauf ausgerichtet ist, zu Überzeugungen zu gelangen, die immer besser begründet sind, dann ist die Frage, wie es dazu kommt. Wie kommt es dazu, dass unsere Überzeugungen durch Erfahrungen verlässlicher werden und wir auf der Grundlage unserer begründeter Überzeugungen handeln können? Hierin liegt der spezielle Fokus der TLT.

> „Transformation Theory's focus is on how we learn to negotiate and act on our own purposes, values, feelings, and meanings rather than those we have uncritically assimilated from others – to gain greater control over our lives as socially responsible, clear-thinking decision makers" (Mezirow 2000, 8).

Mezirow stellt das begründete eigene Urteil über ein Handeln dem Handeln auf der Grundlage unkritisch übernommener Überzeugungen gegenüber. Er postuliert, das anzustrebende Ziel erwachsenen Handelns sei, ein selbstbestimmtes Leben als sozial verantwortliche und klar denkende Entscheidungsträger_innen zu führen und damit mehr Kontrolle über das eigene Leben zu haben. Das Lernen zielt darauf, dass wir immer mehr unseren eigenen Absichten, Werten, Gefühlen und Überzeugungen entsprechend handeln und immer weniger dem entsprechend, was wir unkritisch von Anderen übernommen haben. Die TLT untersucht, wie dieses Lernen abläuft und wie Erwachsene auf dem Weg dorthin unterstützt werden können.

---

154 Beispiele finden sich etwa in den beiden Handbüchern Taylor/Cranton et al. (2012) und Mezirow/Taylor (2009).

Mit dieser Theorie als Heuristik kommen Überzeugungen und deren Bedeutung und ihre Veränderung im Lernprozess in den Blick. Vorstellungen
von Normalität lassen sich einreihen in obige Beschreibung von Werten, Gefühlen und Meinungen. Es sind Überzeugungen, die als allgemein gültig auch
für Andere angenommen werden. Sie können sowohl unkritisch assimiliert
sein, beispielsweise durch Erfahrungen der eigenen Kindheit, oder sie können
reflexiv aktiv erlernt worden sein. Durch die Erweiterung des theoretischen
Bezugsrahmens können Zusammenhänge zwischen Normalisierungen durch
Eltern mit deren Lernprozessen untersucht und beschrieben werden. Die TLT
stellt eine geeignete Begrifflichkeit zur Verfügung, um die in den Daten identifizierten Zusammenhänge zwischen Normalisierungen und Lernprozessen
zu rekonstruieren und zu beschreiben.

Dabei versteht Mezirow das Lernen wie Dewey als einen Prozess, in dem
vorangehende Interpretationen der Bedeutung einer Erfahrung genutzt werden, um veränderte oder neue Interpretationen zu konstruieren, die dann
wiederum zukünftige Wahrnehmungen und Handlungen anleiten können. [155]
Lernen ist ein Problemlöseprozess.

> „Transformative learning is a way of problem solving by defining a problem or by
> redefining or reframing the problem" (Mezirow 2000, 20).

Bei dem Prozess besteht die Lösung entweder darin, das Problem zu definieren oder darin, das Problem umzudefinieren oder neu zu rahmen. Lernen verändert, wie wir die Bedeutung einer Erfahrung interpretieren und bewerten.
Diese Interpretationen leiten unser Handeln an.

Die Bedeutung einer Erfahrung zu interpretieren und zu bewerten spielt
nach Mezirow eine zentrale Rolle im Lernprozess Erwachsener. Lernen wird
in Bezug auf Bedeutungen definiert. Das Schaffen von Bedeutungen steht im
Mittelpunkt des Lernens, das Mezirow betrachtet. Bedeutungen sind Interpretationen einer Erfahrung. Wir geben einer Erfahrung eine Bedeutung. Dabei
entwickeln wir auf Grund einer Erfahrung Überzeugungen und Erwartungen,
die wir an nachfolgende Erfahrungen herantragen. Auf Grund von früheren
Erfahrungen haben wir bestimmte Überzeugungen und Erwartungen in gegenwärtigen Erfahrungen und interpretieren diese Erfahrungen. Führen neue
Erfahrungen dazu, dass alte Überzeugungen und Erwartungen überarbeitet
und oder erweitert werden, so lernen wir. Zudem können durch die Interpretation neuer Erfahrungen auch alte Erfahrungen und ihre Bedeutungen neu
interpretiert und damit transformiert werden – ein transformierendes Lernen
findet statt.

> „Transformation refers to a movement through time of reformulating reified
> structures of meaning by reconstructing dominat narratives. [...] As men-
> tioned earlier, we transform frames of reference – our own and those of others
> – by becoming critically reflective of their assumptions and aware of their
> context – the source, nature, and consequences of taken-for-granted beliefs"
> (Mezirow 2000, 19).

---

155   Vgl. Mezirow 1991, 5.

Vorstellungen über Normalität können als derartige „taken-for-granted be-liefs" angesehen werden. Wenn Eltern einen Sachverhalt normalisieren, so unterstellen sie dem Normalisierten einen generalisierten Geltungsbereich. Eltern unterstellen damit, dass sich auch andere Eltern die gleichen „taken-for-granted beliefs" angeeignet haben.

10.2.2   Habit of Mind – Point of View

Bedeutungen spielen also eine zentrale Rolle bei der TLT. Mezirow unterschei-det verschiedene Formen von Bedeutungen und beschreibt so unterschiedlich tief greifende Veränderungsprozesse, die durch den Prozess einer – in Deweys Worten – reflective experience stattfinden können. Im folgenden Abschnitt er-läutere ich daher die grundlegenden Unterscheidungen, die Mezirow anhand seiner zentralen Begriffe *frames of reference, habit of mind* und *point of view* trifft. [156]

Mezirow geht davon aus, dass unsere Wahrnehmung durch Annahmen geleitet wird, die er „frames of reference" (Mezirow 2000, 16) nennt. Frames of reference sind grundlegende Epistemologien. Kegan (2009, 41) nennt sie „way of knowing". Diese grundlegenden Annahmen haben kognitive, konati-ve und affektive Bestandteile. Frames of reference legen die zentralen Bedin-gungen fest, nach denen die Bedeutung einer Erfahrung interpretiert wird. Sie bestimmen als Vorannahmen was wir wie und warum wahrnehmen. Auf diese Weise bestimmen sie was (Inhalt) und wie (Prozess) gelernt wird. Sie bestimmen diese Auswahl. Zugleich legen sie auch fest, nach welchen Krite-rien beurteilt oder bewertet wird, was wir also etwa als richtig oder falsch, schön oder hässlich, passend oder unpassend beurteilen. Darüber hinaus be-stimmen frames of reference auch, wie wir uns Personalität vorstellen (vgl. Mezirow 1997, 36f).

> „Our values and sense of self are anchored in our frames of reference"
> (Mezirow 2000, 18).

Frames of reference bestimmen unser Selbstverständnis und wie wir uns selbst empfinden, warum wir welches Bild von uns haben (Prämissen). Sie bilden die Prämissen unserer Sicht auf die Welt und auf uns selbst und be-stimmen so unser Handeln. [157]

---

156   Als "theory in progress" unterliegen auch die zentralen Begriffe der TLT einem Wandel. Statt ‚habit of mind' benutzte Mezirow in seinen ersten Publikationen den Begriff ‚meaning perspektive'. ‚Points of view' hießen damals ‚meaning schemes' (vgl. Mezirow 1991). In manchen Beiträgen benutzt Mezirow später den Begriff ‚meaning perspectives' an Stelle der Bezeichnung ‚frames of reference' (vgl. Wiessner/Mezirow 2000, 345). Näheres zu den begrifflichen Verschiebungen findet sich bei Baumgartner (2012, 108ff). Auch auf grund der doppelten Verwendung von ‚meaning perspectives' verwende ich die drei gewählten und auch heute gebräuchlichen Bezeichnungen frame of reference, habit of mind und point of view.

157   Vgl. Mezirow 1997, 36f.

Unsere frames of reference repräsentieren häufig kulturelle Paradigmen („collectively held frames of reference", Mezirow 2000, 16), die im Verlaufe der Sozialisation angeeignet wurden. Sie können geteilte Überzeugungen und Erwartungen („shared as paradigms", Mezirow 2000, 20) oder individuelle Überzeugungen und Erwartungen („highly individualistic", ebd.) darstellen. Wie das Beispiel in Abschnitt 10.1 gezeigt hat, können Eltern in der Kindheit Überzeugungen ihrer Eltern oder anderer maßgeblicher Bezugspersonen übernehmen. Sie können diese als individuelle Überzeugungen und Erwartungen erlernen oder normalisiert als geteilte. Diese Überzeugungen und Erwartungen – ob individuell oder normalisiert – sind frames of reference.[158]

Frames of reference ist ein Überbegriff für Überzeugungen und Erwartungen. Die frames of reference zeigen sich in zwei Dimensionen: den habits of mind und den points of view. *Habits of mind* sind Bündel an Vorannahmen (assumptions). Mezirow unterscheidet nach Brookfield (1995) paradigmatische, präskriptive und kausale Annahmen. Dazu gehören beispielsweise Vorannahmen über soziale und moralische Normen, Überzeugungen über eigene Lernstile, philosophische Ansichten und religiöse Überzeugungen, psychologische Aspekte wie etwa das eigene Selbstkonzept sowie ästhetische Ansichten, die Geschmack oder Urteile über Schönheit ausdrücken.[159] Habits of mind dienen „als selektive Codes zur Bestimmung von Wahrnehmung und Verständnis" (1997, 31). Mezirow (1997, 31) beruft sich hier auf Dewey. Dieser hat die Bedeutung, die habits of mind bei der Wahrnehmung zukommt, herausgearbeitet und zudem darauf hingewiesen, dass ihre Wirkung gewöhnlich unbewusst ist.

Nach Mezirow spielt, wie oben gesagt, die Bedeutung einer Erfahrung zu interpretieren und zu bewerten eine zentrale Rolle im Lernprozess von Erwachsenen. Habits of mind bilden die abstrakten Strukturen der Überzeugungen und Erwartungen, die aus den Erfahrungen der Vergangenheit entwickelt wurden und die neue Erfahrungen rahmen. Sie geben jedoch nur einen sehr groben Orientierungsrahmen vor, der für die Wahrnehmung und Interpretation einer konkreten Erfahrung spezifischer gefasst wird.

> „Habits of mind are broad, abstract, orienting, habitual ways of thinking, feeling and acting, influenced by assumptions that constitute a set of codes"
> (Mezirow 2009, 92).

Habits of mind sind quasi eine grobe Interpretationsfolie. Sie geben ein erstes Raster vor, genügen aber nicht zur Interpretation konkreter Handlungssituationen. Hier braucht es differenziertere Orientierungen.

Die meist unbewusst wirkenden habits of mind werden ausgedrückt in *points of view*. Points of view leiten als konkrete Erwartungen das Handeln und legen fest, was und wie wir etwas sehen. Sie sind eher bewusst zugänglich und erreichbar durch Feedback Anderer als habits of mind.

158   Hier zeigt sich die Analogie zu Deweys Begriffen custom und habit (vgl. Abschnitt 4).
159   Vgl. Mezirow 2000, 17.

„They arbitrarily determine what we see and how we see it – cause-effect relationships, scenarios of sequences of events, what others will be like, and our idealized
self-image. They suggest a line of action that we tend to follow automatically
unless brought into critical reflection" (Mezirow 2000, 18).

Während also habits of mind die abstrakten Strukturen der Überzeugungen
und Erwartungen beschreiben, die aus den Erfahrungen der Vergangenheit
entwickelt wurden und die neue Erfahrungen rahmen, beziehen sich die zugeordneten points of view auf konkrete persönliche Überzeugungen und Erwartungen.[160] Mezirow (2009, 93) gibt folgendes Beispiel: Ethnozentrismus
(„the predisposition to regard others outside one's own group as inferior, un-
trustworthy or otherwise less acceptable") ist ein habit of mind. Daraus kann
beispielsweise ein point of view folgen, der zusammengesetzt ist aus negativen Gefühlen, Überzeugungen, Urteilen und Einstellungen, die sich immer
dann zeigen, wenn ein Mensch mit solch einem ethnozentristischen habit of
mind eine Person sieht, die fremd aussieht. Eine positive Erfahrung mit dieser
fremd aussehenden Person kann einen oder mehrere points of view verändern, verändert aber nicht zwangsläufig auch gleich den ethnozentristischen
habit of mind. Habits of mind umfassen ganze Cluster von points of view.
Points of view sind die unmittelbaren Erwartungen, Überzeugungen, Einstellungen und Urteile in einer Handlungssituation.[161]

Habits of mind und in der konkreten Situation die zugehörigen points of
view strukturieren unsere Wahrnehmung und unser Verständnis einer Erfahrung. Die points of view bestimmen im Handeln unsere Aufmerksamkeit und
Wahrnehmung.

Points of view „selectively determine the scope of our attention and hence perception and arbitrarily determine the way we categorize objects and events, make associations, and attribite causality within a value system. They provide the basis for
reducing complex inferential tasks to simple judgments. They ‚set us up' with spe-
cific expectations pertaining to cause-effect relationships, scenarios of sequences
of events, goal orientations, and what others will be like" (Mezirow 1991, 50).[162]

Wir interpretieren unsere Erfahrungen den points of view entsprechend. Die
Erfahrungen erhalten auf diese Weise eine weniger komplexe Struktur. Neue
Erfahrungen lassen sich in frühere einordnen und werden damit vom Fremden
zum Bekannten.

Points of view wirken auf die Interpretation einer Erfahrung auf drei Ebenen ein: Zunächst (1) beziehen sie sich auf die Art und Weise, wie etwas zu
tun ist. Dann (2) bestimmen sie, wie wir etwas, das andere Personen äußern,
verstehen und schließlich (3) bestimmen sie, wie wir uns selbst verstehen.[163]

---

160   Vgl. Jarvis 2006, 82.
161   Vgl. Mezirow 2000, 18.
162   Ich beziehe mich bei dieser Schrift auf das englische Original, weil sich in der deutschen
      Übersetzung teilweise große Mängel und dadurch widersprüchliche Inhalte finden, die
      bisweilen auch den Aussagen des englischen Textes widersprechen.
163   Vgl. Mezirow 1991, 44.

Alle Erfahrungen werden mit Hilfe der points of view auf diesen drei Ebenen interpretiert. Das bedeutet beispielsweise, dass Eltern ein Schreien ihres Kindes zunächst einmal als Hunger interpretieren (Interpretation Anderer). Zudem bestimmen die points of view die Art und Weise, wie Eltern den Hunger des Kindes stillen (z.b. HA Nahrung einer bestimmten Firma, weil sie der Überzeugung sind, dass das Kind diese am besten verträgt). Schließlich beziehen sich die points of view auf das eigene Eltern-Selbst-Bild – im Beispiel also auf das Selbstverständnis als diejenigen, die wissen, was das Kind braucht, die verantwortlich sind für sein Wohlergehen usw.

Points of view bestimmen also, was Eltern wie tun. Sie bestimmen zudem, wie Eltern in Interaktionen das Kind und Andere (z.B. Großeltern, andere Eltern, pädagogische Fachkräfte) verstehen. Schließlich wird durch points of view das eigene Selbst-Bild als Eltern festgelegt. Die in Kapitel 7 beschriebenen Lernfoki, die das Lernfeld von Eltern aufspannen – habits/knowledge, Bild vom Kind und Eltern-Selbst-Bild –, finden sich hier in der Ebene der points of view wieder. Auch die Überzeugungen, die die Anderen des Lernfeldes betreffen, lassen sich durch points of view erfassen. Points of view bestimmen somit alle Eckpunkte sowie die Anderen bei dem beschriebenen *Lernfeld Elternidentität*.

10.2.3 Instrumentelles – Kommunikatives – Emanzipatorisches Lernen

Am Ende des vorigen Abschnitts habe ich darauf hingewiesen, dass points of view auf drei Ebenen die Interpretation einer Erfahrung definieren: wie *etwas* zu tun ist, wie *Andere* zu verstehen sind und wie *wir uns selbst* verstehen. Mezirow übernimmt diese Unterscheidung dreier „cognitive interests" oder „learning domains" (Baumgartner 2012, 103) von Habermas. Es gibt nach Habermas ein instrumentellens, ein praktisches und ein emanzipatorisches Interesse. Diesen entsprechen laut Mezirow ein instrumentelles, ein kommunikatives und ein emanzipatorisches Lernen. Die Lernformen unterscheiden sich voneinander, wobei das emanzipatorische Lernen eine Sonderstellung einnimmt.

> „Habermas sees the first two human interests as representing distinct learning domains – the domains of instrumental and communicative learning, respectively – while the emancipatory interest involves a learning dimension of critical reflection with implications for both of the other two. The two interests each also requires a different mode of personal learning, with different learning needs and different implications for facilitators of adult learning" (Mezirow 1991, 72f).

Der erstgenannte Bereich ist das *instrumentelle Lernen*. Das instrumentelle Lernen bezieht sich auf die Erfahrungsebene, was zu tun ist. Der Inhalt eines Problem soll gelöst werden. Beim instrumentellen Lernen werden Zusammenhänge zwischen Ursachen und deren Wirkungen hergestellt. Wir betrachten das vorliegende Problem und überlegen hypothetische Lösungsmöglichkeiten. Wir spielen diese durch und antizipieren ihre Konsequenzen. Dann wählen wir die erfolgversprechendste Variante und ihr Ergebnis validiert im besten Fall unsere vorherige Hypothese. Mezirow bezieht sich hier explizit auf Deweys Begriff der reflection im Kontext einer inquiry.

> „Put in terms of transformation theory, meaning is acquired deductively in tastoriented problem solving by testing a hypothetical meaning scheme (point of view; Anm. RM) that we believe will more effectively influence a couse-effect relationship so as to permit greater control over a problem situation" (Mezirow 1991, 73f).

Mezirow führt für das instrumentelle Lernen das Beispiel eins Golfspielers an, der überlegt, wie der Ball näher am Loch landet. Der Spieler kommt nach einigem Abwägen der Situation zu dem Schluss, dass ein kräftiger Schlag mit einer anderen Schlägerhaltung notwendig sei. [164]

> „In other words, the truth of the meaning scheme (point of view; Anm. RM) hypothetically attributed to an external reality is proven or disproven through the control and manipulation of variables following the protocols of empirical-analytic inquiry, a prescriptive form of inquiry" (Mezirow 1991, 74).

Das instrumentelle Lernen ist darauf ausgerichtet, die Umwelt zu manipulieren und zu kontrollieren (etwas). Dieses Lernen ist aufgabenorientiert. Ein konkretes Handlungsproblem (Inhalt) wird bewältigt. Es geht darum, Zusammenhänge zwischen Ursache und Wirkung herzustellen und begründete Hypothesen für diese Zusammenhänge zu entwickeln. Ziel des Lernens ist eine verbesserte Vorhersage von Handlungen und ihren Folgen und darauf aufbauend eine optimierte Durchführung von Handlungen. Die Problemlösestrategie ist hypothetisch-deduktiv. [165]

Beim *kommunikativen Lernen* geht es einerseits darum verstehen zu lernen, was andere Personen meinen. Andererseits geht es darum sich selbst verständlich zu machen, das heißt Anderen die eigenen Gedanken verständlich zu machen. Es bezieht sich also auf die zweite durch points of view interpretierte Ebene der Erfahrung, das Verstehen von Anderen.

> „Most significant learning in adulthood falls into this category because it involves understanding, describing, and explaining intentions; values; ideals; moral issues; social, political, philosophical, psychological, or educational concepts; feelings and reasons. All of these things are shaped decisively by cultural and linguistic codes and social norms and expectations" (Mezirow 1991, 75).

Kommunikatives Lernen geschieht in der Begegnung mit anderen Menschen. Häufig sind Gefühle, Intentionen, Werte und Fragen der Moral mit dem kommunikativen Lernen verbunden. [166] Im Zentrum steht der „rational discourse" (ebd., 76). Um ein begründetes Urteil treffen zu können, können wir hier nicht wie beim instrumentellen Lernen hypothesen-testend vorgehen.

---

164   Vgl. Mezirow 1991, 74.
165   Vgl. Mezirow 1991, 75.
166   Vgl. Mezirow 2000, 8.

„In the absence of empirical tests, we learn what is valid in the assertions of others and gain credence for the validity of our own ideas by either relying on tradition, authority, or force or relying on as broad a consensus posssible of those who are most informed, rational, and objective" (ebd., 76).

Der Lernprozess ist bestimmt durch die gegenseitigen Erwartungen der Beteiligten. Diese Bündel an Erwartungen bilden den Bezugsrahmen und zugleich die Voraussetzung dafür, dass gegenseitiges Verständnis möglich ist. Die gegenseitigen Erwartungen sind dabei soziale Normen. [167]

„The form of inquiry involved in communicative learning is designative, as opposed to the prescriptive form found in instrumental learning. We learn to understand what is designated rather than to dictate what we should do. [...] The focus of communicative learning is not establishing cause-effect relationships but increasing insight and attaining common ground through symbolic interaction. Action in this learning domain is communicative rather than instrumental. Rather than testing the truth of a hypothesis, a problem-solving process in communicative learning involves the identification and validation of explanatory constructs" (Mezirow 1991, 79f).

Mezirow grenzt hier instrumentelles von kommunikativem Lernen ab. Während ersteres „prescriptive" ist und so bestimmte Handlungen durch Hypothesen festlegt, ist letzteres „designativ". Ziel des kommunikativen Lernens ist das Verstehen der Anderen und das Sich verständlich machen. Daher geht es auch nicht darum, Hypothesen zu validieren, sondern begründet zu verstehen. Der Lösungsprozess zielt darauf, ein fundiertes Verständnis eines Sachverhalts zu entwickeln. Das Ergebnis sind dann nicht Kausalitäten sondern Konzepte, die die unterschiedlichen Wahrnehmungen einer Erfahrung zusammen beschreiben können. An die Stelle der Hypothesen im instrumentellen Lernprozess treten beim kommunikativen Lernen häufig Analogien oder Metaphern.

„We confront the unknown by making associations with what we know. We begin with partial insights to direct the way we collect additional data. We compare incidents, key concepts, or words and relate them to our meaning schemes (points of view; Anm. RM). Often understanding comes from finding the right metaphor to fit the experience analogically into our meaning schemes (points of view, Anm. RM), theories, belief systems, or self-concept" (Mezirow 1991, 80).

Die points of view ebenso wie die habits of mind bestimmen, welche Metaphern wir finden und welche wir als plausibel ansehen. Mezirow beschreibt als Beispiel das Problem, den Zusammenhang zwischen der Arbeit, die eine Aufgabe verursacht und der Zeit, die diese Aufgabe benötigt, zu erfassen. Um diesen Zusammenhang zu beschreiben und zu verstehen, kann man die Metapher ‚Ressourcen' hinzu ziehen. Mit dem Bezug auf Ressource kann man nun Gemeinsamkeiten und Unterschiede zwischen Arbeit und Zeit beschreiben. Zugleich werden sie damit als points of view neu kreiert und validiert. Die

---

167   Vgl. Mezirow 1997, 66.

entstehenden Konzepte erklären als Bündel von points of view den Sachverhalt und können zukünftig in neuen Kontexten erprobt bzw. genutzt und erweitert werden. Die Logik dieses Problemlöseprozesses bezeichnet Mezirow als metaphorisch-abduktiv, während das instrumentelle Lernen hypothetischdeduktiv ist.

> „In communication, we try to understand what someone else means ‚abductively‘, that is, by drawing upon our experience to explain theirs. Abduction explains what *may be*, deduction what *must be*, and induction what actually *is* operative (Hanson, 1981)" (Mezirow 1991, 85; kursiv i. O.).

Hier zeigt sich noch einmal deutlich, dass das kommunikative Lernen grundlegend der Auseinandersetzung mit einem Gegenüber bedarf. Es geht um das Verstehen des Anderen. Wir versuchen, den oder die Andere zu verstehen, indem wir uns auf unsere eigenen Erfahrungen beziehen und damit auch uns selbst verstehen. Wir versuchen, mit Hilfe der eigenen Erfahrungen und den damit verbundenen frames of reference die Erfahrungen Anderer zuzuordnen und zu verstehen. Damit ist ein direkter Anknüpfungspunkt für diese Studie gegeben. Mit dem Bezug auf den Anderen geht es immer auch um das Fremde.

> „Because communicative learning involves dealing with the ideas of others, it frequently requires us to confront the unknown. When we confront the unknown – that is, when the properties of an experience do not fit our expectations or further differentiation is called for – our reflection may result in the creation of new meaning schemes (points of view; Anm. RM) or habits of expectation to integrate these properties" (Mezirow 1991, 82f).

Durch die Fremdheitserfahrung von Eltern kann mit Mezirow ein kommunikatives Lernen stattfinden. Sowohl im Schlüsselphänomen *Elternschaft – das Fremde* als auch im *Lernfeld Elternidentität* zeigt sich die Bedeutung der Interaktion mit Anderen. Die Eigenschaft *Bedeutungsvielfalt – Interaktion mit Anderen* sowie die im *Lernfeld Elternidentität* beschriebenen Interaktionsbeziehungen zum Kind und zu Anderen lassen darauf schließen, dass solche kommunikativen Lernprozesse in den Daten rekonstruiert werden können.

Mezirow beschreibt als dritte Lernform das *emanzipatorische Lernen*. Eine Reflexion kann hier dazu führen, dass wir habits of mind hinterfragen und verändern.

> „It (the emancipatory interest; Anm. RM) is interest in the knowledge resulting from self-reflection, including interest in the way our history and biography have expressed themselves in the way we see ourselves, our assumptions about learning and the nature and use of knowledge, and our roles and social expectations and the repressed feelings that influence them. Emancipatory knowledge is knowledge gained through critical self-reflection, as distinct from the knowledge gained from our ‚technical‘ interest in the objective world or our ‚practical‘ interest in social relationships. The form of inquiry in critical self-reflection is appraisive rather than prescriptive or designative" (Mezirow 1991, 87).

Ausgangspunkt für das emanzipatorische Lernen ist die kritische Selbstreflexion. Mezirow stellt sie hier mit ihrer bewertenden Form der inquiry der vorhersagenden (instrumentelles Lernen) und der verstehend bezeichnenden (kommunikatives Lernen) zunächst gegenüber. Die nachfolgende Übersicht zeigt zusammenfassend die drei von Mezirow beschriebenen Lernformen.

Lernform	Gegenstand	Problemlöseprozess
technical learning (instrumental)	etwas, Umwelt	deduktives Schließen, Hypothesen testend, vorhersagen
dialogic learning (practical)	Andere	Dialog mit Anderen, Bedeutungsvalidierung durch Konsens, kritische Reflexion, verstehen
emancipatory learning (self-reflective)	ich selbst	kritische Selbstreflexion, bewerten

Übersicht 10.3: Learning domains

Mezirow nimmt nun das Verbindende dieser Formen des Lernens stärker in den Blick.

> „Although for Habermas emancipatory interest focuses upon critical self-reflection, critical reflection clearly constitutes an integral element in the process involved in validating learning about the environment and other people as well as ourselves; that is, in both instrumental and communicative learning" (Mezirow 1991, 87).

Die kritische Reflexion, nicht nur die Selbstreflexion, ist auch für das emanzipatorische Lernen bedeutsam. Damit sind sowohl instrumentelles Lernen als auch kommunikatives Lernen nicht von emanzipatorischem Lernen zu trennen. Mezirow führt hier als Beispiel Aussagen darüber, wie wir uns fühlen an. Wie wir uns fühlen, können wir schwerlich in einem empirischen Test validieren. Aussagen über unsere Gefühle validieren wir in Kommunikation mit Anderen, nahe stehenden Personen. Wir versuchen hier einen Konsens herzustellen. Das Gleiche geschieht mit den Aussagen Anderer über ihre Gefühle. Wir entscheiden kommunikativ, ob wir den Gefühlsausdrücken zustimmen oder sie kritisch betrachten. So urteilen wir beispielsweise, dass die geäußerte Zuneigung eines Menschen heuchlerisch wirke oder dass jemand sich immer beklage und die Klage damit nicht bedeutsam sei. Das Wissen über sich selbst ist damit einerseits direkt mit dem kommunikativen Lernen verbunden, also damit, wie Andere uns sehen. Andererseits lernen wir uns selbst kennen, indem wir instrumentell durch die Rückmeldung Anderer feststellen, was wir wie gut können. [168]

Mezirow betont zudem, dass beide Bereiche, das kommunikative und das instrumentelle Lernen, meist in einer Kombination vorliegen. Das Lernen ist in der Regel sowohl auf die Bewältigung der Umwelt als auch auf das Verstehen von Bedeutung bei der Interaktion mit Anderen und zudem noch auf das Verstehen von uns selbst ausgerichtet.

---

168   Vgl. Mezirow 1991, 88.

„Most adult learning is multidimensional and involves learning to control the environment, to understand meaning as we communicate with others, and to understand ourselves. It often involves critical reflection as well. This suggests that any analysis of adult learning or adult learning gains must address both instumental and communicative learning, including learning about onself, as well as the nature, extent, and impact of critical reflection in both domains" (Mezirow 1991, 89).

In obigem Zitat verweist Mezirow auf die Bedeutung der kritischen Reflexion. Wie sich in den Ausführungen dieses Abschnitts zeigte, ist die Reflexion für das Lernen in unterschiedlicher Art und Weise bedeutsam. Die Reflexion nimmt einen zentralen Platz in der TLT ein. Daher führe ich im Folgenden aus, wie Mezirow verschiedene Formen der Reflexion unterscheidet.

10.2.4   Reflexion

Wie in den bisherigen Ausführungen immer wieder angeklungen, spielt die Reflexion in der Lerntheorie Mezirows eine zentrale Rolle.

„Validation of prior learning, or attending to the grounds or justification for our beliefs, is the central function of reflection" (Mezirow 1991, 116).

Doch nicht jedes Handeln umfasst eine reflection im Sinne Mezirows. Mezirow unterscheidet zwischen „reflective action" und „nonreflective action" (Mezirow 1991, 106). Die drei Formen des Handelns „habitual action", „thoughtful action" und „introspection" (ebd.) sind nach Mezirow nicht reflexiv und damit nonreflective actions.

Habitual action ist das Handeln aus Gewohnheit. Dabei liegt die Aufmerksamkeit nicht auf dieser gewohnheitsmäßigen Handlung. Die Handlung geschieht automatisch wie etwa das Gleichgewicht halten beim Fahrradfahren. Wir können Fahrrad fahren und gleichzeitig in Gedanken eine Einkaufsliste zusammenstellen. Die habitual action (z.B. das Fahrrad fahren) entspricht dem, was Polanyi (1967) „tacit awareness" nennt. Wir handeln, ohne dass wir die Handlung selbst aufmerksam begleiten. Deshalb können wir uns gedanklich gleichzeitig mit etwas Anderem beschäftigen (z.B. der Einkaufsliste).

Bei der zweiten Handlungsweise, der *thoughtful action*, liegt die Aufmerksamkeit in der fokussierten Wahrnehmung der Handlung selbst. Hierzu gehören das Analysieren, Ausführen, Diskutieren und Urteilen. Dabei nutzen wir unser früher erworbenes Wissen.[169] Das heißt, wir begleiten die Handlung aufmerksam – etwa wenn wir eine Postkarte schreiben. Wir organisieren das Material, das wir benötigen (Postkarte, Stift, Briefmarke), schreiben einen Text, versehen die Karte mit Adresse und Briefmarke und bringen sie anschließend zum Briefkasten. Wir können diese Handlungsschritte aus unserer Erfahrung gewöhnlich so absolvieren, dass wir hierfür nicht extra eine Strategie entwickeln müssen.

---

169   Vgl. Mezirow 1991, 107.

> „although we make tacit judgments regarding what knowledge is relevant, thoughtful action involves a selective review of prior learning rather than a deliberate appraisal of it; we are not attending to grounds or justification for our beliefs but are simply using our beliefs to make an interpretation, like deciding on the next action move when involved in an intensive physical sport. Cognition is not the same as reflection. Learning under these circumstances remains within preexisting meaning schemes (points of view; Anm. RM) and perspectives (habits of mind; Anm. RM) and focuses on planning the next moves in a sequence of action" (Mezirow 1991, 107).

In unserem Fokus steht jeweils der nächste Schritt der Handlungssequenz. Wir prüfen selektiv früher Gelerntes und entscheiden, welches Wissen gerade relevant ist. Dieses Prüfen geschieht, ohne dass die Handlung unterbrochen werden muss („tacit judgement"). Diese Form des assimilativen Lernens ist vergleichbar einem großen Teil des Lernens von Kindern. Wir beachten und bemerken kleine Veränderungen und Differenzierungen häufig gar nicht, z.B. wenn die Postöffnungszeiten sich verändert haben und wir deshalb die Marke zu veränderter Zeit erwerben müssen (Mezirow 1998, 191).

Die *Introspektion* schließlich beschreibt das Nachdenken über uns selber. Die eigenen Gedanken und Empfindungen werden überdacht und nachvollzogen. Da jedoch das früher Gelernte hier keiner Validitätsprüfung unterzogen wird, ist die Introspektion in Mezirows Definition nicht reflexiv. [170] Das Schaubild 10.4 fasst auf der linken Seite die Formen der nonreflective action zusammen.

Erst wenn ein Handlungsablauf unterbrochen ist und wir eine Lösung für den oder die nächsten notwendigen Schritte suchen müssen oder wenn wir eine Situation nicht verstehen, reflektieren wir. Die kritische Reflexion eigener Überzeugungen („reflective action") steht im Zentrum des transformativen Lernens. [171] Mezirow unterscheidet zwischen der „thoughtful action with reflection" und der „retroactive reflection" (ebd., 108)

Die *thoughtful action with reflection* beschreibt ein alltägliches reflexives Lernen, bei dem entweder der *Inhalt* eines Problems oder der Problemlöse*prozess* selbst oder beides kritisch betrachtet wird. Bei der *retroactive reflection* reflektieren wir kritisch die Überzeugungen, durch die das Problem überhaupt erst definiert wird (Mezirow 1998, 186). Das heißt, wir fragen nach den *Prämissen*, die dazu führen, dass ein Problem zu einem Problem für uns wird. Der Inhalt oder der Prozess der Problemlösung können dabei auch reflektiert werden. Wie bei den Lernformen mit ihren drei Ebenen Inhalt, Prozess und Prämisse unterscheidet Mezirow also auch die Reflexion danach, was jeweils zum Gegenstand gemacht wird.

> „Reflection is the process of critically assessing the content, process, or premise(s) of our efforts to interpret and give meaning to an experience" (Mezirow 1991, 104).

---

170   Vgl. Mezirow 1991, 107.
171   Siehe rechte Seite des Schaubilds 10.4.

nonreflective action

habitual action	thoughtful action	introspection
Handeln aus Gewohnheit; der Fokus liegt auf etwas Anderem als der Handlung „tacit awareness" (Polanyi 1967)	Aufmerksamkeit liegt bei der weiterlaufenden Handlung	Nachdenken über sich selbst (Gedanken, Gefühle)
	Fokus: den nächsten Schritt einer Handlungssequenz planen	*keine!* Validierung des früher Gelernten
	selektives Überprüfen früheren Lernens: „tacit judgement" – welches Wissen ist relevant?	
	mit höheren kognitiven Prozessen verbunden: analysieren, durchführen, diskutieren, beurteilen	

Übersicht 10.4: Theorie des transformativen Lernens nach Mezirow

reflective action

geschieht, wenn…

…in einem aktiven Prozess, ein Problem instrumentell zu lösen, eine Reflexion eingefügt wird

…Beratung in einer Handlungsfolge benötigt wird

…Probleme beim Verstehen einer neuen Erfahrung auftreten

Die Handlung stoppt „because of a block" – „retrospective assessment"
Auf der Grundlagen von Reflexion und deren Fazit wird eine Entscheidung getroffen und gehandelt

thoughtful action with reflection		retroactive reflection
„critical reflection of assumptions" (CRA)		*„critical self-reflection on assumptions" (CSRA)*
Reflexion von Annahmen (Anderer)		Reflexion von Annahmen über sich selbst

Reflexion des **Inhalts** **Was** muss gelöst werden?	oder/und Reflexion des **Prozesses** **Wie** kann etwas gelöst werden?	Reflexion der **Prämisse(n)** **Warum** stellt sich mir das Problem? **Warum** habe ich etwas getan? evtl. auch Reflexion von **Inhalt/Prozess**

kann dazu führen, dass **points of view** … …bestätigt …ausdifferenziert …neu kreiert werden	kann dazu führen, dass **points of view** … …transformiert werden	kann dazu führen, dass **habits of mind** … …transformiert werden

„objective reframing"	„subjective reframing"
narrative CRA: Validität der Konzepte, Über- zeugungen, Gefühle, Handlungen, die durch andere kommuniziert werden (z.B. in Büchern) prüfen **action CRA**: zurück- treten, um die Annahmen Anderer über das Problem zu untersuchen	**narrative CSRA**: Nutzen/Ertrag für einen Selbst **systemic CSRA**: Selbstverständlichkeiten über das kulturelle System **organizational CSRA**: den Arbeitsplatz betreffen **moral-ethical CSRA**: Normen, die eigene ethische Entscheidungen anleiten **therapeutic CSRA**: eigene problematische Gefühle und Gemütslagen und deren Handlungskonsequenzen **epistemic CSRA**: Grün- de/Natürlichkeiten/Konsequenzen – warum lerne ich auf eine bestimmte Art und Weise?

Es gibt somit drei verschiedene Ebenen der Reflexion, die zu jeweils unterschiedlichen Lernprozessen und Ergebnissen in Bezug auf unsere points of view und habits of mind führen können. Schaubild 10.4 illustriert dies auf der rechten Seite: Bei der thoughtful action with reflection werden Inhalt und oder Prozess eines Handlungsproblems reflektiert, bei der retroactive reflection die Prämissen.

Wir können erstens über den *Gehalt* eines Problems, über unsere Annahmen den Inhalt betreffend reflektieren. Diese Reflexion zielt auf die Frage: *Was* ist das Problem und was für eine Lösung gibt es. Der hiermit verbundene Lernprozess ist instrumentell.

Zweitens können wir den *Prozess* des Problemlösens reflektieren. Die Reflexion umfasst hier den Verlauf und die Verfahrensweisen des Problemlösens. Es stellt sich die Frage, *wie* das Problem gelöst werden kann, wie Lösungen gefunden werden können. Bei dieser Reflexion wird das eigene Wahrnehmen, Denken, Urteilen, Fühlen oder Handeln kritisch betrachtet mit der Frage, wie kann das Problem gelöst werden. Besonders bedeutsam sind hierbei die points of view Anderer. Bei der kritischen Betrachtung der points of view anderer Menschen können die eigenen points of view verändert, transformiert werden.

Die thoughtful action with reflection, also die Reflexion über den Gehalt sowie die Reflexion über den Prozess, also den Verlauf und das Verfahren beim Prozess des Problemlösens, können durch die Reflexion der Annahmen Anderer zur Veränderung von points of view führen.

> „In instrumental learning we can transform our points of view by becoming critically reflective of assumptions supporting the *content* and/or *process* of problem solving" (Mezirow 2000, 20).

Die kritische alltägliche Reflexion („critical reflection of assumptions (CRA)"; Mezirow 1998) kann, insbesondere wenn points of views Anderer geprüft werden, zur Transformation von points of view führen. Das Bestätigen, das Ausdifferenzieren oder das Kreieren neuer points of view werden in der TLT nicht als transformative Lernprozesse betrachtet. Nur wenn frames of reference umgelernt werden, dann ist dies eine Transformation. Mezirow (1998, 190) sieht die CRA als einen Prozess der „active construction of knowledge claims, understood within the context of their origins" an. Diese „active construction of knowledge" (ebd.) verweist darauf, dass Mezirow den Begriff des knowledge von Dewey übernimmt.[172] Diese Transformation von points of view kann „narrativ" oder als „action" stattfinden. Bei dieser sogenannten „narrative critical reflection of assumptions" (Mezirow 1998, 192) werden die eigenen Konzepte, Überzeugungen, Gefühle und Handlungen in der Kommunikation mit Anderen überprüft und entwickelt. Hier findet kommunikatives Lernen statt. Mit „action critical reflection of assumptions" (Mezirow 1998, 192) wird

---

172   Vgl. Abschnitt 4.4.

die Form bezeichnet, die sich auf das handlungsorientierte Problemlösen bezieht, auf den Probleminhalt. Dieses Lernen ist intrumentell. In beiden Fällen werden Annahmen reflektiert, die von Anderen eingebracht werden. Weil es sich bei diesen Transformationen um points of view handelt, die sich auf unterschiedliche Gegenstände aber nicht auf das Selbstbild beziehen, nennt Mezirow dieses transformative Lernen „objective reframing". Im Gegensatz dazu hat das „subjective reframing" die Selbstreflexion zum Gegenstand, wie ich gleich näher ausführen werde.

Schließlich können auf einer dritten Ebene die *Prämissen* eines Lösungsprozesses reflektiert werden.

> „Reflection is more than simple awareness of our experiencing or of being aware of our awareness; process reflection involves both reflection and critique of how we are perceiving, thinking, judging, feeling, and acting, and premise reflection involves awareness and critique of the reasons why we have done so" (Mezirow 1991, 106).

Die Reflexion der Prämissen bezieht sich auf die Problemstellung. Sie zielt auf die Frage: *Warum* stellt sich mir dieses Problem in dieser Form? Eine Prämissenreflexion setzt oft dann ein, wenn die in der Problemlösung angewandten Strategien und Verfahrensweisen bei einem bestimmtem Problem nicht funktionieren. Bei dieser Reflexion wird kritisch geprüft, warum ein Problem überhaupt für die betreffende Person zu einem Problem wird. Hier kommen die frames, die einen selbst betreffen in den Blick. Auf der Suche danach, warum das so ist, wird früher Gelerntes überprüft.[173] Bei dieser Reflexion von Handlungsprämissen können habits of mind transformiert werden. Der Lernprozess ist metaphorisch-abduktiv. Übersicht 10.4 fasst die oben genannten Aspekte auf der rechten Seitenmitte zusammen.

Werden eigene Vorannahmen reflektiert, die die Grundlage für eine Problemdefinition bilden, so bezeichnet Mezirow (1998, 193) dies als „subjective reframing".

> „Objective Reframing involves critical reflection on assumptions of others encountered in a narrative or task oriented problem solving. [...] Subjective Reframing involves critical self-reflection of one's own assumptions" (Mezirow, 2000, 23).

Mezirow beschreibt die critical self-reflection on assumptions (CSRA) und damit das subjective reframing als einen Spezialfall des objective reframing. In seinem Artikel „On reflection" (1998) skizziert er sechs verschiedene Formen des subjective reframing. Analog zur narrative CRA gibt es auch eine narrative CSRA. Diese Reflexion macht die Frage nach dem Nutzen oder dem Ertrag, den eine Handlung für einen selbst haben kann, zum Gegenstand. Bei der systemic CSRA reflektieren wir über Selbstverständlichkeiten, also Normalisierungen, die das kulturelle System betreffen. Eine organizational CSRA befasst

---

173   Vgl. ebd., 107f.

sich mit dem Arbeitsplatz. Sie ist etwa Gegenstand einer Supervision. Werden Normen, die eigene ethische Entscheidungen anleiten, reflektiert, dann bezeichnet Mezirow diese Form der Reflexion als moral-ethical CSRA. Vor allem in therapeutischen Kontexten findet sich die daher auch als therapeutic CSRA bezeichnete Reflexion eigener problematischer Gefühle und Gemütslagen und deren Handlungskonsequenzen. Schließlich gibt es noch die epistemic CSRA. Hier reflektieren wir, warum wir auf eine bestimmte Art und Weise lernen. Diese Reflexion macht Begründungszusammenhänge, Normalisierungen und daraus folgende Konsequenzen von Überzeugungen für das eigene Lernen zum Gegenstand.

Mezirow (1991, 78) beschreibt Kennzeichen von weit entwickelten habits of mind. Fortschrittliche habits of mind sind bei der Interpretation einer Erfahrung inklusiver, unterscheidender und integrativer als weniger weit entwickelte. Sie basieren auf umfassender Informationen. Weit entwickelte habits of mind führen dazu, dass Andere als gleichberechtigte Diskurspartner_innen akzeptiert werden und eine Offenheit für andere Perspektiven und Standpunkte vorhanden ist. Eigene Vorannahmen und deren Entstehung bzw. deren Konsequenzen werden kritisch reflektiert, so dass Argumente und ihre Evidenz objektiver und rationaler eingeschätzt werden können. Schließlich zeigen sich fortschrittliche habits of mind in der Fähigkeit, einen informierten und rationalen Konsens als Autorität für die Lösung von Wertkonflikten akzeptieren zu können. Das Schaubild 10.4 visualisiert obige Ausführungen im unteren Teil der rechten Seite.

Nach Mezirow gibt es damit vier mögliche Wege, wie ein Lernen stattfinden kann: Wir können (1) bestehende points of view ausdifferenzieren und verfeinern. Dies führt dazu, dass spezifische Reaktionen sich ändern. (2) Wir können in Übereinstimmung mit bestehenden habits of mind neue points of view erlernen. Dies geschieht etwa beim Erlernen einer neuen Rolle. Diese beiden ersten Lernwege sind der Theorie zu Folge nicht transformativ. Wir können jedoch auch (3) points of view transformieren, wenn wir in Problemsituationen die Inhalte und oder den Lösungsprozess reflektieren. Schließlich können wir (4) habits of mind transformieren. Hierbei werden die bisherigen grundlegenden Prämissen unseres Handelns reflektiert und kritisiert.

Reflexives Handeln bedeutet, dass Entscheidungen oder andere Handlungen auf der Grundlage von tieferen Einsichten getroffen oder durchgeführt werden. Die tieferen Einsichten sind das Ergebnis der Reflexion. Nur die beiden letzten Formen des Lernens, das objective bzw. das subjective reframing, können transformativ sein. Alle anderen – das Neu Lernen, Bestätigen oder Ausdifferenzieren von points of view – sind nicht transformativ.

> „‚Transformative learning' pertains to both the transformation of meaning schemes (points of view; Anm. RM) through content and process reflection and the transformation of meaning perspectives (habits of mind; ANm. RM) through premise reflection" (Mezirow 1991, 117).

Diese vier möglichen Lernwege sind nun nicht als einander ausschließende und ausschließliche Möglichkeiten, wie Lernen stattfinden kann, zu verstehen.

> „Mezirow (2000) describes a continuum for learning that moves from the acquisition of new knowledge and skill, to elaborating on existing knowledge, to revising meaning schemes (points of view; Anm. RM), and to transforming habits of mind. The continuum represents a difference in degree. At the same time, the first two kinds of knowledge are seen not to be transformative and the second two to be transformative, a difference in kind" (Cranton/Kasl 2012, 394).

Da das Lernen als Kontinuum verstanden wird, ist es bei der Rekonstruktion realer Lernprozesse sehr wahrscheinlich, dass sich diese im Konzept idealtypisch als unterschiedlich beschriebenen Lernwege in zahlreichen Kombinationen und Schwerpunkten wiederfinden.

Mezirow bezieht sich bei seinen Überlegungen zur Reflexion grundlegend auf sein Verständnis von Deweys Analysen. Er geht zunächst von Deweys Begriff der Reflexion aus, der in der TLT dem „validity testing" (Mezirow 1991, 101) entspricht und erweitert diesen. Dewey unterscheidet nicht explizit zwischen verschiedenen Reflexionsgegenständen. Er bezieht sich vor allem auf die Reflexion von Problembeschreibung bzw. Lösungsprozess und Inhalt eines Problems, um dann Hypothesen zu dessen Lösung zu generieren und zu testen.

> „[…] he did not explicitly differentiate the function of reflection on the content of a problem or on the process of problem solving […] from the function, designated here as premise reflection" (Mezirow 1991, 101f).

Dewey erwähnt die Ebene der Prämissen als Voraussetzung oder Beginn der inquiry: das Stadium, in dem eine Situation als Problemsituation wahrgenommen wird. Nur indem eine Problemsituation als solche erkannt wird, kann eine inquiry stattfinden. Mezirow ergänzt nun, indem er postuliert, dass die Reflexion dieses Stadiums selbst, also die Reflexion darüber, warum ein Problem überhaupt zu einem Problem wird, eine bedeutsame Dimension der Reflexion ist.

> „Our perceiving, thinking, feeling, and acting may be carried out either habitually or thoughtfully, but in either case these modes of action can be influenced significantly by errors in content or process as well as distorted by unwarranted epistemic, social, or psychological presuppositions resulting from prior learning. Thus our continued learning becomes dependent upon a reflective review of what we have learned, how we have learned it, and whether our presuppositions are warranted." (Mezirow 1991, 108f)

Mezirow gibt der Reflexion wie oben ausgeführt einen zentralen Stellenwert. Hierzu gab es viel Kritik und eine ausführliche Diskussion. Mezirow räumt ein, dass seine Überlegungen zum TL hier missverständlich sein können und bezieht Weiterentwicklungen anderer Autor_innen in seine neueren Publikationen ein. [174]   Der größte Teil des transformativen Lernens findet, so stellt

---

174   Vgl. beispielsweise Mezirow 2012.

Mezirow fest (2009, 94), bei aller Bedeutung der Reflexion dennoch nicht bewusst statt. Beim unbewussten transformativen Lernen ersetzt die Intuition die kritische Reflexion von Vorannahmen und Überzeugungen. Bereits in seiner Studie 1991 weist Mezirow auf die Bedeutung von Imagination und Intuition hin.

> „Immagination is indispensable to understanding the unknown. We imagine alternative ways of seeing and interpreting. The more reflective and open to the perspectives of others we are, the richer our imagination of alternative contexts for understanding will be. Intuition also can play a central role in identifying a strange experience. Intuition refers to immediate recognition of the experience's meaning or significance without going through the process of intentional analysis. [...] Intuition can guide us when we encounter the unkonwn, suggesting metaphoric analogies and directions for abductive thought. It is also a resouce that can procide insight during the process of problem solving or reflection" (Mezirow 1991, 83).

Wenn wir das Fremde verstehen wollen, dann ist Immagination nach Mezirow unverzichtbar. Wir können alternative Perspektiven und Rahmungen immaginieren und so auch die Perspektiven Anderer reichhaltiger reflektieren. Mit Hilfe der Intuition kann es möglich werden, fremde Erfahrungen abduktiv metaphorisch zu erfassen. Die Intuition ist daher nach Mezirow eine starke Ressource für die Problemlösung allgemein und die Reflexion im Besonderen.

Transformation kann sowohl das Ergebnis unüberlegter Assimilation, das Ergebnis wiederholter, eher affektiver Interaktion oder konzentrierter und achtsamer Reflexion sein.[175] Auch die Transformation von habits of mind kann „incremental" geschehen, indem eine fortschreitende Kette von Transformationen der zugehörigen points of view in der Transformation des habit of mind kulminiert. Sie kann aber auch „epochal" stattfinden und sich in plötzlichen, dramatischen neuorientierenden Einsichten zeigen.[176]

10.2.5   Idealtypische Schritte des Lernprozesses

Ähnlich wie Dewey beschreibt Mezirow einzelne Phasen des Lernprozesses. Der idealtypische Lernprozess umfasst fünf Elemente: (1) die kritische Reflexion von eigenen Annahmen und den Annahmen Anderer, (2) beim instrumentellen Lernen die Festlegung einer Wahrheit durch den Gebrauch empirischer Methoden, beim kommunikativen Lernen das Erlangen mehr gerechtfertigter Überzeugungen durch die freie und vollständige Teilnahme an einem fortlaufenden Diskurs, (3) die Handlung auf Grundlage der transformierten Perspektive so lange bis neue Tatsachen auftauchen, die diese Überzeugungen in Frage stellen und schließlich (4) das Erwerben einer kritischeren Sicht auf eigene und fremde Überzeugungen und (5) die Suche nach Validierung durch freiere und vollständigere Beteiligung am Diskurs (vgl. Mezirow 2009, 94). Diese Elemente differenziert Mezirow (2009, 94) in einem idealtypischen Phasenmodell noch weiter aus:

---

175   Vgl. Mezirow 2000, 21.
176   Vgl. ebd.

- „a disorienting dilemma;
- self-examination with feelings of fear, anger, guilt or shame;
- a critical assessment of assumptions;
- recognition that one's discontent and the process of transformation are shared;
- exploration of options for new roles, relationships and actions;
- planning a course of action;
- acquiring knowledge and skills for implementing one's plans;
- provisional trying of new roles;
- building competence and self-confidence in new roles and relationships;
- a reintegration into one's life on the basis of conditions dictated by one's new perspective"

Am Beginn des Lernprozesses befindet sich der oder die Lernende in einem „disorienting dilemma". Ebenso wie von Dewey beschrieben, befindet sich die lernende Person in einer Situation, in der der ungestörte Handlungsvollzug unterbrochen ist. Mezirow nennt als Beispiele Umbruchsituationen wie etwa Arbeitslosigkeit oder der Verlust einer nahestehenden Person. Wie in Kapitel 6 ausgeführt beschreiben Eltern ihre Elternschaft ebenfalls als eine Umbruchsituation. Das Phänomen *Elternschaft – das Fremde* kann daher mit Mezirow als „disorienting dilemma" beschrieben werden.

Die von Dewey vorgeschlagenen Elemente der emotionalen Antwort, der Problemdefinition, der Hypothesenbildung, des Testens und Experimentierens sowie der Anwendung finden sich ebenfalls wieder. Mezirow ergänzt sich die Feststellung, das eigene Unbehagen sowie der Transformationsprozess seien keine individuellen Phänomene, sondern geteilte. Zudem geht er auf das Erarbeiten von Wissen und Fertigkeiten ein, die möglicherweise notwendig sind, um den Handlungsplan umzusetzen. Die von Dewey als Anwendung gefasste Phase wird weiter ausdifferenziert in die Elemente des Erprobens neuer Rollen, den Aufbau von Kompetenzen und Selbstsicherheit sowie die Reintegration in den Lebensalltag auf der Grundlage der Bedingungen, die sich durch die neuen Perspektiven ergeben. Mezirow weist darauf hin, dass transformative Lernprozesse meist diese Phasen beinhalten – die Beschreibung ist jedoch eine idealtypische.

10.3 Zusammenfassung: Lernen und Normalisierung

Ich rekonstruiere im Folgenden zusammenfassend die bisherigen Analysen mit Bezug zur Theorie des transformativen Lernens von Mezirow. Die Theorie Mezirows baut auf Deweys Lerntheorie auf. Sie ist somit mit der bisherigen theoretischen grundlegenden Ausrichtung der vorliegenden Untersuchung vereinbar. Die Erweiterung des theoretischen Bezugsrahmens um die TLT stellt Begrifflichkeiten zur Verfügung und hilft dabei, Abläufe von Lernprozessen differenziert im Hinblick auf Überzeugungen (frames of reference) zu analysieren. So können Bedeutungen und Funktionen von Normalisierungen im Lernen von Eltern rekonstruiert werden.

Mezirow bezeichnet schwerwiegende Ereignisse des Lebens wie etwa Arbeitslosigkeit oder das Ende einer Beziehung als „disorienting dilemma[ta]"

(Mezirow 1991, 168). Diese Dilemmata können tiefgreifende Transformationen nach sich ziehen. Den Aussagen der Eltern entsprechend ist Elternschaft ein solches transformierendes Dilemma. Das Schlüsselphänomen *Elternschaft – das Fremde* ist ein disorienting dilemma. Das *Lernfeld Elternidentität* beschreibt die Bereiche, in denen Eltern neue frames entwickeln. Das Kind, der Partner oder die Partnerin sowie die Anderen sind dabei Teil der Interaktionen, in denen kommunikatives Lernen stattfinden kann. Das Ziel des Lernens ist, begründete frames der eigenen Elternidentität zu entwickeln.

Jarvis beurteilt Mezirows Theorie kritisch.

> „In many ways, Mezirow's is amongst the most sophisticated cognitive theories of learning, but with its emphasis on transformation and adulthood it really does not constitute a complete theory of learning per se. It has: omitted the place of the body; no analysis of the nature of the person; omitted the centrality of the place of experience; omitted the complexity of the social context of learning and so on" (Jarvis 2006, 175).

Jarvis beanstandet, dass Mezirows Lerntheorie keine umfassende ist. Dies ist im Zusammenhang der vorliegenden Studie jedoch auch nicht notwendig. Ich untersuche in dieser Studie spezielle Lernprozesse. Es geht um Normalisierungen von Eltern und deren Relationen zu elterlichen Lernprozessen. Diese Lernprozesse lassen sich mit Hilfe der TLT näher beschreiben.

Bei der Analyse der Daten fiel auf, dass Eltern sich sehr häufig auf etwas Normales, Natürliches oder Selbstverständliches berufen. Diese Normalisierungen, wenn also etwas als normal klassifiziert wird, können im Kontext der TLT als frames of reference verstanden werden. Die elterlichen Normalisierungen verweisen als frames of reference auf Überzeugungen und Erwartungen, die Eltern als geteilte und allgemeine ansehen. Sie lassen sich in den Begrifflichkeiten der TLT als points of view oder habits of mind beschreiben. In Dilemmasituationen, also in Situationen mit Handlungs- oder Interaktionsproblemen, können die normalisierten frames of reference durch „critical (self-)reflection of assumptions" (Mezirow 1998, 192ff) transformiert werden. Sie können aber auch bestehen bleiben und dazu führen, dass andere frames differenziert, neu gelernt oder reorganisiert werden. *In welchen Weisen Normalisieren und Lernen zusammen kommen können* und was diese Relationen jeweils für das elterliche Lernen bedeuten, führe ich in Kapitel 11 aus.

Normalisierungen sind frames of reference, von denen man davon ausgeht, dass sie von „allen" geteilt werden. Sie verweisen direkt auf den Kontext der Lebenswelt, in die die Lernprozesse eingebettet sind. [177] Der Verweis auf das soziale Umfeld, die Gesellschaft, die familiale Kultur, in der sich Eltern befinden, erklärt, dass es unterschiedliche Elternidentitäten und unterschiedliche frames über das gibt, was als normal anzusehen ist. Das, was in einem bestimmten Kontext als normal angesehen wird, differiert. So weist etwa eine interviewte Mutter (Interview 19) darauf hin, dass Elternschaft sich ihrer

---

177   Zur Diskussion um die Kontextgebundenheit des TL siehe Clark/Willson 1991.

Ansicht nach im Laufe der Zeit verändert hat (früher und heute). Dennoch verweisen normalisierte frames of reference zunächst einmal darauf, dass der oder die Sprecherin davon ausgeht, dass der normalisierte Sachverhalt nicht nur individuell ist, sondern auch für andere Personen Gültigkeit hat. Es liegt die Vermutung nahe, dass normalisierte frames eine große Stabilität aufweisen, da sie ja bereits als geteilte gekennzeichnet sind. Das Normalisieren gibt ihnen den Anschein, diskursiv begründet zu sein. Häufig ist dies aber nicht der Fall. Das Normalisieren kann nämlich ebenso einfach nur bedeuten, dass hier ein Sachverhalt unkritisch assimiliert wurde. Etwas wurde als frame assimiliert, also nicht transformativ angeeignet oder hinterfragt. Im Rahmen der Untersuchung wird daher zu klären sein, *ob und wie solche normalisierte frames transformiert werden können.*

Eine weitere Frage wird sein, *an welcher Stelle im idealtypischen Ablauf eines Lernprozesses Eltern normalisieren.* Mezirow sieht in seinem Modell des idealtypischen Ablaufs eines Lernprozesses den Schritt „recognition: one's discontent and the process of transformation are shared" (Mezirow 2009, 94) vor. Hier klingt bereits eine überindividuelle Perspektive an. Lernende vergewissern sich demnach davon, dass sie mit ihrem Problem nicht allein sind. Sie stellen fest, dass andere ihr Problem und dessen Bewältigung teilen. Wird nun ein Problem als normal bezeichnet, so bedeutet das, dass es als ein mit allen oder zumindest vielen Eltern geteiltes betrachtet wird. Das geschilderte Handlungsproblem ist somit aus Sicht der normalisierenden Eltern für eine große Gruppe ebenfalls ein Problem. Daher stellt sich die Frage, was es für den Lernprozess bedeutet, wenn diese weitreichenden Verallgemeinerungen an unterschiedlichen Stellen des Lernprozesses vorgenommen werden. Wie gestaltet sich das Lernen in Relation zu der oder den Normalisierungen?

Taylor (1994) beschreibt „setting the stage" (ebd., 160f) als einen zu Beginn des von Mezirow idealtypisch beschriebenen Lernprozesses vorgeschalteten Schritt. All das, was Lernende in einen Lernprozess mit einbringen, gestaltet von Beginn an das Lernen selbst mit. Alle frames, die in früheren Erfahrungen entwickelt wurden, wirken bereits dabei mit, ob überhaupt ein Lernprozess stattfinden kann. Normalisierungen sind oftmals solche „stages". Dies wurde ja im Eingangsbeispiel in Abschnitt 5 bereits deutlich. Setting the stage beschreibt zusammen mit dem jeweiligen Kontext, in dem ein Lernen stattfindet, die Bereitschaft einer Person, sich überhaupt in einen Lernprozess zu begeben („readiness for change", Taylor 1994, 169). Vorangehende Erfahrungen – auch die eigene Kindheit, wie das Beispiel von Herrn AM zeigte – können dabei Lernen ermöglichen oder verhindern. Ich untersuche also, *in welcher Weise Normalisierungen Lernmöglichkeiten eröffnen oder auch verschließen.*

Ich komme im folgenden Abschnitt noch einmal kurz auf das Eingangsbeispiel zurück und zeige hier beispielhaft auf, wie sich die Analyse durch die TLT schärfen lässt. Anschließend gehe ich den oben angedeuteten Fragen nach den Relationen von Normalisieren und Lernen nach.

10.4 Normalisieren und Lernen – ein zweiter Zugang

Im eingangs ausgeführten Beispiel war von zwei Normalisierungen die Rede: die Normalisierung des Erwerbs von customs über Elternschaft in der Kindheit und die als normal betrachteten Erziehungsvorstellungen eines Elternteils. Herr AM stellt es zunächst als normal für Eltern dar, dass eigene Vorstellungen zu Elternschaft durch die eigene Kindheit und die dort erlebte Elternschaft geprägt sind. Diese gelernten Vorstellungen von Elternschaft können unreflektiert wirken – es geschieht kein weiteres Lernen, diese frames of reference bleiben bestehen. Das Normalisieren klammert hier einen Sachverhalt von der Reflexion aus. Die von Herrn AM genannte Normalisierung der Aneignung von frames of reference in der Kindheit wird als solche nicht in Frage gestellt. Eine mögliche Frage danach, woher eigentlich eigene Erziehungsüberzeugungen stammen, muss so nicht mehr bearbeitet werden. Mit dem normalisierten Aneignungsweg ist ein Teil der Frage, warum das Problem für Herrn AM zum Problem wird, beantwortet. Diese Prämisse muss nicht mehr kritisch reflektiert werden. Es ist normal, frames der Eltern zu übernehmen, das Eltern-Selbst-Bild mit diesen Erziehungsvorstellungen muss nicht weiter hinterfragt werden. Ein Lernen ist im Rahmen des normalisierten Bereiches nicht notwendig. Das Normalisieren suspendiert von möglichen Lernanstrengungen.

Im zweiten Fall geschieht etwas anderes. Die normalisierten eigenen Erziehungsüberzeugungen werden herausgefordert. In der Interaktion mit der Partnerin tritt zu Tage, dass hier zwei unterschiedliche, scheinbar normale Vorstellungen aufeinander treffen. Die eigenen Normalitätsüberzeugungen werden in der Kommunikation herausgefordert, zuvor generalisierte selbstverständliche points of view in Frage gestellt. Nach Mezirow sind nun Reflexionen auf drei Ebenen möglich – die Annahmen über den Inhalt, den Prozess des Problemlösens und die Prämissen des Lösungsprozesses – mit unterschiedlich weit reichenden Transformationsprozessen.

Im Beispiel finden sich Reflexionen über Annahmen den Inhalt von points of view betreffend.

> „**natürlich** iss für mich vieles selbstverständlich aber ich frag mich jetzt grade gibt es ganz bestimmte dinge die icchh * sozusagen die ich in MEINER erziehung * mitgekriegt hab * und die ich jetzt als * selbstverständlich" (Interview 3, 324)

Der Vater, Herr AM, schildert eine Situation, in der er einen „innere(n) * INNERE(N) konflikt" (342) erlebte. Er deutet Gefühle der Unsicherheit an. Herr AM beurteilt den „reglementierende(n)" point of view als einen, den er bei seinen Eltern gelernt hat („ich denk das HAB ich von zuhause", beide 348). Diesem point of view entsprechend würde er „den saubermann spielen und sagen ina also hmm jetzt mal * jetzt mal halblang jetzt reichts mal wieder ne?" (338). Er reflektiert dies in der Situation und bedenkt eine Alternative („oder einfach sagen JA der kleine muss ja * muss ja einfach mal lernen ne? damit umzugehn und wenn er des halt im moment auch noch son bisschen als * spielerisches eleMENT sieht dann * iss des AUCH o.k.", 340). Der Vater transformiert den in der Kindheit gelernten point of view indem er reflektiert: „des iss so für für mich was was ich dann häufiger mal * durchs bewusste reflektiern * nochmal nochmal überSCHREITE so das was ich erstmal * glaube so mitgekriegt zu haben" (352). Durch die Gegenüberstellung der eigenen points of view mit Alternativen durch Ina kann ein Lernen stattfinden. Das normal in der Kindheit Gelernte lässt sich so verändern. Die Auseinandersetzung mit Normalisierung ermöglicht Lernen. Die Formulierung „nochmal überSCHREITE" (352) weist darauf hin, dass transformative Lernprozesse stattfinden.

Der Vater fragt sich, was er eigentlich alles als selbstverständlich und damit normal betrachtet, was Andere anders sehen könnten. Er untersucht, welche points of view er sich überhaupt im eigenen Elternhaus angeeignet hat. Als normal angesehen wird etwa, dass Eltern in ihrer eigenen Kindheit Erfahrungen mit den eigenen Eltern gemacht haben und diese erlebte Elternschaft im eigenen Elternsein fortführen. Herr AM sieht es als normal an, dass er selbstverständlich aus der eigenen Erziehung „dinge" (314) übernommenen hat. Dieser normale Sachverhalt führt zur Reflexion über die Art und Weise, wie er die eigenen Kinder erzieht. Diese Auseinandersetzung kann zum Lernen führen.

Zudem beginnt Herr AM Reflexionen über den Prozess des Problemlösens: Er fragt nach Kriterien der Beurteilung, nach Maßstäben, nach denen er eine Entscheidung treffen kann, ob points of view tradiert werden sollen oder reformuliert. Als Kriterien werden das eigene Empfinden sowie eine duale Werteskala angeführt. Diese Entscheidungsprämissen selbst werden jedoch nicht hinterfragt. Herr AM sucht also nicht beispielsweise nach einer Beurteilungsmöglichkeit jenseits der von ihm vertretenen dualistischen Ausrichtung an gut und schlecht bzw. richtig und falsch.

Nach Mezirow kommt ein transformativer Lernprozess in Gang, wenn ein Gefühl wahrgenommen wird, das zu der Beurteilung einer Situation als Dilemma führt und dann wie in obigem Beispiel eine Reflexion über Annahmen den Inhalt und oder den Prozess betreffend auslöst. Im nachfolgenden Kapitel befasse ich mich nun mit den Formen des elterlichen Lernens, bei denen Eltern Normalisierungen vornehmen.

Kapitel 11

Normalisieren und dessen Relationen zum elterlichen Lernen

Wenn Eltern Eltern werden, so zeigen die vorliegenden Daten deutlich, müssen sie Elternschaft erlernen. Einerseits müssen sie Fertigkeiten und damit verbundene points of view erlernen – beispielsweise wie man eine Windel wechselt. Diese Lernprozesse sind überwiegend instrumental. Bestehende points of view werden ausdifferenziert, indem bessere „Rezepte" gelernt werden oder Eltern lernen neue points of view darüber, wie sie mit dem Kind umgehen können – etwa Tragetücher sind gut für die Ausbildung der Hüfte eines Säuglings. Ein großer Teil dieser frames wird mitläufig im Alltag erlernt, ohne dass die Eltern dies aktiv reflektieren würden. Sie nehmen dieses Lernen dann nicht wahr. Hinzu kommt, dass die Eltern in den Tagebüchern und Interviews häufig selbst dann nicht darüber sprechen, wie ein frame of reference erlernt wurde, wenn sie dies wahrgenommen hatten. Dies gilt auch für Normalisierungen, die von den interviewten Müttern und Vätern vorgenommen werden. Daher haben die im Folgenden analysierten Textsequenzen eines gemeinsam: Ein Sachverhalt wird für normal erklärt, etwas wird normalisiert, ohne dass diese Zuordnung begründet wird. Es bleibt offen, wo, wann und wie die Eltern diese normalisierten frames of reference erworben haben. Wir wissen meist nicht, wie die Klassifizierung einer Normalisierung entstand. Dieser Lernprozess selbst, sei er nun eher instrumental oder eher kommunikativ, lässt sich in den Daten nicht rekonstruieren. Er wird weder aus den Interviews noch in den Tagebüchern klar ersichtlich.

Interessant für die Analyse ist hier, wie sich diese frames of reference auf mogliches elterliches Lernen auswirken. Was bedeutet es für das Lernen von Eltern, wenn sie etwas als normal ansehen? Auf den ersten Blick könnte man zunächst festhalten: Normal ist das, was erwartet wird, worauf die gewohnte Handlung sich stützt. Wird etwas als normal angesehen, so ist es nach Dewey nichts, was dem ungestörten Handlungsvollzug entgegen tritt und diesen unterbricht („object"). Wie kann es dennoch sein, dass etwas als Problem identifiziert wird und eine Reflexion stattfindet, in deren Folge ein Umlernen oder ein neu Lernen möglich werden?

Ein interviewter Vater, Herr AM, stellt sich diese Frage ebenfalls und soll daher an dieser Stelle zu Wort kommen. Herr AM antwortet auf die Frage „wie werden wir zu zweit Eltern?". Die Interviewerin bemerkt dem Ausschnitt direkt vorangehend, dass sie den Eindruck habe, dies gelänge Herrn AM und seiner Partnerin gut („das find ich äh passt da alles", 81). Herr AM fragt sich in diesem Interviewausschnitt, wie es zu Reflexion und Umlernen kommen könne und was bei der Reflexion geschähe.

> „das ist **natürlich** son * teilweise * teilweise spielt sich einfach was EIN und wird irgendwann zur **selbstverständlichkeit** und dann iss eigentlich eher die frage ob da noch die offenheit da ist das auch noch mal *2* in frage zu stellen oder trotzdem noch * noch wert zu schätzen und zu sagen du es ist nicht **selbstverständlich** ne?" (Interview 3, 82)

Zunächst beschreibt der Vater einen aus seiner Sicht normalen Sachverhalt: „teilweise spielt sich einfach was EIN und wird irgendwann zur „selbstverständlichkeit". Damit spricht er zu Beginn dieser Sequenz den Prozess der Routinisierung von Handlungen an („spielt sich einfach was EIN"), der dazu führt, dass diese Handlungen als normal angesehen werden, zur Normalisierung werden („selbstverständlich"). Es ist normal für Eltern, verschiedene zu der neuen Rolle als Elternteil zugehörige points of view zu erlernen. Frames werden selbstverständlich, sie werden normal und damit zunächst nicht mehr in Frage gestellt. Sie lernen zum Beispiel, welcher Tag-Nacht-Rhythmus für ihr Kind geeignet erscheint oder welche Utensilien sie einpacken sollten, wenn sie unterwegs sind. Die neu erlernten points of view werden so selbstverständlich und zur Routine elterlichen Handelns. Diese Routinisierung selbst ist für Herrn AM ebenfalls normal („natürlich").

Ausgehend von dieser normalen elterlichen Situation leitet Herr AM die nachfolgende Reflexion vorsichtig ein. „eigentlich eher" schwächt die anschließenden Aussagen ab. Sie werden so nicht als feste Tatsachen eingeführt (z.B. durch eine Formulierung wie ,dann ist da die Frage'), sondern als eine vage gehaltene Tendenz („eigentlich eher"). Dies erweckt den Anschein, als überlegte Herr AM, wie die Antwort auf seine Frage aussehen könnte. Darüber hinaus hatte die Interviewerin zuvor festgestellt, dass Herr AM und seine Partnerin auf sie den Eindruck machten, sie hätten die gemeinsame Elternschaft gut miteinander ausgehandelt. Es könnte sein, dass Herr AM hier abschwächt, um der Interviewerin bzw. ihrer Beurteilung nicht zu explizit zu widersprechen. Die selbstverständliche oder normale Handlungsroutine muss nicht zwangsläufig dazu führen, dass kein Lernen mehr stattfindet. Es ist nach Ansicht des Vaters offen, ob dieser normalisierte Sachverhalt zum Lernen führt oder nicht. Die Normalisierung gewisser Handlungen führe dazu, dass diese möglicherweise nicht mehr in Frage gestellt oder in ihrem Wert geschätzt werden. Das routinisierte Handeln kann nach Herr AM einen Lernprozess ermöglichen, wenn eine „offenheit" der Eltern vorhanden ist, die erlernten points of view entweder „in frage zu stellen" oder trotz ihrer Routine in ihrem Wert zu schätzen. Herr AM scheint es positiv zu beurteilen, wenn Eltern trotz ihrer Handlungsroutinen sowohl offen bleiben für Veränderung als auch für die Wertschätzung des Erreichten. Der Vater formuliert hier einen möglichen Ansatzpunkt für Reflexion. Er plädiert für die Reflexion routinisierter Handlungen, um diese gegebenenfalls verändern zu können. Points of view können weiter ausdifferenziert oder verändert werden, wenn eine Reflexion einsetzt. Die Flexibilität, Normalisierungen auch zu hinterfragen, eröffnet damit Lernprozesse.

Lerntheoretische Implikationen

Zunächst stellt Herr AM fest, dass Eltern im alltäglichen Handlungsvollzug, in der Routine des Alltags neue points of view lernen. Die Anforderungen, die sich mit der neuen Rolle der Elternschaft ergeben, werden auf diese Weise gelernt. Dann überlegt er, ob und wie Lernen überhaupt noch möglich ist, wenn sich eine Normalisierung in der eigenen Handlung als Elternteil ausgebildet hat, wie es geschehen kann, dass diese normalisierte Handlung reflektiert und entweder in Frage gestellt oder in ihrem Wert neu geschätzt wird. Er verweist damit auf die eingangs getroffene Feststellung. Nach Dewey führt ein routinisierter normaler Handlungsablauf erst dann zum Lernen, wenn etwas als Problemsituation erkannt und angenommen wird. Herr AM hält es für wünschenswert, die normale Handlungsroutine zu unterbrechen. Die Reflexion der Handlungsroutine eröffne die Möglichkeit umzulernen oder den Wert des Normalen zu schätzen. Eine Normalisierung kann damit seiner Ansicht nach durch Reflexion zur Veränderung von frames of reference führen. Dies sei jedoch nicht selbstverständlich, diese Reflexion sei damit nicht der Normalfall. Offen bleibt, wie die Unterbrechung der Handlungsroutine geschehen kann. Herr AM schildert hier zwei Lösungsmöglichkeiten (Transformation oder Wertschätzen) für ein Problem, das noch nicht benannt ist. Mit dieser Differenz beschreibt Herr AM genau die beiden von Mezirow (1991, 111) unterschiedenen Ergebnisse des reflexiven Lernens. „Reflective learning" kann dazu führen, dass Vorannahmen bestätigt werden. Dieses Lernen ist „conformative". Stellt die lernende Person jedoch fest, dass Vorannahmen ungerechtfertigt, irreführend oder nicht authentisch sind, so führt das reflexive Lernen zu einem Umlernen und ist damit „transformative". Werden dabei der Inhalt des Dilemmas oder der Prozess des Problemlösens reflektiert, so können points of view transformiert werden. Bei der Reflexion von Prämissen, die das Problem definieren, kann es zur Transformation von habits of mind kommen.

Wie aber kommt es dazu, dass trotz Normalisierung Lernprozesse in Gang kommen? Wie kommt es dazu, dass Normalisierungen in Frage gestellt werden und damit eine Problemsituation festgestellt wird, die Lernprozesse nach sich zieht? Müssen Normalisierungen überhaupt in Frage gestellt werden, damit Lernen möglich wird oder kann trotz weiter bestehender Normalisierung gelernt werden? Ich habe die Relationen, in denen Normalisieren und elterliches Lernen zusammenkommen können, wie folgt gegliedert: Im folgenden Abschnitt zeige ich auf, wie es dazu kommen kann, dass trotz, durch oder mit normalisierten Sachverhalten ein Lernprozess in Gang gesetzt wird. In der ersten Relation von Normalisieren und Lernen, die ich vorstelle, stellen Eltern fest, dass eine Normalisierung unterbrochen ist und stellen diese wieder her (11.1). Die nächste Gruppe bilden Lernprozesse, in denen ein normalisierter Sachverhalt den Horizont für das Lernen bildet. Eine oder mehrere Normalisierungen rahmen das Lernen (11.2). Dies geschieht einerseits, wenn ein von den Eltern normalisierter Sachverhalt zum Ausgangspunkt für das elterliche Lernen wird (11.2.1). Andererseits finden sich Normalisierungen als Horizont elterlichen Lernens, wenn diese zum Ziel von Lernprozessen werden (11.2.2). Im anschließenden Abschnitt 11.3 erläutere ich, wie eine unterbrochene Normalisierung neu gerahmt wird und auf diese Weise transformative Lernprozesse in Gang kommen können. Dilemmata, in denen eine Normalisierung in Frage gestellt wird, führen ebenfalls zu transformativen Lernprozessen. Diese rekonstruiere ich in Abschnitt 11.4. Eine besondere Gruppe bilden Dilemmata, die wiederkehrend auftreten. Unter der Überschrift „Normalisierter Lern-Zirkel" (11.5) befasse ich mich mit unterschiedlichen Formen, wie Eltern in diesen Problemsituationen zu Lösungen gelangen. Die Analysen werden abgeschlossen durch eine Gruppe von Relationen zwischen Normalisieren und Lernen, in denen es nicht zu Lernprozessen kommt (11.6). Ein Lernen wird hier entweder durch das Normalisieren verhindert (11.6.1) oder es erscheint durch das Normalisieren als nicht notwendig. Hier dispensiert das Normalisieren vom Lernen (11.6.2). Übersicht 11.1 zeigt alle Relationen noch einmal im Überblick.

Die Rekonstruierten Relation von Normalisieren und Lernen	
11.1	Eine unterbrochene Normalisierung wiederherstellen
11.2	Normalisierung als Horizont
11.3	Eine unterbrochene Normalisierung neu rahmen
11.4	Normalisierung in Frage stellen und überwinden
11.5	Normalisierter Lern-Zirkel
11.6	Nicht-Lernen durch Normalisieren

Übersicht 11.1: Relationen von Normalisieren und Lernen

11.1 Eine unterbrochene Normalisierung wieder herstellen

Dies ist die naheliegende Möglichkeit, wie Normalisierung und Lernen zusammenkommen können. Der normale Handlungsfluss eines Elternteils wird unterbrochen. Die Mutter oder der Vater stellt dies fest, entwickelt eine Lösungsstrategie und führt diese erfolgreich durch. Die Lernhandlung dient dazu, die unterbrochene Normalität des Handlungsflusses wieder herzustellen.

„so dass **mer**[178] WEIß was macht **mer** denn wenn jetzt plötzlich des nemme so
ganz funktioniert oder irgendwie weil erscht wenn irgendwas mal NEMMe ganz
so isch wies **normalerweis** isch da kommt **mer** ins strudle ge * u:nd da hab i
mi dann scho immer wieder mal gschwind des buch blättert han denkt da stand
doch irgendwas * musch no mal gschwind nochlesa gell und äh da hasch also *
scho gugge kenna dass * dass (de) milchfluss noch a bissle in gang bleibt wenn er
vielleicht anderschd scho wieder versiegt wär oder so" (Interview 17, 7)

Frau OF erzählt von nicht normalen Situationen („wenn irgendwas mal NEM-
Me ganz so isch wies normalerweis isch"). Diese Situationen führen dazu, dass
sie „ins strudle" kommt. Auf Grund dieses Gefühls der Verunsicherung nimmt
Frau OF die Situation als Dilemma wahr. Sie stellt fest, dass etwas nicht mehr
ganz so wie als normal erwartet ist. Sie beschreibt, wie sie diese nicht normalen Situationen bewältigt. Zunächst stellt sie eine Anormalität fest, die zu dem
„strudle" führt. Damit identifiziert sie die Abweichung von der Normalität als
Dilemma. In der Folge erinnert sie sich, etwas über eine solche Situation ge-
lesen zu haben, greift zu einem Buch („gschwind des buch blättert") und liest
die vage erinnerten Seiten noch einmal („musch no mal gschwind nochlesa
gell"). Die Mutter findet die gesuchte Information und kann ihre Handlungen
entsprechend modifizieren. Sie verzeichnet mit dieser Strategie Erfolge und
kann daher etwa wie im Beispiel die Stillzeit verlängern.

Lerntheoretische Implikationen[179]

Die Mutter benennt Problemsituationen, in der das Ineinandergreifen von
doing und undergoing gestört ist, und so die durchbrochene Normalität zum
‚object' im Sinne Deweys[180] wird. Sie beschreibt mit „strudle" ein Gefühl der
Verunsicherung oder Ratlosigkeit. Das Auftreten dieser Dilemmata wird normalisiert, damit ist die geteilte Erfahrung festgestellt, die Mezirow als einen
Schritt im idealtypischen Lernprozess beschreibt.[181] Frau OF schildert anhand
eines Beispiels einen Lösungsprozess: Die vage Erinnerung an etwas zuvor
Gelesenes führt zu erneutem Lesen in einem Buch. Sie eignet sich Wissen an,
auf das sie in der Problemsituation nicht spontan zugreifen kann. Dies ermöglicht neue Handlungsstrategien. Die Abweichung von einer Normalisierung
wird damit zum Lernanlass, zum Anlass für vorwiegend instrumentelles Lernen, um die normale Situation wieder herzustellen. Durch die Reflexion des
Probleminhalts und das damit verbundene Lernen werden bestehende points
of view ausdifferenziert oder neue erlernt – im Beispiel differenziert Frau OF
die ihr bekannten Wege, um das Stillen zu verlängern, aus. Für diese Lernmöglichkeit, wenn eine unterbrochene Normalisierung wieder hergestellt wird

---

178   Der dialektale Ausdruck „mer" bedeutet „man".
179   Im Folgenden illustriere ich jeweils mit Hilfe einer Skizze (z.B. Abbildung 11.1) Dilemma,
       Gefühle, Reflexion und frames (points of view, habits of mind) eines Beispiels, soweit sich
       diese rekonstruieren lassen. Die Pfeile verweisen, wenn sie nicht gesondert beschriftet
       sind, auf den Verlauf des Lernprozesses analog zu Mezirows idealtypischen Prozessschrit-
       ten (vgl. Abschnitt 10.2.5).
180   Vgl. Abschnitt 4.1.
181   Vgl. Abschnitt 10.2.5.

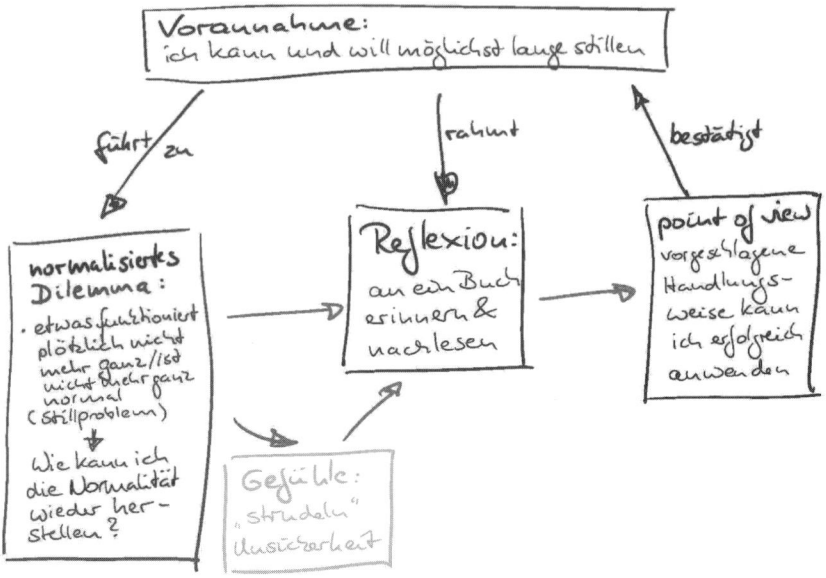

Abbildung 11.1: Normalisierung wird wieder hergestellt

und so points of view ausdifferenziert und oder neu gelernt werden, gibt es in den Daten viele Beispiele. Das Ausdifferenzieren von points of view ist Mezirows Theorie entsprechend nicht transformativ.[182]

11.2   Normalisierung als Horizont – Normalisierung rahmt das Lernen

In den Daten finden sich sehr viele Sequenzen, in denen Eltern ihre Erzählungen von Problemsituationen so gestalten, dass die vorgenommenen Normalisierungen den Horizont bilden. Sie rahmen den beschriebenen Lernprozess. Ich unterscheide hier zwei Formen: Einerseits bilden die vorgenommenen Normalisierungen den Ausgangspunkt für das elterliche Lernen. Andererseits können sie das Ziel sein. Die Relationen zwischen Normalisierung und Lernen unterscheiden sich. Gemeinsam ist beiden Formen jedoch, dass die jeweiligen Normalisierungen als Horizont das elterliche Lernen rahmen.

---

182   Vgl. Abschnitt 10.2.4.

11.2.1 Normalisierung als Ausgangspunkt für Lernprozesse

In den weitaus meisten Textbelegen bildet eine Normalisierung den Ausgangspunkt für daran anschließende Problemsituationen und Lernprozesse von Eltern. Daher untergliedere ich wie folgt: In einem ersten Schritt untersuche ich Sequenzen, in denen eine Normalisierung ein Dilemma verursacht, das dann zu Lernen führt. Anschließend stelle ich Sequenzen vor, in denen ein Dilemma dadurch entsteht, dass sich zwei normalisierte points of view nicht vereinbaren lassen. Schließlich folgen Sequenzen, in denen ein normalisierter habit of mind mit einem anderen habit of mind unvereinbar ist.

Die für die Problemsituation jeweils gefundenen Lösungen können wiederum normalisiert sein. Die Lösungen bestehen teilweise darin, dass neue points of view entwickelt werden. [183]

Eine Normalisierung verursacht ein Dilemma

In diesem Abschnitt zeige ich am Beispiel zweier Väter auf, wie in Folge einer Normalisierung eine Problemsituation entsteht. Die Normalisierung „verursacht" ein Dilemma. Herr BM beschreibt in der folgenden Sequenz eine normalisierte Situation, die Lernmöglichkeiten eröffnet. Die Normalisierung führt hier dazu, dass Problemsituationen entstehen.

52	BM:	„also die freizeit die ich hab verbring ich immer mit meinen kindern deswegen, ich bin **natürlich** nicht so im alltäglichen leben da integriert, das ist so schon richtig, ähm also die woche über fehlt mir da schon auch sachen und das merk ich dann auch wenn ich es irgendwie, dann mal ein tag oder zwei oder en wochenende wenn die en bisschen älter sind übernehme, dass meine frau auch mal was machen kann und weg kann, dann merkt **man** schon, dass da **einem** einfach im alltäglichen ablauf ähm ja dass **man** da wahrscheinlich oder nicht wahrscheinlich ganz sicher, dass **man** da, nicht so, das aus dem ärmel schüttelt, sondern dass **man** sich da schon mehr konzentrieren muss und auch dann auch direkt en bisschen gestresster ist wenn ne situation nicht so verläuft wie **man** sich das vorstellt wenn sich jetzt einer en kopf anhaut oder beide sich den kopf anhauen und das chaos ausbricht.
53	I:	mhm.
54	BM:	und das ist was ähm, was am anfang für mich auch ein bisschen schwieriger war aber, ich hab das nicht als schwierig empfunden, also **man** muss sich halt dann, **man** muss sich halt auf so was auch einlassen oder das

---

183   Im Folgenden referiere ich die rekonstruierten Relationen von Normalisierung und Lernen immer nach dem gleichen Schema: Zunächst wird eine Beispielsequenz vorgestellt. Die Sachverhalte, die am Beispiel aufgezeigt werden sollen, werden detailliert mit Bezug auf die Sequenz erläutert. Abschließend fasse ich unter dem Sichwort „Lerntheoretische Implikationen" die im Beispiel rekonstruierten Zusammenhänge zusammen und visualisiere sie mit einer Grafik. Jeder Abschnitt schließt mit einigen zusammenfassenden Überlegungen dazu, welche Formen des Lernens nach Mezirow bei den jeweils vorgestellten Relationen von Normalisieren und Lernen auftreten.

auch wollen sich darauf einzulassen oder das auch gerne machen und ich glaub dann ist das auch kein problem. wenn **man** das gerne macht, dann schafft **man** das auch."

(Interview 5, 52-54)

Herr BM beginnt seine Ausführung in dieser Sequenz mit der klaren Feststellung, dass er seine Freizeit ausschließlich mit seinen Kindern verbringe („ich immer", 52). Zugleich stellt er es als „natürlich" (52) dar, dass es Lücken im gemeinsamen Erleben unter der Woche gibt („nicht so im alltäglichen leben da integriert, [...] die woche über fehlt mir da schon auch sachen", 52). Herr BM erläutert zunächst individualisiert („ich", 52), dass ein Unterschied zwischen ihm und seiner Partnerin bestehe. Ihm fehlten durch die geringere Integration in den Alltag mit den Kindern „Sachen". Die geringere Integration in den Familienalltag sei „natürlich". Sie habe jedoch Folgen, die Lücken machten sich bemerkbar („merk ich", 52). Es bleibt zunächst unklar, was das bedeutet. Die Erläuterung wird ebenfalls diffus eingeleitet („wenn ich irgendwie", 52). Herr BM nennt nun ein Beispiel. Es gibt Wochenenden, die er allein mit seinen „en bisschen älter[en]" (52) Kindern verbringe. Dabei bleibt offen, wie regelmäßig diese Vater-Kinder-Wochenenden stattfinden. Auch über das Alter der Kinder erfahren wir nichts. Eine Begründung dafür, dass die Kinder „en bisschen älter" sein müssen, wird ebenfalls nicht gegeben. Es könnte hier ein nicht weiter reflektierter habit of mind zu Grunde liegen, der *die Mutter ist für jüngere Kinder im Alltag zuständig – ältere Kinder können auch für kurze Zeit unter der Obhut des Vaters sein* lautet.

Diese ersten Aussagen sind individualisiert – von einer normalisierten Feststellung abgesehen. Herr BM erläutert anschließend in allgemeiner Form die Folgen der normalisierten geringeren Teilnahme am Familienleben. Er wechselt von der ersten Person Singular zu dem allgemeineren „man". Die Ausführungen werden dadurch allgemeingültig und somit normalisiert. Das bedeutet, dass Herr BM Folgen, die sich aus seiner normalisierten geringen Integration in den familiären Alltag seiner Ansicht nach ergeben, ebenfalls normalisiert.

Herr BM leitet die Beschreibung der Folgen wieder mit einem diffusen „merkt man" (52) ein. Die Aussage dazu, was ein Elternteil mit seiner Form der gelebten Vaterschaft bemerkt, wird nun nach einem ersten wiederum diffusen Anlauf („wahrscheinlich", 52) explizit deutlich formuliert: „nicht wahrscheinlich ganz sicher" (52). Nach Ansicht Herr BMs ist es ganz sicher, dass ein Wochenende allein mit den Kindern in Folge der geringen Integration in den familiären Alltag „nicht so [...] aus dem Ärmel [ge]schüttelt werden kann" (52). Es sei normal, dass „man" sich folglich „mehr konzentrieren muss" (52). Bei unvorhergesehenen Situationen sei man „dann auch direkt en bisschen gestresster" (52). Die normalisierte geringere Teilnahme am Familienalltag führe zu Problemsituationen („bisschen gestresster ist wenn ne Situation nicht so verläuft wie man sich das vorstellt", 52).

Die normalisierten Folgen für Väter, die im Alltag wenig mit ihren Kindern zusammenleben, beschreibt Herr BM relativierend. So stehen „en bisschen gestresster" und „mehr konzentrieren" in einem Gegensatz zu der überzeichneten Formulierung einer Situation, die „nicht so verläuft wie man sich das vorstellt" (52): Hier kommt es so weit, dass „das Chaos ausbricht" (52). Es ist also normal, dass eine chaotische Dilemmasituation nur mehr Konzentration erfordert und auch nur zu ein bisschen Stress führt. Der nun individualisierte „ich"-Erzähler relativiert die persönlichen Auswirkungen der Problemsituationen („das Chaos ausbricht", 52), wenn er erläutert, dass der geschilderte Sachverhalt „am anfang für [ihn] ein bisschen schwieriger war" (54). Die Schwierigkeiten waren gering. Wenig später relativiert er nochmals: „ich hab das nicht als schwierig empfunden" (54). Zudem bestanden sein Probleme im Umgang mit chaotischen Situationen nur zu Beginn der Phasen, die Herr BM allein mit den Kindern verbrachte („am anfang", 54). Für ihn individuell sind die Folgen der normalisierten Situation nur von kleinem Ausmaß. Die Herausforderung des notwendigen Lernprozesses wird zurückgenommen. Der Umgang mit Problemsituationen wird so zwar scheinbar von außen betrachtet als „ein bisschen schwieriger" (54) eingeschätzt, das Empfinden Herr BMs unterscheidet sich jedoch davon. Die Schwierigkeit wird nicht gefühlt. In der Situation mit den Kindern selbst empfindet der Vater keine Schwierigkeit. Diese scheint erst in der nachträglichen Reflexion sichtbar zu werden.

Es fällt auf, dass alle Aussagen, die Schwierigkeiten der Vaterschaft beschreiben, relativiert werden. Das Problematische wird zurückgenommen, so dass die Bewältigung von Problemsituationen – die überspitzt als Chaos gekennzeichnet werden – einfach erscheint.

Der Hinweis, dass es nur „am Anfang" (54) etwas schwieriger war, verweist auf einen Lernprozess. Herr BM scheint eine Lösungstrategie zur Bewältigung unvorhergesehener Situationen gefunden zu haben. Er bietet eine Erklärung für diese individuelle Perspektive. Die Beschreibung der gefundenen Strategie, in der jeweiligen Situation eine Lösung zu finden, ist wieder verallgemeinert („man muss", 54). Die Handlungen sich „einlassen" (54), sich einlassen „wollen" (54) sowie „das auch gerne machen" (54) werden als zwingend und normal vorgestellt. Das vermutlich dialektbedingt eingefügte „halt" ist wiederum relativierend. Es wird im Alemannischen und Badischen etwa wie „einfach" gebraucht. „Man muss sich [einfach] auf so was auch einlassen" (54) unterstellt, dass das Einlassen auf chaotische Situationen problemlos möglich ist. Die aus der fehlenden Integration in den Alltag mit Kindern resultierenden Problemsituationen lassen sich gut bewältigen, wenn die entsprechende Einstellung vorhanden ist. Hier zeigt sich der handlungsleitende point of view Herr BMs. Seiner Ansicht nach gilt allgemein der point of view *lässt man sich auf etwas ein oder macht es gerne, so schafft man das auch.* Wer sich demzufolge also gerne mit seinen Kindern beschäftigt, für den „ist das auch kein Problem" (54).

Lerntheoretische Implikationen

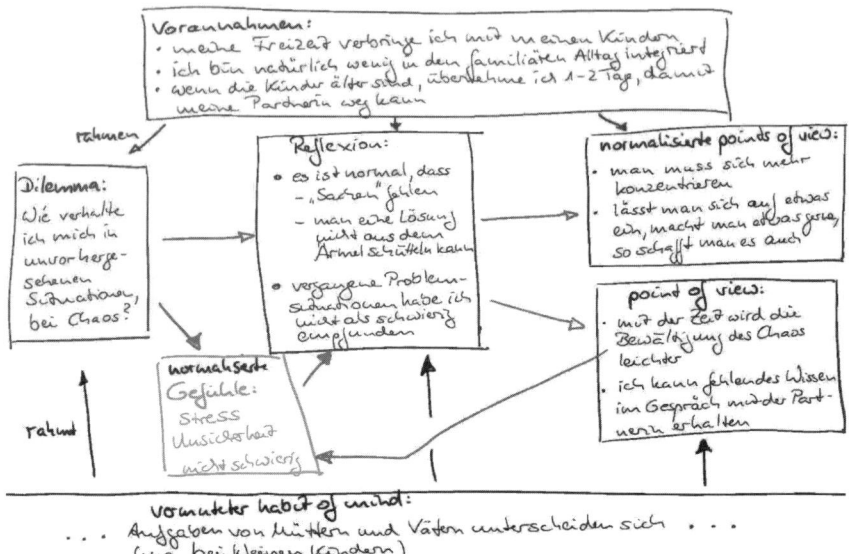

Abbildung 11.2: Normalisierung als Ausgangspunkt von Lernprozessen – Beispiel 1

Wie Abbildung 11.2 zeigt, finden sich in dieser Sequenz bei unterschiedlichen Schritten des Lernprozesses Normalisierungen. Zunächst verursacht eine Normalisierung ein Dilemma. In Folge der Normalisierung einer geringen Integration in den Familienalltag entstehen Problemsituationen (Chaos allein mit den Kindern). Die Normalisierung führt also dazu, dass ein Lernen nötig wird. Der normalisierte point of view *es ist normal, dass ich weniger in den Familienalltag integriert bin* wird nicht in Frage gestellt. Die Folge, Stress in möglichen Problemsituationen am Wochenende, ist zu bewältigen. Obwohl Herr BM berichtet, dass die Dilemmasituationen mit Stress verbunden sind, betont er, dass er dieses Gefühl in der Situation nicht empfindet. In der Reflexion kennzeichnet Herr BM die Dilemmata jedoch durch die Wahrnehmung („merken") von Stress. Er reflektiert die Ursache für die Entstehung der Dilemmata (geringe Integration in den Alltag). Dies kann als das Prüfen der Vorannahmen angesehen werden. Indem der interviewte Vater die geringe Integration und ihre Folgen normalisiert, kennzeichnet er beide als Phänomene, die auch bei anderen Elternteilen zu den gleichen Problemen führen können. Herr BM exploriert seine neue Rolle und die damit verbundenen Handlungsnotwendigkeiten.[184]

---

184   Dies ist der von Mezirow beschriebene zweite Lernweg – vgl. Abschnitt 10.2.4.

Das Lernen wird als Prozess gekennzeichnet, der seinen Ausgang („am Anfang") in schwierigeren Situationen nimmt und zu dem erlernten point of view *lässt man sich auf etwas ein oder macht es gerne, dann schafft man es auch* führt, in dessen Folge die Lösungsstrategien „sich einlassen" und „es gerne wollen" handlungsleitend werden. Herr BM normalisiert diese Strategien, mit denen Lösungsmöglichkeiten gefunden werden können („man", 54). Es findet somit sowohl eine Reflexion über den Gehalt des Dilemmas als auch über den Prozess der Auseinandersetzung mit dem Dilemma statt. So können die in Folge der Normalisierung entstehenden Dilemmata bewältigt werden. Der zur Lösung der jeweiligen Dilemmasituation entwickelte point of view wird ebenfalls normalisiert. Da vermehrt darauf hingewiesen wird, dass Gefühle vorhanden sind (Unsicherheit, Stress), kann vermutet werden, dass dieser normalisierte point of view *wenn man sich auf etwas einlässst oder es gerne macht, dann schafft man das auch* neu erlernt wurde. Ein zugrunde liegender habit of mind, der *Aufgaben von Müttern und Vätern unterscheiden sich (v.a. bei kleinen Kindern)* lauten könnte, wird nicht verändert. Er rahmt gemeinsam mit den Vorannahmen den Lernprozess. Es kommt hier jedoch nicht zu Transformationen.

Zusätzlich zu der in dieser Sequenz beschriebenen Lösungsstrategie hat Herr BM noch eine andere gefunden, die er ein wenig später im Interview benennt und die in Abbildung 11.2 bereits aufgeführt ist: *Ich kann fehlendes Wissen im Gespräch mit der Partnerin erhalten.* Wiederum wird der point of view *es ist normal, dass ich weniger in den Familienalltag integriert bin* nicht in Frage gestellt. In Folge des points of view fehlen Herrn BM „die Woche über [...] da schon auch Sachen" (52). Dieses Wissensdefizit über Ereignisse des Tages versucht Herr BM durch Nachfragen auszugleichen.

> „ich frag **natürlich** viele sachen, was den tag über gelaufen ist, wie es allen geht ähm ja das ist viel informationsaustausch dann auch zwischen mir und meiner frau, einfach sachen, darf der älteste sandmännchen angucken, hat er sich den tag über so verhalten dass das ähm, dass er das darf ähm" (Interview 5, 138).

Herr BM scheint sich die normalisierte Strategie, bei seiner Frau nachzufragen und sich mit ihr auszutauschen angeeignet zu haben. Er hat gelernt, dass es hilfreich ist für den Umgang mit den Kindern, die Ereignisse des Tages zu kennen. Er hat gelernt, dass er Vorteile dadurch hat, wenn er sich informiert und scheint diese Erleichterung auch zu nutzen.

In dem nachfolgenden Interviewauszug zeigt sich ein Konflikt zwischen einem normalisierten Sachverhalt und einem point of view. Der interviewte Vater, Herr AM, beschreibt die von ihm gefundene Lösung.

> 86   AM: „ne? ähm klar auch noch zu der zeit wo die wo die ina dann nachts einzweimal raus iss und ihn gefüttert hat wat sie **natürlich** erst recht schlapp aber ähm * danach auch und jetzt wo des zweite kind kommt iss sie **natürlich** auch wieder durch ihre schwangerschaft dann auch häufig müde und freut sich einfach wenn sie morgens dann auch mal n bisschen sich im bett rumdrehen kann

87   I: ja ja
88   AM: ich nehm ihn dann * raus * aber es iss so * sie * SIE macht ihm den schoppen
             morgens
89   I: hmh
90   AM: ne erstmal ne?
91   I: [LACHT] jaja euer berühmter schoppen
92   AM: [LACHT] raus und ne? und macht ihm den schoppen *
             (Interview 3, 86-92)

Ina, die Partnerin des interviewten Herr AM, ist „natürlich" (86) schlapp durch das nächtliche Aufstehen sowie durch die Schwangerschaft. Herr AM verwendet das Wort „natürlich". Es verweist an dieser Stelle auf einen in der Natur des Menschen verankerten Aspekt der Normalisierung hin. Die biologischen Gegebenheiten (Schlafunterbrechung, um den Säugling zu füttern; Schwangerschaft) bilden eine sehr starke Autorität für die normalisierte Aussage und unterstreichen ihre Gültigkeit. Es scheint für den Vater selbstverständlich zu sein, dass die Mutter sich um die Ernährung des Kindes kümmert. Auch wenn sie – so kann aus den Formulierungen „gefüttert" (86) sowie „schoppen" (88) geschlossen werden – das Kind nicht stillt. Diese Normalisierung wird nicht in Frage gestellt, der point of view *die Mutter ist für die Ernährung zuständig* erscheint durch die vorgenommene Naturalisierung gefestigt. In der Folge ist es auch „natürlich", dass die Mutter durch die Ernährung des Kindes und die damit verbundene mehrmalige Unterbrechung des Nachtschlafes, müde ist. Das für Herrn AM vorhandene Dilemma besteht nun darin, dass er für sich einen point of view zu verfolgen scheint, den er erst etwas später im Interview in Abschnitt 100 benennt: „auf der andern Seite kann ich wirklich * die ina morgens sehr effekTIV unterstützen" (100). Er als Vater versucht, die Mutter zu unterstützen. Zu Beginn der Elternschaft, bei einem kleinen Säugling, ist dies durch den Verweis auf „natürliche" Arbeitsaufteilungen zwischen Eltern nur sehr eingeschränkt möglich. Der normalisierte point of view *die Mutter ist für die Ernährung des Kindes zuständig* gerät in Konflikt mit dem individuellen point of view *ich versuche, die Mutter zu unterstützen*. Die gefundene Lösung schildert Herr AM an obige Sequenz anschließend wie folgt:

92   AM: „und dann * gut und dann ähm nehm ich ihn * und dann * und wickel ihn
             2 und zieh ihn an * und * lass ihn dann gleich mal n bisschen bisschen
             im wohnzimmer spielen und guck dass ich nebenbei so selber * selber n
             bisschen frühstück richte * ne? und das iss sone sache die hat sich eing-
             spielt da freut sich die ina dass sie * dass sie sich umdrehn kann ne? und
             manchmal iss für mich **selbstverständlich** weil ich denk naja muscha eh
             3 irgendwie zeitig RAUS * wobei * jaa des hat sich eben doch so einge-
             spielt dass ich dann ziemlich SPÄT zur arbeit komm * aber
93   I: später als früher?
94   AM: ja
95   I: aja
96   AM: DEUTlich später jaja *2* weil wenn ich * wenn ich für mich alleine also
             würds mich * mich fertigmachen würde

97   I: hast du da gleitzeit?
98   AM: ja mmh * eben und des iss auch das gute weil * ich komm eben abends
            erst relativ spät und manchmal dann durch arbeitskreise und ähnliches *
            dann * dann wirklich erst mitten in der nacht ne? und dann krieg ich von
            dem von dem daniel einfach nix mehr mit
99   I: ja
100 AM: und auf der andern Seite kann ich wirklich * die ina morgens sehr effekTIV
            unterstützen"
            (Interview 3, 92-100)

Der Vater unterstützt die Mutter, indem er sich morgens um das Kind kümmert. Er nimmt „ihn dann * raus" (88) aus dem Bett, „wickel(t) ihn *2* und zieh(t) ihn an" (92). Er lässt das Kind „gleich mal n bisschen bisschen im wohnzimmer spielen" (92), während er „nebenbei so selber * selber n bisschen frühstück richte(t)" (92). Diese Form der Vaterschaft und damit die Lösung für das Dilemma „hat sich eingespielt" (92). Die Mutter füttert das Kind, die restliche Fürsorge am Morgen liegt jedoch beim Vater. Der point of view *die Mutter ist für die Ernährung des Kindes zuständig* bleibt bestehen. Ina übernimmt auch die Sorge um die Morgenmahlzeit des Kindes. Es findet keine Transformation dieses points of view statt, obwohl Alternativen denkbar wären. So wäre als Lösung beispielsweise „sobald der Vater zu hause ist liegt die Fürsorge für das Kind und damit auch die Ernährung in seiner Verantwortung" alternativ möglich. Der neue point of view *morgens kümmere ich mich um das Kind – außer um sein Essen* gliedert sich in die bestehenden points of view Herr AMs ein. Die vorhandenen points of view müssen nicht transformiert werden. Die neue Handlungsroutine als Vater kann in die zuvor bestehenden Routinen eingebunden werden („muscha eh *3* irgendwie zeitig RAUS", 92). Die einzige Veränderung gegenüber der Zeit vor der Vaterschaft ist, dass Herr AM bei seinem Arbeitsplatz später eintrifft. Es findet eine zeitliche Verschiebung statt, die jedoch dank Gleitzeit (97/98) problemlos möglich ist.

Zugleich ist diese neue morgentliche Handlungsroutine eine Möglichkeit, den allem Anschein nach vorhandenen point of view, *ich möchte am Leben meines Kindes teilnehmen*, umzusetzen („ich komm eben abends erst relativ spät […] und dann krieg ich von dem von dem daniel einfach nix mehr mit", 98). Durch den „eingespielte[n]" (92) morgentlichen Ablauf kann der Vater so ein Dilemma auflösen, das durch eine Normalisierung hervorgerufen wurde, und zwei bestehenden points of view nachkommen.

Lerntheoretische Implikationen

Herr AM löst das Dilemma zwischen normalisiertem Sachverhalt (Zuständigkeit der Mutter für Ernährung) und eigenen points of view (ich will die Mutter unterstützen), indem er eine Handlungsroutine entwickelt, die erlaubt, beides zu vereinbaren. Die Lösung hat sich „eingespielt". Eine Transformation der points of view ist so nicht notwendig. Die unverändert bestehende Normalisierung veranlasst auf diese Weise ein Lernen auf einem anderem Gebiet.

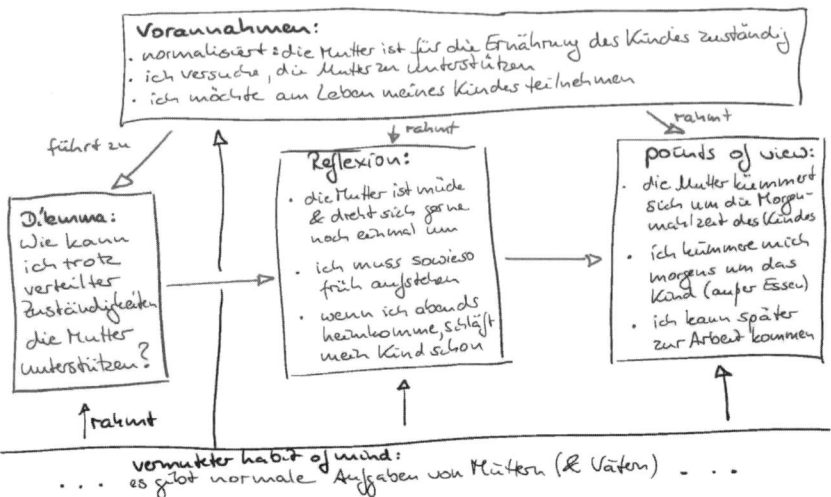

Abbildung 11.3: Normalisierung als Ausgangspunkt von Lernprozessen – Beispiel 2

Der Vater hat den point of view gelernt *morgens kann ich mich um mein Kind kümmern* (außer um das Essen). Der normalisierte point of view *die Mutter ist für die Ernährung des Kindes zuständig* bleibt zusammen mit den points of view, mit denen er in Konflikt gekommen ist (*ich versuche, die Mutter zu unterstützen; ich möchte am Leben meines Kindes teilnehmen*), bestehen. Zusammen bilden alle points of view die Vorannahmen des Lernprozesses. Das Lernen erscheint eher instrumentell. Der Vater beschreibt eine Lösung, die sich auf die Umsetzung des points of view *ich versuche, die Mutter zu unterstützen* bezieht. Eine kritische Selbstreflexion wird in der Beschreibung nicht sichtbar. Herr AM reflektiert über den Gehalt des Problems und entwickelt erfolgreich eine Lösung. Der mit der Lösung verknüpfte point of view *morgens kümmere ich mich um das Kind – außer um sein Essen* gliedert sich problemlos in bestehende points of view ein. Eine Reflexion über den vermuteten habit of mind *es gibt natürliche Aufgaben von Müttern (und Vätern)* findet nicht statt. Der Lernprozess ist an dieser Stelle nicht transformativ.

In der folgenden Sequenz spricht derselbe Interviewte Herr AM, wie auch der Vater in dem ersten Beispiel dieses Abschnitts (Herr BM), über Problemsituationen, die entstehen, weil er als Vater berufstätig und somit „sehr viel begrenzter zuhause" (217) ist. Die Entscheidung für eine klassische Aufgabenverteilung (Mutter bleibt zu Hause, Vater ist voll berufstätig) stellt Herr AM als gemeinsame „GRUNDentscheidung" (217) des Paares dar.

217 AM: „hmmh *2* also zunächst mal isses ja schon * dadurch vorgegeben dass
es so ne sone klare ARBEITSteilung iss ne? die wir * die wir dann auch
* geklärt haben dass ich weiterhin voll berufstätig bleibe und * das geld
verdiene für die familie und die ina * beREIT war ihren ähm * ihren beruf
für ne gewisse zeit ganz aufzugeben sich ganz dem ääh dem kleinen und
der familie zu widmen * des war ne des war ne GRUNDentscheidung und
* das hat **natürlich** jetzt dazu geführt dass * KLAR iss dass ich einfach
sehr viel begrenzter zuhause bin * und * **selbstverständlich** sie das dann
nach ihrem gutdünken so macht wie sies für RICHTICH hält ne? wenn ich
* ich merke dass ich * dass ich manches * auch etwas ANDERS machen
würde

218 I: hmh

219 AM: aber *4* jja * ich GUCK dann auch erstmal wieder so * was ne? ähm sach
dann so naja so hätt ichs jetzt NICH gemacht *2* aber wenns mir nit *
wenns mir jetzt nit grad ARG aufstößt dann * muss ich da auch nit unbedingt gleich was sagen und denn GUCK ich erst mal und dann

220 I: was passiert?

221 AM: ja, und dann wachs ich * ja dann WACHS ich auch da n stück weit REIN
und denk aha o.k.

222 I: aja

223 AM: ne? *2* iss vielleicht @gar nicht SCHLECHT * so@"
(Interview 3, 217-223)

In dieser Sequenz spreicht Herr AM über die elterliche Arbeitsteilung. Die
„GRUNDentscheidung" (217), dass die Mutter zu Hause bleibt, ist dabei nicht
Inhalt der Reflexion, ebensowenig wie die daraus entstehenden Folgen. Nach
Ansicht von Herrn AM folgt aus dieser Arbeitsteilung eine Normalisierung,
die nicht mehr veränderbar ist bzw. als solche erscheint: Er ist „natürlich" (217)
deutlich weniger zu hause als seine Partnerin. Herr AM gibt dieser Normalisierung Nachdruck, indem er betont formuliert („KLAR iss", 217) und seine
Abwesenheit von zuhause in gesteigerter Form darstellt („sehr viel begrenzter", 217).

Diese Normalisierung führt nun zu einer zweiten Normalisierung („selbstverständlich", 217): Die Mutter handelt so, wie sie es „für RICHTICH hält"
(217). Sie richtet ihre Handlungen an den eigenen points of view aus. Nun
weist Herr AM auf eine Beobachtung hin. Er merkt, dass er selbst manchmal
anders handeln und urteilen würde („ich merke dass ich * dass ich manches *
auch etwas ANDERS machen würde" (217). Das bedeutet, dass er in einigen
der von ihm beobachteten Situationen anderen points of view folgen würde. Die points of view Inas unterscheiden sich von denen des Interviewten
und führen in manchen Situationen für den interviewten Vater zu Dilemmata. In diesen Dilemmasituationen entscheidet sich Herr AM zunächst für die
Lösung „GUCK dann auch erstmal wieder so" (219). Er beobachtet die Handlungsweisen seiner Partnerin und beurteilt diese. Je nach Gefühl entscheidet
er sich für zwei alternative Handlungsstrategien. Für Situationen, in denen er
die andere Handlungsweise der Partnerin akzeptieren kann („nit grad ARG
aufstößt"), bleibt es bei der Beobachtung, Herr AM schreitet nicht ein („muss

ich da auch nit unbedingt gleich was sagen", 219). Er beobachtet und reflektiert die Handlungen seiner Partnerin und eignet sich auf diese Weise alternative Strategien an. Umgekehrt lässt sich schließen, dass Herr AM, wenn die beobachtete Handlung „arg aufstößt", mit der Partnerin in Interaktion tritt. Interessanterweise benennt der interviewte Vater hier das eigene Lernen in Folge der Beobachtung („wachs […] rein", 221), nicht in Folge einer diskursiven Auseinandersetzung mit der Partnerin. Es scheint bei der Beobachtung der für die eigenen points of view fremden Handlungsweise ein Hinzulernen stattzufinden („aha o.k.", 221).

Lerntheoretische Implikationen

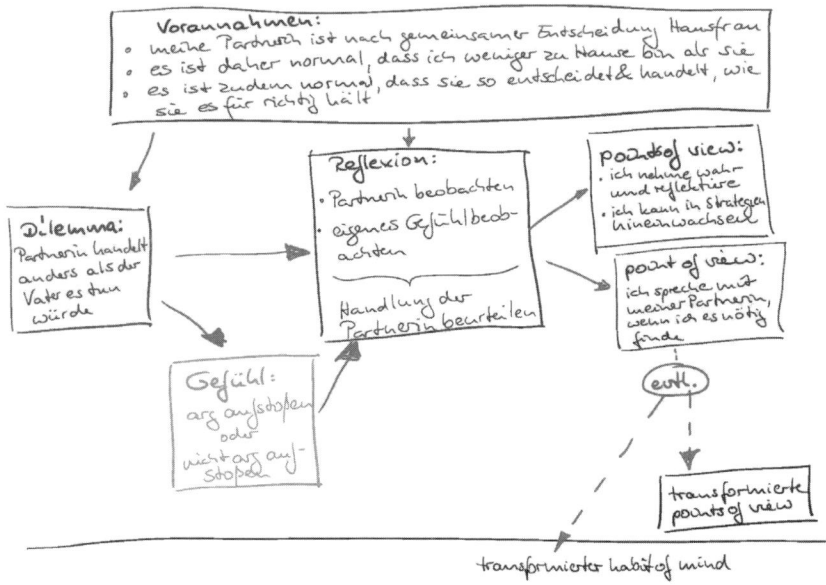

Abbildung 11.4: Normalisierung als Ausgangspunkt von Lernprozessen – Beispiel 3

Die Entscheidung für eine klassische elterliche Aufgabenverteilung hat nach Ansicht Herr AMs zwei normale Folgen: Er verbringt weniger Zeit mit der Familie als seine Partnerin und diese handelt „nach ihrem gutdünken so […] wie sies für RICHTIG hält" (217). Die genannten Normalisierungen werden nicht kritisch reflektiert oder in Frage gestellt. Sie führen jedoch zu Reflexionen auf einem anderen Gebiet, dem Umgang mit dem Kind. Es kommt zu einer Reflexion über den Inhalt einer Situation, das Handeln der Mutter, wenn sich ihre Handlungen und damit ihre points of view von denen Herr AMs unterscheiden. Herr AM beobachtet die Handlungen der Partnerin. Wenn sein Gefühl eine Differenz zu eigenen gedachten Handlungen signalisiert („aufstößt") und damit ein Dilemma markiert („merkt"), beurteilt Herr AM die Stärke des Gefühls. Wenn es „nit grad ARG aufstößt" (219), beginnt er, diese Handlungsalternativen zu überdenken. Er reflektiert diese und erlernt so neue Handlungsoptionen für seine Vaterschaft. Er differenziert eigene points of view aus und lernt hinzu, indem er zu den eigenen Handlungsimpulsen die Optionen, die er bei der Partnerin beobachtet und für gut befindet, hinzufügt. Sind die Gefühle stärker, so tritt Herr AM zur Lösung seines Dilemmas in die Interaktion mit der Partnerin ein („was sagen", 219).

Die in Folge vermutlich stattfindenden Aushandlungs- und Reflexionsprozesse werden hier nicht weiter ausgeführt. Dennoch kann vermutet werden, dass diese zu Lernen führen, das transformativ ist, da der interviewte Vater sein Einschreiten mit „was sagen" bezeichnet. Ein striktes Einfordern eigener points of view würde eher Formulierungen wie „ich schreite ein und versuche zu verhindern", „ich weise zurecht" oder „ich sage Ina, sie soll..." nach sich ziehen. Es ist eher anzunehmen, dass es zu einem Austausch zwischen Ina und Herrn AM kommt. Diese Auseinandersetzung mit den unterschiedlichen points of view macht ein transformatives Lernen sehr wahrscheinlich.

In der Interviewsituation reflektiert Herr AM auch den Problemlöseprozess. Er erläutert seine Form des Umgangs mit der problematischen Situation. Je nach Gefühl entscheidet der interviewte Vater sich entweder für ein Beobachten und Hinzu- oder Neulernen oder er tritt in die Interaktion mit der Partnerin ein.

Offen bleibt, ob aus derartigen Situationen auch Transformationen von habits of mind stattfinden können. Es finden sich jedoch in diesem Interview einige Hinweise darauf, dass solche Transformationen erfolgen. In obiger Sequenz könnte die Formulierung „arg aufstoßen" darauf hindeuten, dass sich hinter „was sagen" auch grundlegendere Diskussionen zwischen den Eltern verbergen. Diese könnten dann auch habits of mind transformieren. Zudem weist Mezirow (1991, 168) darauf hin, dass Transformationen von habits of mind auch durch einen Prozess ausgelöst werden können, in dem nach und nach points of view neu gelernt oder transformiert werden: „through an accretion of transformed meaning schemes (points of view, RM) resulting from a series of dilemmas". Die immer wieder auftretenden Problemsituationen führen dazu, dass jedes Mal einige points of view transformiert werden. Dies fülrt in Folge dann dazu, dass zugehörige habits of mind transformiert werden. Die in Abschnitt 10.1 vorgestellte Sequenz, in der der interviewte Vater von einem gemeinsamen Pizzaessen in der Kleinfamilie erzählt, verweist auf eine Reflexion eigener Handlungsprämissen:

> „dass ich da manchmal * jaa * da manchmal merke da * kommt *3* schaltet sich bei mir dann so das ähm das reglementierende ein und ich denk das HAB ich von zuhause [...] des iss so für für mich was was ich dann häufiger mal * durchs bewusste reflektiern * nochmal nochmal überSCHREITE so das was ich erstmal * glaube so mitgekriegt zu haben" (Interview 3, 348-352)

Herr AM spricht über den vermuteten Ursprung seiner Annahmen („von zuhause"), die zu bestimmten Handlungsimpulsen führen („das reglementierende"). Er würde diese Annahmen und Handlungsimpulse durch Reflexion
„überSCHREITE[n]". Das Überschreiten und damit das Abändern oder Umlernen von Handlungsprämissen kann bedeuten, dass habits of mind transformiert werden.

Zwei normalisierte points of view sind unvereinbar

Während im vorangegangenen Abschnitt normalisierte Sachverhalte ein Dilemma nach sich ziehen, geraten im nun folgenden Beispiel zwei normalisierte
points of view der interviewten Mutter Frau ZF miteinander in Konflikt. Zwei
für allgemeingültig gehaltene frames erscheinen unvereinbar.

> „also ich war zum beispiel ehm ich hatte schon den leit gedanken also ich wurde ja
> schon sehr autoritär erzogen und wollte das **natürlich** auf keinen fall dass meine
> kinder auch so autoritär aufwachsen also sprich eltern entscheiden was ohne das
> verständnis vom kind und ich hab mir schon immer vorgenommen dass wenn ich
> irgendwie so ne richtung vorgebe oder wenn ich ne erziehungsentscheidung triff
> dass ich schon versuch dass die kinder das schon nachvollziehen können das ist
> **natürlich** nicht ganz so einfach und manchmal muss **man** auch schauen dass
> **man** die kinder vor allem die kleinen damit nicht überfordert" (Interview 28, 43)

Zu Beginn dieser Passage setzt Frau ZF drei Mal an, bevor sie mit einer ersten
Aussage fortführt. Nach „ich war" und „ich hatte schon" entscheidet sie sich
für die Formulierung „ich wurde ja schon sehr autoritär erzogen". Die beiden
ersten Varianten ließen eine aktive Fortführung zu, die gewählte dritte ist passiv. Diese passivische Formulierung unterstreicht die nachfolgende Beschreibung ihrer eigenen erlebten Kindheit. Frau ZF charakterisiert die Erziehung
durch ihre Eltern als „schon sehr autoritär". Was die Interviewte unter autoritär versteht, beschreibt sie kurz darauf: „also sprich eltern entscheiden was
ohne das verständnis vom kind". Frau ZF distanziert sich deutlich von diesem
Erziehungsstil ihrer Eltern. Sie umreißt ihre eigene erzieherische Positionierung zunächst nur durch die Abgrenzung gegenüber diesem Gegenhorizont
(„wollte das natürlich auf keinen fall dass meine kinder auch so autoritär aufwachsen"). Nach Ansicht Frau ZFs ist es „natürlich", dass sie aufgrund der
eigenen Erfahrungen als Kind für ihre eigenen Kinder wünscht, dass diese
elterliche Entscheidungen verstehen („dass die kinder das schon nachvollziehen können"). Sie normalisiert ihre eigene abgrenzende Position gegenüber
der selbst erlebten Erziehung („wollt ich natürlich auf keinen fall"). Frau ZFs
zufolge ist es ein normalisierter, allgemein geteilter point of view, dass Eltern,
die selbst autoritär erzogen wurden, ihre eigenen Kinder nicht so autoritär
erziehen wollen.

Erst nach der Erläuterung dessen, was sie unter autoritärer Erziehung versteht, spricht Frau ZF in der ersten Person Singular und individualisiert ihre
Aussagen. Sie erläutert ihren point of view für die eigene Kindererziehung:

„wenn ich irgendwie so ne richtung vorgebe oder wenn ich ne erziehungsentscheidung triff dass ich schon versuch dass die kinder das schon nachvollziehen können". Dieser point of view ist nicht neu. Frau ZF hat sich die genannte erzieherische Haltung „schon immer vorgenommen". Während sie jedoch mit der Abgrenzung gegenüber den eigenen Eltern eine sehr klare Ausdrucksweise wählt („auf keinen fall", „schon immer"), ist die Formulierung der eigenen Erziehung vorsichtiger („irgendwie so ne"). Die Umsetzung ihres Erziehungsstils gleicht jedoch in der Klarheit wieder der Beschreibung des elterlichen Stils („ja schon sehr autoritär", „ich schon versuch", „die kinder das schon nachvollziehen können"). Das jeweils eingefügte „schon" schwächt die Inhalte leicht ab, ohne sie jedoch in Frage zu stellen.

Die vorsichtige Skizzierung der eigenen erzieherischen Haltung mündet in eine wiederum als normal gekennzeichnete Beurteilung dieser Erziehungshaltung („das ist natürlich nicht ganz so einfach und manchmal muss man auch schauen dass man die kinder vor allem die kleinen damit nicht überfordert"). Wiederum fallen relativierende Formulierungen auf („nicht ganz so", „manchmal"). Frau ZF stellt fest, dass sich aus ihrem point of view die „natürliche" Konsequenz einstelle, dass dies „nicht ganz so einfach" sei. Mögliche Schwierigkeiten, die sich aus der eigenen Position ergeben, werden auf diese Weise verallgemeinert. In dieser Darstellung sind die Schwierigkeiten keine individuellen Erziehungsprobleme sondern mit anderen Eltern geteilte. Die Schwierigkeiten sind normal. Frau ZF führt an, dass Kinder – insbesondere kleine – mit dieser Erziehungshaltung überfordert sein könnten. Wieder normalisiert sie einen point of view („muss man auch schauen dass man die kinder vor allem die kleinen damit nicht überfordert"). Die beiden bis hierher angesprochenen normalisierten points of view *selbst autoritär erzogene Eltern erziehen die eigenen Kinder nicht autoritär* und *man muss aufpassen, dass man Kinder nicht überfordert* führen in der Kombination zu Schwierigkeiten, die ebenfalls normal sind („natürlich nicht ganz so einfach"). Diese Normalisierung stützt Frau ZF im Anschluss an obige Passage durch einen Experten gestützt.

> „da fand ich zum beispiel hilfreich ich war mal in einer mutter kind kur und da war ein kinder psychologe den ich sehr gut fand und der hat noch mal ganz klar darauf hingewiesen dass **man** immer wieder beachten soll dass kinder keine kleinen erwachsenen sind weil **man** sie sonst einfach überfordert und grad so in der zeit da war mein sohn grad knapp drei und meine tochter so ein einhalb da fand ich das nochmal so richtig gut so nach so drei jahr nochmal ein gutes gespräch zu haben und nochmal so bisschen abklären wie **man**s bisher gemacht hat und hat **man**s so verwirklichen können auch wie **man** das wollte ist **man** auf dem richtigen weg und da hab ich aus dem gespräch mit dem kinder psychologen für mich ganz gute tipps nochmal raus gezogen und das war nochmal klar machen dass ich auf dem weg meine kinder nicht autoritär erziehen zu wollen aber auch nicht vergesse dass es keine kleinen erwachsenen sind also nicht immer von ihnen auch abverlang dass sie es verstehen können wenn ich es ihnen jetzt erzähl also ich muss auch fähig sein manchmal auch einfach entscheidungen treffen zu können" (Interview 28, 43)

Zusätzlich zur Normalisierung führt Frau ZF hier einen Kinderpsychologen an. Dieser wies sie „noch mal ganz klar" darauf hin, dass „man immer wieder beachten soll dass kinder keine kleinen erwachsenen sind weil man sie sonst einfach überfordert". Angestoßen durch den Kinderpsychologen reflektiert Frau ZF das Dilemma. Die in der ersten Sequenz angesprochenen Schwierigkeiten mit der eigenen erzieherischen Haltung erhalten durch den Psychologen eine mögliche Erklärung (Überforderung der Kinder). Das Gespräch mit dem Psychologen führt dazu, dass die Mutter ihr bisheriges Erziehungshandeln reflektiert („wie mans bisher gemacht hat [...] ist man auf dem richtigen weg"). Die Reflexionsinhalte werden wiederum normalisiert. Alle Eltern reflektieren hin und wieder ihr Erziehungshandeln. Erst das Ergebnis der Reflexion ist wieder individuell. Die Mutter erhielt „ganz gute tips" und konnte sich „nochmal klar machen", dass sie auch in der Lage sein muss, „einfach entscheidungen treffen zu können". Diese neue Position widerspricht der zunächst eingenommenen, *alle Entscheidungen nachvollziehbar zu machen*. Sie relativiert diesen point of view. Es werden Situationen eingeführt, in denen er keine Gültigkeit hat. Hier greift dann der zweite point of view *Kinder nicht zu überfordern*. Damit zeigt Frau ZF eine differenzierte Perspektive auf ihr Erziehungshandeln.

Lerntheoretische Implikationen

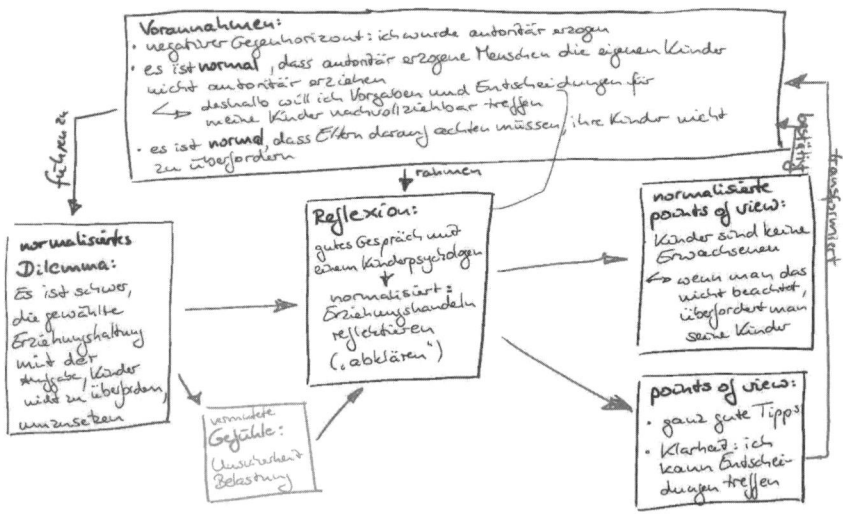

Abbildung 11.5: Normalisierung als Ausgangspunkt von Lernprozessen – Beispiel 4

In dieser Passage wird zunächst die Begründung für eine erzieherische Haltung normalisiert (aus erlebter autoritären Erziehung folgt deren Ablehnung für eigene Elternschaft). Dann werden die sich daraus ergebenen Problemsituationen normalisiert (der erzieherischen Haltung folgen ist nicht einfach). Schließlich wird zudem der Grund für die Schwierigkeiten, die sich ergeben können, normalisiert (Kinder sollen nicht überfordert werden). Es finden sich damit zwei normalisierte points of view, die in der Kombination zu einem normalisierten Dilemma führen: Es ist schwer, die gewählte Erziehungshaltung mit der Aufgabe, Kinder nicht zu überfordern, umzusetzen.

Die Sequenz ist ein Beispiel für eine Prämissenreflexion. Die Mutter reflektiert, wie es dazu kommt, dass sie eine bestimmte erzieherische Grundhaltung, den point of view *nicht wie die eigenen Eltern zu erziehen*, einnimmt und wie es durch die Kombination mit einer weiteren Haltung, der *Transparenz gegenüber den Kindern* zu Erziehungsschwierigkeiten kommen kann. Das Ergebnis der Reflexion, das entstehende Dilemma, wird normalisiert und zum Ausgangspunkt für einen Lernprozess.

Obige Sequenz ist ein Beispiel für vorwiegend kommunikatives Lernen. In der Interaktion mit dem Kinderpsychologen lernt Frau ZF, ihre ursprüngliche Position zu reflektieren und durch eine differenziertere Sicht zu ersetzen. Sie lernt um, transformiert einen lange bestehenden point of view und erweitert ihren Horizont um einen neuen point of view. Offen bleibt, wie es dazu kommt, dass diese neue Position normalisiert wird und welche Funktion dies haben könnte.

Zwei habits of mind sind unvereinbar

Es gibt Erzählungen, in denen sich nicht nur Lernmöglichkeiten zeigen, sondern in denen Lernen zwingend notwendig zu sein scheint. Dies ist in der folgenden Sequenz der Fall. Hier kommt ein habit of mind der interviewten Mutter WF in Konflikt mit zwei points of view. Inhaltlich befasst sich Frau WF mit ihrem Selbstverständnis als Mutter. Sie normalisiert einen Aspekt elterlicher Aufgaben und Handlungsfelder.

> „und jetzt is es so ähm **natürlich** äh muss ich gucken dass sie auch alles so: hat
> was no:twendig is" (Interview 25, 34)

Frau WF beginnt mit diesem Statement eine Aufzählung unterschiedlicher Aufgaben, die für sie zu der normalisierten Sorge darum, dass ihre Tochter alles hat, was sie notwendig benötigt, gehören. Die Fürsorge für das Kind wird als für Eltern normal eingeführt. Die gewählten Formulierungen „muss" sowie „alles" unterstreichen diese Normalisierung. Die normalisierte Fürsorge ist zwingend und umfassend. Elterliche Verantwortung und Fürsorge stellen für die Frau WF einen zentralen normalisierten habit of mind im Hinblick auf Elternschaft dar, der sich an vielen Stellen des Interviews deutlich zeigt: *Es ist normal, dass Eltern für ihr kind sorgen und Verantwortung tragen* (z.B. „ich plötzlich natürlich gAnz viel verantwortung hatte", 32). Frau WF verweist mit diesem habit of mind auf die rekonstruierte grundlegende Eigenschaft des

Phänomens der fremden Elternschaft.[185] Dieser habit of mind ist die Rahmung für die Beispiele, die Frau WF direkt an obige Sequenz anschließend aufzählt.

> „und dass **man** auch mal in urlaub fahr:n kann * dass ich irgendwie gUcken muss ob ich nachher das studium auch irgendwie da ob wie ich ihr da he:lfen kann und so weiter also das is schon * joa und schon ein schönes ZUhause bieten kann und n schönes ZImmer hat [LACHT] so dass sie SIcherheit hat n schönen rah:men hat im leben" (Interview 25, 34)

Diese Aufzählung beginnt wiederum normalisiert und recht konkret („man auch mal in urlaub fahr:n kann"). Dann erfolgt ein größerer Zeitsprung mit der Überlegung, ob Frau WF ihrer Tochter wohl in der Zukunft bei deren Studium unterstützen kann. Sie setzt an zu einem Satz, der eine Beurteilung einleiten könnte („also das ist schon"), bricht diesen jedoch ab und nennt wieder konkrete Beispiele („ZUhause", „schönes Zimmer"). Die Feststellung „so dass sie SIcherheit hat n schönen rah:men hat im leben" lässt sich als zusammenfassende Orientierung verstehen. Dieser point of view ist Ausdruck des oben angesprochenen habits of mind. Der habit of mind der verantwortlichen Fürsorge drückt sich in der Sorge um Sicherheit und den schönen Lebensrahmen aus.

In dem Interview folgt nun ein Beispiel, in dem Frau WF andeutet, dass ein Lernen stattgefunden hat. Im Zusammenhang mit dem normalisierten habit of mind der Fürsorge musste sie lernen, eigene Bedürfnisse zurück zu stellen. Sie ändert Teile ihres früheren Lebensstils, um dem Rahmen ihres habits of mind entsprechend zu handeln:

> „ich bin früher ganz oft UMgezogen hab ich ja gemerkt jetzt zweimal ist lena jetzt auch schon umgezogen jedes mal hat sie das völlig aus der bah:n geworfen das kann ich jetzt auch nicht mehr so tUn selbst was ichs wollte, * also * dreht sich ja viel auch um das kind in seiner entwicklung also wenn sie jetzt in die schule kommt bin ich in meiner freiheit noch mehr eingeschränkt weil ich denn nicht mehr einfach spontan verREIsen kann wie ich es immer gern gemacht habe" (Interview 25, 34)

Frau WF spricht zu Beginn dieser Sequenz eine vor ihrer Elternschaft häufig vorkommende Handlung an: ein Umzug. Sie zeigt auf, dass sie zunächst die Handlungsweise des häufigen Umzugs beibehält („zweimal ist lena jetzt auch schon umgezogen"). Dies führt nun jedoch zu einem Problem. Die Tochter Lena kommt mit Umzügen nicht zurecht („jedes mal hat sie das völlig aus der bah:n geworfen"). Ihrem habit of mind *es ist normal, dass Eltern für ihr Kind sorgen und Verantwortung tragen* folgend kommt Frau WF zu dem Schluss, „das kann ich jetzt auch nicht mehr so tUn selbst was ichs wollte". Sie entscheidet sich gegen ihr bisheriges häufiges Umziehen. Der Nachsatz „selbst was ichs wollte" verweist eindringlich darauf, dass sie diese Entscheidung sogar gegen ihren eigenen Willen oder Wunsch trifft. Sie erläutert, dass das Kind

---

185   Siehe Abschnitt 6.5.

und seine Entwicklung im Zentrum der Aufmerksamkeit stehen („dreht sich ja viel auch"). Mit Blick auf die Einschulung der Tochter spricht Frau WF die Einschränkung an, die sich für sie aus ihrer Mutterschaft ergibt („bin ich in meiner freiheit noch mehr eingeschränkt"). Das „noch mehr" deutet darauf hin, dass auch die Entscheidung gegen einen häufigen Umzug als Einschränkung der eigenen Freiheit erlebt wird. Frau WF führt hier noch eine dritte Einschränkung an. Sie fühlt sich in ihrer Freiheit eingeschränkt, da sie „nicht mehr einfach spontan verREIsen kann". Auch dies ist eine Handlung, die positiv konnotiert wird.

Aus den Formulierungen „früher ganz oft", „kann ich jetzt *auch* nicht mehr so tUn selbst was ichs wollte" und „bin ich in meiner freiheit *noch mehr* eingeschränkt" [Hervorh. RM] lassen vermuten, dass Frau WF vor der Mutterschaft einen habit of mind hatte, der *ich lebe und liebe meine Freiheit* geheißen haben könnte. „auch" und „noch mehr" weisen darauf hin, dass es mehrere Bereiche gibt, in denen Frau WF sich eingeschränkt fühlt. Im Interview gibt es weitere Hinweise die den vermuteten habit of mind stützen: „musste ich mich auch erstma dran gewöhN weil man sonst einfach so leichtfertig irgendwohin gefahrn is" (30), „ich hatte immer nur für miCH verantwortung das hab ich ja eigentlich auch nich so ernst genommen" (32). In Abschnitt 40 spricht Frau WF dann explizit an, dass der habit of mind *ich lebe und liebe meine Freiheit* durch die Mutterschaft transformiert werden musste.

> „also würde ich sagen dass meine freiheit eingeschränkt ist insgesamt also ehm ich bin ein mensch ich brauch eigentlich immer das gefühl FRei zu sein und das ist doch sehr eingeschränkt also das hat sich doch sehr verändert" (Interview 25, 40)

Lerntheoretische Implikationen

Die Normalisierung der Fürsorge führt dazu, dass die Mutter lernen muss, ihre eigenen Bedürfnisse zurück zu stellen. Sie verändert Teile ihrer früheren gewohnten Lebensabläufe, um ihrem habit of mind *es ist normal, dass Eltern für ihr Kind sorgen und Verantwortung tragen* entsprechend zu handeln. Der normalisierte habits of mind führt dazu, dass Frau WF gewohnte Bestandteile ihres Lebens ablegt und neue erlernt. Der point of view *ich bin jemand, die häufig umzieht* wird so zu *da meiner Tochter nicht damit zurecht kommt, ziehe ich nicht oft um.* Frau WF wägt das Wohl der Tochter gegenüber ihren eigenen Bedürfnissen ab und reflektiert so bisherige Verfahrensweisen. So stellt sie beispielsweise ihren point of view *spontanes Verreisen ist schön* zurück und verändert ihn in *spontanes Verreisen ist für meine Tochter nicht gut, deshalb mache ich das besser nicht.* Im Zentrum steht dabei immer die Frage, wie sie dafür sorgen kann, dass die Tochter alles Notwendige hat. Daran werden die points of view angepasst. Ein Lernen findet statt, sobald ein point of view diesem zentralen normalisierten habit of mind widerspricht. Der normalisierte habits of mind der Fürsorge führt dazu, dass ein Lernen in unterschiedlichen anderen Bereichen des Alltags stattfindet.

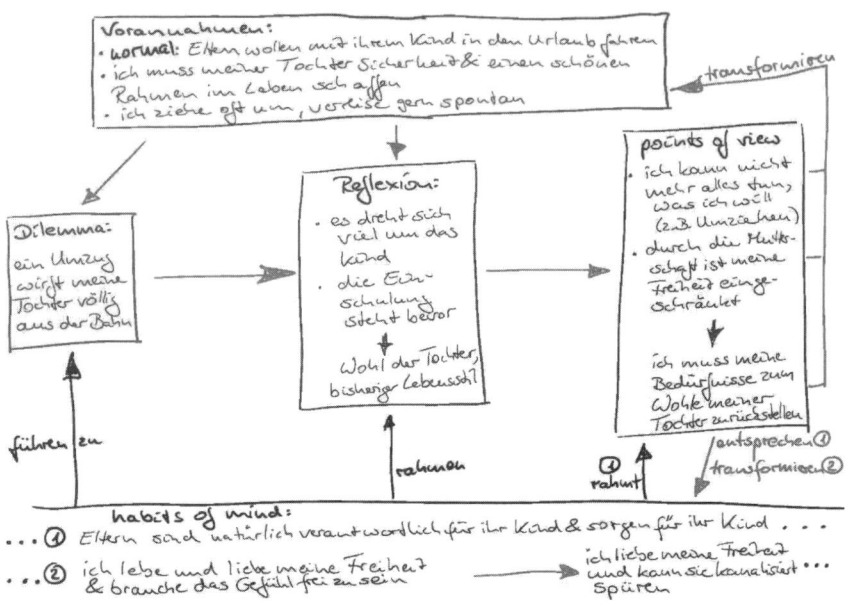

Abbildung 11.6: Normalisierung als Ausgangspunkt von Lernprozessen – Beispiel 5

Zugleich finden sich im Interview zahlreiche Hinweise darauf, dass Frau WF den habit of mind *ich lebe und liebe meine Freiheit* transformierte („vorher auch alles nich so wichtig dann bin ich eben arbeitslos das war mir eGAL", 32). Die mit den Veränderungen einhergehenden Gefühle spricht sie jedoch nur am Rande direkt an („diesen ähm verantwortungsdruck hab ich schon noch stark gespürt", 32). Mit Blick auf die gescheiterte Beziehung zum Vater des Kindes bezeichnet sie den Umgang mit der Verantwortung und den unterschiedlichen Rollen als „ganz schwer" („daran is ja unsere beziehung auch gescheitert letztlich * weil man nicht mehr weil man n andere rolle auch hat und trotzdem noch eltern und pAAR zu sein is ganz schwer", 32). Diese Hinweise können als Belege dafür verstanden werden, dass starke Gefühle den Prozess der Transformation ihres habits of mind begleiteten.

Im Zusammenhang mit einem veränderten Gesundheitsbewusstsein deutet die interviewte Mutter an, wie die Transformation gelang.

> „dass * ich **natürlich** se:hr viel mehr auf gesunde ernährung geachtet auf die lebensweise auf GEsundheit das habe ich vorher auch nich hatte ja auch vor der schwangerschaft mitem rauchen aufgehört da ging das eigentlich schon lo:s dieses gesundheitsbewußte un plötzlich das da wieder aufgetaucht is is da früher hab ich nie nie auf mich geachtet eigentlich. * Hab ich eigentlich lena zu verdanken dass ich da den den dre:h bekommen habe und (bump) zwar weil ich das eben wollte dass sie gesund aufwächst" (Interview 25, 32)

Frau WF spricht hier davon, dass sie auf eine gesunde Lebensweise achtet, weil sie dies für das Aufwachsen der Tochter „eben wollte". Die neue Lebensweise unterscheidet sich deutlich von der früheren. Darauf weist beispielsweise das zweimalige „nie" hin („früher hab ich nie nie auf mich geachtet eigentlich"). Die „lebensEINstellung", wie sie diese Veränderungen wenig später bezeichnet, verfolgt sie mit dem Nachdruck ihres Willens. Mezirow (1991, 171) beschreibt die spezifische Rolle der Willenskraft für die Transformation von habits of mind.

> „This is the point in the transformative learning process at which the **conative** plays a specific role. It is not enough to understand intellectually the need to change the way one acts: one requires **emotional strength** and an **act of will** in order to move forward" (Hervorh. RM).

Diese entscheidende Rolle des Willens, die Mezirow in der Metaanalyse mehrerer Studien als eine Gemeinsamkeit aller Lernprozesse aufzeigt, die habits of mind transformieren, findet sich auch bei Frau WF. Im Hinblick auf die Transformation des habits of mind *ich lebe und liebe meine Freiheit* hat Frau WF eine Lösung gefunden, wie sie ein wenig später im Interview feststellt:

> „also das hat sich doch sehr verändert aber ich hab geschafft zu kanalisieren in andere gebiete wo ich denn trotzdem noch FREIheit frei sein kann das spÜren kann" (Interview 25, 40)

Zusammenfassung

In den Daten finden sich mehrere Variationen, wie sich in Folge einer Normalisierung Lernen einstellt. Gemeinsam ist allen Sequenzen, dass die von den interviewten Müttern und Vätern eingeführte normalisierten frames of reference – teilweise sind dies points of view, manchmal konnte ich auch habits of mind rekonstruieren – den Lernprozess rahmen. Die *Normalisierung* bildet den *Horizont innerhalb dessen gelernt wird*. Gemeinsam ist den Beispielen zudem, dass die Eltern jeweils eine Lösung ihres Dilemmas finden. Grafik 11.7 soll diese Gemeinsamkeiten veranschaulichen. Der Lernprozess vom Dilemma zur Lösung (Pfeil) findet eingebettet im Horizont der Normalisierung (Schraffierung) statt.

Die Normalisierung wird in keinem der Beispiele, bei denen ein normalisierter Sachverhalt zum Ausgangspunkt für Lernprozesse wird, in Frage gestellt. Dennoch finden sich Unterschiede.

1. Verursacht ein normalisierter frame of reference ein Dilemma, wie im ersten Abschnitt erläutert, so bilden die Vorannahmen sowohl für die Reflexion und Suche nach einer Lösung als auch für die Lösung selbst den *Horizont, innerhalb dessen sich das Lernen ereignet*. Kommt es zur transformativem Lernen, so geschieht dies auf einem anderen Gebiet. Die Vorannahmen werden nicht verändert. Dies gilt für alle points of view – auch für normalisierte. Gelernt wird innerhalb der von der Normalisierung und den anderen Vorannahmen gesetzten Grenzen. Es gibt somit nur solche Lösungen, die vereinbar mit der Normalisierung sind.

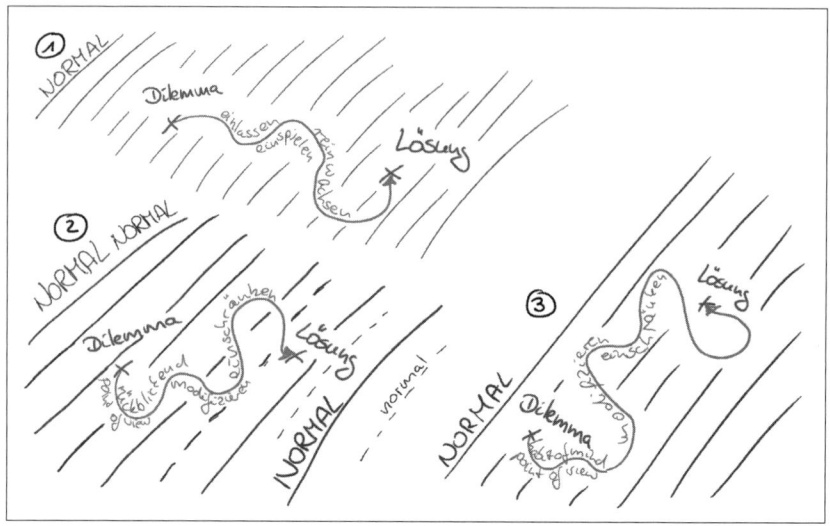

Abbildung 11.7: Normalisierung als Ausgangspunkt für Lernen ist Horizont des Lernens

Bei den hier beschriebenen Lösungen handelt es sich jeweils um solche, die eine gewisse Zeit benötigen. Zudem werden sie von den Interviewten so beschrieben, dass sie eher *beiläufig* und damit *nicht aktiv* erscheinen: Der Vater im ersten Beispiel plädiert für ein „Einlassen", das „mit der Zeit" zu einer leichteren Bewältigung der Problemsituationen führt. Der zweite Vater erläutert, die gefundene Lösung hätte sich „eingespielt". Der dritte Vater schließlich stellt fest, dass er durch „gucken" in Strategien „reinwachsen" würde. Der *Prozesscharakter* des Lernens wird besonders hervorgehoben. Das Lernen geschieht entweder durch Reflexion des Einzelnen allein oder durch gemeinsame Reflexion mit dem anderen Elternteil.

2. Widersprechen sich zwei normalisierte points of view, so rahmen diese zwar den Lernprozess. Um zu einer Lösung zu gelangen, muss jedoch *einer der points of view transformiert* werden. Dies geschieht, indem einer der normalisierten points of view – im Beispiel die normalisierte nicht autoritäre Erziehung, die ihren Ausdruck in der Nachvollziehbarkeit von Vorgaben und Entscheidungen findet – modifiziert wird. Dieser normalisierte point of view wird *in seinem Geltungsbereich eingeschränkt*. Damit entsteht eine Hierarchie der Normalisierungen. Die übergeordnete Normalisierung – im Beispiel die Grenze der Überforderung eines Kindes – ist der uneingeschränkten Transparenz (untergeordnete Normalisierung) vorzuziehen. Diese *Rangordnung der Normalisierungen* wird durch eine externe Autorität verifiziert.

Das Lernen wird als ein normaler Vorgang beschrieben, bei dem *rückblickend und damit nicht in einer Problemsituation selbst* das Erziehungshandeln reflektiert und beurteilt wird.

3. Kommt es dazu, dass ein normalisierter habit of mind – im Beispiel die elterliche Fürsorge und Verantwortung für das Kind – mit einem anderen habit of mind – im Beispiel ist das die Freiheitsliebe – unvereinbar ist, so finden sich *Transformationen bei points of view und habits of mind.* Wiederum bleiben die normalisierten points of view und habits of mind von der Transformation unberührt. Sie bilden auch hier den Rahmen, innerhalb dessen das Lernen stattfindet und werden zur übergeordneten Instanz. Die *Normalisierung ist der Horizont für die Lösung des Dilemmas.* Die individualisierte Prämisse (ich lebe und liebe die Freiheit) wird *modifiziert* und durch die übergeordnete Prämisse (elterliche Fürsorge und Verantwortung) *eingeschränkt.* In einem Lernprozess, der für die lernende Person mit *starken Gefühlen* und *tiefgreifenden Konsequenzen* einher geht, muss diese umlernen.

Die Lernende schildert diesen transformativen Lernprozess im Gegensatz zu den ersten als einen *äußerst aktiven Vorgang.* Die Transformation geschieht aus ihrem Willen heraus.

11.2.2 Normalisierung als Ziel von Lernprozessen

In den vorangehenden Abschnitten habe ich aufgezeigt, wie Normalisierungen elterliche Lernprozesse anstoßen können. In diesem Abschnitt erläutere ich anhand von Sequenzen aus drei Interviews, was es für das Lernen bedeutet, wenn ein normalisierter Sachverhalt zum Ziel elterlichen Handelns und damit auch zum Ziel ihres Lernens wird.

Im folgenden Interview spricht ein werdender Vater[186] von seinen Ansichten über Erziehungsmethoden. Die Interviewerin fragt: „hast du jetzt eigentlich ne vorstellung von erziehung, was erziehung für dich ist oder wie du, wie du erziehen möchtest oder was du umsetzten möchtest?" (Interview 8, 170). Herr EM erzählt, dass seine Frau und er sich dazu entschlossen haben, ihr Kind relativ streng zu erziehen und dass sie versuchen wollen, erfolgreich streng zu sein. Er erklärt dann, warum sie sich für diesen Weg entschieden haben.

> „ja schon da hatten wir es auch öfters drüber irgendwie, da waren wir uns auch ziemlich schnell im klaren irgendwie drüber, dass wir *3* auf jeden fall ne relativ straffe erziehung haben wollen irgendwie. dass wir es probieren irgendwie unserem kind auch weiterzugeben weil wir oft, eltern und kinder sehen wo wir einfach denken da stimmen gewisse verhältnisse einfach nicht irgendwo. wir sind beide sag ich mal relativ autoritär, irgendwo liebevoll, aber autoritär erzogen worden und ähm ja keine ahnung wenn ich kinder sehe, die irgendwie an an ihren eltern

rumkloppen irgendwie und und * einfach **normale** erzieherische maßnahmen
überhaupt nicht greifen so im alltag irgendwie wenn **man** das sieht in bus, bahn
sonst irgendwo oder bei irgendwelchen bekannten wo **man** einfach denkt, so hey
ähm, das kind braucht doch regeln und das braucht maßstäbe und das braucht vor
allem grenzen." (Interview 8, 171).

Auf die Frage der Interviewerin nach Erziehungsvorstellungen weist Herr EM
zunächst darauf hin, auf welche Art und Weise diese Vorstellungen entwickelt
wurden. Er bemerkt, „da hatten wir es auch öfters drüber irgendwie, da waren
wir uns auch ziemlich schnell im klaren irgendwie drüber"(171). Gemeinsame Erziehungsvorstellungen scheinen im Gespräch der Eltern untereinander
entwickelt worden zu sein. Dabei handelt es sich nicht um ein einmaliges Geschehen. Die Gespräche fanden „öfters" (171) statt. Dieser Prozess benötigte
dennoch nur eine relativ kurze Zeit („schnell im klaren", 171). Es fällt auf,
dass Herr EM sehr vage formuliert: „hatten [...] öfters drüber", „irgendwie",
„ziemlich schnell".

Auch das Ergebnis dieser Aushandlungen der Eltern untereinander bleibt
unscharf („auf jeden fall 'ne relativ straffe erziehung haben wollen irgendwie",
171). Zunächst ebenso nebulös fährt Herr EM fort. Das Paar würde mit der
Erziehung den Versuch unternehmen, „es [...] irgendwie unserem kind auch
weiterzugeben" (171). Was mit „es" gemeint sein könnte, wird durch einen
negativen Gegenhorizont umrissen. Herr EM und auch seine Partnerin haben
andere Eltern und Kinder beobachtet, bei denen „gewissen Verhältnisse" nicht
„stimmen". Nachdem auch hier nicht wirklich klar wird, wovon Herr EM redet, unternimmt er einen neuen Anlauf. Wieder beginnt er bei sich und seiner
Partnerin. Diesmal bezieht er sich auf ihre eigenen Erfahrungen als Kinder.
Die zuvor als „relativ straff" bezeichnete Erziehung wird nun etwas konkretisiert: „relativ autoritär, irgendwo liebevoll, aber autoritär" (171). Wiederum
erläutert er die abstrakte Beschreibung eigener Erziehungserfahrungen mit
einem negativen Gegenhorizont. Er skizziert das Gegenbild von Kindern, die
„an ihren eltern rumkloppen irgendwie" und bei denen „normale erzieherische maßnahmen überhaupt nicht greifen" (171). Diese Kinder finden sich, so
der Vater weiter, im öffentlichen Alltag („bus, bahn sonst irgendwo", 171) sowie bei Bekannten. Er beobachtet bei anderen Eltern, dass die von ihm postulierte Normalisierung der erzieherischen Maßnahmen nicht greift. Sein eigenes erzieherisches Handeln als Vater will er so gestalten, dass diese beobachtete Situation bei seiner eigenen Elternschaft nicht eintritt. Auch die Beschreibung des Gegenhorizonts ist durchsetzt von Relativierungen („irgendwo", „irgendwie" (drei Mal), „irgendwo", „irgendwelchen", 171). Die genannten „normale[n] erzieherischen Maßnahmen" bleiben damit ebenfalls sehr unkonkret.
Es scheint, als gehe Herr EM davon aus, dass die Interviewerin seine Beobachtungen teile. Ein Hinweis hierfür wäre der an dieser Stelle vorgenommene
Wechsel von der Ich-Erzählung zum verallgemeinerten „man". Die Existenz
normaler erzieherischer Maßnahmen kann als Vorannahme von Herrn YM
angesehen werden.

Die bisher von dem interviewten Vater recht grob umrissenen Erziehungsvorstellungen werden nun sehr klar beurteilt. Hier zeigt sich deutlich der point of view von Herrn YM: „das kind braucht doch regeln und das braucht maßstäbe und das braucht vor allem grenzen" (171). Dieser point of view wird verallgemeinert („wo **man** einfach denkt", 171). Zudem weist die dreimalige Wiederholung der Bezeichnung des Adressaten oder der Adressatin elterlicher Erziehung („*das* kind braucht ... *das* braucht ... *das* braucht", 171; kursiv RM) darauf hin, dass hier nicht das eigene Kind (mein oder unser Kind) gemeint ist, sondern eine allgemeine Aussage über Kinder an sich getroffen wird. Mit der pauschalisierten Aussage formuliert der Vater einen normalisierten point of view, seine normalisierte Vorannahme: *normale Kinder benötigen Regeln, Maßstäbe und vor allem Grenzen.*

Einen Abschnitt später spricht der Vater über einen weiteren Kontext seines elterlichen Handelns: die Eingliederung in die normale Gesellschaft.

> „also überhaupt nicht irgendwie dass * dass en kind jetzt äh [VERSTELLT STIMME] gezüchtigt werden müsste oder sonst irgendwie * aber en kind braucht feste regeln und feste grenzen irgendwo * und die wollen wir unserem kind auch einfach äh * klar machen können irgendwo auf ne ganz gesunde art und weise weil ähm * ja * mal öfters den eindruck hatten bei anderen kindern eben * dass diese grenzen überhaupt nicht da sind und dass * dass wir beide der meinung sind, dass die kinder äh *2* dann wahrscheinlich später äh * die sachen auf ganz andere weise lernen müssen und dass es denen wahrscheinlich auch nicht so ganz leicht fallen wird, sich irgendwie * **normalen** in der **normalen** gesellschaft irgendwie einzugliedern" (Interview 8, 173).

Herr EM wiederholt nochmals den zuvor genannten normalisierten point of view, Kinder benötigten feste Regeln und Grenzen. Hinzu kommt, verbunden mit dem negativen Gegenhorizont der Züchtigung, die Feststellung, dass die normalisierte feste Grenzsetzung „auf ne ganz gesunde art und weise" stattfinden soll. Diese Passage ist zunächst individuell formuliert. Herr EM spricht von sich und seiner Partnerin. Beide prognostizieren Kindern, die keine Grenzen erfahren, spätere Schwierigkeiten, „sich irgendwie * normalen in der normalen gesellschaft irgendwie einzugliedern". Nun ist der größere Rahmen der zuvor genannten Erziehungsvorstellungen eingeführt. Wiederum geschieht dies mit Hilfe eines negativen Gegenhorizonts solcher Kinder, die möglicherweise Schwierigkeiten haben, das eigentliche normalisierte Ziel zu erreichen. Kinder, die in ihrer Erziehung keine festen Regeln und Grenzen erleben, müssen nach Ansicht des Interviewten „die sachen auf ganz andere weise lernen". Auch diese Position teilt der interviewte werdende Vater nach seinen Aussagen mit seiner Partnerin. Es ist zu vermuten, dass der Interviewte mit „die sachen" alle habits und das knowledge meint, die für eine Integration in die „normale gesellschaft" notwendig sind. Was das konkret beinhaltet, erfahren wir nicht.

Es hat ein wenig den Anschein, als ziehe der Interviewte die Partnerin in den beiden Textauszügen jeweils hinzu, um der eigenen Aussage mehr Gewicht zu geben. Wenn er allein eine Ansicht vertrete, so ließe sich unterstellen, so hätte diese eine geringere Gültigkeit. Eine Position, die zwei Personen vertreten, erscheint glaubwürdiger. Sie ist damit zu einem gewissen Maße verallgemeinert.

Die Kinder zu Mitgliedern einer „normalen gesellschaft" zu erziehen, wird zum umfassenden Ziel elterlicher Erziehung erklärt. Eltern, die ihre Kinder nicht durch feste Regeln und Grenzen erziehen, würden ihre Kinder damit nicht auf eine leichte Eingliederung in die „normale gesellschaft" vorbereiten. Es gäbe damit je nach Erziehungsstil Kinder, denen die Integration leichter falle und solche, denen es schwerer falle. Herr EM scheint davon auszugehen, dass die Integration in die normale Gesellschaft das Ziel jeglicher Erziehung ist. Das Ziel der Eingliederung kann als normalisiert angesehen werden. Was unter „normale[r] gesellschaft" zu verstehen ist, wird nicht weiter ausgeführt. Diese Normalisierung könnte Herr EM ebenso wie die „normalen erzieherischen maßnahmen" (171) als so selbstverständlich und allgemeingültig ansehen, dass er unterstellt, die Interviewerin würde sein Verständnis teilen. Die Klassifizierung als normal beinhaltet ja gerade, dass das so Bezeichnete für alle selbstverständlich ist und damit nicht näher erläutert werden muss.

Lerntheoretische Implikationen

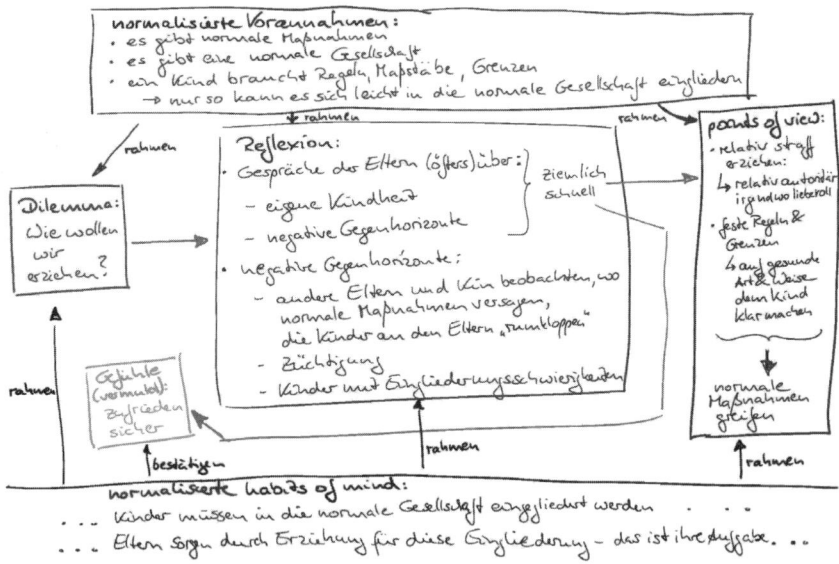

Abbildung 11.8: Normalisierung als Ziel – grundgelegt als habit of mind

Herr EM berichtet von einem Lernprozess, der sich aus dem Dilemma *Wie wollen wir unser Kind erziehen?* entwickelt. Die normalisierten Vorannahmen, es gäbe *normale erzieherische Maßnahmen* und eine *normale Gesellschaft* werden nicht in Frage gestellt. Dies ist bei dem point of view *ein Kind braucht Regeln, Maßstäbe und Grenzen, um sich leicht in die normale Gesellschaft eingliedern zu können* ebenso. Alle drei normalisierte Vorannahmen rahmen den gesamten Lernprozess.

Auf Gefühle, die mit dem Dilemma verbunden sind, geht der Interviewte nicht ein. Die Hinweise auf eine schnelle Einigung der Eltern auf einen gemeinsamen Erziehungsstil könnten dahingehend verstanden werden, dass keine tiefgreifend emotionale Auseinandersetzung stattgefunden hat und der interviewte Vater mit diesem Lernprozess Gefühle der Zufriedenheit und Sicherheit verbindet.

Herr EM spricht von der gemeinsamen Reflexion der Eltern über ihren Erziehungsstil und über damit verbundene normale erzieherische Maßnahmen. Die Eltern sprechen über ihre jeweils erlebte eigene Erziehung. Sie können sich auf eine parallele Erfahrung beziehen, in der sie Gemeinsamkeiten sehen. Die von beiden erlebte Form der autoritären Erziehung sowie die Beobachtung anderer Eltern und Kinder führen zu einer schnellen Einigung. Herr EM begründet damit die Entscheidung für eine gemeinsame Form der Erziehung. Das Paar hat andere Eltern beobachtet. Im Interview wird diese gemeinsame Beobachtung normalisiert („man", „normal").

Herr EM nutzt zur Argumentation für die erlernten points of view negative Gegenhorizonte. Es ist anzunehmen, dass die Beobachtungen anderer Eltern und Kinder, die als negative Gegenhorizonte genannt werden, auch im Aushandlungsprozess der Eltern eine Rolle spielten, weil Herr EM vor diesem Hintergrund die points of view benennt, die er mit seiner Partnerin teilt. Die elterlichen Gespräche über die eigene erlebte Erziehung, die negativen Gegenhorizonte sowie der beobachteten Eltern und Kinder führen zu dem gemeinsamen point of view *wir wollen eine relativ straffe Erziehung – relativ autoritär und irgendwo liebevoll*. Hinzu kommt der gemeinsame point of view *die festen Regeln und Grenzen auf gesunde Art und Weise klar machen*. In diesem point of view drückt sich auf individueller Ebene die normalisierte Vorannahme *Kinder brauchen Regeln, Maßstäbe und Grenzen* aus. Die beiden gemeinsam gefundenen points of view sind individualisiert, die rahmenden Vorannahmen normalisiert und sollen zu dem ebenfalls normalisierten Ziel *normale Maßnahmen greifen* führen.

Herr EM betrachtet die Eingliederung des Kindes in die normale Gesellschaft als umfassendes Ziel aller elterlichen Erziehungsbemühungen. Elterliches Erziehungshandeln erhält so ein grundlegendes normalisiertes Ziel. Die normalisierten habits of mind *Kinder müssen in die normale Gesellschaft eingegliedert werden* und *Eltern sorgen durch Erziehung für diese Eingliederung – das ist ihre Aufgabe* bilden den grundlegenden Rahmen für die Überlegungen und Lösungen der Eltern. Die Ausgangsfrage (Dilemma), wie die Erziehung des Kindes gestaltet werden soll, die Reflexionen der Eltern sowie die resultierenden points of view, sind an diesen habits of mind ausgerichtet. Der durch die normalisierten habits of mind bzw. points of view beschriebene Horizont wird nicht überschritten. Eine Reflexion über die Prämissen des Lernens findet nicht statt. Mit den vorgegebenen normalisierten Zielen ist jeder Auseinandersetzung mit erzieherischen Problemsituationen eine klare Richtung vorgegeben. Die normalisierten Ziele elterlichen Handelns können so in möglichen Problemsituationen immer wieder neu zu bereits geprüften Vorannahmen werden. Das ausgewählte Beispiel zeigt, wie ein normalisiertes Erziehungsziel, das sich in normalisierten habits of mind und points of view zeigt, elterlichen Lernprozessen Orientierung geben kann.

Herr EM steckt hier einen weit größeren Normalisierungsrahmen als dies in anderen Sequenzen und Interviews der Fall ist. Sein Handeln ist ausgerichtet an der übergreifenden Normalisierung einer Integration in eine normale Gesellschaft, die normale Aufgabe elterlichen Erziehungshandeln ist. Wir erfahren in diesem Interview leider nicht, wie Herr EM sich diesen habit of mind angeeignet hat. Auch bleibt offen, ob er schon lange besteht oder erst mit der Perspektive der eigenen Elternschaft erlernt wurde.

Es erscheint zunächst offen, ob es sich bei diesen Lernprozessen um die Ausdifferenzierung vorhandener points of view und das Erlernen neuer points of view handelt oder ob auch points of view umgelernt werden. Der Hinweis auf die schnell gefundene gemeinsame Position der Eltern deutet eher auf ein Ausdifferenzieren oder ein Neulernen hin. Herr EM scheint gelernt zu haben, indem er neue points of view erlernt. Eine transformierende Auseinandersetzung, die auch von stärkeren Gefühlen wie beispielsweise größerer Unsicherheit begleitet wäre, scheint hier nicht gegeben zu sein. Die Prämissen werden nicht reflektiert. Im noch ausstehenden Erziehungsalltag müssen die Eltern dann, so kann vermutet werden, ihren point of view *dem Kind feste Regeln und Grenzen auf gesunde Art und Weise klar machen* weiter ausdifferenzieren und die Vereinbarkeit mit dem gewünschten Erziehungsstil *relativ autoritär und irgendwo liebevoll* prüfen. Zudem müssen sie vermutlich ebenfalls differenzierter klären, was für sie *normale erzieherische Maßnahmen* sind. Dies wäre der erste von Mezirow beschriebene Lernweg, das Ausarbeiten bestehender frames of reference.[187] Es geht darum, das konkrete Erziehungshandeln zu lernen. Die Eltern dieses Interviews müssen zukünftig lernen, welchen spezielle Regeln und Grenzen sie für richtig halten, um den points of view gemäß zu handeln. Der erwartbare zukünftige Lernprozess ist dann nicht transformativ.

Auch bei der folgenden interviewten Mutter, Frau HF, zeigt sich, dass es eine Tendenz zu geben scheint, Ziele elterlicher Erziehung zu normalisieren. Wiederum ist hier eine Facette des gemeinschaftlichen Zusammenlebens genannt. Die Stellungnahme Frau HFs ist einer längere Ausführung auf die Frage entnommen, was sie am ehesten jungen Eltern weitergeben würde.

---

187   Siehe Abschnitt 10.2.4.

„dass eigentlich für mich das wichtigste ist egal ob es jetzt auf familiärer basis is, auf äh basis im wohnort is, oder äh in der näheren umgebung, äh dass **man** doch in nem in ner sozialen gemeinschaft lebt die für einander eben da is und sich dann eben auch aushilft in GRENZsituationen wo eben vielleicht auch irgend jemand an seine grenzen stößt. bevor es dann irgendwo vielleicht auch überschwappt. und äh * ansonsten is es einfach angenehm * denk ich mir **mensch** is eigentlich von grund her ein soziales wesen die meisten sich freuen wenigstens. ähm * dass **man** eben einfach grad diese angenehmen seiten einfach das miteinander miteinander leben erlebnisse teilen, ähm * kinder motivieren äh kinder muss **man** net STÄNDIG mit GANZ ganz vielen äh eindrücken bombadieren aber dass **man** doch mit zunehmendem alter einfach immer mehr facetten des lebens der möglichkeiten äh auch eben kennen lernt als kind und net nur so in der einzelnen bahn der kleinfamilie bleibt, sondern dass **man** eben frühzeitig eben lernt diese äh äh gemeinschaft zu lieben und eindrücke zu teilen sich daran zu freuen oder eben unter umständen auch PROBLEme dann irgendwann mal zu MEISTErn, seis eben dass **man** andere erwachsene personen, ansprechen kann als kind, seis dass **man** eben einfach äh mit anderen kindern viel erleben kann. und eben das soziale erlernen isch für mich grundwesen eigentlich von zusammensein von leben von familie ne" (Interview 12, 36).

Frau HF beginnt ihre Antwort auf die Frage nach dem, was sie jungen Eltern weitergeben würde mit einem ersten Gedanken „sich FRÜHzeitig eben EINFACH wichtig ist dass in einem * äh sozialen netz einGEBUNDen ist" (Interview 12, 36). Sie führt in dem hier nicht gedruckten Teil diesen Gedanken weiter im Hinblick auf einen Umzug und der Neuentwicklung eines sozialen Netzes („man muss sich dann als frau jedes mal ein neues netz aufbauen", 36) und benennt dann einige Beispiele, wie solch ein Netzwerk helfen kann (z.B. „kanst du mal äh das babyphone nehmen", 36). Sie normalisiert den habit of mind *der Mensch ist ein soziales Wesen und lebt in einer Gemeinschaft.*

Erst der zweite Gedanke bezieht sich dann auf Kindererziehung. Bevor Frau HF jedoch auf ihre Lösung des Dilemmas *Wie kann ich soziales Lernen bei Kindern unterstützen?* eingeht, grenzt sie sich gegenüber dem point of view *Kinder benötigen so viele Eindrücke wie möglich* ab. Sie beugt im Voraus einem möglichen Missverständnis vor, das sich aus ihren folgenden Aussagen ergeben könnte. Sie unterstreicht diese Abgrenzung gegenüber dem genannten negativen Gegenhorizont, indem sie diesen normalisiert („man"). Dic bcim Sprechen betonten Begriffe „STÄNDIG" und „GANZ", die Wortwiederholung („GANZ ganz vielen") sowie die Wahl von Kriegsvokabular („bombardieren") zeichnen ein recht drastisches Bild der „vielen [...] eindrücke", denen ein Kind ausgesetzt werden könnte. Frau HF grenzt sich gegenüber einer aus ihrer Sicht übersteigerten Förderung der Kinder durch andauernde Reize ab. Sie stellt sich jedoch nicht generell gegen eine eindrucksvolle Gestaltung der kindlichen Lebenswelt, sondern formuliert deren Ausrichtung. Ein Kind soll, so beschreibt Frau HF nun normalisiert („man"), „mit zunehmendem alter einfach immer mehr facetten des lebens der möglichkeiten äh auch eben kennen lern[en]". Hier bildet das Verbleiben „in der einzelnen bahn der kleinfamilie" den negativen Gegenhorizont. Damit lässt sich auf den normalisierten point of view *ein*

Kind soll mit zunehmendem Alter zunehmend mehr Möglichkeiten und Facetten des Lebens kennen lernen schließen. Begrenzt wird dieser normalisierte point of view einerseits durch den einleitend formulierten point of view *ein Kind benötigt nicht andauernd neue Eindrücke* und andererseits durch den point of view *ein Kind soll nicht nur das Leben der Kleinfamilie erleben.*

Die zunächst sehr offen formulierten „facetten des lebens der möglichkeiten" werden in den nun folgenden Aussagen spezifiziert. Ein Kind kann, wenn es die Möglichkeiten des Lebens erlebt bereits früh lernen, positive Gefühle zu Gemeinschaft zu entwickeln („lieben", „sich daran [...] freuen"). Zudem soll es Fähigkeiten entwickeln, sich reflektierend mitzuteilen („eindrücke zu teilen") und Probleme mit Hilfe von Anderen („erwachsene") zu lösen. Schließlich soll das Kind erfahren und lernen, dass zusammen mit anderen Kindern viele Erlebnisse möglich sind. Abschließend fasst Frau HF dies noch einmal zusammen: „das soziale erlernen isch für mich grundwesen eigentlich von zusammensein von leben von familie ne". Damit definiert sie zusammenfassend das soziale Lernen sowohl für Kinder als auch für Eltern als Grundzug von Familie und von Leben überhaupt. Sie normalisiert diese Grundüberzeugung, diesen habit of mind und schließt den Kreis zu dem einleitenden ersten Gedanken „dass man doch in nem in ner sozialen gemeinschaft lebt die für einander eben da is".

Lerntheoretische Implikationen

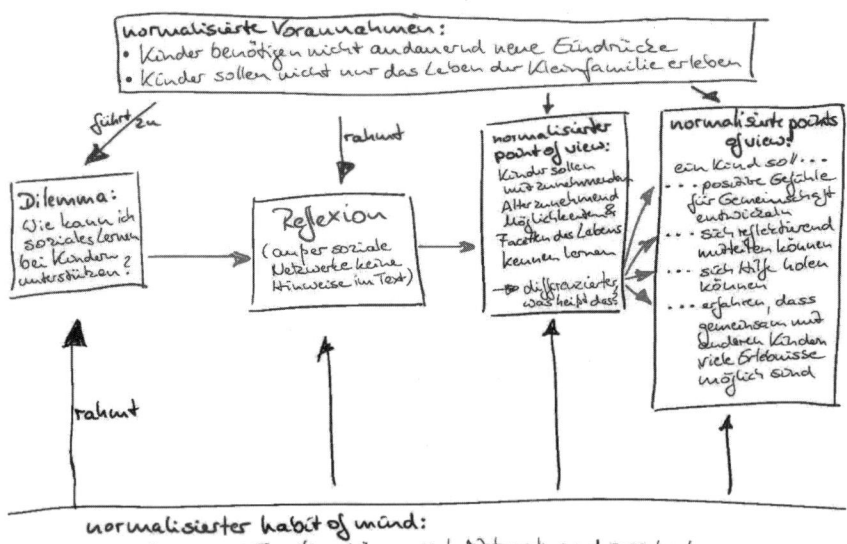

Abbildung 11.9: Normalisierung als Ziel, reflektiert als points of view

Obige Sequenz zeigt erneut den Zusammenhang von übergreifenden habits of mind und zugeordneten points of view. Der eingangs und am Schluss formulierte normalisierte habit of mind *zu Menschsein und Familie gehören soziale Netzwerke und soziales Lernen* liegt der ganzen Sequenz als Auffassung zu Grunde. Er rahmt den Lernprozess und bildet zugleich die Grundlage dafür, dass Frau HF darüber reflektiert, wie dieses Lernen bei Kindern altersgemäß stattfinden kann. Zwei normalisierte negative Gegenhorizonte (*Bombardement mit Eindrücken, einzelne Bahn der Kleinfamilie*) dienen ihr dabei als normalisierte Vorannahmen. Frau HF stellt als Lösung ihrer vermutlich in der Vergangenheit stattgefundenen reflektierenden Abwägungen zunächst mit dem normalisierten point of view *Kinder sollen mit zunehmendem Alter zunehmend Möglichkeiten und Facetten des Lebens kennenlernen* vor. Dann benennt sie vier normalisierte points of view, die sie als differenzierte Ziele des elterlichen Erziehungshandelns postuliert (Gemeinschaft positiv erfahren, reflektierend mitteilen, Hilfe holen, Erlebnisse mit Kindern erfahren). Abschließend weist sie nochmals mit anderen Worten auf den eingangs normalisierten habit of mind *Soziales Lernen ist ein grundlegendes Kennzeichen des Lebens und der Familie* hin, verbleibt an dieser Stelle jedoch individualisiert („isch [=ist; RM] für mich"). Damit rahmt dieser habit of mind nicht nur den Lernprozess, sondern auch die Ausführungen der interviewten Mutter. Gefühle spricht Frau HF nicht explizit an.

Wie im 1. Beispiel werden sowohl grundlegender habit of mind sowie alle damit verbundenen points of view normalisiert. Das Lernen findet wiederum innerhalb des durch die Normalisierungen abgesteckten Horizonts. Die Passage gibt keine Hinweise auf mögliche Transformationen von habits of mind. Prämissen werden nicht in Frage gestellt.

Die nun folgenden Beispielsequenzen stammen ebenfalls aus dem Interview mit Frau HF. Sie formuliert weitere normalisierte Ziele elterlichen Handelns. Die Interviewerin fragt, ob Frau HF in der Erziehung an ihre Grenzen komme („stößt du trotzdem an deine grenzen noch heutzutage in der erziehung", 31). Diese weist zunächst darauf hin, dass sie mit der Erziehungsarbeit so gut wie fertig sei („fast fast erledigt", 32). Dieser Fall steht damit im Kontrast zum ersten Fall dieses Abschnitts, bei dem zum Zeitpunkt des Interviews noch die Geburt des ersten Kindes bevorsteht. Die Reflexionen des Interviewten dort sind Vorüberlegungen über zukünftige Handlungsziele, während Frau HF in der nun folgenden Sequenz aus der Erfahrung einer bereits lange gelebten Elternschaft spricht. Es sind ihrer Ansicht nach eher Reflexionen einer ausgehenden Elternschaft.

> „ja gut jetzt jetzt IS es ja bei mir, * wie soll ich sagen. jetzt is ja bei mir schon fast fast erledigt. sag ich jetzt die äh äh die zwei kinder sind jungerwachsen, und sind am am an der sind einfach am selbstständig werden und schon teilweise zeitweise ausgezogen von zu hause. * ähm da kann ich nur noch in äh BERATEnd so es gewünscht wird bei:stehen * äh muss **natürlich** trotzdem mich bei manchen bemerkungen sollte ich mich dann zurückhalten [LACHT] weil ich dann einfach

nur äh äh nervend bin und eben dieses äh beGLUCKENde dieses hudeln muss ich
einfach lassen ich kann **natürlich** das gefühl der geborgenheit geben, und des
nachhausekommens geben, aber äh sollte dann eigentlich wenns geht nur noch
beratend eingreifen wenns gewünscht wird. in sofern ist es jetzt bei den großen
etwas einfacher" (Interview 12, 32)

Die eigenen Kinder sind „jungerwachsen" und zum Zeitpunkt des Interviews
22, 19 und 13 Jahre alt. Dies suggeriert zunächst die Annahme, die elterlichen
Verpflichtungen und Aufgaben gegenüber der nachwachsenden Generation
hätten ein definierbares Ende, es gäbe ein Ende der Elternschaft, das sich im
Alter der Kinder, an deren Selbstständigkeit („am selbstständig werden") und
in deren Auszug aus dem Elternhaus („teilweise zeitweise ausgezogen von
zu hause") zeige. Dies wird in den nachfolgenden Erläuterungen jedoch relativiert. Es gibt weiterhin elterliche Betätigungsfelder: „kann ich nur noch
in äh BERATEnd so es gewünscht wird bei:stehen". Die Elternschaft erfährt
hier eine Begrenzung („nur noch"). Was im Vergleich zur vorhergehenden Zeit
als Elternteil nicht mehr ausgeübt werden kann, bleibt zunächst offen. Frau
HF betont das mögliche elterliche Betätigungsfeld der Beratung. Doch auch
das „BERATEnd [...] beistehen" wird noch weiter eingeschränkt. Nur „so es
gewünscht wird", ist eine Beratung als Mutter möglich. Frau HF benennt die
einschränkenden Akteure nicht direkt. Es kann jedoch vermutet werden, dass
sie hier von ihren Kindern spricht, da diese zuvor genannt waren.

In der nun folgenden Passage finden sich viele Formulierungen, die darauf
hinweisen, dass es eine Veränderung [188] in den Handlungsmöglichkeiten der
Mutter gegeben hat („kann [...] nur noch [...] beistehen", „muss natürlich
trotzdem", „sollte [...] zurückhalten", „muss [...] lassen", „kann [...] geben",
„sollte [...] beratend eingreifen"). Es gibt Bereiche, in denen die Mutter die
Möglichkeit zur Intervention hat („kann") und solche, in denen eine bestimmte Intervention notwendig ist („muss"). Schließlich gibt es noch Situationen, in
denen eine bestimmte Intervention ratsam jedoch nicht zwingend notwendig
wäre („sollte"). Die Tatsache, dass hier ein Verhältnis zwischen gleichberech-
tigten Personen ausgehandelt wird, lässt sich durch die beiden eingefügten
Hinweise „so es gewünscht wird" und „wenns gewünscht wird" schließen.
Dies begrenzt zugleich das Betätigungsfeld von Frau HF. In der von ihr gewählten Formulierung ist die Begrenzung ihrer Erziehungsbemühungen un-
persönlich. Die Person, die „es" wünscht, bleibt dabei eigentümlich passiv und
im Hintergrund. Dadurch wirken die Begrenzungen zwar eindeutig unverän-
derbar, jedoch wenig klar umrissen.

In dieser durchweg individualisiert beschriebenen Elternschaft wird zunächst nur die zurückhaltende Beratung normalisiert. Die Zurückhaltung gilt,
auch wenn der Wunsch nach Beratung geäußert wurde („trotzdem"). Interessanterweise ist die normalisierte zurückhaltende Beratung bei „manchen

---

188 Wieder findet sich hier ein Hinweis auf die Eigenschaft des Phänomens *Elternschaft – das
Fremde: die dauerhafte Veränderung (vgl. Abschnitt 6.1).

bemerkungen" zunächst zwingend („muss") und wird dann abgeschwächt nur ratsam („sollte"). In einem nun folgenden Einschub begründet Frau HF durch einen negativen Gegenhorizont, warum die normalisierte Zurückhaltung erfolgen soll („weil ich dann einfach nur äh äh nervend bin"). Eine Mutter, die „beGLUCKEN[d]" ist und „hudel[t]", ist bei erwachsenen Kindern „nervend". Diese Handlungsformen sind, so formuliert Frau HF nun wieder zwingend, nicht akzeptabel, sie „muss [diese; RM] einfach lassen". Damit ist sie wieder bei ihrer ersten Einschätzung angelangt. Es ist nicht nur ratsam sondern zwingend notwendig, dass sie als Mutter in der Fürsorge zurückhaltend ist.

Anschließend ergänzt Frau HF den normalisierten point of view, *Zurückhaltung bei der Fürsorge ist normal und notwendig*, durch einen zweiten: *Das natürliche Gefühl der Geborgenheit kann gegeben werden* („ich kann natürlich das gefühl der geborgenheit geben, und des nachhausekommens geben"). Beides sind Ziele der möglichen und notwendigen Handlungen, die Frau HF für sich als Mutter sieht. Die Mutter definiert ihre Elternschaft hier über eine normalisierten Begrenzungen ihres Handelns als Elternteil. Die Ziele sind jedoch nur realisierbar, wenn die Kinder in der jeweiligen Situation den entsprechenden Wunsch äußern. Ziel jedes Elternhandelns ist damit für Frau HF, die Grenzen der Zurückhaltung und der Geborgenheit zu wahren wenn Beratung eingefordert wird. Das Elternhandeln darf diese Grenzen nicht überschreiten. Es besteht so etwas wie eine normalisierte elterliche Fürsorge-Rufbereitschaft mit natürlicher Geborgenheitsvermittlung, die durch diffuse durch die Kinder gesetzte Rahmen unklar begrenzt ist.

Die Dilemmata, die sich auf Grund dieser Normalisierungen für Frau HF ergeben, klingen eher nebenbei an. Sie spricht davon, „nervend" zu sein und das „beGLUCKENde" lassen zu müssen. Ganz am Ende des Abschnitts merkt sie an „aber äh sollte dann eigentlich wenns geht". Nur diese wenig kontuierte Bemerkung „wenns geht" und die abschließende Beurteilung „leichter" lassen darauf schließen, dass Frau HF hier von Problemsituationen spricht, die sie auch aktuell an die Grenzen ihrer elterlichen Handlungsfähigkeit zu bringen scheinen und die mit Gefühlen der Unsicherheit oder Belastung verbunden sein könnten. Während sie zuvor nicht direkt auf die Frage der Interviewerin geantwortet hatte („stößt du [...] an deine Grenzen", 30) und über von außen gesetzte Grenzen gesprochen hatte, spricht sie nun eigene Grenzen an. Die Diffusität der Dilemmasituationen zeigt sich hier auch in der Wortwahl („sollte dann eigentlich"). Es bleibt offen, welche Faktoren dazu führen, dass die Einhaltung des normalisierten Ziels gelingt oder nicht gelingt.

Grundlegende habits of mind lassen sich vermuten. Die beiden normalisierten Annahmen *Eltern stehen ihren Kindern bei* und *Eltern geben Geborgenheit* scheinen Basisüberzeugungen zu sein, die die Überlegungen der interviewten Mutter rahmen. Hinzu kommt die Überzeugung, dass das Selbstverständnis als Elternteil und damit Elternschaft sich im Laufe der Zeit verändert und irgendwann endet.

Lerntheoretische Implikationen

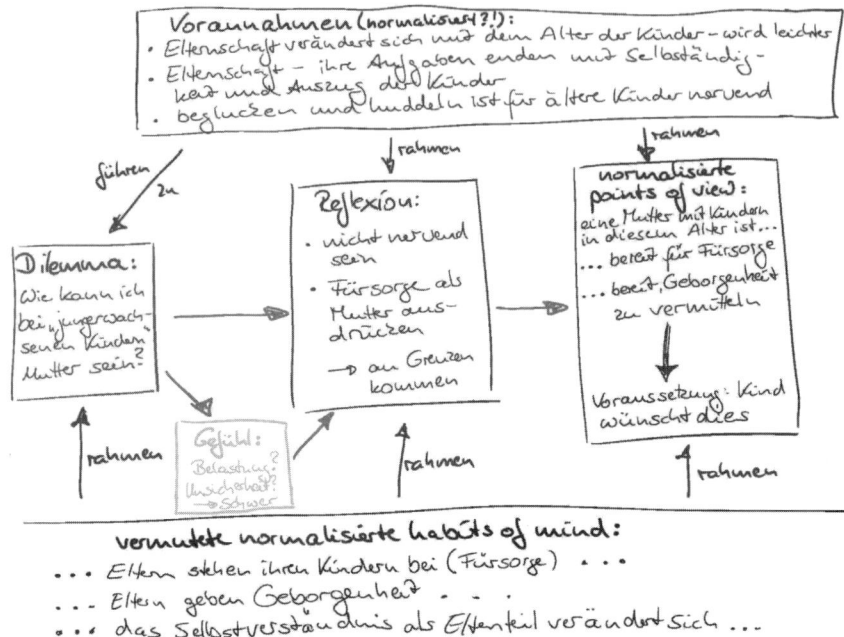

Abbildung 11.10: Normalisierung als Ziel – Beispiel 3

Frau HF formuliert Vorstellungen ihrer aktuellen Elternschaft, die sie als eine ausgehende entwirft. Um das Dilemma *wie kann ich bei älteren Kindern Mutter sein? Wie kann die Beziehung zu den Kindern gestaltet werden* zu lösen, hat sie sich points of view angeeignet. Diese normalisierten Ziele, die points of view *zurückhaltende rufbereite Fürsorge* und *Vermitteln von Geborgenheit* werden durch einen individualisierten negativen Gegenhorizont (nervend sein) begründet. Frau HF musste umlernen. Sie musste ihr Selbstverständnis als Mutter den habits of mind sowie den Vorannahmen folgend transformieren. Der normalisierte habit of mind *das Selbstverständnis von Eltern ändert sich mit dem Alter der Kinder* führt zwingend dazu, dass sie das eigene Selbstverständnis ändern muss, dass Sie umlernen muss. Zudem musste sie neue points of view erlernen.

Ich kann nur vermuten, wie das transformative Lernen von Frau HF aussah, wie sie das Dilemma der selbstständig werdenden Kinder und der daraus folgenden diffus veränderten Anforderungen an ihre Elternschaft gelöst hat. Die Antworten, die sie auf die Frage gefunden hat, was das für ihr Eltern-Selbst-Bild bedeutet, welche Handlungsoptionen möglich sind, lassen sich nicht konkret fassen. In solch einem kommunikativen Lernprozess spielt nach

Mezirow die Identifikation mit Anderen eine große Rolle.[189] Dies könnte erklären, warum Frau HF sich auf normalisierte Ziele und normalisierte rahmende habits of mind bezieht. Eine zurückhaltende Fürsorge und die Vermittlung eines Geborgenheitsgefühls werden durch die Normalisierung zu normalen Handlungszielen aller Eltern mit „jungerwachsenen" Kindern. In zukünftig auftretenden Problemsituationen können diese Ziele so zur normalen und damit nicht weiter hinterfragten Orientierung für die Lösungsfindung werden. Sie bilden dann zukünftig die Vorannahmen.

Zusammenfassung
Die oben ausgeführten Beispiele weisen einige parallele Strukturen auf, die ich den Abschnitt abschließend zusammenfassen möchte:

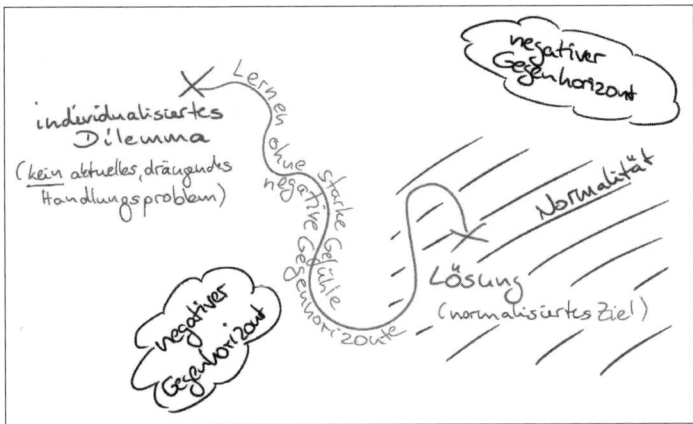

Abbildung 11.11: Normalisierung als Ziel von Lernprozessen ist Horizont des Lernwegs

1. Bei Sequenzen, in denen Eltern ihre Ziele normalisieren, werden die grundlegenden habits of mind sowie alle damit verbundenen points of view (Vorannahmen) normalisiert. Das in den Sequenzen rekonstruierte Lernen findet wie auch im vorangehenden Abschnitt *innerhalb dieses durch die Normalisierungen abgesteckten Horizonts* statt. Die normalisierten habits of mind und points of view werden bei diesem Lernprozess nicht transformiert. Das bedeutet aber nicht, dass kein transformatives Lernen stattfindet. In allen Beispielen werden points of view neu entwickelt, die als normalisierte points of view die Lösungen der jeweiligen Dilemmata bilden. Im ersten Beispiel kommen individualisierte Lösungen hinzu. Dieses Lernen ist nach Mezirow jedoch nicht transformativ.[190] Finden Transformationen statt, so geschieht auch dieses *Lernen innerhalb des normalisierten Rahmens*. Die entwickelten *Lösungen*

---

189 Vgl. die Ausführungen zur TLT in Abschnitt 10.2.
190 Vgl. Abschnitt 10.2.4.

werden innerhalb des gesteckten Rahmens umgelernt oder neu gelernt. Die Eltern reflektieren nicht über die Prämissen ihres Handelns. In den Daten findet sich kein Beispiel, bei dem habits of mind transformiert werden.

2. Das von den interviewten Eltern bearbeitete Dilemma wird individualisiert entworfen. Die Eltern suchen Ziele für ein individuelles Dilemma, das sich aus den normalisierten Rahmungen ableitet.

3. In Sequenzen mit normalisierten Zielen zeigt sich ein Muster, das sich auf die Stellung der Reflexion in Bezug auf das Handeln als Elternteil bezieht. Im ersten Beispiel finden die reflektierenden Gespräche der Eltern vor der Geburt des Kindes statt und damit unabhängig von einer konkreten Problemsituation in der Alltagsinteraktion. Im zweiten Beispiel schildert die interviewte Mutter ebenfalls ein Dilemma, dass abstrakt ist und zunächst außerhalb ihrer direkten Interaktion mit einem Kind, dem Partner oder einer anderen Person steht. Im dritten Beispiel verhält es sich ebenso. Die scheint darauf hin zu weisen, dass die Dilemmata, die im Zusammenhang mit der Entwicklung von Zielen elterlichen Handelns bearbeitet werden, *unabhängig von konkreten Problemsituationen* reflektiert und gelöst werden.

4. In keiner der in den Daten identifizierten Sequenzen mit normalisierten Zielen finden sich Beschreibungen starker Gefühle. Die rekonstruierten *Gefühle scheinen nicht gravierend zu sein.* Die Neulernprozesse scheinen für die lernenden Eltern keine gravierenden Dilemmata darzustellen. In Sequenzen, in denen transformatives Lernen stattfindet, so wie in dem letzten Beispiel, werden Gefühle zwar nicht explizit angesprochen, können jedoch auf Grund der gewählten Formulierungen vermutet werden.

5. In den Sequenzen, in denen die interviewten Eltern ihre Ziele normalisieren, spielen *negative Gegenhorizonte* eine wichtige Rolle. Die Eltern illustrieren mit Hilfe dieser negativen Gegenhorizonte, die im Interview als Vorannahmen in Bezug auf den Lernprozess herangezogen werden, ihre normalisierten Ziele. Negative Gegenhorizonte illustrieren, wenn Eltern beschreiben, wie sie die Ziele ihres elterlichen Handelns erlernen. Damit werden die Ziele, im Gegensatz zu den genannten Gegenhorizonten, in ihrer Spezifik geschärft. Es scheint für die Eltern jedoch kein Widerspruch zu sein diese Ziele dennoch zu normalisieren. Es scheint sich für sie also nicht zu widersprechen, normalisierte Ziele zu vertreten und dennoch Gegenhorizonte zu benennen. Der Gegenhorizont ist nicht normal – normal ist das Eigene.

11.3 Eine unterbrochene Normalisierung neu rahmen

In Abschnitt 11.1 habe ich dargestellt, wie eine unterbrochene Normalisierung wieder hergestellt wird, ohne dass ein transformatives Lernen stattfindet. Dies ist eine naheliegende Möglichkeit, mit einer unterbrochenen Normalisierung umzugehen. Nun betrachte ich Sequenzen, in denen ebenfalls etwas als nicht normal bezeichnet wird. Die interviewten Eltern weisen in diesen Sequenzen auf einen Sachverhalt hin, der ihrer Ansicht nach nicht normal ist. Anhand ausgewählter Textpassagen zeige ich jetzt jedoch, in wie fern diese unterbrochenen Normalisierungen transformative Lernprozesse anregen können. Ich konnte in den Daten drei Möglichkeiten rekonstruieren, wie unterbrochene Normalisierungen und transformatives Lernen zusammenkommen können.

In der ersten Beispielsequenz beurteilt die interviewte Mutter, Frau LF, die häufige berufsbedingte Abwesenheit ihres Mannes als für einen Mann nicht normal.

> „also erziehung lag fASCHTt nur bei mir * dadurch dass der robert [DER EHE-MANN; RM] einfach fort war überwiegend * und durch sein beruf eh mehr als n **normaler** mann fort war ja [LACHT] u:nd * de:s * hat mi am anfang gschlaucht dass alle verantwortung bei mir lag und hat isch mir ma ne andre frau * übern weg glaufe die au in der gleiche situation drin gsteckt iSCh aber die ältere oder die kinder schon alle ausm haus raus waret un dann hat se gsagt un des fand i so klasse damals des hat mir ganz arg gholfe sie fand des supa dass sie allei die kinder erziehe konnte und net ständig jemand nei quasselt hat * u:nd dann hab i de:s bejahe könne und hab denkt mensch eigentlich stimmts ja mir hen **ma** hat als partner hat **ma** verschiedene * stile in der erziehung un:d dadurch dass ich dann wirklich fascht allein die kinder ghätt hab hab i mein erziehungsstil klar mit ab-sprache mim robert hab einfach durchziehe könne ja und hab net imma * jemand ghätt der mir nei quasselt * und des war dann wo ich des gspräch damals mit der frau müller ghätt hab des war echt genial" (Interview 14, 11)

Frau LF beginnt zunächst mit der neutralen Feststellung, dass beinahe die ge-samte Erziehungsverantwortung bei ihr gelegen hätte. Nach einer ganz kur-zen Pause liefert sie eine Begründung dafür nach. Sie stellt fest, dass ihr Mann „mehr als n normaler mann fort war". Diese Feststellung lässt auf einen nor-malisierten point of view *normale Männer sind nur in einem gewissen Maß nicht bei ihrer Familie* schließen. Frau LF befindet sich ihrer Ansicht nach je-doch in einer unnormalen Situation. Ihr Mann überschreitet in seiner Ab-wesenheit die Grenze der Normalisierung und ist noch häufiger nicht bei ihr und dem Kind. Diese Situation und die damit verbundene Verschiebung der Verantwortung, die sie als ganz bei sich liegend betrachtet, fordern sie („gschlaucht"). „gschlaucht" scheint ein Hinweis auf ein Gefühl der großen Anforderung möglicherweise auch der Überforderung zu sein. Frau LF nennt die alleinige Verantwortung („dass alle verantwortung bei mir lag") als Grund für das anfängliche Gefühl der (Über-)Forderung. Die Mutter betrachtet ihre Elternschaft, die sie durch die zu häufige Abwesenheit des Mannes allein aus-füllen muss, unter der Perspektive der Verantwortung. Sie sieht die gesamte Erziehungsverantwortung bei sich und begründet diese alleinige Verantwor-tung mit der ihrer Einschätzung nach über das normale Maß hinausgehenden Abwesenheit des Mannes. In Folge der gestörten Normalisierung (abwesen-der Mann) kommt es zu einer Verantwortungsverschiebung, die durch starke

Gefühle eine Dilemmasituation kennzeichnen. Der oben festgestellte point of view lässt sich ergänzen durch einen zweiten, den Frau LF hier ebenfalls als verletzt anzusehen scheint: *Eltern teilen sich die Verantwortung, die sie für ihr Kind haben.*

Der Hinweis „am anfang" lässt jedoch bereits darauf schließen, dass die Mutter in einem Lernprozess eine Lösung gefunden hat. Die Hilfe zur Lösung aus dem Dilemma erfolgt eher zufällig – Frau LF trifft eine andere Mutter, die in einer ähnlichen Situation war („isch mir ma ne andre frau * übern weg glaufe"). Diese Begegnung mit einer anderen Frau bleibt völlig unscharf. Wir erfahren nichts über den Ort und den Zeitpunkt des Zusammentreffens oder über die Beziehung, in der Frau LF damals zu der Frau stand. Auch einen Namen trägt diese Frau zunächst nicht, sie bleibt anonym. All diese Einzelheiten scheinen für Frau LF irrelevant. Zentral ist die Information, dass diese andere Frau „au in der gleiche situation drin gsteckt iSCh". Die Kinder dieser Frau sind bereits aus dem Haus. Sie war jedoch früher ebenfalls allein mit ihren Kindern und kennt damit die Situation, die von Frau LF als Dilemma erlebt wird. Die geteilte Erfahrung verleiht dieser Begegnung der beiden Frauen einen besonderen Wert. Hinzu kommt, dass die andere Frau diese gleiche Situation erfolgreich bewältigt zu haben scheint.

Frau LF beginnt nun zu erläutern, was diese Begegnung über die geteilte Erfahrung hinaus so wertvoll für sie werden lässt. Sie stellt zunächst relativ unbeteiligt fest „un dann hat se gsagt", schiebt dann sofort ihre Beurteilung des Gesagten nach („un des fand i so klasse damals des hat mir ganz arg gholfe"), noch bevor sie den Inhalt des von der anderen Frau Erzählten benennt. Erst jetzt erfahren wir, worin die Besonderheit der Begegnung liegt. Die andere Frau befand sich zwar in der gleichen Lage wie Frau LF, sie deutete diese jedoch anders. In der Beurteilung dieser Frau war das Alleinsein mit den Kindern keine unnormale Situation, die zu großer Verantwortung und Überforderung führten. Ganz im Gegenteil. Sie „fand des supa dass sie allei die kinder erziehe konnte". Frau LF begegnet einer völlig anderen Perspektive auf die gleiche Situation. Während sie selbst die ihrer Ansicht nach nicht normale Verschiebung der Verantwortung auf sich allein zur Beurteilung ihrer Elternschaft heran zieht und diese daher negativ ausfällt, beurteilt die zweite Mutter ihre Situation überaus positiv. Grund hierfür ist ihre andere Perspektive. Sie betrachtet ihre Situation als quasi alleinerziehende Mutter im Hinblick auf die dadurch entstehende Gestaltungsfreiheit („net ständig jemand nei quasselt [=hineinredet, rm]").

Das Gespräch mit der anderen Mutter und deren Einschätzung helfen Frau LF, ihre Perspektive zu ändern („un dann hab i de:s bejahe könne und hab denkt mensch eigentlich stimmts ja"). Mit dem von Frau LF im zweiten Anlauf normalisierten („mir hen **ma** hat") point of view *Elternteile können verschiedene Erziehungsstile haben* hat sie eine Anschlussmöglichkeit zu ihren eigenen Überzeugungen gefunden. Die reflektiert ihre Situation und lernt, diese aus der anderen neuen Perspektive zu betrachten. Durch diese Veränderung steht nicht mehr die belastende Verantwortung im Vordergrund ihrer Wahrnehmung, sondern die ihr eröffnete Gestaltungsfreiheit in der Kindererziehung. Sie sieht die Erfahrungen der anderen Mutter bei sich bestätigt. Auch sie kann ihren Erziehungsstil „durchziehe". Die einzige Einschränkung ist die Absprache mit dem Mann. Sie kommt trotz dieser Einschränkung zu der Beschreibung, dass auch sie nicht immer durch das „nei quassel[n]" einer zweiten Person (ihres Mannes) in ihrer Erziehungsarbeit gestört wurde. Frau LF benutzt hier die gleiche Formulierumg, die sie auch der anderen Frau in den Mund legt. Diese Parallelität unterstreicht die Gemeinsamkeit zwischen den Frauen. Frau LF kann durch das Gespräch und die damit verbundene Reflexion eine neue Perspektive, eine neue Überzeugung annehmen.

Abschließend betont Frau LF nochmals die besondere Bedeutung, die dieses zufällige Gespräch mit einer anderen Mutter für sie hatte („des war echt genial"). Nun erhält diese Frau, Frau Müller, auch einen Namen, was ihre Bedeutung für Frau LF abschließend nochmals unterstreicht.

Lerntheoretische Implikationen

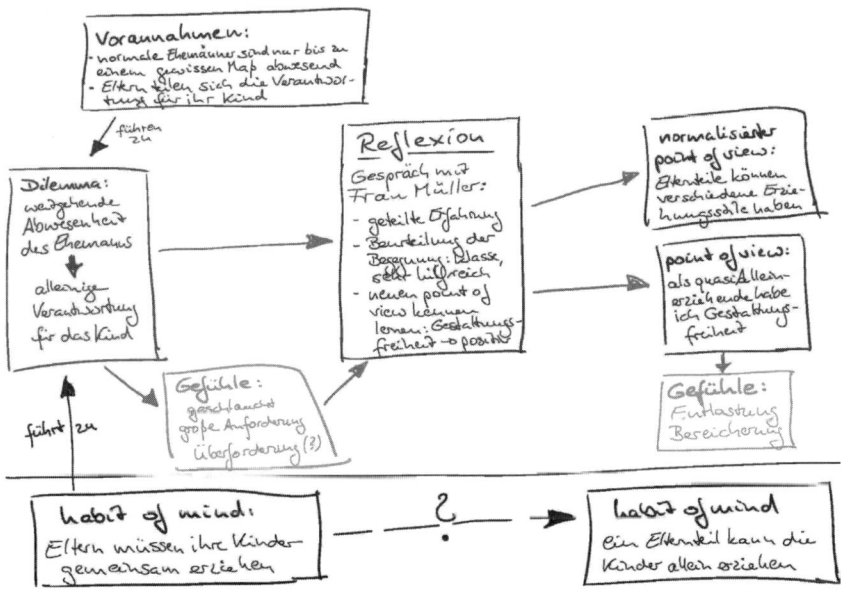

Abbildung 11.12: Die unterbrochene Normalisierung wird neu gerahmt und so positiv umgedeutet

Frau LF beschreibt sich eingangs in einer dauerhaften Dilemmasituation. Sie kann scheinbar weder die gestörte Normalisierung, das Überschreiten ihrer

Vorannahme *normale Männer sind nur in einem gewissen Maß nicht bei ihrer Familie*, wieder herstellen, noch diesen normalisierten point of view transformieren. In Folge der gestörten Normalisierung befindet sie sich in dem Dilemma der alleinigen Verantwortung. Dies scheint ihrem point of view *Eltern teilen sich die Verantwortung, die sie für ihr Kind haben* zu widersprechen.

Im Hinblick auf die normalisierte Abwesenheit des Mannes und die damit verbundene Abweichung von einer gemeinsam geteilten Verantwortung weicht die eigene Elternschaft ab. Doch Frau LF kann diese Abweichung als geteilte Erfahrung mit einer anderen Frau feststellen. In einem vorwiegend kommunikativen Prozess lernt Frau LF, eine neue Perspektive auf das Dilemma einzunehmen. Sie nimmt Bezug auf den normalisierten point of view *Elternteile können verschiedene Erziehungsstile haben* und eignet sich den point of view *als quasi allein erziehende Mutter habe ich Gestaltungsfreiheit* an. Damit gibt sie der Problemsituation eine andere Rahmung. Frau LF schätzt die Situation durch diese veränderte Rahmung anders ein. Sie wandelt so das Gefühl der Belastung hin zu einem Gefühl der Entlastung von andernfalls notwendigen Absprachen. Sie hat ihre points of view verändert.

In der Erzählung scheint der Wechsel der Rahmung oder des Horizonts, mit dem das Dilemma beurteilt wird, eine große Veränderung darzustellen. Frau LF reflektiert nicht nur über den Gehalt des Dilemmas. Sie nimmt Bezug auf ihre Prämissen. Es erscheint einleuchtend, dass die Änderung der points of view auch zu einem Wandel entsprechender habits of mind führt. So könnte Frau LF im Verlaufe dieser Reflexionen den vermutlich vorliegenden habit of mind *Eltern müssen ihre Kinder gemeinsam erziehen* transformiert haben zu *es hat Vorteile, wenn ein Elternteil die Kinder allein erziehen kann*.

Das Umlernen führt in dieser Sequenz nicht nur dazu, dass Frau LF sich mit der gestörten Normalisierung abfindet. Sie lernt die Abweichung von der Normalisierung positiv zu deuten. Sie erlebt, dass auch andere Mütter sich in ihrer Lage befinden können und die von ihr als nicht normal beurteilte Situation, die gestörte Normalisierung bewältigen können. Damit kann die Mutter die in ihren Augen von der Normalisierung abweichende Situation akzeptieren bzw. sogar schätzen lernen. Die gestörte Normalisierung kann auf diese Weise bestehen bleiben und führt dennoch nicht mehr zu einem Dilemma.

Das zweite Beispiel zeigt, wie ebenfalls eine gestörte Normalisierung bestehen bleibt. Im Gegensatz zu Beispiel zwei wird hier jedoch der Umgang mit dieser gestörten Normalisierung eingeübt. Es lässt sich ein transformativer Lernprozess vermuten, bei dem die ehemals gestörte Normalisierung zu einer neuen Normalisierung umgedeutet wird.

> 173 I: „so ein bereich ist auch noch erziehung also was ist dir so wichtig das
>   hatten wir schon aber gab's so situationen wo es dir auch mal schwer fiel
>   äh Markus los zu lassen

174 MF: ja ja auf jeden fall also das ist heut noch so also des ich ähm ich glaub
          als mutter oder weil ich bin halt 24 stunden daheim also um ihn rum am
          anfang still ich ihn auch noch also ist er im prinzip von mir abhängig und
          dann erzählt ach ich bin so froh wenn ich mal wieder allein sein kann aber
          wenn dann der zeitpunkt kommt dann ist es ganz schlimm"
          (Interview 15, 173f)

Der Interviewer fragt nach möglichen Schwierigkeiten Frau MFs in der Vergangenheit, das Kind loszulassen. Er eröffnet eine Gesprächsmöglichkeit über mögliche Problemsituationen als Elternteil. Frau MF ergreift diese und bestätigt, dass es schwierige Situationen in der Vergangenheit gab und dass es solche auch zum Zeitpunkt des Interviews noch gibt („das ist heut noch so", 174). Zögernd beginnt sie eine Begründung für die anhaltenden Schwierigkeiten, das Kind los zu lassen, mit einem Satz, den sie sofort wieder abbricht („also des ich ähm ich glaub als mutter", 174). Dieser Anfang scheint eine Begründung in allgemeinen Aussagen zu Mutterschaft einzuleiten. Frau MF bricht diese Normalisierung jedoch ab und fährt individualisiert fort „weil ich bin halt 24 stunden daheim also um ihn rum" (174). Sie begründet ihre Schwierigkeiten mit ihrer ununterbrochenen Anwesenheit bei dem Kind und fügt sogleich einen weiteren Grund hinzu: „also ist er im prinzip von mir abhängig" (174). Sie illustriert dies mit dem Hinweis auf das Stillen. Doch das Problem ist nicht so einfach, wie es diese ersten Begründungen erscheinen lassen. Die Mutter hat nicht nur Schwierigkeiten, das Kind loszulassen. Sie beschreibt widerstreitende Gefühle. So ist sie einerseits „so froh" (174), wenn es eine Möglichkeit gibt, allein ohne das Kind zu sein. Andererseits erlebt sie die konkret bevorstehende Situation der Trennung als „ganz schlimm" (174). Sie illustriert dies im an die obige Sequenz anschließenden Abschnitt am Beispiel der ersten Trennung von dem Kind. Sie benennt diese als „katastrophe" (176), untermalt ihre Befürchtungen zweimal mit „oh gott" (176) und beschreibt ihre Géfühle („tat es mir ganz arg weh", 176). In diesem Beispiel verbleibt Frau MF in der Beschreibung bei dem für sie problematischen Anteil einer Trennung. Mögliche Gefühle der Erleichterung, die sie eingangs andeutet, tauchen dabei nicht auf. Erst in der direkt anschließenden Sequenz drückt sie den Widerstreit der unterschiedlichen Gefühle wieder aus.

180 MF: „also des isch heute auch noch also jetzte wenn ich da jetzt die vier tage
          oder drei tage nach mallorca ich vermiss den jetzt schon
181 I: mhm
182 MF: des isch abartig des isch wie ein team irgendwie irgendwie ist es auch ganz
          normal dass er DA ist weisch wenn ich weg bin dann ist es irgendwie
          schon schlimm *2* des isch dann meistens bis ich weg und bin ich kann
          des dann relativ gut dass ich abschalten kann also
183 I: mhm
184 MF: wenn ich dann auch mal wirklich weg bin und wird des dann auch immer
          irgendwie etwas einfacher die ersten paar male war es echt am schlimms-

ten weil ich echt gedacht habe oh gott hoffentlich kriegen die des alles so
hin und und wie geht´s ihm wenn ich jetzt nicht da bin und als es dann
zwei dreimal war und es eigentlich super geklappt hat und ich mir auch
bewusst gemacht habe ich glaub wenn ich WEG bin dann bin ich weg aus
den augen aus dem sinn auf für ihn weisch

185 I: mhm mhm

186 MF: und er hat auch nie geheult wenn ich gegangen bin ich glaub des ist auch
noch so ein bisschen vorteil gewesen *3* aber ich glaub des wird immer
so also immer so sein also weisch so ein großer chaot wie er ist und und
er nervt mich manchmal auch echt tierisch oder so aber trotzdem weisch
dann grinst er wieder oder jetzt macht er sich ja schon deutlich er fängt
jetzt an zu reden so ein bissel und so weiter des isch so goldig jetzt des
isch unglaublich [zu Markus] ja hol den Ball

187 I: mhm mhm

188 MF: also des loslassen ist schon brutal schwer

189 I: aha

190 MF: wenn **man** es ein paarmal gemacht glaub ich dann wird es immer einfacher so"

(Interview 15, 180-190)

Wieder beginnt Frau MF mit der Bestätigung, die auch in der obigen Sequenz
die Erzählung eingeleitet hat: „des isch heute auch noch" (180). Sie illustriert
dies mit den in der Interviewsituation aktuellen Gefühlen („ich vermiss den
jetzt schon", 180) bezüglich einer bevorstehenden Reise nach Mallorca. Die
anschließende Beurteilung „des isch abartig" (182) könnte Gefühle der Ver-
wunderung oder des Beeindruckt seins bezeichnen.

Frau MF beschreibt ihr Verhältnis zum Kind im Vergleich mit einem Team.
Dieser Begriff assoziiert ein Eingespielt sein, eine gegenseitige Abhängigkeit
und Ergänzung. Doch scheint die Beziehung zum Kind mit diesem Vergleich
noch nicht ausreichend illustriert, da die Mutter fortfährt „irgendwie irgendwie ist es auch ganz normal dass er DA ist weisch[191]" (182). Die Wortwiederholung könnte ein Hinweis darauf sein, dass Frau MF auf der Suche nach einer
für sie genauer passenden Beschreibung ihrer Beziehung zu dem Kind ist. Sie
beruft sich dann auf eine Normalisierung: „normal dass er DA ist" (182). Diese
scheint ihr nun ausreichend, da sie keinen weiteren Versuch einer Erläuterung
unternimmt. Dennoch bleibt scheinbar ein Rest an Unsicherheit, ob der Interviewer sie auch verstanden hat, da sie ein sich vergewisserndes „weisch" (182)
nachschiebt. Sie lässt jedoch keine Pause für eine Reaktion ihres Gesprächs-
partners, sondern führt sogleich weiter aus und schließt an die vorangehende Feststellung an „wenn ich weg bin dann ist es irgendwie schon schlimm"
(182). Dieser Aussage widerspricht sie jedoch nach einer kurzen Pause, indem
sie präzisiert, dass die Situation für sie nur so lange problematisch ist, bis sie
wirklich von dem Kind getrennt ist („bis ich weg bin", 182). Auch diese Feststellung relativiert sie sofort, indem sie beteuert, sie könne „des dann relativ

---

191   Der dialektale Ausdruck „weisch" hat ähnlich wie „gell" die Funktion, sich kurz der Aufmerksamkeit und Zustimmung des oder der Gesprächspartner_in zu vergewissern.

gut dass ich abschalten kann" (182). Dass es sich hierbei um einen Lernprozess der Mutter handelt, das Dilemma der in ihrer Sicht unterbrochenen Normalisierung *mein Kind ist immer bei mir* zu lösen, wird im Folgenden deutlich. Sie stellt fest, dass das Abschalten „dann auch immer irgendwie etwas einfacher" (184) werde und illustriert den Gegenhorizont der ersten Trennungen mit zwei Gedankenzitaten: „oh gott hoffentlich kriegen die des alles so hin" und „wie gehts ihm wenn ich jetzt nich da bin" (184).

Trotz dieser vielfach beschriebenen negativen Gefühle führt Frau MF immer wieder Trennungen von ihrem Kind und damit Dilemmasituationen einer unterbrochenen Normalisierung herbei. Sie scheint einem point of view zu folgen, der heißen könnte: *Auch als Mutter muss ich es können, dass ich bisweilen von meinem Kind getrennt bin.* Frau MF scheint diese Trennungen richtiggehend zu üben und stellt fest, wie es einige Male gut gelingt und das Kind die Trennung ohne Schwierigkeiten zu bewältigen scheint („nie geheult", 186). In der Reflexion macht sie sich zudem einen point of view bewusst: *„wenn ich weg bin dann bin ich WEG aus den Augen aus dem Sinn"* (184).

Nach einer etwas längeren Pause stellt Frau MF nochmals fest, dass die Trennung für sie nie einfach sein wird („des wird immer so also immer so sein", 186). Sie begründet dies mit dem Kind selbst. Ihr Bild des Kindes enthält ebenfalls zwei entgegengesetzte Aspekte: Das Kind ist für sie einerseits eine Herausforderung und provoziert ablehnende Gefühle („großer chaot", „nervt mich manchmal auch echt tierisch", 186). Andererseits weckt es starke Gefühle der Zuneigung („isch so goldig", 186).

In ihrem abschließenden Fazit greift Frau MF ihre widerstreitenden Perspektiven nochmals auf. So sei „des loslassen [...] schon brutal schwer" (188), andererseits kommt sie zu dem normalisierten Schluss „ wenn man es ein paarmal gemacht glaub ich dann wird es immer einfacher" (190).

Frau MF scheint hin und her gerissen zwischen ihrer postulierten Normalisierung des ständigen Zusammenseins mit dem Kind und den vermutlich durch einen point of view gestützen Versuchen einer Trennung und damit der Störung der Normalisierung. Die hiermit verbundenen positiven Gefühle („so froh"; 174) benennt sie nur ein einziges Mal. Es finden sich in diesen Sequenzen viele Abschwächungen und Formulierungen, die Diffusität schaffen („irgendwie [...] auch ganz normal", 182; „relativ gut", 182; „eigentlich super", 184; „bisschen vorteil", 186). Diese deuten ebenso wie das Schlussfazit darauf hin, dass Frau MF sich hier noch in einem Lernprozess befindet, bei dem sie zwischen widerstreitenden Gefühlen und points of view schwankt und noch keine abschließende Lösung gefunden hat. Demgegenüber stehen einzelne verstärkende Formulierungen wie „wirklich weg" (184), „nervt [...] echt tierisch" (186) und „brutal schwer" (188), die sich vor allem auf ihre Gefühle beziehen. Die wiederholten verallgemeindernden Hinweise, etwas geschehe „immer" (184, 186, 190) könnten auf den in ihren Augen permanenten Lernprozess hinweisen.

Lerntheoretische Implikationen

Abbildung 11.13: Die unterbrochene Normalisierung wird zu einer neuen Normalisierung umdefiniert

Frau MF durchbricht ihre Normalisierung, obwohl die dadurch entstehende Dilemmasituation vorwiegend mit negativen Gefühlen verbunden ist. Ihre mit der Trennung vom Kind verbundenen positiven Gefühle benennt sie nur einmal („so froh", 174). Sie reflektiert ihre Gefühle und die Erfahrungen mit der Trennung. Die Vorannahme, dass diese Trennung notwendig sei, wird nicht in Frage gestellt. Frau MF gelangt zu der normalisierten Lösung, dass die Gefühle weniger stark werden, wenn sie die Dilemmasituation wiederholt herbeiführt und einübt. Das Dilemma selbst ist damit nicht gelöst. Sie hat jedoch eine Handlungsstrategie sowie einen normalisierten point of view entwickelt, die einen produktiven und aktiven Umgang mit dem Dilemma ermöglichen. Durch wiederholtes Üben erreicht Frau MF, dass sie die Trennung von dem Kind und damit die unterbrochene Normalisierung als immer weniger problematisch erlebt. Eine Auflösung des Dilemmas in die Richtung eines Umlernens der normalisierten Annahme, das Kind sei immer bei ihr, scheint sehr wahrscheinlich, lässt sich aber noch nicht rekonstruieren. Derzeit scheint es für Frau MF nicht vorstellbar, dass eine Trennung von dem Kind ohne Schwierigkeiten möglich sein könnte („des wird immer [...] so sein", 186). Die Vermutung liegt jedoch nahe, dass eine dauerhafte Lösung des Problems darin liegen könnte, dass die Mutter den point of view erlernt, *es ist normal, dass ich mich hin und wieder von meinem Kind trenne* und damit die Situation der unterbrochenen Normalisierung zu der einer neuen Normalisierung umgedeutet wird.

Im abschließenden Beispiel wird nun an die Stelle der unterbrochenen Normalisierung eine neue Normalisierung gesetzt, der sich Eltern nach und nach annähern. Wie beim vorangehenden Beispiel vermutet wird hier also die ursprüngliche normalisierte Situation, die nun unterbrochen ist, zu einer neuen Normalisierung erklärt. Damit ist die Störung nicht mehr störend sondern Teil der neuen Normalisierung. Die Interviewerin stellt die Impulsfrage „und wenn du jetzt sO nochmal zurückschaust, und ähm so seit der geburt des ersten kindes kannst du dann so n ne richtung feststellen wie du, in deine elternrolle, hineingewachsen bist?" (Interview 21, 4) Sie gibt damit der Antwort implizit eine Perspektive vor, die Herr HM auch aufgreift. Er berichtet von dem Prozess des Elternwerdens.

> „äh kann ich gar nich SO SEhr sagen also ich meine **natürlich** * ich glaube was sich so am meisten verändert, sozusagen sichtbar? äh oder auch für **einen** selber merkbar is so des ja wie soll **man** sagen des sozialverhalten des AUsgehverhalten. also eben mit wem, trifft **man** sich über was redet, **man**? und das werden einfach andere *thEmen*. und es es wird weniger dass **man** sich mit leuten trifft die keEIne kinder haben? ich habs bei mir immer gemerkt dass ich mich tierisch freue, wenn leute die ich gerne mag und die ich gut kenne wenn die auch eltern werden, weil ich denke es is es is en bisschen wie en club, ja und ähm ich finds schön wenn leute zu dem club dazustoßen ja und **man** kann schlEcht äh eben leuten die nich im club sind äh das vermitteln. also gut vielleicht jetzt so leuten wie dU oder so die im kindergarten arbeiten is viellEIcht anders. aber sonstige leute die einfach Ihr leben was **man** vorher vielleicht auch gelebt hat so weiter leben, * da is einfach *4* ne lUcke sag ich mal ja is kein bruch? aber es is einfach es gibt es gibt en bereich den die einfach nich kennen? da der für einen extrem wichtig geworden is. * und das find ich merkt **man**. dass **man** immer mEhr halt **natürlich** mit mit leuten zu tun hat *auch weils dann halt praktischer ist* wenn die auch kinder haben, dann trifft **man** sich mit denen, damit die kinder dann schön auch, spielpartner haben, das heißt also sich mit leuten treffen die keine kinder haben, [RÄUSPERT SICH] wird deutlich weniger. und dadurch ändert **man** en bisschen sein soziales umfeld, ändert en bisschen das was **man** so tUt, **man** fängt eben dann um vIER an zu grillen, damit die kinder @irgendwann@ ins bett gehen, [BEIDE LACHEN] und nicht mehr um *acht*, oder so? und ja, *2* solche dinge. *des würd ich eigentlich am* mm am mEIsten sagen wo **man** so sieht. und klar, **man** gewöhnt sich nebenbei, als veränderung gewöhnt **man** sich halt an ein anderes stresslevel. also. hOffentlich ne, sonst sonst kriegt **man** einfach nicht mehr auf die reihe, aber **man** muss einfach * **man** hat en längeren tag. **man** hat mehr zu tun. und * das ist auch das wo womit ich schon manchmal noch hAder, [LACHT] also das ist nicht immer angenehm" (Interview 21, 7)

Herr HM reagiert spontan zunächst mit einer Bemerkung dazu, dass er zu der Frage, wie er Elternschaft erlernt hat, eigentlich nichts sagen kann. Er spricht dann jedoch ohne Pause weiter und nennt eine erste Normalisierung („natürlich"). Er führt zudem eine Differenzierung ein: Es gibt etwas, das sich „am meisten verändert", und folglich muss es auch noch andere Veränderungen geben. Diese größte Veränderung ist seiner Ansicht nach natürlich. Erkennen lässt sich diese Veränderung dadurch, dass sie „sozusagen sichtbar" oder „auch für einen selber merkbar is". Damit unterscheidet Herr HM zwischen

Veränderungen, die von Eltern selbst wahrgenommen werden von solchen,
die Eltern nicht bemerken. Erstere sind die normalisierten großen Veränderungen.

Er nimmt mehrere Anläufe, um schließlich zu der normalisierten Feststellung zu kommen, dass die größte Veränderung, die Eltern auch selbst wahrnehmen, ein verändertes „sozialverhalten" sowie das „AUsgehverhalten" sei-
en. Die Veränderung, so führt er weiter aus, gilt einerseits für die Personen,
mit denen Eltern sich normalerweise treffen und andererseits für die normalen
Gesprächsthemen. Herr HM baut einen Gegensatz zwischen Personen ohne
Kind und Personen mit Kind auf. Vor dem Gegenhorizont der Personen ohne
Kind skizziert er die normalisierten Veränderungen durch die Elternschaft. Er
normalisiert implizit den Gegenhorizont durch seine Darstellung als allgemeinen Ausgangspunkt aller Eltern. *Eltern treffen sich,* so der normalisierte *point
of view* des Herr YM, *eher mit anderen Familien als mit Freunden ohne Kinder
und sprechen über andere Themen als Menschen ohne Kinder.*

Herr HM erläutert diesen normalisierten point of view an einem konkreten individuellen Beispiel: seiner Freude darüber, wenn Menschen, die er
„gerne mag", selbst Eltern werden. Diese neuen Eltern würden damit automatisch Mitglieder in dem „club" der Eltern. Er bezeichnet Elternschaft als
„en club". Laut Duden (2013) ist ein Club eine „Vereinigung von Menschen
mit bestimmten gemeinsamen Interessen und Zielen (z. B. auf sportlichem,
gesellschaftlichem, politischem, kulturellem Gebiet)". Ein Club unterstellt ein
gemeinsames Anliegen der Clubmitglieder. Zudem ist die Mitgliedschaft klar
abgegrenzt gegenüber Nichtmitgliedern. In einem Club werden gemeinsame
Praktiken entwickelt und tradiert. Elternschaft führt demzufolge zu einem
normalen gemeinsamen Interesse aller Eltern an Themen, die Nicht-Eltern
nicht interessieren. Elternschaft trennt damit von Nicht-Eltern. Einzige Ausnahme sind nach Ansicht von Herrn HM Menschen, die auf professioneller
Ebene mit Eltern arbeiten wie zum Beispiel Erziehende in Kindergärten. Diesen sei im Gegensatz zu anderen Nicht-Eltern die Spezifik des Eltern-Clubs
vermittelbar. Herr HM führt nun weiter aus, worin die „lÜcke" zwischen Eltern und Nicht-Eltern besteht und kommt zu dem Schluss, dass es natürlich
sei, dass „man en bisschen sein soziales umfeld, ändert".

Nach einer kurzen Pause bekräftigt Herr HM nochmals diese wahrgenommene größte Veränderung, bevor er dann noch einen zweiten Punkt anspricht,
eine Veränderung, die „nebenbei" geschieht. Eltern gewöhnten sich an einen
anderen „stresslevel". Dieser point of view wird ebenfalls normalisiert. Diese
Veränderung ist aus Sicht von Herrn HM notwendig, „sonst sonst kriegt man
einfach nicht mehr auf die reihe, aber man muss einfach * man hat en längeren tag. man hat mehr zu tun". Diese notwendig zu erlernende normalisierte höhere Stressresistenz verbindet Herr HM mit negativen Gefühlen („nicht
immer angenehm"). Er befindet sich in der Auseinandersetzung mit der Notwendigkeit, größeren Stress aushalten zu müssen („ich schon manchmal noch
hAder"). Dies könnte ein Hinweis darauf sein, dass Herr HM sich hier noch in

einem Lernprozess befindet. Er hat sich einen point of view angeeignet und setzt sich mit diesem auseinander bzw. sucht nach Möglichkeiten der Lösung.

Lerntheoretische Implikationen

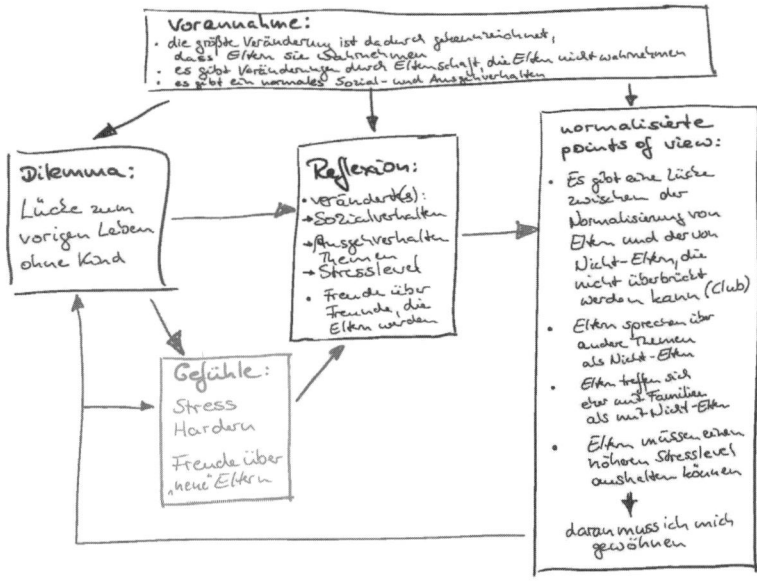

Abbildung 11.14: Die unterbrochene Normalisierung wird in eine neue Normalisierung transformiert

Obige Passage ist ein Beispiel dafür, wie Normalisierung transformiert wird, indem eine zweite Normalisierung entworfen wird. Herr HM postuliert eine Normalisierung für Nicht-Eltern. Diese ist die Normalisierung, die Menschen für sich und ihr Leben in Bezug auf das Sozialverhalten und den allgemeinen Alltagsstress feststellen können. Für Eltern gibt es eine andere Normalisierung. Die gewohnte Normalisierung ist durch die Elternschaft unterbrochen. Mit der Elternschaft ist die vorangehende alltägliche Normalisierung nicht mehr möglich. Die Eltern müssen sich nach und nach eine neue aneignen. Sie müssen damit ihre vorherige Normalisierung bezüglich Sozialverhalten (Ausgehverhalten) und Stresslevel transformieren. Die Trennung der Normalisierungen wird von Herrn YM als points of view postuliert. Diese werden selbst nicht in Frage gestellt, noch wird der Versuch unternommen, die „lücke" zwischen den Normalisierungen zu überwinden. Dieser Lernprozess ist begleitet von unangenehmen Gefühlen. Positive Gefühle stellen sich jedoch ein, wenn Bekannte oder Freunde ebenfalls Eltern werden und so wieder Teil des eigenen natürlichen Sozialverhaltens werden können.

Zusammenfassung

Die Ausgangssituation ist in allen Beispielen die selbe: Die Eltern identifizieren eine Situation, in der eine von ihnen postulierte Normalisierung unterbrochen ist. Sie befinden sich, wenn man der räumlichen Metapher folgt, außerhalb des durch die Normalisierung gekennzeichneten Gebietes, wie Abbildung 11.15 illustriert.

Abbildung 11.15: Ausgangssituation bei unterbrochenen Normalisierungen

Der Lernweg, um diese Dilemmata zu lösen, kann sich nun unterschiedlich gestalten. In den vorliegenden Daten gibt es drei Varianten. Das Lernen ist *in jedem Fall transformativ.* Abbildung 11.16 illustriert die drei Varianten, die ich im folgenden beschreibe.

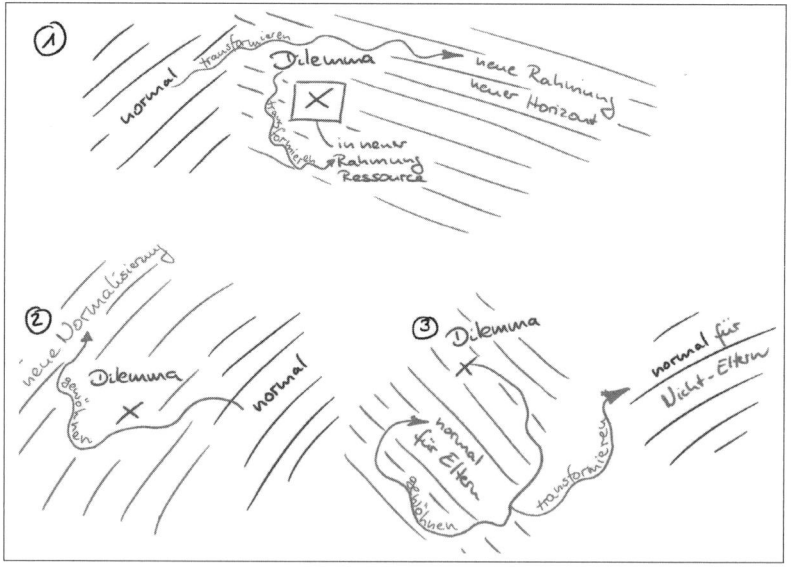

Abbildung 11.16: Übersicht über das Lernen bei unterbrochenen Normalisierungen

1. Im ersten Fall wird das Dilemma, also *die unterbrochene Normalisierung durch eine neue ersetzt.* Diese neue Normalisierung bildet dann den Rahmen oder Horizont für die Beurteilung der identifizierten vermeintlichen Dilemmasituation. Frau LF betrachtet die gestörte Normalisierung aus einer anderen Perspektive. Auf diese Weise gelingt die Umdeutung ihrer Situation. Die umgedeutete Situation wird zu einer neuen Normalisierung. Die als problematisch eingeschätzte Situation ändert sich nicht. Sie bleibt nach wie vor bestehen. Aber in Folge des *neuen Horizonts wird aus dem früheren Dilemma eine Ressource.* Die ursprüngliche unterbrochene Normalisierung scheint im Zuge des Lernprozesses ebenfalls transformiert worden zu sein.

2. Die zweite Variante bilden Dilemmasituationen, in denen Eltern *die unterbrochene Normalisierung für normal erklären.* Die Situation der gestörten Normalisierung wird zu einer neuen Normalisierung umgedeutet. Durch das Umdefinieren kann eine normale Situation wieder hergestellt werden. Das damit verbundene Lernen durch Gewöhnung ist ein langer Lernprozess.

3. Schließlich gibt es noch die Lösung, dass Eltern die Dilemmasituation einer *unterbrochenen Normalisierung in eine neue Normalisierung für Eltern umdefinieren.* Das dritte Beispiel zeigt, wie ein Lernprozess aussehen kann, bei dem sich Eltern einer neuen Normalisierung annähern und lernen, diese zu gestalten. Es ergibt sich der Übergang von einer Normalisierung, die gestört wird, zu einer neuen ungestörten Normaliät. Die *vorherige Normalisierung wird zur Nicht-Eltern-Normalisierung* ernannt. Sie erhält damit einen anderen Geltungsbereich. An die neue Eltern-Normalisierung müssen Eltern sich gewöhnen. Wieder ist die Gewöhnung die Lösung des Dilemmas.

11.4 Normalisierung in Frage stellen und überwinden

Im nachfolgenden ersten Beispiel überwindet Frau AF eine von ihr postulierte Normalisierung. Sie beschreibt ihren Umgang mit dem „natürlichen" Gefühl der Angst.

> „durch die selbstständigkeit im kindergarte und später dann auch in der grundschule die schulalter gehn se ALLEIN zur schule da schaun se sich diese WEGE au allein ab und da hat **ma natürlich** auf der eine seite au ANGST auch mit durch die Verkehrssituation, durch die vielen Autos, dass da irgendwas passiere könnt.
> * auf der anderen seite wenn **ma** dann MUTIG isch und se au LÄSST dann merkt **man** au se konne s eigentlich ganz gut, und se komme ja zum glück au wieder heil heim" (Interview 1, 89)

Frau AF beschreibt die zunehmende Selbstständigkeit von Kindern. Sie setzt sich damit auseinander, wie Eltern auf diese Selbständigkeit reagieren könnten und beschreibt damit das Dilemma „Wie gehe ich mit der zunehmenden

Selbständigkeit des Kindes um?". Diese Selbständigkeit wird von Frau AF normalisiert. Sie spricht in ihren Beispielen für kindliche Selbständigkeit nicht von einem konkreten Kind sondern sagt verallgemeinernd „se" („gehn se AL-LEIN zur schule", „schaun se sich diese WEGE au allein ab"). Frau AF stellt die Tatsache, dass Kinder ihren Schulweg allein gehen, nicht in Frage. Sie überlegt nicht, ob dies richtig oder falsch, notwendig oder nicht notwendig sei. Kinder gehen ihrer Ansicht nach allein zur Schule, dies ist normal für Frau AF. Die verallgemeinerte Veränderung eines Kindes hin zu mehr Selbstständigkeit – aufgezeigt am Beispiel des Schulwegs – kann nach Ansicht von Frau AF zwei Folgen für Eltern haben. Einerseits sei es natürlich und damit normal für Eltern, Angst um das Kind zu haben. Die Mutter normalisiert hier ein Gefühl. Es ist normal für Eltern, dass sie Angst um ihr Kind im Straßenverkehr haben. Durch die Verwendung des Wortes „natürlich" erhält das Gefühl der Angst zusätzlich eine Naturalisierung. Damit erscheint es für Eltern unvermeidlich, Angst zu haben. Sie als Mutter ist daher mit ihrer Angst nicht allein – anderen Eltern geht es genauso. Als sei diese Normalisierung nicht bereits deutlich genug fügt Frau AF nun beispielhaft die „Verkehrssituation" mit ihren „vielen Autos" und der damit verbundenen Sorge „dass da irgendwas passiere könnt" an. Es scheint, als müsste sie gegenüber der Interviewerin nochmals verdeutlichen, warum ihrer Ansicht nach ihre Angst begründet vorhanden ist. Das bereits normalisierte Gefühl, das die Interviewerin ja teilen müsste,[192] erfährt damit eine zusätzliche Begründung. Die Mutter hat nicht nur Angst, weil dies natürlich ist und damit in der Natur der Elternschaft liegt, sie hat zudem auch objektiv anführbare gute Gründe. Es hat den Anschein, als würde sich Frau AF für eine scheinbare Schwäche, nämlich Angst zu haben, rechtfertigen.

Frau AF verfolgt diesen Argumentationsstrang hier nicht weiter. Als Reaktion auf ihre Angst könnte die Mutter nun ihr Kind immer begleiten, wenn es im Straßenverkehr unterwegs ist. Sie könnte so versuchen, ihre Angst um das Kind zu vermeiden. Dies wäre der naheliegende Weg heraus aus der naturalisierten Problemsituation. Mögliche aus der Angst um das Kind resultierende Handlungen, wie etwa eine tägliche Begleitung auf dem Schulweg, führt sie jedoch nicht weiter aus. Auf Grund der einleitenden Feststellung, dass es normal sei, wenn Kinder ihren Schulweg allein gehen, scheint diese Lösung für Frau AF auszuscheiden. Sie kann ihrem Bedürfnis, die Angst durch entsprechende Lösungsmöglichkeiten zu verhindern, nicht nachkommen. Ihr point of view *Kinder werden selbständiger und gehen daher allein zur Schule* lässt Lösungen, die diese Selbständigkeit des Kindes einschränken, nicht zu.

Frau AF knüpft nun grammatikalisch wieder an das Dilemma des Umgangs mit der kindlichen Selbständigkeit an. Sie benennt als scheinbar zweite Folge der zunehmenden Selbständigkeit des Kindes den Mut. Parallel zur Angst „auf der einen seite" führt sie „auf der anderen seite" den Mut ein. Die parallele Formulierung würde nahe legen, beide Gefühle als gleichwertig an-

---

192   Frau AF weiß, dass die Interviewerin selbst Mutter ist.

zusehen. Dass dem nicht so ist, dass also der Mut hier nicht als Alternative zur Angst angesehen werden kann, zeigt sich in der Formulierung. Der Mut steht im Kontext „wenn ma dann MUTIG isch", während die Angst mit „da hat ma natürlich" benannt wird. Die Angst ist somit ein unwillkürliches Gefühl, dass keine Aktivität benötigt. Man „hat" es passiv. Im Gegensatz dazu ist Aktivität notwendig, um mutig sein zu können. Man „ist" aktiv mutig und „LÄSST" die Kinder gehen. Das eingeschobene „dann" („wenn man dann MUTIG isch") weist darauf hin, dass der Mut eine Reaktion auf die vorangegangene Angst darstellt. Wenn man also dann, wenn man die Angst um das Kind verspürt dennoch mutig ist, dann sind Erfahrungen möglich („merkt man"), die verändern und damit Lernen ermöglichen. Die scheinbare Alternative erweist sich als Handlungsmöglichkeit im Umgang mit der Angst. Mutig zu sein und das Kind dennoch allein zur Schule gehen zu lassen, ist eine mögliche Handlungsweise zur Lösung des Dilemmas. Wiederum ist diese Passage verallgemeinert. So merkt „man", wenn „man" mutig ist, dass Kinder („se") ihren Weg zu Kindergarten oder Schule durchaus selbst bewältigen können. Frau AF normalisiert damit ihren eigenen Lernprozess. Eine Entscheidung zum Mut führt normalerweise zu der Erkenntnis, dass Kinder den Schulweg gut bewältigen und die Angst sich damit als unbegründet darstellt.

Frau AF formuliert diese normalisierte Erkenntnis, den von ihr erlernten verallgemeinerten point of view *Kinder können allein zur Schule gehen* vorsichtig. Im Gegensatz zur klaren Darstellung der Angst finden sich hier einige Ausdrücke („eigentlich", „ganz gut", „zum glück"), die noch eine gewisse Unsicherheit mit diesem point of view signalisieren. Es scheint für Frau AF noch ein Rest an Unsicherheit über den gewählten Weg aus der Angst vorhanden zu sein. Möglicherweise bestehen Zweifel an dem neu erlernten point of view, die sich erst im weiteren Prozess überwinden lassen.

Lerntheoretische Implikationen

Frau AF steht vor einem Dilemma, das sich aus der Konkurrenz zweier points of view ergibt. Die normalisierte zunehmende Selbständigkeit des Kindes führt zu einer naturalisierten und damit normalisierten Angst der Eltern um das Kind. Die zunehmende Selbständigkeit erfordert einen ebenso normalisierten selbständigen Schulweg des Kindes, die normalisierte Angst hingegen spricht gegen diesen selbständigen Schulweg und würde beispielsweise eine ständige Begleitung nahelegen.

Frau AF entscheidet sich gegen den Handlungsimpuls ihres Gefühls und folgt dem normalisierten point of view *es ist normal, dass Kinder zunehmend selbständig werden*. In der Konsequenz macht sie die wiederum normalisierte Erfahrung, dass die Kinder diese Selbständigkeit beherrschen. Sie lernt, dass das Kind sich erfolgreich selbständig im Straßenverkehr bewegen kann. Damit verändert sie das Bild, das sie von ihrem Kind hat; es wird transformiert durch den erlernten point of view *Kinder können allein zur Schule gehen.*

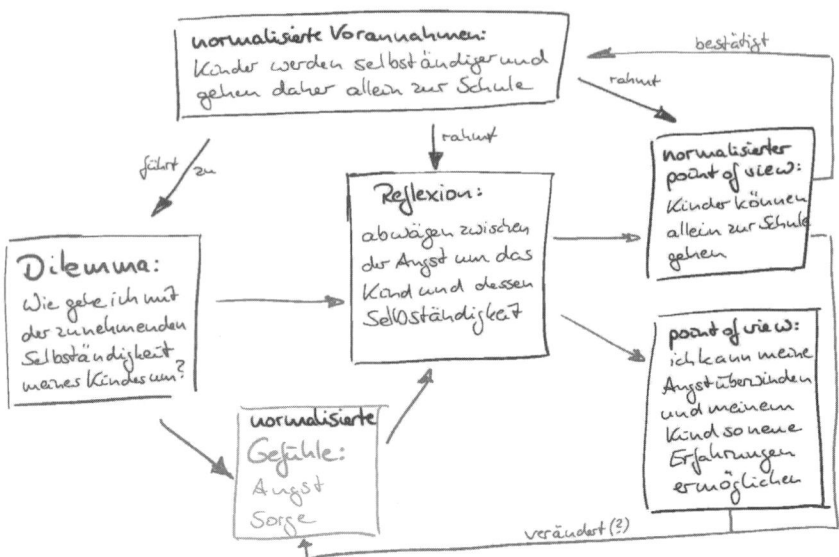

Abbildung 11.17: Eine Normalisierung wird in Frage gestellt – Beispiel 1

Mit der Entscheidung gegen den Handlungsimpuls, das Kind zu beschützen und für den Mut, dem Kind Selbständigkeit zu ermöglichen, überwindet die Mutter die Normalisierung der Angst und lernt („dann merkt man"). Sie verändert und erweitert dabei nicht nur ihr Bild des eigenen Kindes. Es findet ebenso ein Umlernen in Bezug auf das eigene Eltern-Selbst-Bild statt. Sie lernt eine Form des Umgangs mit ihrer Angst. In der Interviewsituation – möglicherweise auch schon davor – findet eine Reflexion über den Gehalt des Dilemmas sowie den Lernprozess statt. Die Mutter stellt fest, dass sie sich und dem Kind neue Erfahrungen ermöglicht, indem sie das normalisierte Gefühl der Angst überwindet.

In der nächsten Beispielsequenz benennt Frau AF eine bewährte Handlungsmöglichkeit zur Lösung eines Dilemmas. Diese von ihr zuvor erfolgreich durchgeführte Intervention wird als normale Handlung für die erneut auftretende Dilemmasituation benannt. Frau AF entscheidet sich jedoch gegen diese Normalisierung und wählt nach gründlicher Reflexion einen anderen Weg.

> „also **man** kommt dann au gewissermaße an seine grenze. zum beispiel war die situation mit dem mit wo se alle mit so pistolekügele gschosse hän, weiss jetzt nit wie des ganze heißt mit dene gelbe kügele, da konnt ich im erschte jahr noch alles einschränke und die dinger wieder WEGschmeiße und zurückgebe wo se herkomme sind, und ein jahr später warn se halt wieder da. und da warn se halt zu VIERT in der nachbarschaft, und da hän se halt mitnander gspie:lt. und da

hab ich au gmerkt wie mein einfluss sich auf der sohn verändert. ich hät jetzt
natürlich könne die waffe WEG mache, * und darauf hoffe dass er weg dass se
weg blei:bt" (Interview 1, 203)

Die Mutter beschreibt sich in einer Lage, in der ihr Handlungsrepertoire nicht
mehr ausreicht, um die Situation zu meistern („also man kommt dann au gewissermaße an seine grenze"). Sie ist an die Grenze ihrer Handlungsmöglichkeiten gekommen („seine grenze"). Sie muss sich mit einem Thema, dem
Spiel mit Waffen, auseinandersetzen, das schnell heikel und polarisierend sein
kann. Es fordert von ihr, dass sie Position bezieht. Durch die normalisierende
Formulierung „man" öffnet Frau AF gleich zu Beginn der Erzählung die Perspektive auf alle Eltern. Sie stellt auf diese Weise fest, dass es für Eltern normal
sei, im Familienalltag an die persönlichen Grenzen zu kommen. Zugleich relativiert sie diese Feststellung. „gewissermaße" deutet an, dass diese Grenze
nicht vollständig erreicht wird. Es bleibt noch eine Distanz zur Überforderung, die eintreten würde, wenn die Grenze erreicht oder überschritten wird.
Diese Distanz scheint jedoch sehr gering. Es kann vermutet werden, dass die
Mutter die im Folgenden erläuterte Situation bereits vor Augen hat, in der sie
zwar zunächst ratlos und überfordert erscheinen mag, dann jedoch eine für
sie gangbare Lösung findet.

An den zu Anfang eingeführten normalisierten point of view *es ist normal,
dass Eltern im Familienalltag an ihre Grenzen kommen* anschließend, beginnt
Frau AF nun ihre Beispielerzählung ebenfalls normalisiert. Sie beschreibt eine vergangene Phase, in der „se alle" mit „pistolekügele gschosse hän". Offen
bleibt, wer hier gemeint ist. Auch das genannte Spiel erschließt sich eher vage, da Frau AF selbst nicht mehr weiß, „wie des ganze heißt". Dies ist für
die Erzählung auch nicht wichtig. Die zentralen Elemente sind genannt: „se
alle" spielen, es ist normal für alle Kinder, dies zu tun und das Spiel schließt
Spielzeugwaffen ein. Nun weist Frau AF auf eine Entwicklung hin: „im erschte
Jahr" zeigt, dass sich die für Frau AF problematische Situation wiederholt ein-
gestellt hat. Der point of view, der dazu führt, dass das normalisierte Spiel mit
Waffen für die Erzählerin zum Dilemma wird, lässt sich aus ihrer Handlungsstrategie erschließen. Frau AF verhindert das Spiel im ersten Jahr, indem sie
die Waffen entweder „WEGschmeiß[t]" oder „zurückg[ibt]". Sie scheint dem
point of view zu folgen *ich möchte nicht, dass mein Kind mit Waffen spielt.*[193]
Ihr Lösungshandeln ist zu diesem Zeitpunkt erfolgreich. Die gleiche Dilemmasituation stellt sich im darauf folgenden Jahr erneut ein („ein jahr später warn
se halt wieder da"). Frau AF benennt die Spielzeugwaffen hier nicht mehr explizit, ein unscharfes „se" (= sie; RM) signalisiert jedoch, dass die zuvor nicht
mit exakter Bezeichnung erinnerten Pistolen gemeint sind. Wiederum werden die mitspielenden Kinder distanziert erwähnt („se"). Diesmal jedoch ist
mit „se" eine klare Gruppe benannt. Sie meint vier Kinder, ihren Sohn und

---

193   Gegen Ende des Interviews begründet sie dies mit den Erzählungen ihres Vaters über den 2.
Weltkrieg und dessen Gefangenschaft. Sie ist dabei sichtlich sehr stark emotional berührt.

drei Nachbarn, die miteinander spielen. Bevor Frau AF ihre erneute Handlungsstrategie benennt, fügt sie eine Feststellung ein, die eine Veränderung
ihres Eltern-Selbst-Bildes andeutet: „da hab ich au gmerkt wie mein einfluss
sich auf der sohn verändert". Der durch das Dilemma erlernte point of view
mein Einfluss auf mein Kind verändert sich im Verlaufe der Zeit leitet die Erzählung über den erfolgten Reflexionsprozess ein. Frau AF wechselt zugleich in
die Perspektive des erzählenden Ichs und fährt auf diese Weise individualisiert
weiter fort.

Obwohl sie einleitend das Dilemma als Grenzerfahrung klassifiziert hat,
ist es nicht so, dass der Mutter keinerlei Handlungsoptionen zur Verfügung
stünden. Sie nennt eine naheliegende Handlungsmöglichkeit („ich hät jetzt
natürlich könne die waffe WEG mache"). Es wäre normal, dem Sohn die Spiel-
zeugpistole wegzunehmen und damit das Spiel, das ihrem point of view widerspricht, zu unterbinden. Diese Strategie hat sie erfolgreich im Jahr zuvor angewendet. Es wäre naheliegend, nun ebenfalls so zu handeln. Die Vorgehensweise von Eltern, eine einmal erfolgreiche Handlung zu wiederholen wird als
normal dargestellt. Frau AF führt diese „natürlich[e]" Handlung jedoch nicht
aus, sondern reflektiert über mögliche Folgen der normalisierten Handlungsoption.

> „ich hät jetzt **natürlich** könne die waffe WEG mache, * und darauf hoffe dass er
> weg dass se weg blei:bt. dann isch **natürlich** die frage, spielt ER dann nimmer
> mit oder spiele die DREI oder vier dann unter sich und der lukas spielt NIMMER
> mit. **man** möcht ihn ja au nit ausgrenze in der gruppe, * oder macht er s einfach
> heimlich, was ich jetzt vermutet hätt bei meinem Sohn, dass er sich dann halt wie-
> der was organisiert, und beim Freund deponiert, und dann hätt ich gar nix mehr
> davon erfahre, und dann wars mir halt wichtiger dass ich * ehm * halt weiterhin
> im kontakt bleib, und hab mir dann halt genau erkläre lasse, WAS se spiele und
> WIE se spiele und konnt dann mit meine regeln, die ich aufgstellt hab au n bissle
> einfluss auf des spiel nehme und dann wie transportiere ich diese, doch für an-
> dere abschreckende waffe? nämlich im rucksack versteckt, dass die oma sich nit
> erschreckt, * in der nachbarschaft. * und * er hat dann schon schon au, des sind
> ja harmlose dinge, aber da hab ich schon au gmerkt, WIE so ne gruppedynamik
> funktioniert, und un natürlich hat ihn au des spiel fasziniert, und er hat sich ja nit
> von der gruppe unter druck gsetzt gfühlt, sondern wirklich wollt er mit mache,
> aber er wollt au GENAU des spiele," (Interview 1, 203)

Durch die Kombination ihrer beiden points of view *ich möchte nicht, dass mein
Kind mit Waffen spielt* und *mein Einfluss auf mein Kind verändert sich im Verlaufe der Zeit* wird das frühere Lösungshandeln problematisch. Die scheinbar
gleiche Situation hat sich durch den veränderten Einfluss auf das Kind ge-
wandelt. Eine einfache Wiederholung der zuvor erfolgreichen Strategie ist für
Frau AF nicht möglich. Frau AF normalisiert nun die sich anschließende Reflexion über mögliche Handlungsstrategien („dann isch natürlich die frage").
Damit verallgemeinert sie ihre Reflexion über Lösungen und ihre Folgen. Es
sei normal, dass ein Elternteil sich darüber Gedanken macht, welche unterschiedlichen Handlungsmöglichkeiten es in solch einem Dilemma gibt und
welche Folgen diese haben könnten.

Nach Ansicht Frau AFs könnte ein Verbot des Pistolenspielsspiels dazu führen, dass ihr Sohn aus der Freundesgruppe ausgegrenzt wird, weil diese dann ohne ihn weiterspielen. Dies wiederum würde dem normalisierten point of view *Eltern wollen ihr Kind nicht ausgrenzen* widersprechen („man möcht ihn, ja au nit ausgrenze"). Eine alternative Folge könnte sein, dass der Sohn sich über das Verbot hinweg setzt und heimlich spielt. Er könnte sich neue Pistolen beschaffen und diese bei einem der Freunde aufbewahren, so dass die Eltern „gar nix mehr davon erfahre". Frau AF vermutet, dass diese Folge die wahrscheinlichere wäre („was ich jetzt vermutet hätt bei meinem Sohn"). Diese Variante entspricht ihrem Bild des Sohnes. Doch auch bei dieser Lösung käme Frau AF in Konflikt mit einem point of view. Die Überzeugung *ich möchte mit meinem Sohn in Kontakt sein* lässt sich nicht vereinbaren mit heimlichen Aktivitäten des Sohnes.

Die Mutter überdenkt in der Entscheidungsfindung die Konsequenzen und deren Bedeutung für das Kind sowie die möglichen Auswirkungen auf ihre Beziehung zum Kind. Sie ist in einer Situation, in der sie unterschiedliche Ziele für ihre Handlung hat und reflektiert über den Gehalt ihres Problems: Einerseits möchte sie dafür sorgen, dass das Wohlbefinden des Kindes hergestellt wird, indem es nicht ausgegrenzt wird. Andererseits möchte sie das Spiel mit Waffen unterbinden. Zudem ist es ihr wichtig, dass sie mit dem Sohn in Kontakt bleibt. Die Mutter wägt unterschiedliche mögliche Strategien und deren Folgen für sich und das Kind ab. Sie spielt ein Szenario durch und entwickelt Hypothesen über mögliche Folgen ihrer Handlungsoptionen.

Mit „und dann" leitet Frau AF ihre Strategie, eine Lösung aus dem Dilemma zu finden sowie die Erzählung über die gefundene Lösung ein. Sie hierarchisiert ihre Ziele und trifft eine Entscheidung darüber, welche Priorität die Ziele haben („und dann wars mir halt wichtiger dass ich * ehm * halt weiterhin im kontakt bleib"). Sie reflektiert damit über die Prämissen ihres Handlungsproblems, wägt ihre points of view ab und entscheidet, wo ihre Priorität bei diesen unvereinbaren Überzeugungen liegt. Hier bezieht sie mit ein, wie sich die Handlungen des Kindes auch auf andere Personen auswirken können („dann wie transportiere ich diese, doch für andere abschreckende waffe? nämlich im rucksack versteckt, dass die oma sich nit erschreckt, * in der nachbarschaft"). Auf diese Weise findet sie eine Strategie im Umgang mit dem Kind („und hab mir dann halt genau erkläre lasse, WAS se spiele und WIE se spiele und konnt dann mit meine regeln, die ich aufgestellt hab au n bissle einfluss auf des spiel nehme").

Lerntheoretische Implikationen

Frau AF schildert in dieser Sequenz eindrücklich die Komplexität elterlicher Erziehungsentscheidungen. Sie beschreibt sich in einer Situation, in der widerstreitende points of view scheinbar unvereinbar nebeneinander stehen. Dabei verallgemeinert sie das vorgestellte Dilemma mehrmals. Normalisierung begegnet in dreifacher Weise: Zunächst einmal spricht Frau AF von einer

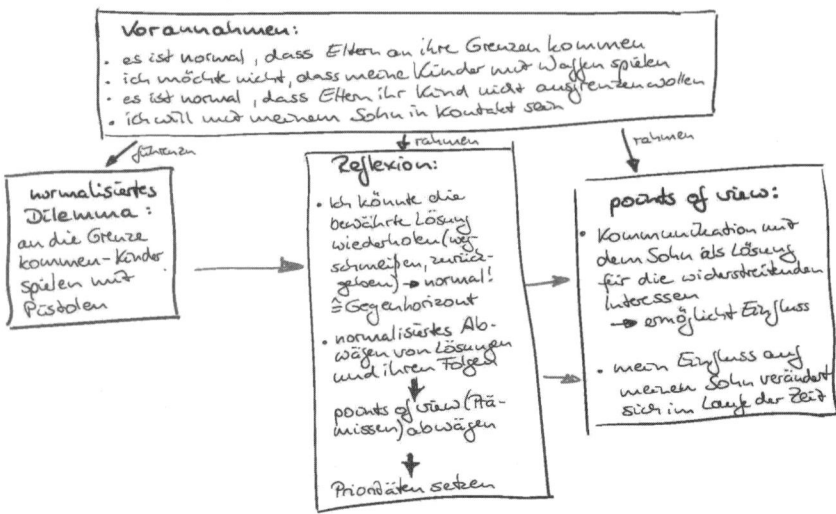

Abbildung 11.18: Eine Normalisierung wird in Frage gestellt – Beispiel 2

für Eltern normale Erfahrung der eigenen Grenzen („man kommt"). Sie normalisiert gleich zu Beginn das Dilemma, das sie im Anschluss anhand eines Beispiels ausführt. Sie stellt es damit in den Rahmen einer geteilten Erfahrung. Indem sie zwei auf den ersten Blick gleiche Situationen benennt, exploriert sie die Besonderheit der zweiten Problemsituation. Die normalisierte Handlungsoption („ich hätt jetzt natürlich") weist einerseits darauf hin, dass sie aus der vorangeganenen Erfahrung eine Lösungsmöglichkeit erlernt hat. Andererseits bildet diese den Gegenhorizont zur eigenen in der zweiten Situation gewählten Lösung. Schließlich benennt sie das Dilemma nochmals als normalisierte Frage, die sich Eltern stellen („dann isch natürlich die Frage"). Damit wird die Beispielerzählung dreifach als normal gekennzeichnet. Das Dilemma, an die eigenen Grenzen zu kommen, ist nachdrücklich als ein allen Eltern gemeinsames kategorisiert.

Anstatt der naheliegenden normalisierten ersten Intervention zu folgen beginnt Frau AF, mögliche Folgen ihrer Handlungsoptionen zu reflektieren. Sie deutet an, dass es unterschiedliche Perspektiven gibt, die eingenommen werden können (eigene, Kind, andere Personen wie Nachbarn, Freunde des Kindes) und entscheidet, dass *im Kontakt mit dem Kind zu bleiben* bei ihr Vorrang vor den anderen involvierten points of view hat. Im Schritt der Kommunikation mit dem Kind ist zugleich die Entwicklung einer Lösung für die widerstreitenden points of view enthalten: Die Mutter befragt den Sohn zum Spiel und kann so den Kommunikationsweg zum Kind erhalten. Durch gemeinsam vereinbarte Regeln kann das Kind weiter mit den Freunden spielen und ist nicht ausgeschlossen. Die Mutter findet damit einen Weg, ihren

Einfluss auf den Sohn zu erhalten. Die Nachbarn schließlich werden nicht erschreckt. Die Mutter reflektiert sowohl den Gehalt (was wird wie mit wem mit welchen Folgen gespielt) als auch den Prozess (anders lösen als beim ersten Mal) und zudem die Prämissen (Kontakt zum Kind erhalten, kein Spiel mit Waffen, abnehmender Einfluss) ihres Handlungsproblems. Diese Reflexion im Anschluss an die anfangs als naheliegend und normal bezeichnete Handlungsoption führt sie zu einer anderen neuen Handlungsweise sowie zu einer neuen Gewichtung ihrer points of view – die Mutter lernt.

In dieser Sequenz bildet die Tatsache, dass die Mutter eine normalisierte Handlungsoption in Frage stellt, den Ausgangspunkt für ihr Lernen. Sie nimmt eine neue Gewichtung ihrer points of view vor, indem sie eine Normalisierung überschreitet und alternative Handlungsmöglichkeiten entwickelt und erfolgreich erprobt.

Zusammenfassung

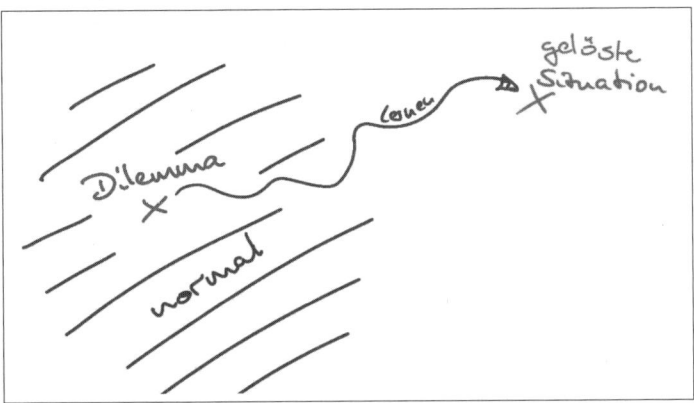

Abbildung 11.19: Lernprozesse führen über den durch Normalisierung gesetzten Rahmen hinaus, überwinden diesen

Stellen Eltern eine Normalisierung in Frage, so wird *transformatives Lernen möglich*. Die angeführten Beispiele zeigen, dass eine kritische Reflexion sowohl der Annahmen über den Inhalt und den Lösungsprozess des Problems als auch eine Prämissenreflexion stattfinden.

Im ersten Beispiel ist zentral, dass die Mutter den *auf ein Gefühl folgenden Handlungsimpuls überwindet*. Sie überschreitet den aus der normalisierten Angst folgenden Impuls, das Kind zu begleiten. Sie benötigt hierfür Mut, um sich willentlich gegen die Intuition zu entscheiden. Mezirow hebt die Bedeutung von Stärke und Willenskraft für das transformative Lernen hervor:

„It is not enough to understand intellextually the need to change the way one acts; one requires emotional strength and an act of will in order to move forward" (Mezirow 1991, 171).

Die *Reflexion der Handlungsfolgen* hat eine besondere Bedeutung. Dies zeigt sich sehr deutlich im zweiten Beispiel. Im gedanklichen Durchspielen möglicher Handlungsfolgen nimmt die Mutter die Perspektiven unterschiedlicher Beteiligter ein. Sie trägt der Veränderung des Kindes, des vergrößerten Einflusses von Freunden und ihres verringerten Einflusses Rechnung und greift nicht einfach zu einer einmal entwickelten Handlungsstrategie. Sie bewertet die Bedeutung ihrer frames of reference entsprechend der imaginierten Handlungsfolgen. Sie betrachtet ihre frames in deren Relation zueinander und entwickelt eine hierarchisierende Ordnung. Im Abwägen der eigenen handlungsleitenden Überzeugungen entsteht ein ethischer Rahmen für zukünftiges Handeln.

Das Überschreiten des normalisierten Horizonts, der „step out of the box" ermöglicht das *Entdecken von etwas Neuem.* Mezirow postuliert für solch einen Fall die besondere Bedeutung des kritischen Dialogs mit Anderen. Dieser findet sich in den Beispielen nicht. In den Daten gibt es keine Erzählung darüber, wie eine Normalisierung in Frage gestellt wird und der damit verbundene Reflexionsprozess im Dialog mit anderen Personen stattfindet. Hier scheint der *imaginäre Dialog,* das Einnehmen unterschiedlicher Perspektiven und das Durchspielen möglicher Handlungen und deren Konsequenzen einen tatsächlichen kritischen Dialog mit anderen Personen zu ersetzen. Das Lernen ist in jedem Fall transformativ.

11.5   Normalisierter Lern-Zirkel

Bereits in den Beispielen des vorangehenden Abschnitts zeigte sich, dass Normalisierungen auch in mehreren Phasen des Lernens zugleich vorkommen können. Wird von Eltern ein Dilemma als ein normales bezeichnet, so bedeutet das, sie sehen ihre derzeitige Problemsituation als eine mit anderen Eltern geteilte Erfahrung an. Die von Mezirow in seinem idealtypischen Ablauf eines transformativen Lernprozesses genannte Identifizierung „recognition that one's discontent and the process of transformation are shared" (Mezirow 2009, 94) geschieht hier dadurch, dass sich die eigene Unzufriedenheit und die mit dem Dilemma verbundenen Gefühle auch bei anderen Eltern beobachten lassen. Eltern beurteilen die Gefühle und die Auseinandersetzung auf der Suche nach möglichen Lösungen manchmal zudem als normal für Eltern. In den vorliegenden Daten erzählen die interviewten Eltern einige Beispiele, bei denen sie das Lernen gänzlich normalisieren. In diesem Abschnitt stelle ich vor, wie das Lernen aussehen kann, wenn alle Phasen des idealtypischen Lernprozesses von Mezirow normalisiert werden. Allen in den Daten vorhandenen Sequenzen über gänzlich normalisierte Lernprozesse ist gemeinsam, dass das Lernen in einem wiederkehrenden Kreislauf stattfindet, den ich normalisierter Lern-Zirkel genannt habe.

Die normalisierten Lern-Zirkel lassen sich noch einmal untergliedern: Es gibt Zirkel, bei denen das Dilemma jeweils aufs Neue im Einzelfall gelöst wird. Dann finden sich Zirkel, die auf einer abstrakten generalisierten Ebene nicht lösbar sind. Im Einzelfall wird jedoch jeweils eine pragmatische Entscheidung getroffen. Schließlich gibt es Dilemmata, die sich ebenfalls auf den ersten Blick nicht auflösen lassen. Die interviewten Eltern verfolgen daher das Ziel, sich an das Dilemma zu gewöhnen und hoffen darauf, dass es sich so im Verlaufe der Zeit auflöst.

11.5.1   Die Lösung im wiederkehrenden Einzelfall

Die Interviewerin fragt Herrn CM: „Hat die Schwangerschaft deinen Alltag verändert?" (Interview 6, 43). Nachfolgende Sequenz ist der Beginn der Antwort.

> „[SCHNAUBT] ja ok ich hab mit 19 angefangen zu arbeiten, also es ging **natürlich** beides [SCHWANGERSCHAFT UND BERUFSEINSTIEG; RM] parallel miteinander. **man** hat **natürlich**, es kommen die fragen auf, **man** ist nicht mehr für sich selber verantwortlich ähm in meinem fall wird **man** dann versorger und **man** muss dann sich äh um sich kümmern, um die frau kümmern, dann **natürlich** um's kind kümmern, das muss finanziell abgesichert sein, also kriegt die arbeit en ganz anderen stellenwert, das geld verdienen en ganz anderen stellenwert, alles kriegt nen anderen stellenwert weil **man man** ist einfach nicht mehr allein, **man** muss sich immer um um den rest auch sorgen machen der hinten dranhängt an seiner eigenen arbeit, an den entscheidungen was **man** trifft." (Interview 6, 44)

Mit seinem „ja" signalisiert Herr CM eine klare Zustimmung zu der durch die Interviewerin suggerierten Veränderung des Alltags. Er schließt zunächst an das Wort „Alltag" (43) im Hinblick auf seinen individuellen Zeitpunkt des Einstiegs in das Berufsleben an. Er formuliert eine aktive Veränderung seines Alltags. In dieser Sequenz taucht der Ich-Erzähler nur an dieser Stelle („ich hab mit 19 angefangen zu arbeiten") und gleich darauf an einer zweiten („in meinem Fall") auf. Alle übrigen Feststellungen sind allgemein („man") formuliert und damit normalisiert. Die Normalisierung wird zudem dadurch verstärkt, dass Herr CM drei Mal auf die Natürlichkeit seiner Aussagen verweist: „es ging natürlich beides parallel miteinander", „naturlich, es kommen die Fragen auf", „natürlich um's Kind kümmern". Die erste Normalisierung folgt direkt auf die erste individualisierte Aussage. „beides" umfasst dabei den privaten und den beruflichen Alltag. Damit teilt Herr CM die Frage nach dem Alltag in zwei Bereiche. In beiden kommt jedoch kein aktiv handelndes Individuum vor. Die normalisierten Veränderungen in Familien- und Arbeitswelt bilden den Übergang zur doppelt normalisierten folgenden Aussage: „man hat natürlich" beginnt Herr CM zunächst aktiv. Er bricht jedoch ab und fährt passivisch fort „es kommen die Fragen auf". Durch diese Wortwahl erscheint die Aussage unbeeinflussbar. Der Sachverhalt lässt sich nicht ändern, „die Fragen" kommen unweigerlich und lassen sich nicht umgehen. Sie erzwingen eine Auseinandersetzung. Herr CM normalisiert die zwingend entstehenden Dilemmata.

Dann führt Herr CM seinen nächsten point of view *man ist nicht mehr für sich selber verantwortlich* ein. Er skizziert die seiner Ansicht nach notwendige Veränderung seines Alltags durch einen negativen Gegenhorizont. Zunächst weist er nur auf das hin, was nicht mehr gültig ist. Die positive Formulierung dessen, was nun neu an die Stelle der genannten Verantwortung für sich selbst tritt, ist hier noch nicht gegeben. Herr CM hebt den Verlust der alleinigen Verantwortung für sich selbst zudem hervor, indem er dies als einen Zustand beschreibt, der nicht aktiv hervorgerufen wird („man ist"). Zusätzlich verdeckt die Normalisierung ein mögliches vorhandenes Individuum, indem eine Allgemeinheit angesprochen wird.

Im Anschluss erläutert Herr CM, wie sich die Verantwortung verändert. Er beginnt zunächst individualisiert („in meinem Fall"), fährt aber sofort verallgemeinert fort („wird man") und reiht sich ein in die Gruppe der Väter, die „dann Versorger [werden]". Es fällt auf, dass Herr CM wiederum eine passivische Formulierung wählt. Die Veränderungen, die sich durch die bevorstehende Geburt des Kindes ergeben, sind damit bisher beide als unausweichlich charakterisiert: Die Fragen kommen auf und Versorger wird man. Zu den zuvor genannten normalisierten Dilemmata (Fragen) kommt hier der Verweis auf die normalisierte Vorannahme der Verantwortung als Versorger hinzu. Wiederum gibt es kein aktives Subjekt, das versorgt. Aus der bereits normalisierten Vaterrolle folgt unweigerlich die erwartete Rolle des Versorgers. Herr CM beschreibt, was die normalisierte Rolle als Versorger für ihn bedeutet, ebenfalls normalisiert und unausweichlich. Er zählt diejenigen auf, um die sich ein Vater seiner Ansicht nach „kümmern" muss: „um sich [...] um die Frau [...] um's Kind". Hier zeigt sich der point of view, *ein Vater übernimmt umfassende Verantwortung für die junge Familie.* Durch die separate Aufzählung der Familienmitglieder erscheint die sich kümmernde Verantwortung als eine sehr große Aufgabe. Eine mögliche andere Perspektive wie beispielsweise eine gemeinsame Verantwortung füreinander, kommt nicht vor.

Die nun folgende Feststellung „das muss finanziell abgesichert sein" erscheint wie eine zusammenfassende Klammer und verweist wieder auf die eingangs angesprochene Berufstätigkeit von Herrn CM. Auch hier wählt Herr CM eine Formulierung, die den zwingenden Charakter hervorhebt. Mit dem Hinweis auf die finanzielle Absicherung schließt er die Skizze der einen eingangs formulierten Seite, dem privaten Alltag, und wechselt auf die Seite des beruflichen Alltags.

Die Veränderungen im Privaten führen zu Veränderungen im Beruf. In Folge der hier festgestellten normalisierten Verantwortung für Frau und Kind bekommt „alles [...] nen anderen Stellenwert". Die privaten Veränderungen geben der Berufstätigkeit eine veränderte Bedeutung. Wiederum wählt Herr CM eine passive Formulierung („kriegt"). Die Veränderung erscheint auf diese Weise als unabänderliche Folge des Kümmerns/Versorgens/finanziell Absicherns. Doch nicht nur die Bedeutung der Berufstätigkeit verändert sich. Auch „Geld verdienen" und schließlich „alles kriegt nen anderen Stellenwert".

Herr CM fasst hier die umfassenden Veränderungen seiner points of view zusammen. Die Steigerung von „Arbeit" zu „alles" gipfelt in der zweifach normalisierten Begründung „weil man man ist einfach nicht mehr allein". Aus Sicht des interviewten Vaters ist unausweichlich („muss") und ununterbrochen („immer") die „Sorge" um „den Rest" vorhanden. Die zwingende immerwährende Sorge normalisiert er ebenfalls. Die berufliche Tätigkeit sowie die Entscheidungen, die von Vätern in seiner Situation getroffen werden, sind immerzu belastet durch diesen „Rest [...] der hinten dranhängt". Herr YM verweist auf viele mögliche Dilemmata, die sich aus der Elternschaft ergeben können. Der point of view, *ich bin verantwortlich für die Familie und in ständiger Sorge um sie,* begleitet als normalisierte Vorannahme jeglichen Lösungs- bzw. Entscheidungsprozess. Der hier beschriebene Lernprozess ist relativ abstrakt. Was es im Lebensalltag dieses Vaters bedeutet, dass „alles" einen anderen Stellenwert bekommt und dass bei jeder Entscheidung der Blick auf die Familie mit einbezogen werden muss, lässt sich nur erahnen. Deutlich wird jedoch, dass dieses Lernen der neuen Stellenwerte bzw. in zukünftigen Entscheidungs- und Problemsituationen ein immer wiederkehrendes Lernen ist.

Lerntheoretische Implikationen

Abbildung 11.20: Normalisierter Lern-Zirkel: wiederkehrender Einzelfall – Beispiel 1

In dieser Sequenz spricht Herr CM vor allem über seine normalisierten points of view. Wie er diese points of view, die sich auf seine Elternschaft beziehen, gelernt hat, bleibt offen. Sie werden jedoch alle von ihm normalisiert. Eine weitere Feststellung der geteilten Erfahrung scheint daher nicht notwendig. Über Gefühle erfahren wir wenig. Herr CM spricht von beständiger Sorge sowie von Belastung. Die vielen passiven und zwingenden Formulierungen könnten Hinweise darauf sein, dass Herr CM sich auch überfordert fühlt.

Eine reflektierende Auseinandersetzung ist lediglich dadurch angedeutet, dass „Fragen" vorhanden sind. Die normalisierte Folge dieser normalisierten Fragen ist, dass Herr CM darüber reflektiert, was seine Elternschaft bedeutet. Er befasst sich mit dem Gehalt des Dilemmas, der Elternrolle. Die Feststellung, dass ein sich Fragen, also die Reflexion über gewisse Inhalte, normal sei, verweist darauf, dass Herr CM auch über den Prozess der Problemlösung reflektiert. Er stellt bei der Prozessreflexion fest, dass sich Fragen zu stellen eine normale Lösungsstrategie für das Dilemma der unbekannten Elternschaft sei. Eine Reflexion über Alternativen scheint jedoch nicht vorhanden. Die Normalisierung macht dies unnötig.

Mit Hilfe der normalisierten Lösungsstrategie eignet sich Herr CM ebenfalls normalisierte points of view an, differenziert bestehende aus oder verändert sie. Partnerschaft, Beruf, Verdienst und auch andere nicht näher benannte Sachverhalte („alles") erhalten eine veränderte neue Bedeutung. Diese neue Bedeutung muss jeweils gelernt werden. Herr CM muss neu, dazu und umlernen. Die Betonung des neuen Stellenwerts, den alles bekommt, weist darauf hin, dass die Transformation von points of view hier bedeutsam ist. Der normalisierte Rahmen, den die genannten points of view bilden, wird jedoch nicht verändert. Alle Normalisierungen bleiben als Horizont erhalten. Zugleich führen sie dazu, dass zwingend gelernt werden muss. Die veränderten Bedeutungen müssen im Einzelfall erlernt werden.

Während Herr CM in dem vorangegangenen Beispiel sehr abstrakt über mögliche Lernprozesse reflektiert, wird er im nächsten etwas konkreter. Auf die Nachfrage der Interviewerin nach Beispielen für die Veränderungen in Bezug auf die Partnerschaft gibt Herr CM Einblick in einige der oben genannten Fragen und seine Lösungen.

> „ja **natürlich** ich denk, ähm mit kind macht **man** sich viel mehr, fragt **man** sich viel mehr ob ob die partnerschaft oder wenn **man** ärger hat ob sich der ärger lohnt oder die partnerschaft das ganze wert ist. wenn **man** allein ist, denke ich, wird **man** eher früher sagen, nee das, nee das ist mir jetzt zu viel stress oder zu viel arbeit oder ich muss zu viel investieren, was mit kind **natürlich** ne ganz andere sache ist, es muss funktionieren, aber nicht um jeden preis, aber **man** muss **natürlich** ähm * sich mehr einbringen oder auch **natürlich** kompromisse schließen können, aber einfach mehr dran arbeiten." (Interview 6, 46)

Aus Sicht Herrn CMs folgen aus der Elternschaft normale Fragen danach, „ob sich der Ärger lohn[e]" oder ob „die Partnerschaft das Ganze wert" sei. Befindet sich ein Elternteil in einer solchen Dilemmasituation, so rahmt für ihn die normalisierte Vorannahme *es muss funktionieren, aber nicht um jeden Preis* die Suche nach einer Lösung. Die Reflexion der Situation skizziert Herr CM durch den Gegenhorizont eines Paares ohne Kind. Hier führten nach seiner Ansicht die Einschätzungen „zu viel Stress", „zu viel Arbeit" oder „zu viel investieren" schneller dazu, dass dieser Einsatz als nicht lohnend beurteilt wird. Die normalisierten points of view, *man muss sich als Elternteil mehr einbringen, Kompromisse schließen und mehr daran arbeiten* sind Vorannahmen, die der Beurteilung und der Lösungsfindung in dem konfliktären Dilemma einen Rahmen vorgeben. Der normalisierte point of view *um des Kindes willen muss die Partnerschaft bestehen* führt zu vermehrten Anstrengungen („einfach mehr dran arbeiten"). Diese vermehrten Anstrengungen werden ebenfalls normalisiert („man").

Die Partnerschaft erhält, ebenso wie in der vorangehenden Sequenz die Arbeit und das Geld verdienen, einen anderen Stellenwert. Sich einzubringen und Kompromisse schließen zu können werden bedeutsamer. Aus Ansicht Herrn CMs ist das Ziel, dass die Partnerschaft um des Kindes willen „funktioniert". Der point of view über Partnerschaft und der hierfür notwendigen Anstrengungen wird verändert.

Wiederum gibt es nur an zwei Stellen einen Ich-Erzähler („ich denk", „denke ich"). Bei den beiden anderen Aussagen („das ist mir jetzt zu viel Stress", „ich muss zu viel investieren") handelt es sich um Gedankenzitate in direkter Rede, die die beschriebene Dilemmasituation anschaulich illustrieren. Mit der ersten Individualisierung bezieht sich Herr CM auf einen von ihm als natürlich klassifizierten Sachverhalt (Partnerschaft mit Kind). Dies könnte als Hinweis darauf gedeutet werden, er signalisiere die eigene Zugehörigkeit zu dieser Normalisierung. Die anschließenden Ausführungen darüber, was Herr CM denkt, sind normalisiert („man"). Zudem finden sich neben dem oben genannten noch drei weitere Verweise auf Natürlichkeit: „was mit Kind natürlich ne ganz andere Sache ist", „man muss natürlich [...] sich mehr einbringen oder auch natürlich Kompromisse schließen können". Die Unausweichlichkeit dieser postulierten Normalisierungen wird zusätzlich noch verstärkt durch den formulierten Zwang („muss"). Diese Kombination unterschiedliche Stilmittel normalisiert das skizzierte Dilemma nachdrücklich.

In der angedeuteten normalisierten Reflexion, bei der die normalisierte Entscheidung zwischen Trennung und Fortführen der Partnerschaft getroffen werden muss, wägt Herr CM ab, ob sich der Einsatz (Stress, Arbeit, Investition) lohnt. Die Reflexion kann zwei mögliche normalisierte Lösungen haben. Bevorzugt ist die Entscheidung, der Einsatz lohne sich. Als einzige Alternative bleibt nach Ansicht Herrn CMs nur die Trennung.

Lerntheoretische Implikationen

Angeregt durch die Nachfrage der Interviewerin reflektiert Herr CM über den Gehalt des Dilemmas, ob sich sein Einsatz für die Partnerschaft lohne. Er benennt die normalisierte Strategie „fragt man sich" als Möglichkeit, eine Lö-

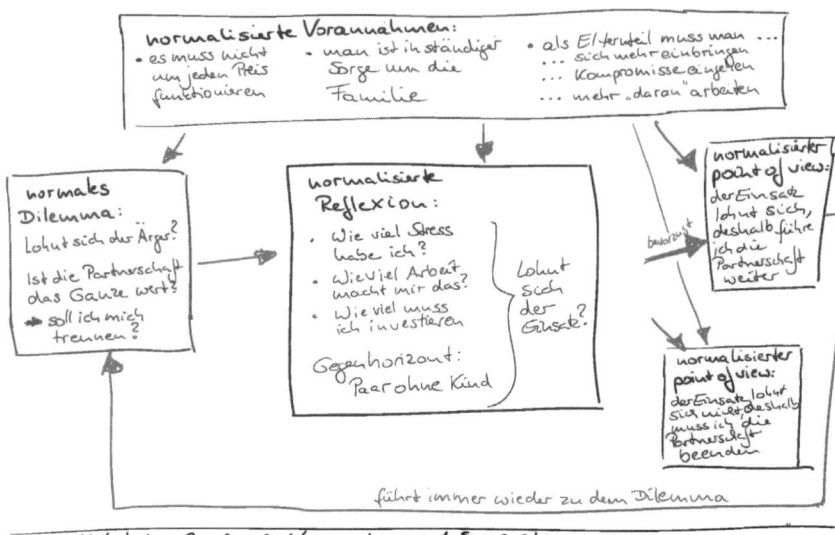

Abbildung 11.21: Normalisierter Lern-Zirkel: wiederkehrender Einzelfall – Beispiel 2

sung zu finden und verweist wiederum auf die Reflexion des Lösungsprozesses. Wie auch schon in der ersten Sequenz normalisiert Herr CM das Dilemma. Gerahmt durch eine Reihe normalisierter Vorannahmen reflektiert er über den Gehalt des Dilemmas. Aus seiner Sicht gibt es zwei Lösungsmöglichkeiten: Entweder die Partnerschaft „funktioniert" weiter oder die Partnerschaft wird beendet.

Über mögliche Gefühle, die den Lernprozess begleiten, erfahren wir erneut nichts. Die normalisierte Vorannahme *Eltern müssen mehr „daran" arbeiten* führt dazu, dass nur eine normalisierte präferierte Lösung des Dilemmas besteht. Deutlich weist er darauf hin, dass er die erste Lösung präferiert („es muss funktionieren"). Der verstärkte Einsatz, diese Lösung zu erreichen, wird durch die Anwesenheit eines Kindes begründet. Zugrunde liegt vermutlich der habit of mind *ein Vater hat Verantwortung für die ganze Familie*, der sich in der ersten Sequenz in mehreren points of view gezeigt hat.

Das von Herrn CM skizzierte normalisierte Dilemma kann immer wieder entstehen. Herr CM hat eine Strategie der Reflexion entwickelt, mit deren Hilfe er das Dilemma jeweils lösen kann. Zudem hat er die beiden Lösungsoptionen festgelegt. Habit of mind und points of view bilden den festen normalisierten Horizont des Entscheidungsprozesses. Sie werden nicht transformiert. Das Dilemma kann innerhalb dieser Begrenzung bearbeitet und mit Hilfe der normalisierten Strategie der Reflexion gelöst werden. Es muss nicht weiter hinzugelernt werden. Individualisierte Überlegungen wie beispielsweise ‚wie viel Kraft habe ich' oder ‚über welche Ressourcen verfüge ich' spricht Herr CM nicht. Die beiden normalisierten Lösungen scheinen alternativlos. Das Dilemma kann damit zwar wiederholt auftreten, eine Lösungsstrategie und die beiden Lösungsoptionen sind jedoch bereits vorhanden. Ein transformatives Lernen findet nicht statt.

Im Gegensatz zu dem vorangehenden Beispiel stehen im nun folgenden nicht immer die gleichen Lösungen zur Verfügung.

43	I:	„und war dann bei euch auch der ökonomische gedanke, der finanzielle gedanke sehr wichtig, hat der dich sehr beschäftigt? so mit familie und finanzieren und jetzt kommt ein kind oder auch das zweite?
44	BM:	klar das ist auf jeden fall ist das, wenn **man** nicht irgendwie im monat unendlich viel geld verdienen wenn **man** in der branche der **nor**malverdiener ähm unterwegs ist, ist **natürlich** irgendwas, worüber **man** sich gedanken macht. ähm aber das war jetzt bei mir nicht so wirklich, ähm, dass mich das extrem beschäftigt hat. **man** kann **man** versteht das am anfang auch noch gar nicht, wenn **man** gar nicht weiß was finanziell wirklich auf einen zukommt.
45	I:	mhm.
46	BM:	das ist das. und was **man** auch noch dazu sagen muss ähm, es gibt ja auch opas und omas und die unterstützen einen da, gerade bei so großen käufen wie zum beispiel kinderwagen oder sitze für's auto und so was. also * ne die finanzielle frage war **natürlich** auf jeden fall was, was einen beschäftigt hat, wo **man** auch einfach drüber nachdenken muss, wie alles das funktioniert aber, ähm das ist auch ne sache in die **man** irgendwie reinwächst durch erfahrung, die **man** macht, was das nun wirklich alles kostet und so, aber es war auf jeden fall nie ein thema was mich wirklich irgendwie arg beschäftigt hat."

(Interview 5, 43-46)

Die Interviewerin suggeriert eine Normalität („bei euch auch", 43), die von Herrn BM aufgegriffen und als solche benannt wird. Sie stellt in den Raum, dass finanzielle Überlegungen für Eltern eine große Rolle spielen („sehr wichtig", 43) und unterstellt, dass auch für Herrn BM diese Normalisierung zutrifft („dich sehr beschäftigt",43). Herr BM reagiert zunächst mit einer uneingeschränkten Zustimmung. Er trifft allgemein gehaltene Aussagen („man", 44), die noch nicht auf ihn individuell spezifiziert sind. Erst im zweiten Satz distanziert er sich von der durch die Interviewerin vermuteten intensiven Beschäftigung mit Finanzen („aber das war jetzt bei mir nicht so wirklich, ähm, dass mich das extrem beschäftigt hat", 44). Der Vater weist eine extensive Beschäftigung von sich, versichert sich jedoch sofort seiner eigenen Normalisierung, indem er darauf hinweist, dass „am Anfang" (44) das Wissen über die finanziellen Belastungen durch ein Kind nicht vorhanden ist. Bei dieser wieder allgemeingültig formulierten Feststellung („man", 44) schließt er sich mit ein. Das wiederholte „man" verstärkt den normalisierenden Aspekt. Nach Ansicht von Herrn BM ist es normal, dass Eltern anfangs die finanziellen Aspekte der

Elternschaft nicht verstehen. Er begründet dies mit einer weiteren normalisierten Annahme: Eltern wissen „am anfang" (44) nicht, was finanziell auf sie zukommt.

Nun geht Herr BM kurz auf eine mögliche Lösung bei Finanzierungsproblemen ein. Die Großeltern können bei größeren Anschaffungen helfen. Der Vater eignet sich neues Wissen an und damit verbunden neue points of view wie beispielsweise *bei großen Anschaffungen unterstützen Großeltern* oder möglicherweise auch *Großeltern haben eine Mitverantwortung bei Finanzfragen.* Er reflektiert über seine Annahmen über den Inhalt, was die finanzielle Frage für ihn als Elternteil bedeute („wo man auch einfach drüber nachdenken muss, wie alles das funktioniert", 46). Diese Reflexion wird wiederum normalisiert („man", 46). Das Nachdenken über die Finanzierung einer Familie betrifft nach Ansicht Herrn BMs alle Eltern. Dies unterstreicht er nochmals explizit: „die finanzielle frage war natürlich auf jeden fall was, was einen beschäftigt hat, wo man auch einfach drüber nachdenken muss" (46) und weist darauf hin, wie er seine neue Rolle erlernt („ne sache in die man irgendwie reinwächst durch erfahrung, die man macht", 46).

Abschließend betont Herr BM nochmals seine eingangs bezogene Position. Er hat sich zwar mit Fragen der Finanzierung auseinandergesetzt, dennoch war dies „nie ein thema was mich wirklich irgendwie arg beschäftigt hat" (46). Die Beschäftigung scheint eher oberflächlich gewesen zu sein („nicht so wirklich [...] extrem", „nie [...] arg", 44). Nur in speziellen Situationen wie bei dem anstehenden Kauf eines Autositzes hat er sich mit diesem spezifischen finanziellen Problem beschäftigt.

Lerntheoretische Implikationen
Herr BM ist der Ansicht, dass das Dilemma *Unwissenheit in Finanzfragen* normal ist. Indem er die Normalisierung als bestehend annimmt, sichert er das Dilemma als geteilte Erfahrung. Die normalisierte Vorannahme, *Eltern machen sich Gedanken über Finanzfragen*, muss hier nicht, wie bei Mezirow idealtypisch beschrieben, überprüft werden. Der Hinweis auf die Normalisierung, die zudem durch die Interviewerin bestätigt wurde, scheint eine Prüfung der Vorannahmen zu ersetzen.

Über eine Reflexion der eigenen Gefühle erfahren wir wenig. Es lässt sich lediglich feststellen, dass aus Sicht Herrn BMs keine erhebliche Belastung bestand. Kompetenz und Selbstsicherheit in der neuen Rolle können durch die Absicherung durch das normalisierte Dilemma erleichtert erfahren werden.

Eine Reflexion über eine generelle Lösung des Dilemmas findet nicht statt. Es gibt auch keine Reflexion darüber, warum finanzielle Aspekte ein Problem sind, über das Herr BM nachdenken muss oder darüber, wie er die Situation so verändern könnte, damit alle finanziellen Fragen gelöst wären. Die normalisierten points of view selbst, *über Finanzen muss man sich Gedanken machen* bzw. *Finanzwissen kann durch Erfahrung angeeignet werden* bleiben von der Reflexion ausgeklammert. Der habit of mind *das Leben als Familie ist*

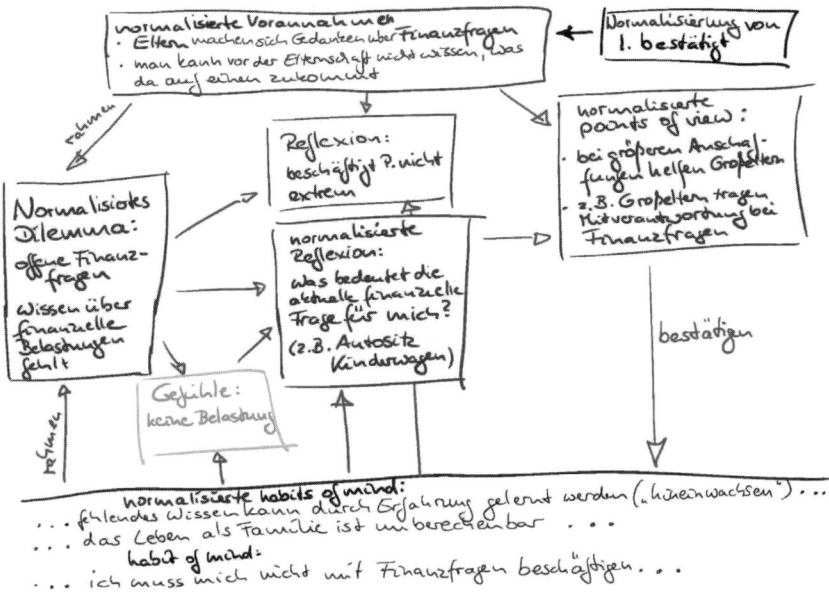

Abbildung 11.22: Normalisierter Lern-Zirkel: wiederkehrender Einzelfall – Beispiel 3

unberechenbar stützt diesen Umgang mit dem normalisierten Dilemma. Wenn das Leben als Familie unberechenbar ist, so kann auch keine generelle Lösung gefunden werden.

Der verbleibende Umgang mit dem wiederkehrenden Dilemma der offenen Finanzfragen wird durch den normalisierten habit of mind *fehlendes Wissen kann durch Erfahrung gelernt werden* gestützt. Es findet eine Reflexion über den konkreten Inhalt des Dilemmas im Einzelfall statt: Wie kann die jeweilige finanzielle Problemstellung gelöst werden? In Folge der genannten Normalisierungen lernt der Vater, indem er Erfahrungen sammelt. Diese Lernstrategie hat Herr BM ebenfalls erlernt. Er hat sich eine Strategie angeeignet, mit der er das normalisierte Dilemma bearbeiten kann: Durch die Reflexion des Einzelfalls erlernt er Erfahrungswissen. Er lernt zum Beispiel, die Großeltern als mögliche Geldquelle anzusehen. So ist ein eher instrumentell ausgerichtetes Lernen möglich. Die situativ erlernten Lösungen lösen das normalisierte Dilemma *Unwissenheit in Finanzfragen* nicht. Das Dilemma als Ganzes wird nicht gelöst. Ein normalisierter Lern-Zirkel hat sich etabliert.

Das von der Interviewerin eingebrachte normalisierte Dilemma *offene Finanzfragen* wird ebensowenig in Frage gestellt wie die normalisierten Vorannahmen *Eltern machen sich Gedanken über Finanzfragen* und *man kann vor der Elternschaft nicht wissen, was finanziell auf einen zukommt*. Die zugrunde liegenden teilweise normalisierten habits of mind *fehlendes Wissen kann durch*

Erfahrung erlernt werden, ich muss mich nicht mit Finanzfragen beschäftigen und *das Leben als Familie ist unberechenbar* werden ebenfalls nicht hinterfragt. Das Dilemma bleibt so in diesem Gefüge erhalten. Alle Möglichkeiten, hier transformativ zu lernen, werden ausgeschlossen. Das Lernen findet auf einem anderen Gebiet statt: Der Einzelfall muss gelöst werden. So können Erfahrungen gesammelt werden. Das Wissen über finanzielle Fragen der Elternschaft wird mit der Erfahrung erworben. Neue points of view können angeeignet werden (z.b. Großeltern zur finanziellen Unterstützung) und ausdifferenziert werden.

Damit dispensiert sich Herr BM umfassend von einer Lösung der globalen Frage nach der Finanzierung einer Familie. Er sucht nicht nach Lösungen wie etwa das Zusammenstellen möglicher Ausgaben für einen gewissen Zeitraum (z.b. Kleidung, Windeln, Hygieneartikel, Kinderbett, Fahrradsitz), um die finanzielle Belastung abschätzen zu können. Er erwägt auch nicht, von Erfahrungen anderer Eltern zu profitieren und diese zu befragen. Auch eine gezielte Suche nach günstigen Kaufgelegenheiten (z.b. Kinderkleiderbörsen) wird nicht erwähnt. Das normalisierte Dilemma kann und muss nicht gelöst werden und damit sind diese beispielhaft genannten Überlegungen nicht notwendig. Der interviewte Vater dispensiert sich global, indem er das Dilemma nicht in Frage stellt. Eine Lösung muss nur für den jeweiligen Einzelfall gefunden werden. Dies tut Herr BM. Er erhält dann beispielsweise die Hilfe der Großeltern.

In der nachfolgenden Beispielsequenz beschreibt die interviewte Mutter, Frau AF, ebenfalls einen normalisierten Lernprozess. Dieser wird ihrer Ansicht nach nie abschließend gelöst, sondern immer wieder aufs Neue durchlaufen. Frau AF ist der Ansicht, dass Eltern immer wieder neue Lösungen finden müssen. Das wiederholte Lernen selbst wird von Frau AF ebenfalls normalisiert.

125 AF: „und dann isch eine linie, und dann gehts au gut. die eine linie isch au noch wichtig genau. eine linie von beiden elternteilen. **man** darf ja schon mal verschiedener meinung sein und darf diskutiere, die kinder dürfe des ja au mitkriege, dass **ma**[194] sich * ehm dass **ma** diskutiert und dass **man** zusammen ne lösung findet, aber wenn dann ne lösung gfunde isch dann ischs wichtig dass * au beide eltern * teile daran festhalte. zum beispiel was gibts vor em mittagesse oder so. * nit dass des kind weiss wenn ich zum papa geh dann krieg ich des süße vor em mittagesse und die mama wills nit.

126 I: ja * 1 *

127 AF: hmm so kleinigkeiten.

128 I: aber die frage <u>ist eben</u>

129 AF: <u>hm</u>

130 I: <u>wie **man**</u> die eine linie findet zu zweit. *

131 AF: ja, die muss **ma** halt finde

---

194   „**ma**" ist die durch den Dialekt verkürzte Version von „**man**".

132 I: [LACHT]
133 AF: @muss **ma**@ halt suche [LACHT]
134 I: [LACHT]
135 AF: des gelingt **natürlich** nit IMmer, * und dafür dann gibts halt mal wieder
            streit, aber dann muss **ma** halt * wieder versuche zu kläre, wieder zu über-
            lege was isch vernünftig und muss wieder versuche es durchzuziehen."
            (Interview 1, 125-135)

Frau AF benennt gleich zu Beginn dieser Sequenz deren Thema: „eine linie".
Sie wiederholt „eine linie" drei Mal, bevor sie diese näher erläutert. Zunächst
erfahren wir, dass in der Folge der „eine[n] linie" etwas „au gut" (auch gut)
geht. Zudem ist diese eine Linie „au noch wichtig". Schließlich benennt die
Interviewte, wer gemeinsam „eine linie" haben sollte: die „beide eltern * teil".
Nach Ansicht Frau AFs gelingt die Kindererziehung gut, wenn beide Eltern
„eine linie" vertreten. Dieser drei mal in Folge genannte point of view *beide
Eltern müssen eine gemeinsame Linie verfolgen* scheint ihr sehr wichtig zu sein.

In der einleitenden dreimaligen Wiederholung kommen keine Pronomen
vor. Erst in den nachfolgenden Erläuterungen wird deutlich, dass Frau AF hier
aus ihrer Sicht normale Sachverhalte erläutert („ma[n]", 125). Auf Grund dieses nachfolgenden normalisierten Kontexts kann angenommen werden, dass
auch der am Anfang stehende point of view aus Frau AFs Sicht allgemeingültig ist.

Frau AF führt nun den normalisierten point of view zunächst abstrakt und
verallgemeinert, dann mit Hilfe eines konkreten Beispiels (125) näher aus. Direkt an die ersten normalisierten point of view *wenn Eltern eine gemeinsame
Linie verfolgen, dann gelingt Elternschaft gut* anschließend, beschreibt Frau AF
nun eine Situation, in der Eltern keine gemeinsame Linie haben („verschiedener meinung sein", 125). Dieser Gegenhorizont bekommt durch die Anmer-
kungen „vor em mittagesse oder so" (125) sowie „so kleinigkeiten" (127) einen
alltäglichen Charakter. Frau AF normalisiert, dass ihr point of view zeitweilig
nicht zutrifft. Es kommt vor, dass Eltern nicht „eine linie" vertreten. Sie weist
darauf hin, dass es Situationen gibt, in denen Eltern die eingangs formulierte Bedingung für gut gelingende Elternschaft nicht einhalten. Es ist normal
(„man", 125), dass Eltern sich in der Problemsituation befinden, den normalisierten point of view (*eine gemeinsame Linie verfolgen*) nicht verfolgen zu können und sie unterschiedliche Positionen vertreten. Es ist normal, dass Eltern
verschiedener Meinung sind („schon mal", 125) und die gemeinsame Position erst finden müssen. Sie zählt auf, welche Handlungen ihrer Ansicht nach
zur Lösung der Situation möglich sind („dürfen", 125). Eltern dürften „diskutiere[n]" (125). Die Kinder dürften „mitkriege[n]", dass die Eltern diskutieren und auf diese Weise „zusammen ne lösung finde[n]" (125). Durch die von
Frau AF gewählte Formulierung („dürfen", 125) erscheint es, als hätte jemand
für diese normalisierten Handlungen zur Lösungsfindung die Erlaubnis gegeben. Die Wortwahl spiegelt ein Verhältnis, das eher zwischen Eltern und Kin-

dern üblich ist, wobei Eltern die Erlaubenden sind und Kinder diejenigen, die daraufhin etwas dürfen. Damit scheinen die erlaubten Handlungsweisen (abweichen, diskutieren im Beisein der Kinder) zusätzlich zu der Normalisierung durch das „man" von einer unbekannten Autorität bestätigt. Diese Erlaubnis zur Unterbrechung des ersten normalisierten points of view (eine Linie) wird durch die durchweg allgemeine Formulierung (man) ebenfalls normalisiert. Doch selbst wenn Eltern „halt suche[n]" (133), so fügt Frau AF auf Nachfrage der Interviewerin an, „gelingt [dies] natürlich nit IMmer" (135) und in der Folge „gibts halt mal wieder streit" (135). Beide Möglichkeiten werden von Frau AF für normal gehalten. Es ist „natürlich" (135), dass der normalisierte point of view *Eltern müssen eine gemeinsame Linie verfolgen* nicht immer gelingt und daher immer wieder Dilemmasituationen auftreten. Frau AF formuliert nun vier mal parallel den zwingenden („muss", 135) und normalen („ma", 135) Prozess der Lösungsfindung: „wieder streit … wieder versuche zu kläre … wieder zu überlege was isch vernünftig … wieder versuche es durchzuziehen" (135). Das mehrmalige „wieder" weist sehr anschaulich auf den sich wiederholenden Charakter einer solchen Dilemmasituationen hin, in der Eltern unterschiedliche Meinungen vertreten.

Damit sind sowohl das Dilemma, dass der point of view *Eltern müssen eine gemeinsame Linie verfolgen* unterbrochen ist, als auch der Lösungsweg (diskutieren) normalisiert. Die Eltern können in diesem Fall eine ebenfalls normalisierte Strategie (diskutieren) anwenden, um das Ziel einer gemeinsamen Lösung zu erreichen. Wichtig ist für Frau AF noch („aber wenn dann", 125), dass beide Elternteile an einer einmal gefundenen gemeinsamen Lösung festhalten.

Lerntheoretische Implikationen

In dieser Interviewsequenz wird zunächst der point of view *Eltern müssen eine gemeinsame Linie verfolgen* normalisiert. Er bildet eine Vorannahme für die anschließend skizzierte Problemsituation. Dann wird normalisiert, dass Eltern teilweise nicht dieser Vorannahme folgen, dass ihr Handeln vor diesem Hintergrund scheitern kann. Damit wird das Dilemma, wenn Eltern nicht eine linie verfolgen, ebenfalls normalisiert und als geteilte Erfahrung gekennzeichnet. Schließlich wird die Suchbewegung, um den normalisierten point of view wieder herzustellen (streiten, diskutieren, klären, überlegen, versuchen), normalisiert. Die Lösung des Dilemmas, also die gemeinsame Position der Eltern, führt zurück zum Ausgangspunkt. Der normalisierte point of view ist wieder hergestellt. Lediglich die Lösung des Dilemmas muss immer wieder neu in verschiedenen Situationen gefunden werden. Eltern müssen Frau AF zu Folge in Situationen, in denen sie unterschiedliche Standpunkte vertreten, gemeinsame points of view finden. Die Strategien zur Lösung einer solchen Dilemmasituation führen zu einem alternativlosen Ziel („muss ma halt finde", 131). Gleiches gilt auch für eine Eigenschaft der Lösung: Sie muss ein gemeinsamer point of view sein. Das Scheitern ist zwar zunächst ebenfalls normal („des ge-

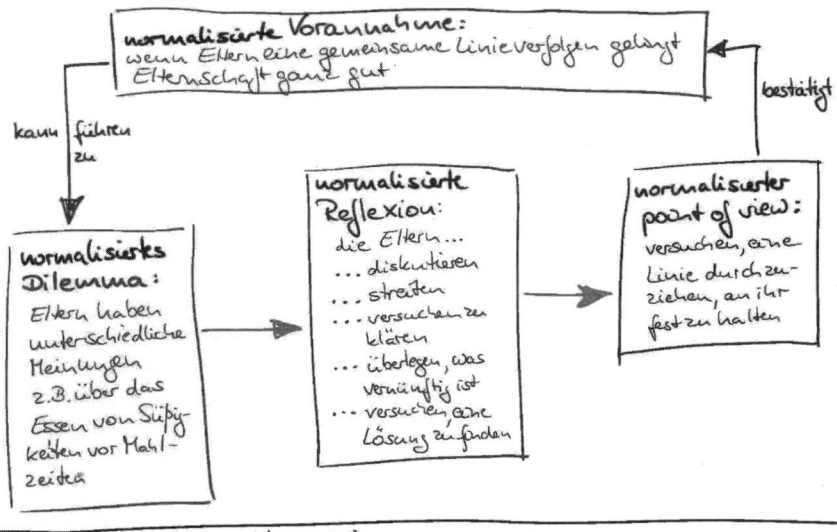

Abbildung 11.23: Normalisierter Lern-Zirkel: wiederkehrender Einzelfall – Beispiel 4

lingt natürlich nit IMmer", 135). Es muss jedoch immer aufs Neue der Versuch unternommen werden, eine Einigung zu finden. Hier schließt sich der Kreis des wiederkehrenden Lernprozesses.

Der Normalisierte Lern-Zirkel ist gänzlich durch die Normalisierungen der interviewten Mutter gerahmt. Das bedeutet, dass zwar die Inhalte der wiederkehrenden Dilemmata und die jeweiligen Lösungen differieren und so zum je neuen Gehalt der Reflexion werden. Die wiederkehrenden Lernbewegungen verbleiben jedoch im einmal gefundenen Rahmen der Normalisierungen. Frau AF hat sich bewusst gemacht – ob dies vor dem Interview oder in der Interviewsituation stattfand ist nicht zu ermitteln – welche Strategien zur Lösungsfindung erfolgreich sind. Sie hat den Prozess reflektiert, muss dies jedoch nicht jedes Mal aufs Neue, da die gefundenen Strategien als erfolgreich gelernt sind. Das stattfindende Lernen bezieht sich somit vermutlich – solange die Lösungsstrategien erfolgreich bleiben – nur auf den Gehalt des jeweiligen Dilemmas, nicht auf den Prozess der Lösung oder gar die Prämissen.

Die diesem Lernprozess zu Grunde liegenden habits of mind lassen sich nur vermuten. Es ist jedoch sehr plausibel, dass ein habit of mind der interviewten Mutter Frau AF *beide Eltern sind für die Erziehung der Kinder gleichberechtigt zuständig* den basalen Horizont der geschilderten Dilemmasituationen und deren Lösungen ist.

11.5.2 Ein unlösbares Dilemma individuell pragmatisch lösen

Eine zweite Gruppe bilden normalisierte Lern-Zirkel, die eigentlich als unlösbar angesehen werden. Sie werden im Einzelfall pragmatisch gelöst.

> „und so war das eigentlich auch letztendlich, muss ich sagen mein, hab ich auch
> so en bisschen forciert dass wir ein zweites kind bekommen, weil da **natürlich**,
> war da so en bisschen die frage wann ist ein guter zeitpunkt mit, sie muss dann
> in den beruf und das studium ist noch nicht abgeschlossen und dann haben wir
> aber irgendwann so darüber halt gesprochen und irgendwann sind wir dann dazu
> gekommen dass wir gesagt haben, auch jetzt, wir lassen es darauf ankommen und
> ähm der richtige zeitpunkt ist sowieso schwer wählbar, später könnt´s denn sein
> dass gerade der der beruf so ne wichtige rolle spielt, dass es auch nicht passt oder
> **man** ist in der probezeit oder solche dinge und dann, tja auch da haben wir dann
> irgendwie gesagt wir, kriegen das irgendwie hin, ja und so haben wir es dann auch
> gemacht und jetzt sind wir ja auch sehr, sehr froh darüber dass wir nicht nur ein
> kind haben sondern da eben noch die franziska hier sitzt [SCHAUT ZU SEINEM KIND
> AM BODEN, INTERVIEWERIN LACHT]" (Interview 7, 28)

Herr DM beginnt diese Sequenz mit dem Hinweis, dass er darauf gedrängt hätte, ein zweites Kind zu bekommen. In dieser Einleitung („eigentlich auch letztendlich", „en bisschen") und auch in der weiteren Erzählung finden sich viele abschwächende Formulierungen, die das Erzählte vage erscheinen lassen. Als Grund für das notwendige Forcieren führt er ein normalisiertes Dilemma („natürlich") ein: Wann ist ein guter Zeitpunkt für ein zweites Kind? Herr DM schwächt die Dringlichkeit dieser Frage ein wenig ab („so en bisschen"), bevor er dann mögliche Argumente aufführt, die zum damaligen Zeitpunkt gegen ein zweites Kind sprachen (Studium, zukünftiger Beruf, Probezeit). Über die Suche nach der besten Lösung für diese Dilemma spricht er ebenfalls vage. Er habe mit seiner Partnerin „irgendwann so darüber halt gesprochen". Die Eltern finden ihre Lösung durch ein gemeinsames Abwägen der verschiedenen Argumente für und wider ein zweites Kind. Die Zeitspanne, in der diese kommunikative Lösungssuche stattfindet, bleibt offen. Auch die Art und Weise, wie die Suche mit einer abschließenden gemeinsamen Position zu einem Ende kommt, bleibt vage („da haben wir dann irgendwie gesagt"). Herr DM weist nur darauf hin, dass eine Lösung gefunden wurde („irgendwann [...] dazu gekommen"). Das Paar einigt sich auf den gemeinsamen point of view *der richtige Zeitpunkt ist sowieso schwer wählbar* sowie den zweiten point of view *wir kriegen das irgendwie hin*. Damit verbunden fällt die Entscheidung für die Handlung, „wir lassen es darauf ankommen". Positive Gefühle gegenüber dem zweiten Kind („sehr, sehr froh") bestätigen die argumentativ gefundenen points of view.

Lerntheoretische Implikationen

Das Beispiel zeigt einen vorwiegend kommunikativen Lernprozess, bei dem die Eltern sich mit einem normalisierten Dilemma auseinandersetzen. Das Di-

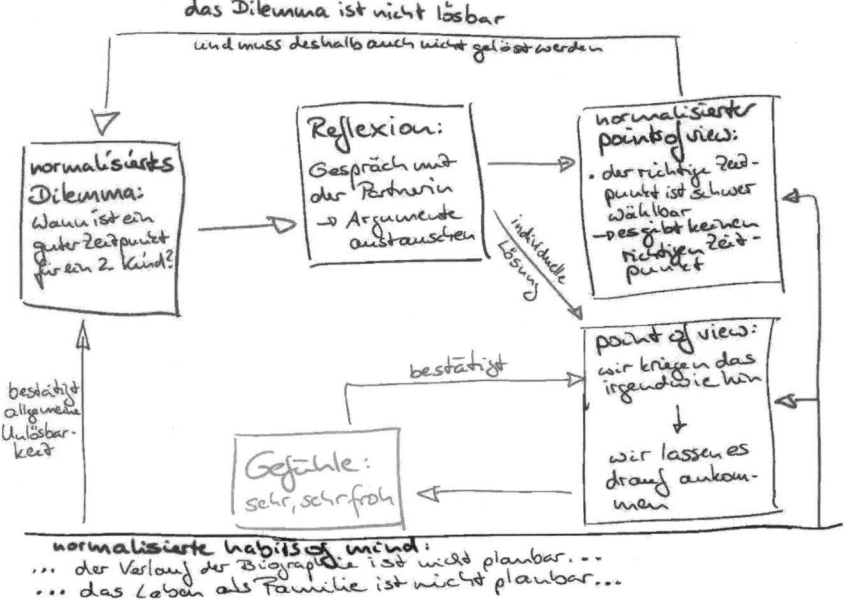

Abbildung 11.24: Pragmatische Lösung eines scheinbar unlösbaren Dilemmas

lemma scheint jedoch keine bemerkenswerten Gefühle auszulösen – der Interviewte nennt zunächst keine. Die Eltern tauschen unterschiedliche Positionen aus und erörtern mögliche Argumente über die Frage nach dem richtigen Zeitpunkt für ein zweites Kind. Sie reflektieren externe (z.B. Studium, Beruf) und persönliche Gründe (schaffen wir das). Auf diese Weise gelangen sie zu einer begründeten Entscheidung. Ihre Lösung zeigt sich sowohl in gemeinsamen points of view (*es gibt keinen richtigen Zeitpunkt, wir schaffen das*) als auch in dem pragmatischen handlungsleitenden point of view *wir lassen es darauf ankommen.* Indem sie die Herausforderung dieses normalisierten nicht lösbaren Dilemmas annehmen, kommt es zu einem gemeinsamen Lernen und auf diese Weise zu begründeten gemeinsamen points of view. Das Paar lässt das normalisierte Dilemma bestehen und schafft eine Distanz von diesem unlösbaren Problem durch die individuelle pragmatische Lösung. Die mit dem zweiten Kind verbundenen Gefühle werden als Bestätigung für die Richtigkeit der Entscheidung angesehen. Sie unterstreichen die erfolgreiche Anwendung der gefundenen Lösung.

Die Reflexion findet auf einer inhaltlichen Ebene statt. Mit dem erlernten point of view *es gibt keinen richtigen Zeitpunkt* ist eine dauerhafte, allgemeine Lösung nicht möglich. Es findet kein transformatives Lernen statt.

11.5.3 Gewöhnen als Lösung unlösbarer Dilemmata

Bei der dritten Gruppe der normalisierten Lern-Zirkel wird das sich Gewöhnen als Lösung für eigentlich als unlösbar eingestufte Dilemmata betrachtet. Im nachfolgenden Beispiel hat Frau HF hat irgendwann eine erzieherische Handlungsform gelernt, an der sie ihr Handeln ausrichtet, obwohl sie dies als belastend erlebt. Die Interviewerin stellt das Thema Konfliktbewältigung und Schwierigkeiten in den Raum. Auf die Frage der Interviewerin „in welchen bereichen des familienlebens bist du auf schwierigkeiten gestoßen?" (Interview 12, 19) beschreibt Frau HF nach längerem Zögern –acht Sekunden Pause – normalisierte belastende Situationen.

> „äh schwierigkeiten und beLASTend ist es dann **natürlich** immer wenn in der
> * kleinkindphase mit mit kindern die so um den oft üblichen zwei zweieinhalb
> jahresabstand wenn die dann anfangen ständig miteinander zu streiten und **man**
> ja * einfach genügend andere sachen noch im haushalt zu erledigen hat dass die-
> ser geräuschpegel relativ hoch wird wenn die dann auch im kindergarten sind
> konflikte vom kindergarten und verhaltensweisen nach hause bringen und das
> dann an ihren geschwistern ausproben ausprobieren * ähm * dass **man** * eben als
> erziehender äh * eben das beobachten muss, * und äh sich selber oftmals zurück-
> nehmen muss solange diese konflikte nicht wirklich gefährlich handgreiflich wird
> dass **man** da zuschauen muss dass die kinder das selbst ausprobieren muss aus-
> probieren müssen und ausle:ben müssen und dann eben äh langsam regulierend
> einGREIFT und ja **natürlich** meistens führt es etwas schwächere kind, schwächer
> heißt auch nicht unbedingt das jüngere kind * die kinder sind gibts oftmals kinder
> die sich dann in der entwicklung so angepasst haben dass das erste kind eher *
> äh ähm * sein stand hatte und das zweite kind heranwächst, und das erste kind
> in der stärke oft überholt, und dann muss **man** dann auch manchmal das zweite
> kind eben * regulierend äh beHANdeln einfach damit s nicht irgendwie eskaliert
> * die schwierigkeiten für mich sel:ber einfach dieses aushalten " (Interview 12, 20)

Die erzählte Situation scheint ein wiederkehrendes Dilemma zu sein („immer wenn"). Da sind die beiden Kinder, die miteinander streiten. Die Kinder werden teilweise normalisiert, da Frau HF ihren Altersabstand („zwei zweieinhalb jahresabstand") als „oft üblich" bezeichnet. Aus Sicht Frau HFs kommt es häufig vor, dass Geschwister diese Alterskonstellation haben. Bei dieser beinahe normalen Konstellation ist es normal, dass die Geschwister miteinander streiten. Es ist ihrer Ansicht nach ebenfalls normal, dass sich ein Gefühl der Belastung einstellt, wenn Kinder miteinander streiten, es laut wird und „man" als Elternteil eigentlich „genügend andere sachen noch im haushalt zu erledigen hat".

Die Kinder sind laut, bringen Konflikte aus dem Kindergarten mit nach Hause und erproben Formen, einen Konflikt auszutragen, die sie im Kindergarten erlernt haben. Die Konflikte der Kinder untereinander stellen jedoch für Frau HF nicht das eigentliche Problem dar. Sie beschreibt die wiederholten Streitigkeiten eher distanziert, ohne negative Konnotation („geräuschpegel relativ hoch", „verhaltensweisen [...] ausprobieren", „ausprobieren müssen und ausleben müssen"). Deutlich zeigt sich ihr point of view, *es ist normal, dass*

Kinder selbst erproben müssen, wie sich Konflikte lösen lassen. Das normalisierte Dilemma („natürlich") zeigt sich in widerstreitenden Interessen der Mutter. Einerseits streiten die Kinder und sind laut („dass dieser geräuschpegel relativ hoch wird"). Die Kinder müssen beobachtet werden, um gegebenenfalls „langsam regulierend" einzugreifen. Andererseits müssen „sachen noch im haushalt" erledigt werden. Die Frau HF begründet die postulierte beobachtende Haltung des Elternteils damit, dass Kinder Konflikte austragen müssen. Sie müssen „das selbst ausprobieren" und „ausleben". Zugleich stellt sie normalisierend fest („ja natürlich meistens führt es"), dass solch ein Konflikt meistens dazu führt, dass „regulierend" eingegriffen werden muss. „dann muss man dann auch manchmal das zweite kind eben * regulierend äh beHANdeln einfach damit s nicht irgendwie eskaliert". Frau HF erläutert diese verallgemeinerte Konfliktsituation weiter und beschreibt, was ihre Bezeichnung, das „etwas schwächere kind", bedeutet. Sie weist explizit darauf hin, dass es sich hier nicht zwingend um das ältere Kind handeln muss und begründet dies.

Frau HF spricht in der gesamten Sequenz verallgemeinert. Sie als handelndes Individuum taucht nicht explizit auf. Sie benutzt „man" an Stelle der ersten Person Singular und weist zweimal auf die Natürlichkeit der Problemsituation und der Belastung auf sie als Mutter hin. Zudem trifft sie in diesem Absatz auffallend häufig zwingende Aussagen („muss"). So ist es für Frau HF notwendig, „sich selber oftmals zurück[zu]nehmen" und die Kinder zu „beobachten", da diese sich „ausprobieren" und „ausleben müssen". Schließlich muss die beobachtende Mutter („man") „das zweite kind eben * regulierend äh beHANdeln". Interessanterweise kennzeichnet die interviewte Mutter diese normalisiert und zwingend bezeichneten Handlungen durch einige abschwächende Formulierungen. Der Altersabstand der „ständig miteinander [...] streitenden" Kinder ist „oft üblich". Die oder der Erziehende muss sich, und dies sei normal, „oftmals" zurücknehmen. Der Streit zwischen den Kindern hat „meistens" nicht näher bezeichnete Folgen für das „schwächere Kind". Bei diesem Kind handelt es sich „oftmals" um das erste Kind, daher muss die Mutter sich mit dem zweiten „manchmal" auseinandersetzen, damit der Streit nicht „irgendwie" eskaliert. Die einerseits klar und zwingend genannten Handlungen werden damit diffus. Es bleibt offen, um welche Geschwisterkonstellation es sich konkret handelt und wie die Mutter eingreift. Die diffusen Ausdrücke haben auch den Effekt, dass die beschriebenen Situationen weniger festgelegt und damit allgemeingültiger werden. Sie verstärken die bereits angesprochene Normalisierung.

Auch ihre Rolle als Mutter benennt Frau HF normalisiert „dass man * eben als erziehender äh * eben das beobachten muss". Der normalisierte point of view *solange Konflikte unter Kindern nicht gefährlich werden, schaut man als Elternteil zu und reguliert nur langsam* entspricht dieser ersten Überzeugung. Das Dilemma entsteht nun dadurch, dass Frau HF einerseits nicht die Zeit dafür zu haben scheint, die Kinder zu beobachten („einfach genügend andere sachen noch im Haushalt zu erledigen"). Sie normalisiert auch hier, dass „man" eigentlich andere Erledigungen verrichten sollte und nun durch den Streit der Kinder gezwungen sei, diese zu beobachten. So trägt dann andererseits zur Belastung bei, dass Frau HF ihrem point of view entsprechend in der Rolle der Beobachterin ist und daher „sich selber oftmals zurücknehmen muss". Sie als Person würde gerne häufiger eingreifen und es nicht den Kindern allein überlassen, wie diese den Konflikt bewältigen.

Erst ganz am Ende der Ausführung gibt es eine Individualisierung. Frau HF fasst die vorangehende Beschreibung zusammen und kommt wieder auf die eingangs genannten „schwierigkeiten" zu sprechen. Erst jetzt wird deutlich, worin das zentrale Dilemma der Mutter liegt. Zusätzlich zu dem zunächst beschriebenen Dilemma, die streitenden Kinder beobachten zu müssen, obwohl doch eine Haushaltstätigkeit geplant war, ist das „aushalten" der Konflikte zwischen den Kindern eine Schwierigkeit. Zugleich zeigt diese Aussage, dass Frau HF noch keine zufriedenstellende Lösung für die Problemsituation gefunden hat, die über das Aushalten hinaus geht. Ob und wie hier über das Aushalten lernen hinaus gelernt wird, lässt sich nicht sagen. Da die Interviewerin nach einer kurzen Pause ein neues Thema anspricht, bleibt diese Frage offen.

Lerntheoretische Implikationen

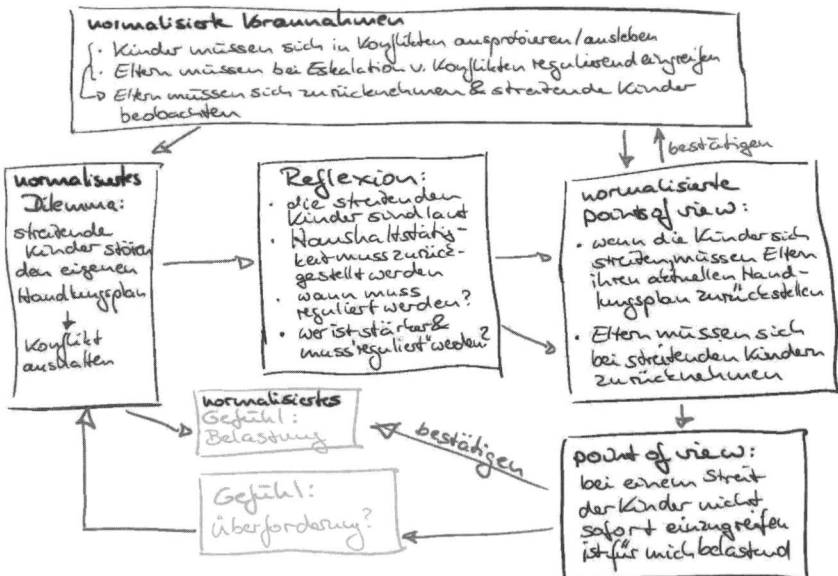

Abbildung 11.25: Gewöhnung an ein Dilemma als normalisierter Lern-Zirkel – Beispiel 1

Frau HF gerät wiederkehrend in die Problemsituation, bei Konflikten unter ihren Kindern auf der einen Seite als Mutter beobachtend tätig sein zu müssen, und auf der anderen Seite als Person („sich selber") einen anderen Handlungsimpuls zu haben, der zudem durch die normalisierten anstehenden Erledigungen motiviert zu sein scheint. Ihr point of view *solange Konflikte unter Kindern nicht gefährlich werden, schaut man als Elternteil zu und reguliert nur langsam* führt dazu, dass sie sich belastet fühlt. Dieses mit dem Problem entstehende Gefühl der Belastung wird normalisiert. Aus Sicht von Frau HF erfahren alle Eltern von Natur aus diese Belastung. Damit besteht keine Möglichkeit, das wiederkehrende Dilemma zu umgehen. Die Lösung besteht darin, die Normalisierung der Problemsituation und der Gefühle zu akzeptieren. Eine Reflexion darüber, wie Frau HF dieser Problemsituation anders begegnen kann, scheint durch die vorgenommene Normalisierung nicht möglich beziehungsweise auch nicht notwendig. Damit muss Frau HF auch nicht lernen.

Das in obiger Sequenz beschriebene normalisierte Dilemma setzt sich aus zwei Teilen zusammen. Zunächst sieht sich Frau HF vor die Entscheidung gestellt, entweder die Kinder zu beobachten oder die geplanten Tätigkeiten im Haushalt zu erledigen. Diese Entscheidungssituation bezeichnet sie als natürlich. Es scheint nach Ansicht Frau HFs normal zu sein, dass Eltern in Situationen kommen, in denen die Kinder Aufmerksamkeit fordern (Streit), während sie doch eigentlich eine andere Tätigkeit geplant hatten (Haushalt). Der point of view *Kinder müssen sich in Konflikten ausprobieren können* führt in Kombination mit dem point of view *Eltern müssen ihre streitenden Kinder beobachten, um notfalls regulierend einzugreifen* dazu, dass die interviewte Mutter sich zunächst aus dem Streit der Kinder heraushält. Sie handelt gemäß ihrer Vorannahme und hier zeigt sich der zweite Teil des Dilemmas. Die Situation der streitenden Kinder auszuhalten bereitet Frau HF, wie anderen Eltern auch („natürlich") Schwierigkeiten und führt zu Gefühlen der Belastung. Die Lösung des Konflikts der Kinder beschreibt Frau HF mit einem weiteren normalisierten point of view: *Ein Streit der Kinder führt dazu, dass Eltern regulierend eingreifen müssen.* Die Lösung wird nicht konkretisiert. Frau HF bekräftigt jedoch – diesmal individualisiert – die eingangs angesprochene Schwierigkeit und damit verbunden die Belastung. Sie hat aus vorangehenden Situationen mit streitenden Kindern gelernt, dass dies für sie eine Belastung darstellt. Der normalisierte point of view *Eltern müssen ihre streitenden Kinder beobachten, um notfalls regulierend einzugreifen* scheint die Mutter zu belasten und damit möglicherweise zu überfordern. Der Verweis auf Gefühle kann als ein Zeichen für einen Lernprozess angesehen werden, in dem die interviewte Mutter sich befindet. Die normalisierten points of view werden in der Reflexion allerdings nicht in Frage gestellt.

Die Analysen lassen zwei Deutungen zu: Es hat einerseits den Anschein, als hätte Frau HF für sich eine Lösung gefunden, indem sie die „schwierigkeiten und beLASTend" als „natürlich" bezeichnet. Die Unausweichlichkeit der Problemsituationen und deren Folgen (Belastung) lassen sich nur dadurch

„lösen", dass Frau HF diese Situationen aushält. Hier könnte die Vorstellung zugrunde liegen, sie könne sich an die Belastung gewöhnen. Damit wäre die gewählte Lösungsstrategie das Einüben in belastende Situationen. Andererseits könnte es auch sein, dass der erlernte point of view *streitende Kinder belasten mich* keine zufriedenstellende Lösung für die Problemsituation darstellt. Frau HF hat noch keine Handlungsweise gefunden, mit der sie ohne Schwierigkeiten ihren normalisierten points of view entsprechen kann. Damit wäre die derzeitig getroffene Wahl des Elternhandelns (aushalten) in den beschriebenen Problemsituationen (Kinder streiten sich) noch keine wirkliche Lösung, mit der Frau HF ihre derzeit noch unvereinbaren normalisierten points of view überwinden kann.

Während Frau HF im letzten Beispiel erzählt, wie sie die streitenden Kinder beobachtet und nicht zu der eigentlich geplanten Tätigkeit kommt, spricht sie in der direkt anschließenden Sequenz davon, wie sie ihren Partner und dessen Handeln in Konfliktsituationen mit den Kindern beobachtet.

> „die schwierigkeiten für mich selber einfach dieses aushalten auch wenn jetzt konflikt zwischen dem partner, und dem kind oder den kindern stattfindet *3* wo **man** sich dann net ganz sicher ist ähm handelt er jetzt richtig dass **man** jetzt aber nicht vor den kindern * äh regulierend auf den den partner einwirken kann, also wenn es jetzt nicht massiv jetzt gewalteinwirkung WÄre, aber das war jetzt eh bei uns kein kein thema denn als äh erziehende so wie ich die dann eben daheimgeblieben ist und doch die meiste zeit mit den kindern äh verlebt hab, hab **natürlich** viele entwicklungen mitbekommen nicht nur im laufe der zeit sondern die ganz banalen entwicklungen im laufe des tages zwischen aufstehen und fröhlich sein zuspitzung der * aggressivität vielleicht nach mit mit zunehmender ermüdung * zunehmendem zusammensein und dann kommt abends n partner nach hause der jetzt nicht weiß was den ganzen tag passiert is und versucht irgendwas zu managen, kennt der kennt aber jetzt die ganzen entwicklungen im laufe des tages nit wie was warum wer mit wem nicht mehr kann heute. und ähm * ja das is schwierig." (Interview 12, 20)

Frau HF beginnt mit einer individualisierten Feststellung: Sie persönlich hat Schwierigkeiten. Die Individualisierung des Dilemmas wird hervorgehoben, indem die inhaltlich eigentlich bereits ausreichende Formulierung „für mich" durch ein „selber" unterstrichen. Es ist für Frau HF schwer auszuhalten, wenn ein Konflikt besteht. Diese Aussage bezieht sich sowohl auf einen Streit der Kinder, der ja im vorangehenden Abschnitt thematisiert wird, als auch auf einen Konflikt zwischen dem Partner und den Kindern („auch"). In der folgenden Beschreibung dessen, warum dies für die Mutter schwer auszuhalten ist, wechselt sie wieder in eine verallgemeinerte Erzählform („man"). Sie beschreibt ein Gefühl der Unsicherheit („wo man sich dann net ganz sicher ist"), das „man" fühlt, wenn Unklarheit darüber besteht, ob die Handlungen des Partners im Konflikt mit dem Kind richtig sind oder nicht. Dieses eher negativ konnotierte Gefühl wird verallgemeinert benannt und beschreibt damit eine von Frau HF angenommene Normalisierung. Das Gefühl der Unsicherheit, wie die Interaktion des Partners mit den Kindern in einer Konfliktsituation zu beurteilen ist, ist ihrer Ansicht nach normal bei Eltern. Das Dilemma besteht nun darin, dass Frau HF keine Möglichkeit sieht, auf den Partner einzuwirken, wenn sie seine Handlungsweise als falsch einschätzt. Hier nimmt sie eine zweite Normalisierung vor: *Vor den Kindern kann man nicht in das Verhalten des Partners eingreifen.* Diesen point of view postuliert sie ebenfalls als normal für Eltern. Einzige Ausnahme von dieser Regel wäre eine sehr gewaltvolle Handlung eines Elternteils („also wenn es jetzt nicht massiv jetzt gewalteinwirkung WAre"). Im Rahmen ihres points of view steht Frau HF die Handlungsoption „eingreifen" nicht zur Verfügung. Sie stellt den point of view, nicht im Beisein der Kinder einzugreifen, nicht in Frage. Die von ihr gewählte Lösung des Dilemmas ist, dass sie lernen muss, Konfliktsituationen zwischen Partner und Kindern auszuhalten und zwar auch, wenn sie unsicher darüber ist, ob der Partner richtig handelt.

Nach einem kurzen Einschub zur Notwendigkeit bei Gewalteinwirkung einzugreifen entfaltet Frau HF nun ihre Begründung („denn") dafür, warum sie aus ihrer Perspektive eine bessere Entscheidung treffen könnte und damit im Gegensatz zu ihrem Partner eine „richtige" Handlungsoption wählen könnte. Auch hier normalisiert sie wieder: „hab natürlich viele entwicklungen mitbekommen". Sie benennt als Grundlage dafür, dass sie viele Entwicklungen des Kindes miterlebt habe, die gesammte Lebenszeit des Kindes und weist dann auf den einzelnen Tag hin („die ganz banalen entwicklungen im laufe des tages"). Es ist ihrer Ansicht nach natürlich, dass sie als Mutter, die zuhause bei dem Kind ist, einen besseren Einblick in verschiedene Entwicklungen des Kindes im Tagesverlauf habe, als dies bei dem Vater, der tagsüber außer Haus arbeitet, der Fall ist. Dieser Wissensvorsprung der Mutter ist die normalisierte Erklärung dafür, dass sie sich in einer Dilemmasituation befindet, Gefühle der Unsicherheit empfindet und es ihr schwerfällt, untätig zu bleiben, wenn der Partner mit den Kindern in Konflikt gerät.

Lerntheoretische Implikationen

Frau HF muss bei einem bestehenden point of view *im Beisein eines Kindes greift ein Elternteil nicht in das Handeln des anderen Elternteils ein* neue Handlungsmöglichkeiten finden, mit deren Hilfe sie eine Konfliktsituation zwischen Partner und Kind aushalten kann. Welche Strategien das sind, erfahren wir an dieser Stelle nicht. Frau HF reflektiert in der Interviewsituation einerseits über den Gehalt des Dilemmas und seine mögliche Lösung. Dabei geht sie ausführlich auf den von Mezirow (2009, 64) genannten Schritt einer idealtypischen Problemlösung ein („exploration of options for new roles, relationships and actions").[195] Andererseits erläutert sie die ihrer Ansicht nach normale Erklärung für das Auftreten der Dilemmasituationen. Dies wäre ein möglicher Ansatzpunkt, weitere Handlungsoptionen zur Lösung zu erwägen. Frau HF könnte beispielsweise den Partner jeden Abend zunächst über wich-

---

195 Vgl. Abschnitt 10.2.5.

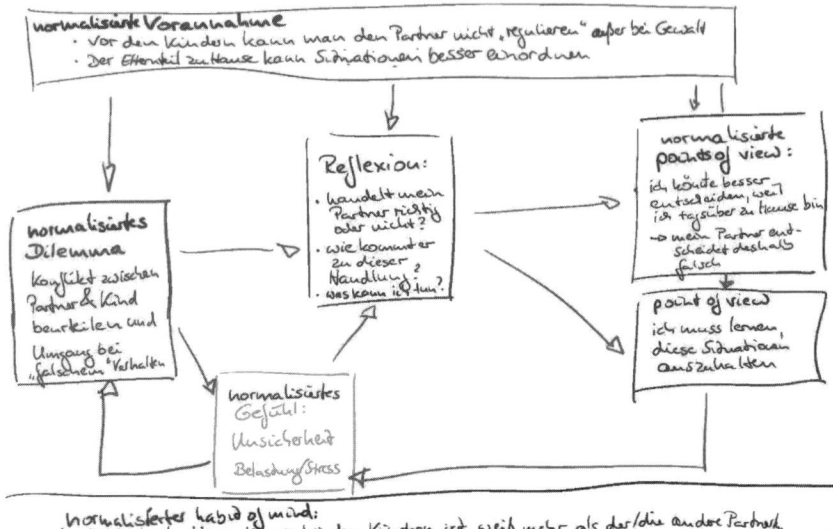

Abbildung 11.26: Gewöhnung an ein Dilemma als normalisierter Lern-Zirkel – Beispiel 2

tige Geschehnisse des Tages informieren. Ihr Wissensvorsprung könnte auf diese Weise vermindert werden. Diese Lösung scheint jedoch durch die vorgenommene Normalisierung nicht möglich zu sein. Da es normal ist, dass die Mutter einen Wissensvorsprung gegenüber ihrem Partner hat, erscheint diese Situation nicht veränderbar. Diese Möglichkeit wird in die Überlegungen an dieser Stelle nicht mit einbezogen. Es hat den Anschein, als sei bei einem normalisiertem Dilemma mit normalisierter Erklärung des Dilemmas und zugehörigen normalisierten Gefühlen ein offenes Prüfen der Vorannahmen nicht mehr möglich. Als einzige mögliche Strategie, dem Dilemma nach und nach sein Gewicht zu nehmen, benennt Frau HF die Gewöhnung. Sie muss lernen, die beschriebene Unsicherheit und die Belastung auszuhalten.

Zusammenfassung

Zusammenfassend können einige Punkte festgehalten werden, die für alle normalisierten Lern-Zirkel kennzeichnend sind:

1. Aus der Perspektive der interviewten Eltern ist *ein wiederkehrendes normalisiertes Dilemma nicht zu verhindern und nicht endgültig zu lösen.*

2. Es fällt auf, dass in Sequenzen, in denen *ein Lern-Zirkel im Einzelfall gelöst wird, keine starken Gefühlen* genannt werden. Überwiegend erfahren wir in den Erzählungen nichts über die Gefühle in einer Dilemmasituation. Nur in den Lern-Zirkeln, bei denen der interviewte Elternteil Gewöhnung als einzigen Lösungsweg feststellt, treten Gefühle auf.

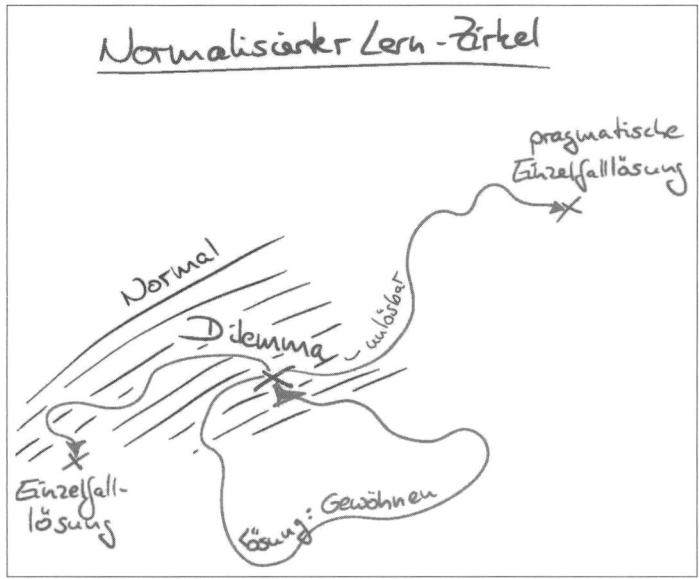

Abbildung 11.27: Mögliche Lernwege bei normalisierten Lern-Zirkeln

Sich *an ein Dilemma zu gewöhnen belastet und überfordert.* Hier sind die Gefühle so stark, dass sie explizit erwähnt werden. Zudem werden die Gefühle hier auch nachdrücklich *individualisiert.*

3. Wie auch in den vorangegangenen Abschnitten zeigt sich, dass die normalisierten frames of reference nicht verändert werden. Die Eltern *reflektieren über ihre Lösungsstrategien und die Lösungen* der Dilemmata. Veränderungen und ein Lernen finden im Rahmen der normalisierten frames statt; diese bilden den Horizont für den Lernprozess. Nicht das Dilemma an sich wird bearbeitet und gelöst, sondern der dem Dilemma zugehörige Einzelfall. Das Lernen scheint jedoch keine Auswirkungen auf die normalisierten points of view und habits of mind zu haben.

4. Es finden sich in allen Sequenzen Hinweise darauf, dass sowohl *Gehalt als auch Prozess reflektiert* werden. Die *Eltern entwickeln Lösungsstrategien,* die bei eintretenden Einzelfällen angewendet werden können. Die gelernten Strategien der Reflexion und damit der Lösung sind ein *Katalog an Reflexionsfragen* (wie groß sind Stress, Arbeit, Investition? Lohnt dieser Einsatz?), *kommunikative Strategien* (streiten, diskutieren) und *Gewöhnung.* Zudem werden im zweiten Beispiel die *Lösungsoptionen* festgelegt: Partnerschaft beenden oder nicht, eine Linie finden, aushalten. Die Prozessreflexion führt dann nicht zu transformativem Lernen. Der Lösungsprozess wird nur als Inhalt, der bewältigt werden muss, in-

strumentell gelöst. Eine Reflexion darüber, warum auf eine bestimmte
Art und Weise Lösungen gefunden werden, findet nicht statt. Das Lernen ist *nicht transformativ*.

11.6 Nicht-Lernen durch Normalisieren

In den bisherigen Abschnitten habe ich Beispielsequenzen vorgestellt, in denen Eltern auf unterschiedliche Weise zum Lernen angeregt werden. Es gibt
zudem auch Beispiele die zeigen, dass kein Lernen stattfindet oder noch keine
Lösung der angesprochenen Problemsituation gefunden wurde. Die befragten Eltern stecken in einer Sackgasse, aus der es der Beschreibung nach für
sie derzeit noch keine Lösung gibt. Inhaltlich befassen sich diese Sequenzen
überwiegend mit dem eigenen Eltern-Selbst-Bild sowie mit elterlichen Gefühlen. Die Tatsache, dass es nicht zu Lernprozessen kommt, hat zwei Seiten,
die ich begrifflich unterscheiden möchte. Das Normalisieren kann einerseits
Lernen verhindern und andererseits vom Lernen dispensieren.

Verhindern meint, dass ein eigentlich hilfreiches oder notwendiges Lernen, um eine Situation bewältigen zu können, nicht stattfindet bzw. so erschwert wird, dass noch nicht gelernt werden kann. Die Normalisierungen der
Eltern führen dazu, dass keine erfolgreiche Lösungsstrategie gefunden wird.
Die Eltern finden daher auch keinen Ausweg aus der Problemsituation. Das
Dilemma bleibt bestehen und tritt wiederholt ungelöst auf. Man könnte sagen, diese Eltern haben die Normalisierung des wiederkehrenden Problems
gelernt.

Mit Dispensieren hingegen bezeichne ich Beispiele, in denen zwar ebenfalls ein weiteres Lernen verhindert wird. Das Lernhindernis führt jedoch
nicht dazu, dass eine Problemsituation nicht aufgelöst wird. Die interviewten
Eltern deuten das mögliche Problem mit Hilfe der Normalisierung so, dass das
Problem an sich verschwindet. Eine möglicherweise problematische Situation wird zu einer normalen umgedeutet. Die Eltern erlernen diese Umdeutung,
diesen neuen point of view. Das zuvor als problematisch bezeichnete Dilemma bleibt auf diese Weise dennoch weiter bestehen. Diese Lösung führt aber
dazu, dass es keiner weiteren Reflexion oder Intervention bedarf und deshalb
auch kein weiteres Lernen notwendig ist.

Beginnen möchte ich mit Beispielsequenzen, in denen ein eigentlich er-
forderliches Lernen nicht stattfindet.

11.6.1 Normalisieren verhindert Lernen

In Unterschied zu den Beispielen im vorhergehenden Abschnitt normalisieren die interviewten Eltern im nun folgenden Abschnitt die Dilemmata nicht.
Sie sprechen über ihre individuellen Problemsituationen. Frau SF, die interviewte Mutter in der nachfolgenden Sequenz, normalisiert eine Lösungsstrategie, die sie als einzige ihr mögliche vorstellt. Diese Strategie bringt sie immer

wieder an ihre persönlichen Grenzen. Eine Suche nach alternativen Lösungen scheint durch die vorgenommene Normalisierung nicht möglich. Frau SF bleibt in dem wiederkehrenden Dilemma stecken. Der Interviewer stellt Frau SF eine direkte Frage nach ihren „grenzen", das heißt nach schwerwiegenden Problemsituationen und ihren Lösungsstrategien in solch einem Fall: „grenzen wann stößt du da an grenzen irgendwie was sind grenzbereiche wie gehst du damit um" (Interview 20, 313).

> „ähm ich bin glaube ich ein ziemlicher kontrollfreak und wenn ich die kontrolle nicht hab machts mich im prinzip erstmal so ein bisschen hilflos * wenn der felix sich jetzt komplett verweigert irgendwas zu tun ist das schon so ne grenze wo ich dann denk wie machst du jetzt weiter was sollst du jetzt tun zum beispiel wenn er jetzt unbedingt * wir wohnen auf so einem ehemaligen weingut irgendwie und da haben unsere vermieter im hof ganz viele traktoren stehen was **natürlich** jeden mittag zu einer riesen diskussion führt weil er auf die traktoren sitzen will statt mit mir die treppe hochzulaufen und ähm er weiß auch ganz genau dass ich ihn nicht tragen kann das zweite problem ist da ist ein schäferhund und ich hab angst vor hunden und das heißt ich hab da im prinzip bin ich total eingeschränkt in meinen handlungsmöglichkeiten ich kann ihn nur durch vernunft dazu bringen mit mir die treppe hochzulaufen * und das ist dann ne grenze wo ich manchmal dran stoße und sage jetzt jetzt weiß ich gerade nicht wie ich das bewältigen soll ihn da jetzt hoch zu bringen oder ihn dazu zu bringen das zu tun was jetzt zu tun ist die notwendigkeit zu zeigen allerdings habe ich noch keine möglichkeit gefunden ihn da irgendwie [LACHT]" (Interview 20, 314)

In ihrer Antwort beginnt die Interviewte, Frau SF, mit einer Selbstzuschreibung („kontrollfreak"), einem point of view zu ihrer eigenen Person. Sie sieht sich selbst als eine Person, die Schwierigkeiten mit Situationen hat, in denen sie die Kontrolle verliert. Der Kontrollverlust ist für Frau SF eine Dilemmasituation. Es stellt sich das Gefühl der Hilflosigkeit ein („erstmal so ein bisschen hilflos"). Erst im Anschluss an diese abstrakten Feststellungen erläutert Frau SF anhand eines Beispiels. Sie befindet sich demnach in einer problematischen Situation, wenn ihr Kind Felix sich „verweigert irgendwas zu tun". Frau SF beschreibt, dass sie dann beginnt über mögliche Lösungen zu reflektieren. Im Folgenden illustriert sie dies an einem konkreten Beispiel, das sie täglich erlebt. Aus der Tatsache, dass im Hof die Traktoren des Vermieters stehen folgt „natürlich", dass Mutter und Sohn „riesen diskussion[en]" führen. Frau SF sieht es als normal an, dass in Folge der unterschiedlichen Interessen – der Sohn will „auf die traktoren sitzen" und sie „die treppe hoch[zu]laufen" – Diskussionen entstehen. Die in der wiederkehrenden Situation durchgeführte Handlungsstrategie, mit dem Sohn zu diskutieren, wird normalisiert. Die Verwendung des Wortes „natürlich" verstärkt die Unausweichlichkeit dieser Diskussionen. Es liegt in der Natur der Situation, dass Diskussionen folgen. Das tägliche natürliche Dilemma wird mit einer Strategie bearbeitet, die unausweichlich und normal ist.

Erschwerend kommt noch hinzu, dass das Spektrum der Lösungsmöglichkeiten durch zwei weitere Sachverhalte eingeschränkt ist: Die Mutter kann
das Kind nicht gegen seinen Willen die Treppe hinauf tragen und das Kind
weiß, dass ihr diese Option nicht zur Verfügung steht. Diese Möglichkeit, die
Problemsituation aufzulösen, die für Frau SF die einzige Alternative zur Diskussion zu sein scheint, fällt weg. Der Hinweis unterstreicht nochmals nachdrücklich die voran gegangene Einschätzung, eine Diskussion sei normal.

Zudem, und dies lässt das Dilemma nochmals ausweglauser erscheinen,
gibt es in dem Hof einen Hund, vor dem Frau SF Angst hat. Zu dem anfangs
geäußerten Gefühl der Hilflosigkeit kommt somit auch Angst hinzu. Damit
droht ein doppelter Kontrollverlust. Einerseits der Verlust, in ihrer Rolle als
Mutter gegenüber ihrem Sohn nicht als diejenige auftreten zu können, die die
Entscheidungshoheit darüber hat, was getan werden soll. Andererseits der
Verlust der Kontrolle als erwachsene Frau angesichts der gefühlten Bedro-
hung durch den Hund.

Frau SF erzählt hier von einer täglich wiederkehrenden Situation, in der
ein Handeln gemäß ihrem point of view *ich muss die Kontrolle bewahren*
(„Kontrollfreak“) zum Problem wird. Sie kann scheitern. Den Sohn „durch vernunft dazu [zu] bringen“, die Treppe hinauf zu steigen, scheint für die Mutter
die einzige verbliebene Lösung zu sein. Der zuvor eingeführten einzigen und
natürlichen Handlungsoption der Diskussion wird so auch eine Zielrichtung
vorgegeben. Die Mutter versucht in der Diskussion an die Vernunft ihres Sohnes zu appellieren. Frau SF stellt fest, dass diese Lösung nicht immer erfolgreich ist („ist dann ne grenze wo ich manchmal dran stoße […] jetzt weiß ich
gerade nicht wie ich das bewältigen soll“). Sie hat bisher keine Handlungsstrategie gefunden, die dauerhaft das Dilemma auflöst. Das Dilemma stellt sich ihr
daher täglich neu.

Lerntheoretische Implikationen

In diesem Beispiel scheint weiteres Lernen nicht möglich zu sein, so lange die
gefundene in der derzeitigen Form durchgeführte Lösungsstrategie als normal
und alternativlos angesehen wird. Frau SF ist gefangen in der normalisierten
Lösungsstrategie („riesen diskussion“). Sie stützt diese Strategie durch die beiden Aspekte, das Kind nicht tragen zu können und Angst vor dem Hund zu
haben, die zugleich das Dilemma verstärken. Den Sohn „durch vernunft dazu
bringen“, die Treppe hoch zu steigen, scheint für sie zu bedeuten, täglich neu
an ihn zu appellieren. Sie weitet ihre Reflexion nicht weiter aus, indem sie
sich fragt, ob ein Appell an die Vernunft nicht auch anders gestaltet werden
könnte – beispielsweise indem sie mit dem Sohn verhandelt (wenn du diese
Woche die Treppe ohne Probleme mit hochsteigst, dann fragen wir am Freitag
den Vermieter, ob du einmal mitfahren darfst). Das Normalisieren scheint der
Lösung eine gewisse Autorität zu verleihen und dadurch zu verhindern, dass
die Mutter die gefundene Lösung variiert oder andere Strategien erprobt. Die
festgestellte Regelmäßigkeit des Dilemmas könnte ja auch dazu führen, lang-

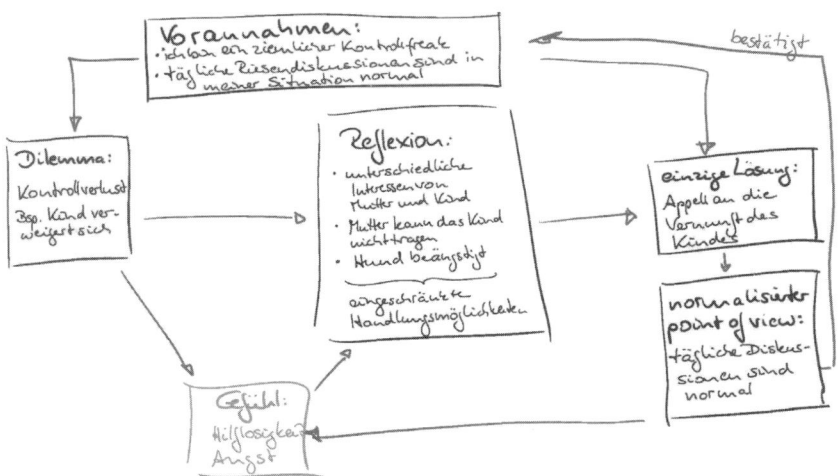

Abbildung 11.28: Dilemma-Zirkel – Beispiel 1

fristige Strategien zu überdenken. Es scheint sich bei Frau SF jedoch der point of view verfestigt zu haben, *tägliche riesen Diskussionen sind in meiner Situation normal*. Dieser point of view wird gerechtfertigt durch den Verweis auf seine Natürlichkeit. Eine Ausweitung der Reflexion auch über diese Prämisse, die unausweichliche Normalisierung der Riesendiskussion, wird nicht vorgenommen. Sie erscheint auf Grund der zugeschriebenen Normalisierung der Lösungsstrategie nicht möglich. Die Reflexion verbleibt auf der Ebene des Gehalts: Wie kann bei bestehendem Dilemma eine Lösung aussehen? Das Normalisieren der nicht erfolgreichen Lösung fixiert die Problemsituation. Frau SF befindet sich in einem für sie scheinbar aussichtslosen Normalisierungs-Dilemma-Zirkel.

In dem folgenden zweiten Beispiel befindet sich der interviewte Vater Herr KM ebenfalls in solch einem Zirkel. Von außen betrachtet scheint eine Lernmöglichkeit vorhanden zu sein, die jedoch nicht ergriffen wird.

74	I:	„das thema bestrafung * ein kind kommt an seine von dir gesetzten grenzen an und überschreitet diese * wie gehst du oder ihr mit dem bestrafung um
75	KM:	[LACHT] inkonsequent einfach nur inkonsequent *
76	I:	inkonsequent? *

77   KM: ja einfach nur inkonsequent * es ist so bestrafung ist **natürlich** schon da
           aber nicht konsequent das liegt an mir ich leide unheimlich wenn wir wis-
           sen die kinder leiden also wenn wir sie bestrafen dann ähm machens wir
           halt nie 100% äh was wir halt machen wir lassen den kindern halt *klassi-
           sches beispiel moriz stellt was an kommt vor und wir sagen ok moriz jetzt
           ist fernsehverbot und das halten wir meist nicht durch also da sind wir in
           anführungsstrichen schlechte eltern ja * leider * und dann sagen wir aber
           ok moriz du hast noch ne chance wenn du dein zimmer aufräumst und
           das und das machst dann und überhaupt dann darfst du es doch so läufts
           bei uns ab [LACHT] doch doch es ist selten der fall dass wir bis zum ende
           * da das muss ich schon sagen da sind wir schlechte eltern dass es auch
           wirklich konsequent durchgezogen wird"
           (Interview 24, 74-77)

Auf die Frage des Interviewers nach dem Umgang mit kindlichen Grenzüber-
schreitungen benennt Herr KM zuerst keine konkreten Handlungsformen. Er
beurteilt pauschal seine Erziehungspraxis als inkonsequent. Das einleitende
Lachen könnte ein Zeichen von Unsicherheit sein. Da er die Inkonsequenz
zweimalig nennt, erhält sie einen gewissen Nachdruck. Dieser verstärkt sich
nochmals, als Herr KM auf die Nachfrage des Interviewers wiederum mit glei-
chem Wortlaut antwortet „ja einfach nur inkonsequent" und danach ausführlicher feststellt „es ist so bestrafung ist natürlich schon da aber nicht konsequent" (77). Damit ist der erste naturalisierte point of view benannt *Bestrafung
ist natürlich*. Bestrafung ist eine normale Erziehungshandlung von Eltern. Sie
ist eine normale Umgangsform von Eltern mit ihren Kindern. Der Vater hat
dies nicht selbst so entschieden, es ist allgemein gültig und sogar von Natur
aus so. Die Formulierung, dass Bestrafung „schon da" (77) ist, unterstreicht
die Distanz. Bestrafung ist passiv vorhanden, sie wird nicht aktiv durch elterliches Handeln in die Interaktion mit dem Kind eingeführt. Das durch den
Interviewer angesprochene Thema Bestrafung wird auf diese Weise als allge-
meingültige Naturerscheinung klassifiziert, der das Individuum nicht auswei-
chen kann.

Der erneute Verweis auf die Inkonsequenz, diesmal in der explizit negier-
ten Form „nicht konsequent" (77), deutet einen zweiten point of view an, den
Herr KM im Folgenden weiter ausführt: *Eltern müssen konsequent bestrafen*.
Vor dem Gegenhorizont der konsequenten guten Eltern beschreibt Herr KM
sein Erziehungshandeln und das seiner Partnerin als defizitär. Das Dilemma
zeigt sich. Die Eltern schaffen es nicht, dem normalisierten point of view *Eltern
müssen konsequent bestrafen* zu entsprechen. Herr KM liefert sofort den Grund
hierfür. Er „leide[t] unheimlich" (77). Nun ist das Dilemma klar. Die postulierte normale konsequente Bestrafung führt dazu, dass sich bei Herr KM Gefühle
einstellen, die er vermeiden möchte. Sie stehen dem point of view entgegen.
Damit kann er seinem point of view *Eltern müssen konsequent bestrafen* nicht
folgen und gerät immer dann in Problemsituationen, wenn die konsequente
natürliche Bestrafung eines Kindes erfolgen müsste.

In diesem kleinen Einschub („das liegt an mir ich leide unheimlich", 77) wechselt Herr KM kurz in die erste Person Singular. Er macht eine individuelle Aussage über sich. Die Begründung für die nicht konsequente Bestrafung liegt in dem auf eine Bestrafung folgenden Gefühl Herr KMs. Dieser individualisierten Feststellung folgt eine längere Passage, in der der interviewte Vater immer nur vergemeinschaftet von sich und seiner Partnerin („wir", 77) spricht. Es scheint, als ließe sich die angesprochene Inkonsequenz der Bestrafung als gemeinsames Dilemma einfacher benennen. Nicht Herr KM allein als Individuum handelt abweichend gegenüber allen konsequenten guten Eltern, sondern auch seine Partnerin weicht ab. Damit ist die Verantwortung für die abweichende Handlungsstrategie geteilt.

Beide Eltern wissen, dass unter der Bestrafung auch „die kinder leiden" (77). Es deutet sich der point of view an, *meine Kinder sollen nicht leiden*. In Folge dieses Wissens und der damit verletzten Überzeugung sowie dem eigenen Gefühl des Vaters bestrafen die Eltern „nie 100%" (77). Dieses Elternhandeln beurteilt Herr KM seinem point of view entsprechend negativ.

Er beginnt nun eine Beschreibung der Inkonsequenz („äh was wir halt machen wir lassen den kindern halt", 77), unterbricht diese jedoch und setzt mit einem „klassische[n] Beispiel" (77) nochmal neu an. Durch das Adjektiv klassisch kennzeichnet Herr KM das Beispiel als normal, wiederkehrend oder typisch. Die nun folgende Situation ist damit ebenfalls durch eine Normalisierung gerahmt. Es ist normal, dass Moriz etwas anstellt („kommt vor", 77) und ebenso scheint die Reaktion der Eltern („fernsehverbot", 77) eine übliche zu sein. Bevor Herr KM jedoch die angekündigte Inkonsequenz ausführt („das halten wir meist nicht durch", 77), beurteilt er seine Handlung und die seiner Partnerin: „da sind wir in anführungszeichen schlechte eltern ja * leider" (77). Er beurteilt die gemeinsame Elternschaft negativ. Es besteht eine gewisse Distanz zu dieser Beurteilung („in anführungszeichen"). Das nach einer kurzen Pause nachgeschobene „leider" weist jedoch darauf hin, dass Herr KM hier ein Defizit in der Elternschaft benennt. Der zuvor eingeführte point of view lässt sich nun pointierter fassen: *Gute Eltern bestrafen konsequent*. Die „chance" (77), die Herr KM und seine Partnerin dem Kind geben, sieht er als inkonsequent an. Der normalisierte point of view der konsequenten Eltern führt dazu, dass Herr KM die eigene Handlung nur defizitär sehen kann. Was von außen betrachtet auch als Lösung des Dilemmas zwischen normalisiertem point of view und dem mit dem eigenem Gefühl verbundenen point of view *ich will nicht leiden* eingeschätzt werden könnte, ist in dieser Perspektive keine positiv mögliche Handlungsoption. Das abschließende Fazit „da sind wir schlechte Eltern" (77), in dem Herr KM auf die zuvor noch relativierenden Anführungszeichen verzichtet, unterstreicht dies nochmals deutlich.

In einem direkt an obige Sequenz anschließenden zweiten Beispiel zeigt sich, dass Herr KM sich mit dieser Negativeinschätzung seiner Elternschaft eingehend auseinandersetzt.

„ähm aber es hängt auch immer von der art und weise ab wir haben manchmal
das gefühl * dass wir ganz schön hart sind und **du** lässt dich halt im moment der
bestrafung leiten von emotionen und ich bin da ein oftmals einer der es nicht
mag wenn moriz konflikte nicht ertragen kann ja da wenn moriz was ned kriegt
und dann überhaupt dann sag ich zu ihm moriz du weißt heulen bedeutet strafe
ja dann lässt **du** dich im grunde genommen von emotionen leiten und wenn die
sache gesackt ist sagst **du** dir es war eigentlich gar ned so schlimm und dann hast
dus aber schon ausgesprochen und dann [LACHT LAUT] entschuldige ich mich
oftmals" (Interview 24, 77)

Das Gefühl, „dass wir ganz schön hart sind", bietet einen weiteren Ansatzpunkt, mit dem sich Herr KM die eigene Inkonsequenz erklärt. Nach dieser zunächst nur auf sich und seine Partnerin bezogenen Feststellung („wir")
wechselt der Erzähler wieder in einen verallgemeinernden Modus („**du** lässt
dich halt im moment der bestrafung leiten von emotionen"). Da Herr KM anschließend sein auf Emotionen begründetes Handeln negativ beurteilt kann
hier der point of view *gute Eltern lassen sich nicht von Gefühlen leiten* vermutet werden. Diesen normalisierten point of view erläutert Herr KM am eigenen Beispiel. Er selbst „mag" es nicht, „wenn moriz konflikte nicht ertragen
kann ja da wenn moriz was ned kriegt". Herr KM lässt sich von seinen Gefühlen leiten, wenn es dazu kommen könnte, dass Moriz auf einen Konflikt
mit dem Ausdruck von Gefühlen („heulen") reagiert. Diesen Gefühlsausdruck
des Kindes möchte Herr KM unterbinden („heulen bedeutet strafe"). Zugleich
handelt Herr KM selbst angeleitet von seinen Gefühlen („ja dann lässt **du** dich
im grunde genommen von emotionen leiten"). Er lässt beim Kind keine Gefühle zu, während er selbst sich von diesen leiten lässt. Wiederum erweisen
sich Emotionen als Antrieb für von Herrn KM als inkonsequent bezeichnetes
elterliches Handeln. Die Parallele zu der kindlichen Handlung, die Herr KM ja
verhindern möchte, scheint ihm in der Situation selbst sowie in der Reflexion
im Interview nicht aufzufallen.

Im Gegensatz zur ersten Beispielskizze benennt Herr KM für diese Problemsituation eine Lösung. Durch die an die Strafandrohung anschließende
Reflexion kommt er zu der Erkenntnis, dass es „eigentlich gar ned so schlimm
war". Die Reflexion und ihr Ergebnis werden wieder verallgemeinert („**du**").
Die anschließende individualisierte Lösungshandlung („entschuldige ich mich
oftmals") wird durch ein Lachen eingeführt. Dieses Lachen könnte ebenso wie
das Lachen eingangs vor der Feststellung der eigenen Inkonsequenz eine gewisse Unsicherheit signalisieren. Es schafft eine Distanz zwischen dem Erzähler und dem erzählten Geschehen. Der Erzähler verdeutlicht seine beobachtende Position. Das Lachen hat in der Erzählung selbst keinen Platz, es gehört
zu der Erzählsituation. Es könnte ein Hinweis darauf sein, dass auch die Lösung, sich bei dem Kind zu entschuldigen, für Herrn KM nicht abschließend
befriedigend ist. Es hat den Anschein, als würde Herr KM eine Entschuldigung bei dem Kind als nicht normal ansehen. Sie könnte seine Position in der
Rolle als Bestrafender in Frage stellen. Da die Inkonsequenz als Eltern diese

Erzählung wiederum rahmt, ist die Entschuldigung bei dem Kind ein weiteres Beispiel dafür, wie Herr KM eine Bestrafung nicht konsequent durchhält. Wiederum sind Gefühle – zu hart zu sein bzw. zu emotional zu handeln – als Grund dafür genannt, dass dem normalisierten point of view *gute Eltern bestrafen konsequent* nicht gefolgt wird.

Es stellt sich die Frage, wie Herr KM diese stabilen points of view erlernt hat. Eine Antwort lässt sich in einer Sequenz finden, die sich im Interview kurz vor den obigen Passagen befindet. Der Interviewer stellt fest, dass Herr KM durch sein Studium pädagogische Kenntnisse habe und fragt, ob „eltern mit wenig pädagogischem background auf vorbereitungskurse und erziehungskurse und was es da eben alles gibt gehen sollten" (68). Herr KM verneint dies prompt und begründet auf die Nachfrage des Interviewers „du denkst also dass das generell keine sinnvolle sache ist" (70):

> „nein * ich denk dass das weniger sinnvoll ist weil **man** leicht in die gefahr fällt dass **man** sich durch diese konzepte und möglichen fachleute verleiten lässt wie eben gesagt da lernst **du** vielleicht dass **du** konsequent sein musst bis zum ende dann bist **du** konsequent weil es pädagogisch vielleicht sinnvoll ist * aber **du** willst es für dein kind vielleicht gar nicht" (Interview 24, 71)

Herr KM benennt hier als Begründung für seine ablehnende Haltung gegenüber Elternkursen den in den obigen Sequenzen rekonstruierten Konfliktfall. Es scheint, als hätte Herr KM im Verlaufe seiner pädagogischen Ausbildung durch ebensolche „fachleute" gelernt, dass Konsequenz pädagogisch sinnvoll sei. Dies wäre eine nachvollziehbare Erklärung dafür, dass der point of view *gute Eltern sind konsequent* nicht in Frage gestellt und normalisiert wird.

Im Verlauf des Interviews erzählt Herr KM von weiteren Situationen, in denen ein Kind eine Regel übertritt. Er selbst sucht dann jeweils nach individuellen Lösungen. Hier zeigt sich nun, dass für Herrn KM innerhalb der von ihm gesetzten Prämissen Variationen möglich sind. Er nutzt die Unvereinbarkeit seiner points of view dazu, situativ dem einen oder dem anderen zu entsprechen. Dabei hat er sich den point of view angeeignet, *die Elternhandlung in solch einer Konfliktsituation hängt von der Reaktion des Kindes in vorangegangenen Situationen ab.*

> „aber das hängt von kind ab * ich merke halt dass moriz die strafe oftmals annimmt und das auch bereut und dann brauchst **du** nicht immer hart und bis ins letzte konsequent zu sein * wenn das aber so nicht klappen würde würds dann auch nen plan b geben zu 100% und das ist jetzt in der letzten zeit häufiger der fall" (Interview 24, 81)

Es scheint, als hätte Herr KM für sich eine Lösung des Dilemmas gefunden, bei der zwar die konfliktären points of view weiter bestehen, das Elternhandeln jedoch eine zusätzliche Legitimation erhält. Die zuvor normalisierte Bestrafung erfährt eine Einschränkung. Nimmt ein Kind seine Strafe an und bereut seinen Regelübertritt, so „brauchst du nich immer hart [...] zu sein". Es gibt einen „plan b", falls die gewählte nicht bis zuletzt konsequente Strafe nicht fruchtet. Dies könnte auf eine gewisse Reflexion der Prämisse *gute Eltern bestrafen konsequent* schließen lassen. Wenig später stellt Herr KM allerdings fest, dass es nur schwer möglich ist, diese Lösung zu verwirklichen.

> „wenn **du** es nüchtern betrachtest kommst **du** oftmals zu nen ganz anderen schluss das wirst **du** auch ganz anders entscheiden aber das ist halt so auch in meinem beruf wie beim elternsein **du** musst immer jetzt gleich entscheiden sofort und **du** wirst ohne ende von emotionen geleitet ähm" (Interview 24, 85)

Herr KM spricht hier nochmals das Problem an, sich bei Entscheidungen im Erziehungsalltag von Gefühlen leiten zu lassen. Die points of view *Erziehende müssen sofort entscheiden* und *Gefühle leiten unabsehbar das Handeln* stehen dem ebenfalls normalisierten point of view *gute Eltern lassen sich nicht von Gefühlen leiten* entgegen. Sie schreiben das Dilemma Herr KMs fest.

Lerntheoretische Implikationen

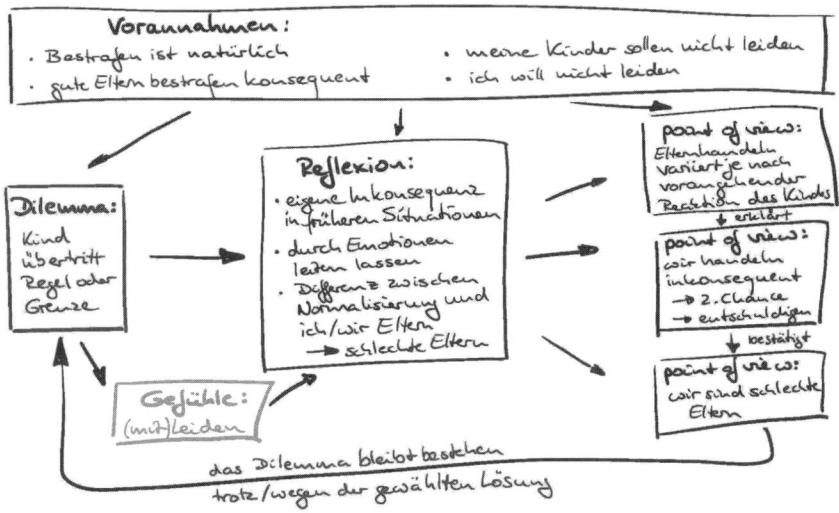

Abbildung 11.29: Dilemma-Zirkel – Beispiel 2

Für Herrn KM entsteht in dem Moment eine Problemsituation, in dem ein Kind eine Regel oder Grenze übertritt. Dadurch geraten die points of view *Bestrafung ist natürlich* und *gute Eltern bestrafen konsequent* in Konflikt mit dem point of view *meine Kinder sollen nicht leiden* und dem eigenen Leidensgefühl, dem der point of view *ich will nicht leiden* unterstellt werden kann. Die Gefühle in der Situation sprechen gegen die Überzeugung, als Eltern konsequent sein zu müssen. Herr KM befindet sich in einem Konflikt zwischen seinen Gefühlen mit dem daraus resultierenden inkonsequenten Verhalten und dem normalisierten Anspruch an „gute Eltern". Die hierbei vorangestellten Annahmen *Bestrafung ist natürlich, gute Eltern sind konsequent* und *meine Kinder sollen nicht leiden* werden nicht in die Reflexion mit einbezogen. In den Passagen gibt es eine ganze Reihe von Gegensatzpaaren, die nicht hinterfragt werden. Es besteht eine Differenz zwischen der unterstellten äußeren Normalform konsequenter Bestrafung und dem besonderen familieninternen Fall der inkonsequenten Bestrafung. Damit verbunden ist die Unterscheidung zwischen normalen Eltern und Herrn KM mit seiner Partnerin. Zugeordnet wird dieser Differenz die der guten und schlechten Eltern. Diese zeichnen sich wiederum durch die Differenz des Handelns, das vom Verstand geleitet ist, und dem Handeln, das zunächst auf Emotionen beruht, aus.

Die Exploration unterschiedlicher Handlungsmöglichkeiten, wie etwa die zweite Chance als Weg aus dem schlechten Gefühl (leiden) oder die Entschuldigung als verstandgeleitetes Handeln in Folge einer emotionalen ersten Handlung, findet in dem Rahmen statt, den die Vorannahmen setzen. Daher kann Herr KM die gefundenen Handlungen auch nicht als Lösungen für die Problemsituation ansehen. Der sich möglicherweise trotz Inkonsequenz einstellende Erziehungserfolg gerät aus dem Blick. Die Frage nach dem Erfolg oder Misserfolg wird gar nicht gestellt. Herr KM leidet unter der von ihm postulierten Normalisierung der Bestrafung. Er begründet die Inkonsequenz mit dem Wohl des Kindes und reduziert damit zwar sein Leidensgefühl. Er kann aber die Inkonsequenz nicht als mögliche Strategie betrachten. Damit lässt sich das Dilemma nicht auflösen. Herr KM bleibt in dem Dilemma-Zirkel stecken. Da die Prämissen nicht in Frage gestellt werden, führt jede Lösungsmöglichkeit dazu, dass einem point of view zuwider gehandelt wird. Indem der Vater die Normalisierung der Bestrafung nicht in Frage stellt, ist er in dem Zirkel gefangen und bleibt in dem Dilemma scheinbar aussichtslos stecken. Die vorhandene Lernmöglichkeit – etwa die Inkonsequenz positiv zu deuten, wenn die Handlung erfolgreich ist oder die normalisierte Bestrafung in Frage zu stellen und beispielsweise eine Verständigung oder Einigung mit den Kindern in das Handlungsrepertoire aufzunehmen – wird nicht ergriffen.

Herr KM kann keine Handlung planen, da alle erdachten Handlungsmöglichkeiten jeweils mit einem point of view kollidieren. Auf diese Weise gelingt es nicht, zusätzliche Kompetenz und Selbstsicherheit in der neuen Rolle als Vater aufzubauen. Das Eltern-Selbst-Bild des „schlechten" Vaters bestätigt sich immer aufs Neue. Die bereits gelernte Selbsteinschätzung („schlechte Eltern") zeigt, wie wirkmächtig die vorhandenen normalisierten points of view sind. Eine Transformation kann vor diesem Hintergrund nicht stattfinden. Herr KM scheint sich nach wie vor in einem vom Nichtlernen geprägten Zirkel zu befinden.

Zusammenfassung

Situationen, in denen das Normalisieren ein mögliches Lernen verhindert, zeigen sich in den vorliegenden Daten in zwei Formen, die beide einen scheinbar

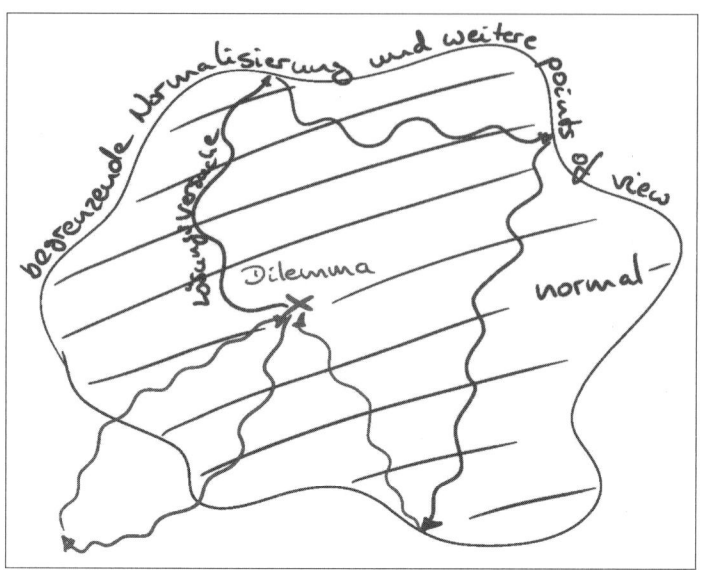

Abbildung 11.30: Normalisieren verhindert Lernen: Der Dilemma-Zirkel

unausweichlichen Dilemma-Zirkel bilden. Sie unterscheiden sich in der Art
der Lösung. Beides Mal bilden vorgenommene Normalisierungen und nicht
normalisierte points of view einen begrenzenden Rahmen. Im ersten Fall entwickeln Eltern eine *Lösungsstrategie, die innerhalb des gebildeten Rahmens normalisiert immer wieder aufs Neue angewendet wird.* Diese Strategie führt dazu,
dass das Dilemma nie langfristig gelöst wird. Es entsteht immer wieder aufs
Neue.

Auch im zweiten Fall entsteht das Dilemma immer wieder aufs Neue. Hier
ist jedoch die Lösungsstrategie nicht normalisiert. *Das Lösungshandeln widerspricht sogar der Normalisierung.* Es führt aus dem begrenzenden Rahmen
der Normalisierungen und anderen points of view hinaus. Im Gegensatz zu
den Strategien, die an dieser Stelle zu einer Transformation führen,[196] deuten
Eltern ihre Lösungsstrategie in diesem Falle jedoch nicht positiv als mögliche Lösung. Sie *deuten die Strategie als Abweichung* und stellen die Kollision
mit der Normalisierung heraus. Damit ist die *Lösung als Nicht-Lösung gekennzeichnet.* Auch wenn die Handlungsstrategie wiederholt eingesetzt wird, wird
sie weiterhin als der Normalisierung zuwider laufend, als Abweichung vom
Normalfall und damit als nicht richtig interpretiert. Die begrenzende Normalisierung und die anderen points of view, die die Problemsituation rahmen,

---

196   Vgl. Normalisierung in Frage stellen und überwinden (Abschnitt 11.4).

bleiben unverändert bestehen und führen auch nachfolgend immer wieder dazu, dass das Problem als nicht gelöst betrachtet wird und die Dilemmasituation immer wieder entsteht.

11.6.2 Normalisieren dispensiert vom Lernen

Im Folgenden befasse ich mich mit einer Auswahl an Sequenzen, in denen die Normalisierung dazu führt, dass Eltern ebenfalls nicht lernen. Im Unterschied zu den oben betrachteten Beispielen müssen Eltern hier jedoch in Bezug auf einen Sachverhalt nicht Lernen. Das Lernen wird überflüssig, weil ein möglicherweise andernfalls problematischer Sachverhalt für normal erklärt wird. Durch die Normalisierung wird das Dilemma umgedeutet und damit aufgelöst. Eine weitere Auseinandersetzung ist nicht notwendig, das Normalisieren selbst ist die gefundene Lösung für das Dilemma.

Das folgende Beispiel zeigt, wie eine Mutter in einer konkreten eigentlichen Problemsituation einen Sachverhalt normalisiert und damit dem Lernen entzieht. Die exkludierten Aspekte verhindern das Lernen von Fertigkeiten, Wissen und weitergehenden Überzeugungen. Normalisieren dient hier als schnelle Erklärung oder Rechtfertigung für eine Situation und macht weitergehende Reflexionen überflüssig.

> „bei mir war's **normal**, dass nichts mehr geht, * des isch **norMAL**, * dass nichts mehr geht, also es isch nit so:, dass **DU** die dinge nit auf die reihe kriegsch * es erfordert, einfach **DEINE** ganze aufmerksamkeit, * und des KOMMT, * ähm mach **dir** keinen KOPF, dass dass es nit läuft, genieß die zeit, * mit'm kind"
> (Interview 16, 157)

Zunächst beruft sich die interviewte Mutter Frau NF auf eine Normalisierung, die für sie selbst zutrifft („bei mir war's normal"). Für sie persönlich ist etwas normal. Diese individuelle Normalisierung wird in den Kontext einer allgemeinen für Eltern geltenden Normalisierung eingebettet („des isch norMAL"): Es ist normal, dass Eltern nicht alle ihrer Meinung nach notwendigen Verrichtungen erledigen können („des isch norMAL, * dass nichts mehr geht"). Das Kind erfordert so viel Aufmerksamkeit, dass sich andere Alltagsaufgaben, die noch erledigt werden müssten, ansammeln. Frau NF hätte nun zwei Möglichkeiten, auf diesen Sachverhalt zu reagieren: Sie könnte eine Lösung finden, bei der sie versucht, der Situation entgegen zu wirken (z.B. Dinge mit Kind erledigen, Hilfe holen). Hierfür wäre eine Reflexion über die Situation notwendig. Frau NF stellt diese jedoch als normal für alle Eltern dar. Es ist nicht die individuelle fehlende Kompetenz der Mutter, etwa ihre Zeit so einzuteilen, dass neben dem Kind noch Erledigungen möglich sind.

Lerntheoretische Implikationen

Frau NF löst die Problemsituation, indem sie diese akzeptiert und sich „keinen KOPF" macht. Dies verhindert eine weitere Auseinandersetzung. Die Mutter

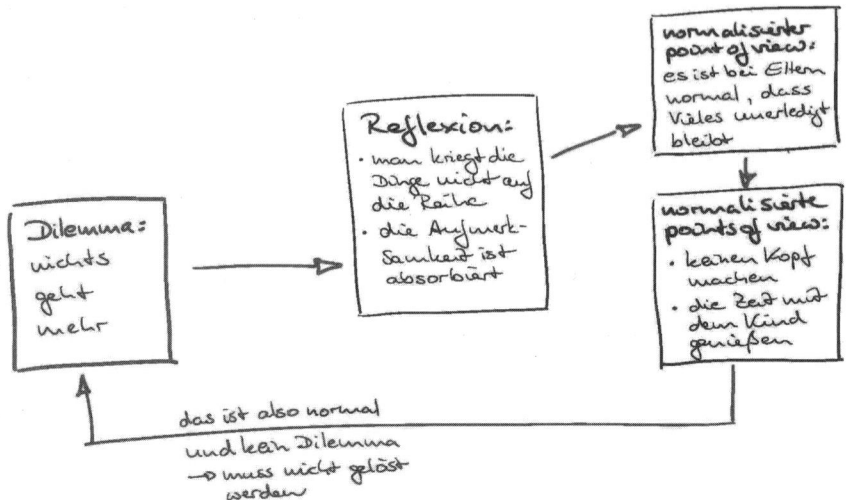

Abbildung 11.31: Normalisieren dispensiert vom Lernen – Beispiel 1

versichert sich ihrer eigenen Normalisierung. Diese Normalisierung ist akzeptiert, sie ist gelernt. Eine weitere Reflexion der Situation und eine mögliche Veränderung erscheinen als nicht notwendig, es muss nichts darüber hinaus gelernt werden. Wenn der point of view *bei Eltern ist es normal, dass Vieles unerledigt bleibt* einmal gelernt ist, scheint weiteres Lernen – etwa das Ausdifferenzieren von Fertigkeiten – nicht notwendig zu sein. Die Problemsituation ist gelöst, Frau NF kann ihre Aufmerksamkeit voll und ganz auf das Kind richten.

Auffallend oft normalisieren die interviewten Eltern ihre Gefühle. Folgende Sequenz stammt aus einer längeren Passage, in der Herr EM, der interviewte Vater, beschreibt, welche Veränderungen er wahrgenommen hat, seit seine Partnerin schwanger ist.

> 78 EM: „also ja **natürlich** sind da irgendwie manchmal auch so * so gewisse existenzängste dabei * aber bisher sind wir da irgendwie guter dinge und packen unsere sachen an * sind beide jung und werden´s wohl irgendwie hinkriegen denk ich mal * das ist der punkt * also haben eigentlich ganz gute perspektiven und genug leute drum rum die die * die uns unterstützen, also
>
> 79 I: mhm.
>
> 80 EM: von daher * sollte das eigentlich alles klappen * aber das beschäftigt einen * **natürlich** irgendwie * bringt **man**´s denn zustande oder oder bleibt **man** irgendwo auf dem weg stecken? das ist **natürlich** ne angst"
>
> (Interview 8, 78-80)

Herr EM benennt hier „existenzängste" als eine Folge der bevorstehenden Geburt seines Kindes. Die Gefühle werden normalisiert („natürlich"). Durch diese Wortwahl betont Herr EM, dass die Angst nicht nur bei allen Eltern besteht, sondern zudem auch, dass sie von Natur aus vorhanden ist. Andere Eltern haben ebenfalls Existenzängste und dies liegt in der Natur der Elternschaft.

Es fällt auf, dass der interviewte werdende Vater einige Worte einschiebt, die die „existenzängste" (78) abschwächen: „sind da irgendwie manchmal auch so * so gewisse" (78). Zudem sind diese Ängste nur „dabei" (78). Direkt an die Benennung der Ängste anschließend beschreibt Herr EM ausführlich einen positiven Gegenhorizont. Er und seine Partnerin wären „guter dinge" (78), sie „packen [ihre] sachen an" (78) und scheinen überzeugt davon, ihre Elternschaft unterstützt von Anderen („genug leute drum rum", 78) bewältigen zu können. Herr EM zählt hier verschiedene Argumente auf, die gegen die zunächst genannten Existenzängste sprechen. Es scheint, als wolle Herr EM diese normalisierten diffusen Ängste durch das gezeichnete Gegenbild weiter relativieren. Er schafft auf diese Weise eine Distanz zwischen sich und dem Gefühl der Angst.

Doch auch die Beschreibung des Gegenhorizonts ist durchsetzt von relativierenden Ausdrücken („irgendwie", „denk ich mal", „eigentlich ganz gute"; 78) und auch die abschließende Aussage „von daher * sollte das eigentlich alles klappen" (80) klingt durch die abschwächenden Worte „sollte" und „eigentlich" nicht gänzlich überzeugt. Erst jetzt setzt Herr EM dazu an, seine normalisierten Existenzängste etwas näher zu beschreiben. Es fällt auf, dass diese Erläuterung durchweg verallgemeinert und damit normalisiert erfolgt („natürlich", „man"; 80), während der zuvor gezeichnete Gegenhorizont individualisiert ist. Wiederum bleiben die Angst und ihre existenziellen Fragen ein wenig diffus („irgendwie", „irgendwo"; 80). Herr EM benennt keinen konkreten Anlass für sein Gefühl. Die naturalisierte Angst steht so diffus, normal und unausweichlich vor ihm.

Lerntheoretische Implikationen

Da Herr EM seine Existenzangst normalisiert, muss er sich nicht weiter mit ihr auseinander setzen. Die Problemsituation der bevorstehenden Vaterschaft mit vielen möglichen Unwägbarkeiten ist damit zunächst beseitigt. Einerseits kann Herr EM eine ganze Reihe von Maßnahmen vorweisen, die für eine gelingende Zukunft sprechen. Andererseits ist die dennoch verbleibende Angst um die Existenz normal. Eltern müssen diese unausweichlich haben. Dieses Problem kann deshalb auch nicht dadurch gelöst werden, dass die Ängste vollständig behoben werden. Das Dilemma der Angst wird normalisiert und verliert damit seinen Problemcharakter. Es ist erst einmal gelöst und muss nicht weiter reflektiert werden. Es müssen keine weiteren Handlungsoptionen gefunden werden zur Beseitigung der Angst, ein Lernen ist nicht notwendig, wie Abbildung 11.32 illustriert.

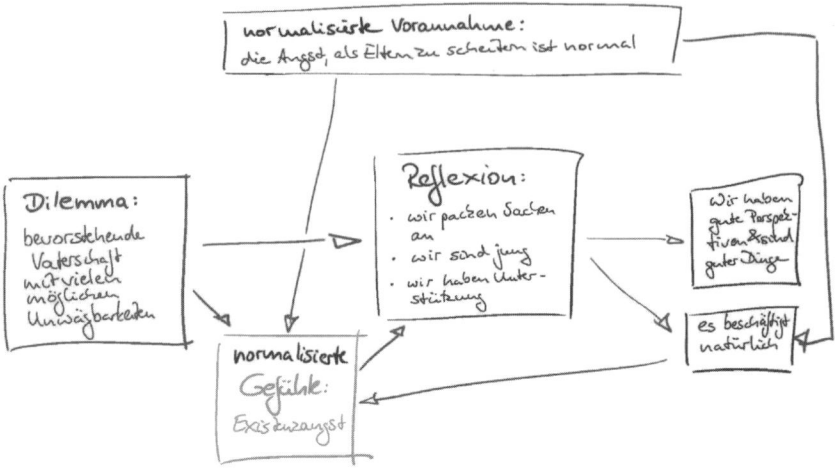

Abbildung 11.32: Normalisieren dispensiert vom Lernen – Beispiel 2

Im Gegensatz zu dem eben betrachteten Beispiel, in dem der interviewte Vater recht allgemein normalisiert, beschreibt die nachfolgende Mutter, Frau DF, eine Situation sehr anschaulich, in der es zu dem normalisierten Gefühl von Hektik oder Stress kommt.

> 5 „Michael ist aber auch sehr biestig und ich manchmal sehr hektisch. Waren gestern in der Stadt, erst Parkplatz Rathaus und nach C+A hin, dann mit dem Auto durch die halbe Stadt (wegen der Einbahnstrassen) zum Weltenhof. Dort meinte ich Michael hätte die Windel voll. Also auf dem Autositz in Wintersachen die Windel gewechselt. Tobias brummte, wollte gleich zur Bücherei! Ich mußte ihn zurechtweisen, und während Michael auf dem vorderen Autositz lag mit Socken und frische Windel
>
> 7 [NEUE SEITE]
>
> 8 wollte Tobias schon mal den Kinderwagen aus dem Polo heben, klemmte sich die Finger, und steht mit angehobenen KiWagen und kommt nicht weiter.
>
> 9 Ich **natürlich** hektisch, schimpfe rum den Kiwagen brauchen wir nicht! Und wir brauchen ihn doch, habe nämlich bei Wolle-Rödel die Wolle vergessen, mußte mit Sack und Pack (Bücher a.d. Bücherei, 3 Tüten (…) für den Hosen) durch die Stadt. Beim Griechen gab es noch Börek für alle und dann wieder zurück." (Tagebuch 7, 5-9)

Die Sequenz einleitend stellt die Mutter fest, dass sowohl ihr Sohn Michael als auch sie selbst negativ konnotierte Verhaltensweisen zeigen können. Ihre Selbsteinschätzung, „manchmal sehr hektisch" (5) zu sein, leitet die nachfolgende Erzählung ein. Ausführlich beschreibt sie das Geschehen, bevor die Hektik sich einstellt. Sie ist mit den beiden Kindern unterwegs in der Stadt, als sie bemerkt, dass ihr jüngeres Kind eine neue Windel benötigt. Sie wickelt das Kind auf dem Autositz. Der ältere Sohn Tobias drückt seinen Unmut über diese Verzögerung aus („brummte, wollte gleich zur Bücherei", 5). Die Mutter sieht sich genötigt, sich dem älteren Sohn zuzuwenden und „ihn zurecht[zu]weisen" (5). Während der jüngere Sohn wenig bekleidet auf dem Vordersitz liegt, wird Tobias aktiv und beginnt, den Kinderwagen für seinen kleinen Bruder aus dem Auto zu heben. Dies führt zu der eigentlichen Problemsituation: Tobias klemmt sich die Finger ein, steckt fest („kommt nicht weiter", 8) und die Mutter ist noch mit Michael beschäftigt. Sie reagiert hektisch und schimpft. Obwohl die Autorin die ganze Erzählung individualisiert beschreibt, fügt sie nun ein „natürlich" ein („ich natürlich hektisch, schimpfe rum", 9). In der von ihr beschriebenen Situation ist es der Verfasserin nach eine normale, sogar in der Natur der Elternschaft liegende Reation, hektisch zu werden und mit dem Kind, das zu der problematischen Situation beiträgt, zu schimpfen. Tobias wurde zuvor ja bereits als derjenige eingeführt, den die Autorin zurechtweisen „mußte". Auch bei dieser ersten Situation erscheint das Zurechtweisen für die Mutter damit zwingend notwendig. Die Normalisierung der Hektik sowie des Schimpfens wird durch das Benennen dieser ersten konfliktären Situation unterstrichen.

Das Eingeständnis „und wir brauchen ihn doch" (9) sowie der Hinweis auf den „Börek für alle" (9) könnte in gewissen Grad als Versönungsangebot für die hektische Reaktion gegenüber dem Sohn angesehen werden. Explizit erfolgt jedoch beinahe keine reflektierende Einschätzung der Situation, wie der Tagebucheintrag weiter zeigt.

12   "Ich war vielleicht fertig.

13   und Tobias dachte wohl immer hoffentlich schreit Michael nicht dann wird Mama wieder hektisch.

14   Neulich war ich auch mal ungerecht zu Tobias.

15   Tobias lag schon in seinem Bett, brauchte aber noch Min-Wasser, Teddy und Wärmflasche, beim rübergehen war ich noch ganz ruhig, aber als ich merkte daß Michael auch noch nicht schlief wurde ich hektisch.

16   Das merkte Tobias auch!" (Tagebuch 7, 12-16)

Die Autorin stellt zunächst fest, dass das Geschehen in der Stadt sie insgesamt ermüdet hat (12). Dann vermutet sie, dass sich ihr Sohn Tobias Gedanken über mögliche weitere Hektik der Mutter machen würde (13). Mit dieser Aussage stellt Frau DF eine Verbindung zwischen dem schreienden Kleinkind und ihren Gefühlen fest. Sie unterstellt jedoch ihrem älteren Sohn diese Überlegung. Dass diese Überlegung durchaus gerechtfertigt sein könnte, dass also die Mutter hektisch reagiert, wenn der kleine Bruder ein Verhalten zeigt, dass so von der Mutter nicht gewünscht ist, zeigt die anschließend skizzierte kleine Episode. Frau DF führt diese mit der Beurteilung ihres eigenen Handelns ein („neulich war ich auch mal ungerecht zu Tobias"). Damit zeigt sie, dass sie zwar ihr Verhalten reflektiert und beurteilt („ungerecht"), es jedoch nicht zu ändern scheint. Es gibt auch keinen Hinweis darauf, dass sie auf der Suche nach alternativen Handlungsoptionen wäre. Hektisch zu werden scheint eine Reaktion zu sein, die vermutlich auch gestützt durch die Normalisierung, nicht verändert werden muss.

Lerntheoretische Implikationen

Abbildung 11.33: Normalisieren dispensiert vom Lernen – Beispiel 3

Frau DF beschreibt sich hier in Situationen, in der sie in Stress gerät. Das Gefühl der Hektik, das vermutlich eine Mischung aus Überforderung, Anspannung, Nervosität und Unsicherheit oder Ratlosigkeit beschreibt, stellt sie als normal für die Situation dar („natürlich"). Die eigenen hektischen Gefühle werden im Kontext der Normalisierung zur Selbstbestätigung: Ich bin normal, andere Eltern würden auch so reagieren. Hektisch zu werden in solch einer Situation gehört zur Natur der Elternschaft. Im Rückblick auf die Situation – beim Schreiben des Tagebucheintrags – findet keine veränderte Einschätzung statt. Die eigene Reaktion scheint aus Sicht Frau DFs in Ordnung. Es bedarf keiner zusätzlichen Reflexion oder einer weiteren Rechtfertigung. Auch im weiteren Verlauf der Erzählung erwähnt die Mutter nichts, was darauf hindeuten würde, dass die Situationen für sie einen Lernanlass bilden würden. Das von ihr beschriebene Gefühl der Hektik wird auch hier nur beschreibend festgestellt, es bleibt normal. Wiederum wird, wie im vorangehenden Beispiel Herr EMs Angst, ein negativ konnotiertes Gefühl normalisiert

In einer letzten Beispielsequenz spricht die interviewte Frau CF sowohl über positive als auch über negative Gefühle.

> 56 CF: „EGAL was mei kinder MACHE * ich FREU mich über jedes einzlne * über
> ihre jede einzelne aktivität * was sie da KLAR mich NERVTS dafür auch
> [LACHT] dasse * BÖS sinn oder STREITE oder nit HÖRE * naTÜRLICH
> 57 I: ja
> 58 CF: abba *2* ihre einzelne aktiväde des beschenkt mich SCHONN * SEHR"
> (Interview 4, 56)

Frau CF stellt zunächst ihre uneingeschränkte Freude über ihre Kinder fest. Diese Freude wird mehrfach hervorgehoben: Sie betont, dass die Freude unabhängig von der kindlichen Aktivität ist („EGAL was mei kinder MACHE").

Es ist auch nicht einfach eine pauschale Freude über die Tatsache, Kinder zu haben, sondern die Freude „über jedes einzlne". Auch diese individualisierte Freude an jedem Kind wird nochmals verstärkt. Es ist nicht nur eine pauschale Freude über die Anwesenheit jedes Kindes, sondern eine differenzierte Freude über „jede einzelne aktivität", die ein Kind ausübt.

Frau CF hatte sich bereits direkt vor der obigen Sequenz als „GLÜCKlich" und „REICH beschenkt" (56) bezeichnet. Es scheint, als bedürfe es der überdeutlichen Vergewisserung der Freude, um dazwischen bemerken zu können, dass die Kinder auch „NERV[EN]" (56) können. Die Kinder, die zuvor noch überschwänglich Freude bereiteten, können auch „BÖS" sein oder „STREITE oder nit HÖRE" (56). Es gibt Verhaltensweisen, die dazu führen, dass Frau CF genervt ist, sie ist verärgert. Dieser zunächst individualisiert festgestellte Ärger („mich NERVTS") wird bereits durch die Feststellung „KLAR" als ein Gefühl bezeichnet, dass nachvollziehbar sei oder bei dem auf die Bestätigung der Interviewerin gebaut werden kann. Zusätzlich normalisiert Frau CF ihren Ärger („naTÜRLICH", 56). Es gehört zu der Natur der Elternschaft, dass Aktivitäten der Kinder auch ärgerlich machen können. Diese Tatsache steht fest, es ist aus Sicht Frau CFs eine geteilte Erfahrung aller Eltern.

Lerntheoretische Implikationen

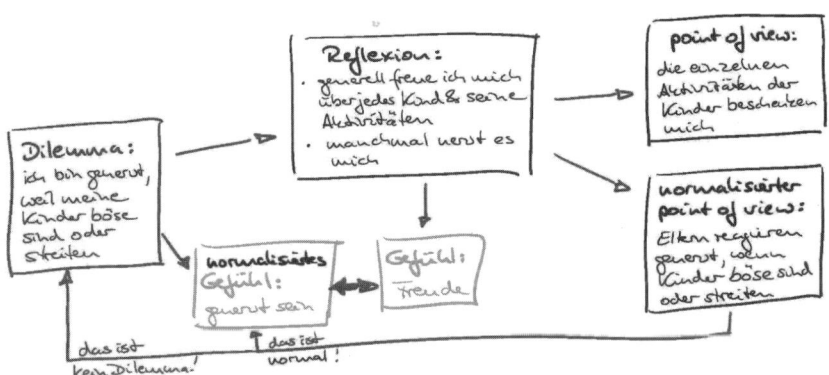

Abbildung 11.34: Normalisieren dispensiert vom Lernen – Beispiel 4

Der point of view *Eltern reagieren genervt, wenn Kinder böse sind, streiten oder nicht hören* wird von der interviewten Mutter naturalisiert. Damit ist ihre eigene Reaktion auf mögliches problematisches Verhalten ihrer Kinder zu einer allgemein gültigen Tatsache erklärt und muss nicht hinterfragt werden. Es gibt nach Ansicht Frau CFs bei aller Freude über Kinder Situationen, in denen ein Elternteil das Gefühl des Ärgers empfindet. Der Ärger wird normalisiert. Frau CF greift so einer möglichen negativen Einschätzung ihrer Elternschaft vor. Es ist nicht falsch, auf die Kinder ärgerlich zu reagieren, da dies natürlich ist. Ein möglicherweise vorhandenes Dilemma, das bei dem point of view *ich als Mutter empfinde bei meinen Kindern ausschließlich Freude* entstehen würde, ist so gelöst. Das möglicherweise negativ konnotierte Gefühl des Ärgers muss durch die Normalisierung nicht reflektiert werden. Eine Reflexion über Kontexte, in denen Frau CF ärgerlich wird und mögliche Handlungsoptionen oder alternative Überzeugungen, die das Auftreten von Ärger verringern oder verhindern könnten, ist auf diese Weise nicht notwendig. Frau CF dispensiert sich von weiteren Lernprozessen.

Zusammenfassung

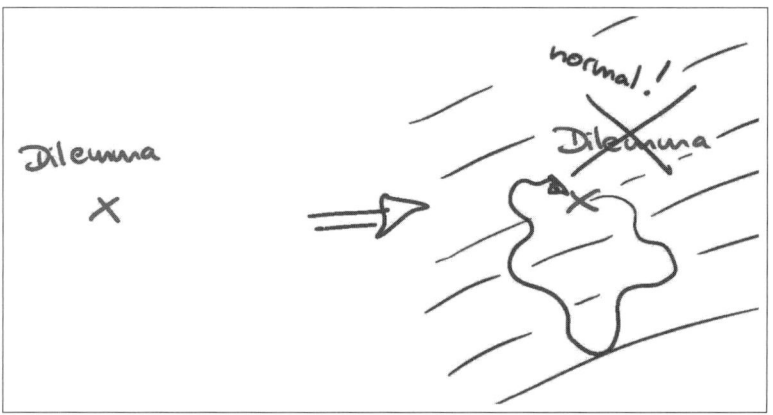

Abbildung 11.35: Normalisieren dispensiert vom Lernen

Eltern normalisieren Aspekte so, dass eine Reflexion in den jeweils normalisierten Bereichen unnötig wird, weil das Dilemma durch die Normalisierung verschwindet. Sequenzen, in denen das Normalisieren vom Lernen dispensiert, betreffen inhaltlich vor allem zwei Bereiche: das eigene Eltern-Selbst-Bild sowie Gefühle. Eltern bezeichnen jeweils einen relativ klar definierten Bereich des Eltern-Selbst-Bildes, wie etwa die Aufgaben von Eltern, als normal und entziehen diesen Bereich jeder weiteren Reflexion.

In Bezug auf Gefühle fällt auf, dass Eltern nur negativ konnotierte Gefühle normalisieren, so dass dies vom Lernen dispensiert. Es gibt in meinen Daten keine Passage, in der Eltern ein positiv konnotiertes Gefühl (z.B. Freude, Dankbarkeit) normalisieren. Die normalisierten Gefühle sind beispielsweise gestresst sein, unsicher sein oder Angst haben. Eltern klammern hier jeweils einen Bereich aus, indem sie ihn für normal erklären. Was als normal bezeichnet ist, muss nicht mehr in Frage gestellt werden. Ein Lernen erscheint damit in diesem Bereich nicht mehr notwendig. Wie diese Normalisierungen als

Überzeugungen zu Elternschaft angeeignet werden bleibt offen. Dieser Lernweg konnte mit den vorliegenden Daten nicht geklärt werden. Das Erlernen von normalisierten points of view zum Eltern-Selbst-Bild lässt sich in Mezirows Einteilung dem zweiten Lernweg zuschreiben: Die Eltern lernen, wie man eine neue „Rolle" spielt. Sie lernen Überzeugungen zu dieser neuen Rolle Elternschaft und damit verbundene normale Gefühle. Sind diese Normalisierungen allerdings gelernt, so können sie, wie in den Beispielen gezeigt, von weiterem Lernen dispensieren.

Abschließend möchte ich noch einmal auf die beiden Seiten dieses Nicht-Lernens verweisen. Einerseits entlastet das Normalisieren von einer Lernnotwendigkeit, indem es vom Lernen dispensiert. Dies kann Eltern helfen, mit all den neuen Erfordernissen und Aufgaben umzugehen, die Eltern im Alltag als Eltern erleben. Andererseits kann das Normalisieren aber auch dazu führen, dass die Normalisierung zu einem Hindernis für weiteres Lernen wird. Normalisieren kann damit ein zur wirklichen Lösung eines Dilemmas notwendiges Lernen verhindern, das eigentlich für Eltern entlastend wäre.

Kapitel 12

Formen des Lernens mit Normalisieren – Zusammenschau mit Waldenfels

Zunächst einmal zeigte sich in den obigen Ausführungen, dass die Eltern in den Interviews häufig das Dilemma normalisieren, in dem sie sich befinden. Das bedeutet, sie verweisen ausdrücklich darauf, dass es sich bei der Erfahrung um eine geteilte handelt. In der Systematik des idealtypischen Lernprozesses nach Mezirow ist die Feststellung der geteilten Erfahrung der vierte Schritt des Lernens. Indem die Eltern nun ein Dilemma als normal bezeichnen, verweisen sie auf eine umfassend geteilte Erfahrung: Alle Eltern machen diese Erfahrung, sie teilen sie mit allen Eltern. Über die „Feststellung der geteilten Erfahrung" hinaus werden zusätzlich durch das Normalisieren, also dadurch, dass etwas als normal bezeichnet wird, weitere Schritte des Lernprozesses als geteilte gekennzeichnet. Wie in den Analysen rekonstruiert, finden sich sowohl normalisierte Wege, eine Lösung für das Dilemma zu finden, als auch normalisierte Lösungen. Schließlich habe ich gezeigt, dass ein Lernen dadurch, dass Eltern sich auf Normalität berufen, erschwert oder verhindert werden kann. Im Folgenden werde ich erneut einen Blick auf die Schriften des Philosophen Bernhard Waldenfels werfen. Ich skizziere zunächst einige seiner Überlegungen zum Normalisieren. Dann beziehe ich diese auf die in diesem Teil III rekonstruierten Ergebnisse zu den Formen des Lernens mit Normalisieren.

Der Philosoph Bernhard Waldenfels beschäftigt sich in seinen „Studien zur Phänomenologie des Fremden" (1997; 1998; 1999; 1999a) unter anderem mit der Frage, wie mit Fremdheitserfahrungen umgegangen werden kann und stellt gleich zu Beginn des Vorworts der Schrift „Grenzen des Normalisierens" (Waldenfels 1998, 9) fest:

> „Es gibt eine besondere Weise, mit dem Fremden fertig zu werden, die sich Normalisierung nennt. Was sich dem normalen Gang der Dinge einordnet, verliert den Charakter des Außergewöhnlichen."

Nach Waldenfels gehört „die Normalisierung zu den vorzüglichen Bewältigungs- und Beruhigungsstrategien" (ebd.), mit denen auf eine Fremdheitserfahrung geantwortet werden kann. Dies scheint für Eltern zuzutreffen. In einem ersten Schritt soll daher geklärt werden, was Waldenfels unter den in diesem Begriffsfeld eng verbundenen und teilweise synonym verwendeten Begriffen normal, Normalität, Norm, Normativität und Normalisierung versteht.[197]

12.1 Normalisieren

Geht man vom Sinn des Wortes aus, so bedeutet „ ›normal‹, was der jeweiligen Norm, wörtlich: dem Winkelmaß oder der Richtschnur (*norma*) entspricht" (Waldenfels 2008, 9; kursiv i.O.). Das Normale hat nun, so Waldenfels weiter, auf den ersten Blick einen präskriptiven und einen deskriptiven Anteil.[198] Präskriptiven Regeln folgt man, sie setzen „das fest, was *rechtmäßig* zu geschehen hat und was rechtmäßig bleibt, auch wenn das entsprechende Verhalten hinter den Erwartungen zurückbleibt" (Waldenfels 2008, 10; kursiv i.O.). Das Verhalten oder ein funktionaler Ablauf unterliegen deskriptiven Regeln. Sie beschreiben, „was in der Regel geschieht und also unseren gewöhnlichen Erwartungen entspricht" (ebd.). Zugespitzt findet sich diese Zweiteilung in der Unterscheidung von Normativität und Normalität. Erstere bezeichnet „Rechtsfragen, die sich für Teilnehmer einer bestimmten Lebensform oder für Mitglieder einer bestimmten Institution stellen" (ebd.). Letztere meint Tatsachenfragen, wobei hierunter auch beobachtete Rechtsverhältnisse fallen können. Seelmeyer (2008, 180) ordnet den Begriff der Norm ebenfalls dem ersten Bereich zu.

> „Während die ‚Norm‘ den verbindlichen Anspruchs- und Aufforderungscharakter einer Regel zum Ausdruck bringt, beschreibt ‚Normalität‘ eine zu beobachtende Regelmäßigkeit. Im Gegensatz zur präskriptiv bestimmbaren, imperativen und sanktionsbewehrten Norm, die sich durch ihren binären Charakter auszeichnet, bildet Normalität deskriptiv eine Tendenz kollektiven Handelns ab."

Das Anliegen von Waldenfels ist nun, diese strikte Zweiteilung in ihrer Reichweite einzuschränken.[199] Waldenfels unterscheidet zwar zunächst Normativität und Normalität, verweist aber sofort darauf, dass es „gute Gründe gibt, die besagte Grenzziehung zu revidieren und die Reichweite der erwähnten Unterscheidung deutlich einzuschränken" (Waldenfels 2008, 10). Nach Waldenfels geht es bei Normalisierung „nicht etwa um eine arbeitsteilige Ergänzung oder Erweiterung der Normalitätssphäre. [...] Es geht einzig und allein

---

197   Weitere Ausführungen zum Begriff der Normalität in soziologischer Perspektive finden sich bei Link/Loer/Neuendorff 2003. Eine Analyse aus philosophischer Perspektive bietet Rolff 1999.

198   Vgl. Waldenfels 2008, 10.

199   In der Studie „Versuch über den Normalismus" (1996) betrachtet Link Phänomene der Normung und Normierung zusammen mit statistischen Normalverteilungen und nennt diese Perspektive auf Normalität in der Gesellschaft Normalismus. Er folgt der auch von Seelmeyer aufgegriffenen Trennung in Normativität und Normalität, die Waldenfels einschränkt.

um die Voraussetzungen, Folgen und Grenzen der Normalität, um eine entsprechende Gewichtung des Normalisierungsgeschehens" (Waldenfels 2008,
11). Hier setzt seine Untersuchung an.

Waldenfels trifft die Unterscheidung zwischen *einer schwächeren und einer
stärkeren Variante der Normalisierung*.

> „Die schwächere Normalisierungsvariante besagt, daß Verhältnisse und Verhal-
> tensweisen geltenden Normen angepaßt oder unterworfen werden und daß um-
> gekehrt die Verhältnisse sich den Normen fügen, ihnen zumindest nicht nachhal-
> tig widersprechen. [...] Normen dieser Art werden unterstellt, nicht hergestellt.
> [...] Die stärkere Gegenvariante würde dagegen besagen, daß die Normalisierung
> auf gewisse Weise hervorbringt, was sie normalisiert. [...] Diese Art der Norma-
> lisierung begnügt sich nicht damit, die Erfahrung einem bloßen Gesetz zu unter-
> werfen, sie greift in die Erfahrung ein, sie verändert die Erfahrungsstrukturen;
> [...] Normen gebieten nicht nur, sie funktionieren. Wie Canguilhem in seiner
> Schrift *Das Normale und das Pathologische* feststellt, ist der Begriff des Normalen
> nicht ein statischer und friedlicher, sondern ein dynamischer und polemischer
> Begriff" (Waldenfels 2008, 11f; kursiv i.O.).

Waldenfels schließt sich der stärkeren Variante des Normalisierens an. Er geht
davon aus, dass Normalisieren nicht bedeutet, etwas einer vorher schon bestehenden Norm anzupassen. Er meint vielmehr, dass das Normalisieren erst
dazu führt, dass es das Normalisierte auch gibt. Dies ist in Deweys Systematik
eine transaktionale Theorie.[200] Durch die Handlung des Normalisierens wird
das Objekt erst zur Normalisierung.

Bei all seiner Dynamik ist der von Waldenfels gefasste Normalisierungs-
begriff jedoch nicht grenzenlos. Normalisierung bringt nicht ohne Schranken
Normalisierungen hervor. Es gibt immer auch denjenigen oder diejenige, die
oder der normalisiert. Damit gibt es immer auch mindestens einen Teil, der
noch nicht gänzlich normalisiert ist.

> „Würde das Normalisierte schlechthin produziert, fabriziert oder konstruiert, so
> gäbe es niemanden, der *sich* normalisiert und sich insofern niemals *völlig* normali-
> siert. [...] Die Normalisierung wäre dann ein Geschehen, das sich nur von außen
> und hinterdrein erfassen ließe, und dies ad infinitum; denn die Rekonstruktion
> der Normalität müsste konsequenterweise wieder als eine Art von Normalisie-
> rung gedacht werden." (Waldenfels 2008, 12f; kursiv i.O.).

An dieser Stelle stellt Waldenfels nun die Verbindung zum Fremden her. Dort,
wo man nach den Grenzen der Normalisierung fragt, fragt man nach dem
Anormalen, dem nicht Normalen. Dies wiederum führt dazu, dass geklärt
werden muss, auf welche Art und Weise sich Normales und Anormales unterscheiden.

> „Die Frage nach den Grenzen der Normalisierung, die inmitten des Normalisie-
> rungsgeschehens aufbricht, verbindet sich unmittelbar mit der Frage nach dem

---

200 Damit erweist sich Waldenfels Begriff des Normalisierens für die vorliegende Studie in
strukureller Hinsicht als geeignet. Er entspricht in seiner Struktur dem hier zugrunde
liegenden Theorieverständnis.

Fremden, die unsere Untersuchungen leitet. Denn die Art und Weise, wie Normales sich von Anormalem abhebt, entscheidet darüber, ob Fremdheit mehr bedeutet
als etwas, das noch nicht angeeignet und noch nicht einer allgemeinen Vernunft
eingemeindet wurde. Wenn es einen (Nicht-)Ort des Fremden gibt, so verbirgt
er sich in dem Spalt, der Normales von Anormalem, Ordentliches von Außer-
ordentlichem trennt. Daß es diesen Spalt gibt und daß er sich nie schließen wird,
liegt an der Kontingenz, die jeglicher Ordnung anhaftet" (Waldenfels 2008, 13).

Da jede Ordnung kontingent ist, also auch anders sein könnte, gibt es immer etwas, das außerhalb der Ordnung und damit außerhalb des Normalen,
dem der Ordnung entsprechenden, liegt. Es ist das Anormale, das sich der bestehenden Ordnung entzieht. In welchem *Verhältnis* stehen nun *normal und
anormal?* Hier gibt es nach Waldenfels drei Möglichkeiten.

Zunächst kann vom Normalen ausgehend gedacht werden. Waldenfels
nennt das eine *„begrenzte Form des Normalismus"* (ebd.). Das Normale steht bei
dieser Betrachtung im Zentrum. Jedes Anormale wird bezogen auf die Abweichung von dem Regelfall des Normalen betrachtet und ist damit randständig.
Doch jeder Versuch, das nicht Normale damit zum Verschwinden zu bringen
scheitert, weil die „Differenz zwischen Normalem und Anormalem [...] selbst
nicht normal [ist]" (ebd., 15). Waldenfels stellt fest:

> „Die Normalisierung holt sich selbst nicht ein, auch nicht in Form einer Selbst-
> normalisierung, da diese immer noch von etwas abweichen müßte, das sich der
> Normalisierung entzieht" (Waldenfels 2008, 15).

Die zweite Möglichkeit ist, *die Ausnahme oder den Grenzfall ins Zentrum* zu
rücken. Hierbei würde dann „das Extrem gegen den Mittelwert" (ebd.) stark
gemacht. Man würde „das Anormale selbst zur Normalität erheben" (ebd.).
Der Mechnismus ähnelt damit also dem der ersten Möglichkeit.

Schließlich gibt es noch eine dritte Alternative: Hier geht es nicht wie
oben nur um eine Reaktion oder eine Umkehrung. Diese Alternative zeigt
sich „im *Phänomen der Abweichung selbst*" (ebd.; kursiv RM). Waldenfels stellt
fest, dass es „*das, wovon man abweicht, nur, indem man davon abweicht*" (ebd.;
kursiv i.O.) gibt. Wenn etwas wirklich abweicht, dann ist dies nicht eine neue
Spielart der Normalität und kann dieser damit wieder zugeordnet werden.
Eine echte Abweichung schafft eine Leerstelle.

> „Die Abweichung geschieht, indem sie bestehende Verhältnisse unterhöhlt, in
> Frage stellt, verändert, und sie vollzieht sich gleichzeitig als *Selbstabweichung*, da
> sie ein Doppelereignis darstellt, das sich selbst gegenüber verschoben ist" (Wal-
> denfels 2008, 15; kursiv i.O.).

Eine Abweichung lässt sich nicht auf sich selbst beziehen, sie kommt nicht
aus dem Nichts. Sie wird zur Abweichung dadurch, dass sie Anormal ist. Zwischen dem Alten und dem Neuen kann nicht vermittelt werden, weil es für das
Dazwischen, den Übergang von normal zu anormal, keine Ordnung gibt. Der
Übergang passt weder in die alte noch in die neue Ordnung. Die Abweichung
weicht damit von sich selbst ab.

> „Die Differenzierung zwischen Normalem und Anormalem setzt nicht zwei Beziehungsglieder miteinander in Bezug, sondern in ihr geht der Bezug Hand in Hand mit einem Entzug" (Waldenfels 2008, 16).

Hier nun zeigt sich die Verbindung zum Fremden. Das Fremde ist nach Waldenfels zwischen dem Normalen und dem Anormalen angesiedelt. Das Fremde ist nicht integrierbar. Es ist nicht anschlussfähig. Es beinhaltet wie in Abschnitt 8 skizziert immer schon Eigenes und Fremdes.

Nun schließt sich die Frage an, in welcher Form mit dem Fremden umgegangen werden kann. Damit sind wir wieder bei dem Eingangszitat angelangt. Waldenfels charakterisiert das Normalisieren als eine besondere Form, mit dem Fremden fertig zu werden. Wie kann das aussehen?

12.2   Formen des Umgangs mit dem Fremden

Eine erste Unterscheidung im *Umgang mit dem Fremden* ist, dass das Fremde entweder *abgewehrt* oder *angeeignet* werden kann. Das Fremde abzuwehren bedeutet, es dem Anormalen zuzuordnen und auszuschließen. Wirksamer ist jedoch Waldenfels zur Folge die *„Aneignung, die das Fremde zu wahren verspricht, indem sie es verarbeitet und absorbiert"* (Waldenfels 1997, 49; kursiv i.O.). Die Beunruhigung, die das Fremde auslöst, soll beseitigt werden. Es beruhigt, etwas Bekanntes zu erkennen. Deshalb versuchen wir, so beschreibt Waldenfels (ebd.) mit Bezug auf Nietzsche, auch in Fremdem etwas zu finden, was bekannt ist und uns beruhigt.

Doch auch die Aneignung des Fremden ist eine Form der Abwehr. Waldenfels beschreibt *zwei Formen der Zentrierung*, die allen Aneignungsbestrebungen inne wohnen. Hier zeigt sich eine Parallelität zu den im vorigen Abschnitt beschriebenen Möglichkeiten, wie Normales und Anormales ins Verhältnis gesetzt werden können.

> „Für die Aneignung des Fremden bieten sich zwei Instanzen an, das je Eigene und das allen Gemeinsame. Das Eigene tendiert dahin, Fremdes als bloßes Derivat des Eigenen zu behandeln. Das Gemeinsame, das sich als Allgemeines über das Besondere erhebt, beansprucht dagegen, den Spalt zwischen Eigenem und Fremdem zu überbrücken durch Teilhabe an einem Ganzen oder durch die Unterwerfung unter universale Gesetze" (Waldenfels 2007, 2, Abs. 4).

Wird das Fremde als *vom Eigenen abgeleitet* betrachtet, steht das Eigene im Zentrum und alles Fremde wird darauf zurück geführt. Dies ist die erste Form der Zentrierung: Das Eigene bildet das Zentrum. Waldenfels führt für diese Form der Aneignung den Egozentrismus (individuelles Eigenes) und den Ethnozentrismus (das kollektiv Eigene) auf.

Wird das Fremde hingegen *vom Gemeinsamen aus* betrachtet, so werden das Eigene und das Fremde einem gemeinsamen Allgemeinen zugeführt. Bei dieser zweiten Form der Zentrierung steht das Gemeinsame im Zentrum. Die

Kluft zwischen Eigenem und Fremdem wird so nivelliert. Im Logozentrismus wird so ein Allgemeines konstruiert, in dem Eigenes und Fremdes zusammenkommen.[201]

> „Im Hintergrund steht eine spezifische Form des Eurozentrismus, der das Wunder bewerkstelligt, im Eigenen das Allgemeine und im Allgemeinen das Eigene wiederzufinden" (Waldenfels 1997, 49).

Beides Mal jedoch führt die Aneignung dazu, dass das Fremde gleich gemacht wird. Der Unterschied, der zwischen dem Eigenen und dem Fremden besteht, wird verdeckt. Das Fremde hat jedoch die Eigenschaft der Unvergleichlichkeit und Unzugänglichkeit. Es entzieht sich dem Gleichmachen. Die Aneignung lässt das Fremde verschwinden. Die Fremderfahrung „ [zehrt] durch zunehmende Aneignung ihren Gegenstand auf" (Waldenfels 1997, 50).

Waldenfels schlägt daher einen dritten Weg vor: *das Antworten auf den Anspruch des Fremden.*

> „Statt direkt *auf das Fremde* zuzugehen und zu fragen, *was* es ist und *wozu* es gut ist, empfiehlt es sich, von der Beunruhigung durch das Fremde auszugehen. Das Fremde wäre das, *worauf* wir antworten und zu antworten haben, was immer wir sagen und tun" (Waldenfels 1997, 51; kursiv i.O.).

Das in Kapitel 8 beschriebene Phänomen der Fremdheit, das als Einfall, als Unterbrechung des doing und undergoing erlebt wird, erfordert eine dem Phänomen entsprechende Antwort. Das Fremde lässt sich nicht aneignen und assimilieren ohne zu verschwinden. Die eigene Antwortlogik versucht nicht, den Unterschied zwischen Eigen und Fremd aufzulösen, sie lässt dem Fremden „seine Ferne" (Waldenfels 1997, 52).

> „Die Aufforderung des Fremden hat keinen Sinn, und sie folgt keiner Regel, vielmehr provoziert sie Sinn, indem sie vorhandene Sinnbezüge stört und Regelsysteme sprengt. [...] Hier stoßen wir auf eine Barriere gegen jene Formen der Aneignung, die darauf ausgehen, Fremdes auf Eigenes zurückzuführen oder die Kluft zwischen Eigenem und Fremdem in den Mitteln einer kommunikativen Vernunft zu schließen. Das Fremde wird zu dem, was es ist, nirgendwo anders als im Ereignis des Antwortens, das heißt, es läßt sich niemals vollständig und eindeutig bestimmen. Das, worauf wir antworten, übersteigt stets das, was wir zur Antwort geben. Fremdes läßt sich nicht beantworten wie eine bestimmte Frage oder lösen wie ein bestimmtes Problem" (Waldenfels 1997, 52).

Waldenfels unterscheidet nun „zwischen einer eher *produktiven* und einer eher *reproduktiven* Form des Antwortens" (53; kursiv i.O.). Reproduktiv wäre, im Antworten auf den Anspruch des Fremden bereits bekannten Sinn zu reproduzieren oder auszudifferenzieren. Produktiv hingegen ist eine kreative Antwort, „in der wir geben, was wir nicht haben" (ebd.).

> „Wo neuartige Gedanken entstehen, gehören sie weder mir noch dem Anderen. Sie entstehen zwischen uns" (Waldenfels 1997, 53).

---

201   Vgl. für diesen Abschnitt Waldenfels 1997, 49.

Diese letzten Unterscheidungen des Umgangs mit dem Fremden ermöglicht nun eine Verbindung zu Mezirows Theorie des transformativen Lernens. Die von Mezirow beschriebenen Dilemmata erweisen sich als etwas, das befremdet. Sie erfordern, dass man aus dem Handlungsvollzug heraus tritt und Lösungen sucht. Das Schlüsselphänomen Elternschaft – das Fremde habe ich in Kapitel 8 als etwas Fremdes im Sinne Waldenfels rekonstruiert. In Kapitel 10 habe ich ausgeführt, dass Elternschaft im Sinne Mezirows als disorienting dilemma verstanden werden kann. In den Problemsituationen ihres Alltags als Eltern begegnet nun das Fremde der Elternschaft in immer wieder anderer Weise als befremdend. Das Normalisieren ist nun nach Waldenfels eine Möglichkeit, mit dem Fremden umzugehen. Jede Form der Abwehr, also auch das Aneignen des Fremden, kann mit Mezirow als ein Einfügen in bestehende frames of reference verstanden werden. Hier findet kein transformatives Lernen statt. Das Fremde wird mit bestehenden oder neuen points of view erfasst und so in vorhandene habits of mind eingeordnet. Die Frage danach, „was es [das Fremde; RM] ist und wozu es gut ist" (Waldenfels 1997, 51; kursiv i.O.), signalisiert bereits, dass hier eine Reflexion auf der Ebene des Inhalts stattfindet. Nach Mezirow kann dies dazu führen, dass points of view bestätigt, ausdifferenziert oder neu entwickelt werden. Diese Prozesse finden innerhalb bestehender habits of mind statt. Eine Transformation ist nicht notwendig. Die Daten zeigen, dass es im Falle des Lernens von Eltern vielfältige Mischformen gibt, die dazu führen, dass trotz Aneignung ein transformatives Lernen möglich ist. Ich führe dies gleich näher aus.

Bei den rekonstruierten Relationen zwischen Normalisieren und Lernen wird häufig „außerhalb" der Normalisierung gelernt. Hier bleibt die Normalisierung als Horizont meist unangetastet. Es ist also zu klären, welche Umgangswege mit dem Fremden sich hier kombinieren mit welchem Lernen finden.

Die reproduktive Antwort auf das Fremde reproduziert bekannten Sinn oder differenziert diesen aus. Damit verbleiben hiermit verbundene Lernprozesse auf der gleichen inhaltlichen Ebene wie die Abwehr oder Aneignung. Transformatives Lernen im Sinne Mezirows ist dann ebenfalls nicht notwendig. Auch in diesem Fall zeigen die Daten, dass es dennoch zu transformativem Lernen kommt.

Die produktive Antwort auf das Fremde schließlich beschreibt transformatives Lernen. Wenn auf die Störung vorhandener Sinnbezüge und Regelsysteme[202] eine kreative Antwort folgt, in der etwas entsteht, das es vorher in dieser Form für die betreffende Person noch nicht gab, so beschreibt das Prozesse, die mit Mezirow als transformativ bezeichnet werden können. Diese Antwort, bei der aus Eigenem und Fremdem Neues entsteht, kann dazu führen, dass points of view oder auch habits of mind transformiert werden.

---

202   Vgl. Waldenfels 1997, 52.

12.3   Zusammenschau

Auf der Grundlage der oben skizzierten Ausführungen von Waldenfels möchte ich nun die in diesem Teil III rekonstruierten Relationen von Normalisieren und Lernen zusammenfassend betrachten. In den vorangehenden Kapiteln habe ich die fünf in der Tabelle zusammengestellten Relationen beschrieben, bei denen Lernprozesse stattfinden und eine sechste Relation, bei der kein Lernen zu finden ist. Die Relationen sind teilweise noch weiter untergliedert, so dass sich, wie in der Übersicht 12.1 zusammengestellt, zwölf unterschiedliche Relationen zeigen.

1. Unterbrochene Normalisierung wiederherstellen
2. Normalisierung als Horizont
Normalisierung als Ausgangspunkt für Lernprozesse
Normalisierung als Ziel
3. Unterbrochene Normalisierung neu rahmen
positiv umdeuten
zu einer neuen Normalisierung umdefinieren
in eine neue Normalisierung transformieren
4. Normalisierung in Frage stellen und überwinden
5. Normalisierter Lern-Zirkel
Lösung des wiederkehrenden Einzelfalls
unlösbares Dilemma pragmatisch lösen
Gewöhnung an das unlösbare Dilemma
6. Nicht-Lernen durch Normalisieren
Normalisieren verhindert Lernen
Normalisieren dispensiert vom Lernen

Übersicht 12.1: Relationen von Normalisieren und Lernen

Wenn eine **unterbrochene Normalisierung wiederhergestellt** wird, überführen Eltern das nicht Normale zurück in das Normale. Die gewohnte Ordnung ist unterbrochen. Die Eltern bearbeiten in einer Problemsituation eine inhaltliche Ebene mit bekannten eigenen Strategien und Ressourcen. Das in der Situation fremd erscheinende wird damit abgewehrt. Es darf nicht sein. Nur das Normalisierte ist erwünscht. Jede Abweichung wird aufgehoben. Das Lernen ist darauf ausgerichtet, *das festgestellte Fremde zu beseitigen*. Dabei differenzieren die Eltern points of view aus oder erlernen neue. Dieses Lernen ist nach Mezirow nicht transformativ.

Bildet die Normalisierung den **Horizont des Lernens**, so kann diese entweder den Ausgangspunkt oder das Ziel des Lernprozesses bilden. *Normalisierung als Ausgangspunkt* des Lernens bedeutet in jedem Fall, dass die Normalisierung jeweils bestehen bleibt. Es kann nun erstens dazu kommen, dass *in einem anderen Bereich points of view transformiert* werden. Dies hat jedoch keinen Einfluss auf die Normalisierung. Das Lernen ist beiläufig und passivisch. Das am Eigenen als fremd Wahrgenommene wird dem Normalisierten entsprechend variiert. Da diese Veränderung selbst als normal angesehen wird, da also der Prozess normalisiert ist, das fremd Gewordene in individuell neues Eigenes zu verändern, wird diese Veränderung des Eigenen passiv und weniger verstörend interpretiert. Es erscheint nicht wirklich als fremd, nur als vorhersehbar anders. Man könnte dies als eine Form der *Selbstaneignung*, die dem durch Normalisierung Angeeigneten entspricht, beschreiben.

Dann ist es möglich, dass *Normalisierungen hierarchisiert* werden und der *Geltungsbereich für eine Normalisierung modifiziert* wird. Der befremdende Charakter sich widersprechender Normalisierungen wird so aufgehoben und angeeignet. Vom Eigenen – der Situation, in der normalisierte frames nicht vereinbar sind und daher nicht gleichzeitig normal sein können – ausgehend wird das Befremdende zu einer modifizierten gemeinsamen Normalisierung transformiert. Diese Form der *Aneignung* ermöglicht transformatives Lernen von points of view. Interessant an dieser Variante des Lernens ist, dass nicht in der Dilemmasituation selbst sondern erst in der rückblickenden Reflexion das Erziehungshandeln beurteilt wird.

Schließlich gibt es noch eine dritte Möglichkeit, bei der die Normalisierung zum Ausgangspunkt von Lernprozessen wird. Hier bleibt ebenfalls die Normalisierung unangetastet bestehen. Diese Aneignung eines fremden Bereichs der Elternschaft bleibt erhalten. Er führt dazu, dass etwas Anderes befremdet. Innerhalb des angeeigneten normalisierten Rahmens wird *etwas Eigenes transformiert*. Innerhalb des durch Normalisierung angeeigneten Fremden wird nun auf das individuell auftretende Fremde geantwortet. Die Eltern berichten hier von starken Gefühlen, die den Einfall oder Rückschlag des Fremden erkennen lassen. Sie beschreiben, wie sie aktiv und willentlich auf das Fremde antworten. Hier findet ein Prozess der produktiven Antwort auf das Fremde, das nicht in den normalisierten Kontext zu passen scheint, statt. Diese Variante des Normalisierens als Ausgangspunkt für Lernprozesse scheint eine Kombination von *vorangehender Aneignung des Fremden und anschließendem produktiven Antworten* zu beschreiben und ermöglicht transformatives Lernen.

Bilden Normalisierungen das *Ziel* eines Lernprozesses, so findet sich immer ein normalisierter Rahmen kombiniert mit einem individualisierten Dilemma. Das Lernen findet jeweils unabhängig von konkreten Problemsituationen statt. Die Dilemmata werden auf einer reflexiven Ebene bearbeitet. Wiederum bleibt der Horizont, den die normalisierten frames bilden, unverändert bestehen, während points of view neu erlernt oder transformiert werden. Diese neuen points of view werden überwiegend wieder normalisiert. Damit wird das Eigene in den gemeinsamen Rahmen eingegliedert; es wird angeeignet. Wenn points of view transformiert werden, dann so, dass Eigenes verändert wird. In diesem Fall zeigt sich eine *produktive Antwort* auf das Fremde.

Eine nächste Relation, wie Normalisieren und Lernen zusammenkommen können, bilden Dilemmata, bei denen **eine unterbrochene Normalisierung neu gerahmt** wird. Im Gegensatz zur ersten Relation wird die Normalisierung also nicht einfach wieder aufs Neue hergestellt. Eltern stellen die Differenz zwischen dem Eigenen und dem Anderen fest. Sie interpretieren diese so, dass normal ist, was allen Anderen gemeinsam ist. Das Eigene hingegen erscheint in diesen Problemsituationen als fremd. Das Eigene ist nicht normal. Eltern stellen die Fremdheit im Eigenen fest. In allen in den Daten rekonstruierten Varianten bleibt die unterbrochene Normalisierung als solche bestehen. Die Interpretation dieses Fremden variiert jedoch. Aus den Daten konnten hier drei Varianten rekonstruiert werden.

In der ersten Variante stellen Eltern fest, dass es auch *Andere gibt, die individuell abweichen*. Sie begeben sich daher in einen Lernprozess, im Zuge dessen sie die Abweichung, das Fremde anders deuten. Sie wechseln die Rahmung. Auf diese Weise kommt es zur Transformation von habits of mind. Die Prämissen der Deutung einer Situation werden verändert. Dies ist eine *produktive* Form, auf das Fremde zu *antworten*.

In der zweiten Variante erklären die Eltern *die Abweichung vom Normalen zur neuen Normalisierung*. Diese Variante ist eine Form der Aneignung des Fremden, bei der das Eigene zugleich verändert wird. Die neue Normalisierung erfordert ein Eingewöhnen. Das Eigene wird dieser neuen Normalisierung in einem langen Lernprozess einverleibt. Interessanterweise findet sich hier eine von Waldenfels so nicht explizit beschriebene Variante des Umgangs mit dem Fremden. Zwar wird das Fremde (das zunächst nicht Normale) angeeignet, also dem Gemeinsamen zugeordnet. Es bleibt jedoch der Spalt zum Eigenen, weil dieses sich dadurch als (noch) nicht zugehörig und damit (noch) fremd entpuppt. Damit erscheint es wie eine verdeckte Form der Antwort. Es ist quasi eine *durch Aneignung erzwungene reproduktive Antwort*, weil das Eigene durch diese Aneignung fremd wird. Auf dieses nun Fremde erfolgt eine reproduktive Antwort: das Gewöhnen.

Die dritte Variante des Lernens, wenn eine unterbrochene Normalisierung neu gerahmt wird, ist schließlich, wenn wiederum *die Abweichung als neue Normalisierung definiert* wird. Diesmal jedoch auf eine Weise, die das Fremde im Eigenen mit einschließt. Das fremde Eigene, die Elternschaft, wird normalisiert. Die in der unterbrochenen Normalisierung festgestellte Fremdheit wird zur neuen Normalisierung erklärt. Das, was da unterborchen wurde, ist eine „alte" Normalisierung. Es ist die Normalisierung der Nicht-Eltern. Es gibt damit zunächst eine produktive Antwort, indem eine neue Gemeinsamkeit geschaffen wird, die eine neue Ordnung hat. Dieser neuen Gemeinsamkeit wird nun das Fremde als Normalisierung zugeordnet. Das wiederum ist eine Form der *Aneignung*, bei der das Fremde in einem Gemeinsamen angeeignet wird. Dieses Gemeinsame jedoch ist ein *neues Gemeinsames*, das sich von dem vorherigen Gemeinsamen (dem der Nicht-Eltern) unterscheidet.

Alle diese drei rekonstruierten Varianten des Lernens mit unterbrochener Normalisierung, bei der ein neuer Horizont herangezogen wird, können transformativ sein.

Wird **eine Normalisierung in Frage gestellt**, so zeigen sich *Antworten* auf das Fremde. Es finden sich zwei Varianten. Das zweite Beispiel illustriert, wie auf das Fremde mit Hilfe eines imaginären Dialogs *produktiv* geantwortet wird. Die Grenze des Normalisierten wird dabei kreativ aufgebrochen.

Mit dem ersten Beispiels habe ich ebenfalls gezeigt, wie ein Elternteil sich gegen eine Normalisierung entscheidet. Eine willentliche Entscheidung gegen den als normal empfundenen Handlungsimpuls führt hier nun dazu, dass ein bereits bekannter Sinn reproduziert und ausdifferenziert wird (reaktive Antwort). Zugleich werden neue Gedanken in Bezug auf andere points of view zugelassen. In diesem Bereich ist dann ein produktives Antworten möglich. Eltern können, wenn sie eine Normalisierung in Frage stellen, in einer *Kombination aus reaktiver und produktiver Weise auf das Fremde antworten*.

Schließlich habe ich eine letzte Relation von Normalisieren und Lernen rekonstruiert: **den normalisierten Lernzirkel**. In den Daten finden sich drei Möglichkeiten normalisierter Lernzirkel, die sich in der Art der Lösung unterscheiden. Allen gemeinsam ist, dass die jeweiligen Dilemmata von den Eltern als nicht lösbar definiert werden. Das Vorhandensein des Dilemmas selbst ist normal und damit angeeignet.

In der ersten Variante suchen die Eltern die *Lösung im wiederkehrenden Einzelfall*. Die Normalisierungen bilden den zwingenden Horizont, der vorhersehbar (weil normal) wiederkehrende einzelne Problemsituationen rahmt. Das Lernen findet jeweils nur auf der Ebene des Einzelfalls statt. Das im Spezialfall möglicherweise Befremdende ist durch die Rahmung bereits als normal kategorisiert und damit angeeignet. Innerhalb der angeeigneten Normalisierung ist eine *auf das Spezielle begrenzte reproduktive Antwort* jedoch möglich. Hier können auch points of view transformiert werden.

Auch die zweite Variante, die *pragmatische Lösung*, folgt dem gleichen Umgangsmuster. Es zeigt sich in den Daten zwar kein transformatives Lernen, doch *innerhalb des angeeigneten normalisierten Rahmens finden sich reproduktive Antworten*.

Die letzte Variante schließlich ist das *Gewöhnen*. In diesem Fall eignen sich Eltern das als unausweichlich normalisierte Fremde an, indem sie das normalisierte Fremde aushalten und lernen, es als Normalisierung zu akzeptieren. Das, was fremd und widerständig erscheint, ist damit in der Überzeugung als point of view durch Normalisierung zunächst scheinbar *angeeignet*. Das Gefühl der Widerständigkeit scheint jedoch dennoch bestehen zu bleiben. Die Normalisierung hat das Fremde noch nicht ganz dem Eigenen einverleibt. Diese eigenartige Spannungssituation lässt sich den Aussagen der Eltern zur Folge nur in einem *längeren zeitlichen Prozess reproduktiv beantworten*. Der Umgang mit dem Fremden erscheint eigentümlich passiv. Das Fremde erhält seinen Raum und wird nicht vollständig angeeignet. Das Spannungsverhältnis zwischen Eigenem und Fremden wird zeitlich gedehnt, weil als *einzige reproduktive Antwort das Gewöhnen* möglich erscheint.

Nun gibt es noch die Relation, dass Normalisieren mit Nicht-Lernen zusammen kommt. Hier habe ich unterschieden in solche Situationen, in denen ein Lernen verhindert wird und solche, bei denen das Normalisieren vom Lernen dispensiert. Wird ein eigentlich für die Lösung einer Problemsituation notwendiges **Lernen durch das Normalisieren verhindert**, so zeigen sich die Normalisierungen zusammen mit nicht normalisierten points of view als Rahmen des Lernprozesses, innerhalb dessen Lösungen versucht werden. Diese Lösungsversuche werden im ersten Fall ebenfalls normalisiert. Doch diese normalisierten Lösungen haben keine langfristige Wirkung, sie lösen das Dilemma nicht dauerhaft. Die Fremdheit dieser Dilemmata sowie ihrer Lösungen wird durch das Normalisieren *scheinbar angeeignet*. Die Fremdheit bleibt jedoch weiter bestehen, wird aber durch die Aneignung so überdeckt, dass *keine abschließende Aneignung oder Antwort möglich* ist. Die angeeignete scheinbare Lösung zeigt sich daher immer wieder neu als befremdende Nicht-Lösung.

Im zweiten Fall werden die Lösungen nicht normalisiert. Die Eltern deuten sie im Gegenteil als nicht richtige Lösungen. Jede von den Eltern gewählte Lösung wird als Abweichung vom Normalfall interpretiert und damit als befremdend gekennzeichnet. Die Lösungen widersprechen dem durch Normalisierung angeeigneten Fremden. Auf diese Weise wird eine *eigentlich produktive Antwort als Nicht-Lösung ausgeschlossen*. Ein eigentlich im Antworten mögliches transformatives Lernen wird so verhindert.

Wenn das **Normalisieren vom Lernen dispensiert**, dann normalisieren Eltern die Dilemmata selbst. Auf diese Weise wird *das Fremde des Dilemmas angeeignet*. Wie dieser Normalisierungsprozess geschieht, konnte ich in den Daten nicht rekonstruieren. Die Daten zeigen jedoch, dass im Zuge dieser Aneignung des Fremden durch das Normalisieren der Dilemmata kein (transformatives) Lernen stattfindet. Die Aneignung dispensiert von jeglichem weiteren Lernprozess.

Die Übersicht 12.2 zeigt nochmals die rekonstruierten Relationen von Normalisieren und Lernen, die ich nun abschließend um die eben erfolgten zusammenfassenden Analysen mit Waldenfels ergänzt habe. Jeder Relation (erste Spalte) wird in der zweiten Spalte der ermittelte Umgang mit dem Fremden nach Waldenfels zugeordnet. Eine dritte Spalte zeigt an, welcher Weg des Lernens nach Mezirow[203] jeweils möglich ist.

---

203   Vgl. Abschnitt 10.2.4.

Relation: Normalisieren und Lernen	Umgang mit dem Fremden	Lernen
1. Unterbrochene Normalisierung wiederherstellen	das Fremde abwehren, zurück zum normalisiert Angeeigneten	kein transformatives Lernen
2. Normalisierung als Horizont	normalisierend frames aneignen	
Normalisierung als Ausgangspunkt für Lernprozesse	das Eigene der Normalisierung entsprechend variieren – Selbstaneignung	Normalisierungen unverändert, individuelle points of view transformieren
	durch Normalisieren aneignen und Normalisiertes modifizieren	normalisierte points of view transformieren
	Normalisierte Aneignung führt zu Fremdem im Eigenen, produktive Antwort auf das neue Fremde	individuelle points of view/habits of mind transformieren
Normalisierung als Ziel von Lernprozessen	aneignen durch Normalisieren und oder produktive Antwort auf das Fremde	individuelle/normalisierte points of view neu lernen/transformieren
3. unterbrochene Normalisierung neu rahmen	das Eigene ist fremd, wird neu interpretiert	
positiv umdeuten	produktive Antwort auf das Fremde	points of view/habits of mind transformieren
zu einer neuen Normalisierung umdefinieren	durch Aneignung erzwungene reproduktive Antwort auf das Fremde	zunächst kein TL – in Folge jedoch sehr wahrscheinlich
in eine neue Normalisierung transformieren	produktive Antwort erschafft neues Gemeinsames – dessen Aneignung durch neue Normalisierung	points of view/habits of mind transformieren
4. Normalisierung in Frage stellen und überwinden	reproduktive/produktive Antwort auf das Fremde	points of view/habits of mind transformieren
5. Normalisierter Lern-Zirkel	das Dilemma an sich wird als Fremdes normalisiert angeeignet und rahmt so alle Lernprozesse	
Lösung des wiederkehrenden Einzelfalls	auf das Spezielle begrenzte reproduktive Antwort	points of view transformieren möglich
unlösbares Dilemma pragmatisch lösen	auf das Spezielle begrenzte reproduktive Antwort	points of view transformieren möglich
Gewöhnung an das unlösbare Dilemma	nicht vollständige Aneignung des Fremden, langer Prozess der reproduktiven Antwort	Gewöhnen als einzig mögliche Lösung
6. Nicht-Lernen durch Normalisieren	das Fremde wurde zuvor normalisiert angeeignet	

Relation: Normalisieren und Lernen	Umgang mit dem Fremden	Lernen
Normalisieren verhindert Lernen	scheinbar angeeignete Nicht-Lösung bleibt fremd, erfordert immer neuen Umgang; eigentlich produktive Antwort als Nicht-Lösung ausgeschlossen	kein (transformatives) Lernen
Normalisieren dispensiert vom Lernen	normalisierende Aneignung des Dilemmas selbst	kein (transformatives) Lernen

Übersicht 12.2: Die rekonstruierten Relationen von Normalisieren und Lernen und ihr Umgang mit dem Fremden

Besonders die Beispielsequenzen, in denen Normalisieren Lernen verhindert oder davon dispensiert fordern heraus danach zu fragen, welche Funktionen das Normalisieren denn haben könnte. Ich betrachte sie nun in Teil IV.

Teil IV

Funktionen des Normalisierens

Kapitel 13

Das Normalisieren als Ressource

Nachdem ich nun Inhalte elterlichen Lernens und Formen des Lernens mit Normalisieren rekonstruiert habe, untersuche ich in einem letzten Schritt die Funktionen, die dem Normalisieren zukommen können. Hark (1999, 77) stellt zwar fest:

> „Und vielleicht ist es deshalb letztlich auch so schwierig, wenn nicht gar unmöglich, nach ‚der Norm' zu fragen – und richtiger, sowohl nach der *Funktion* des Normalen – und damit [...] nach den *Problemkonstellationen*, für die Techniken der Normalisierung die Lösung sein sollen –, und den Akteuren zu fragen." (kursiv i.O.)

Dennoch können aus der Analyse der Daten heraus begründete Vermutungen über mögliche Funktionen des Normalisierens getroffen werden. In Bezug auf das Lernen von Eltern können dies unterschiedliche Funktionen sein, die sehr stark miteinander verbunden sind. Es gibt einerseits allgemeine Funktionen, die jedes Normalisieren hat, und andererseits spezielle Funktionen, die das Normalisieren darüber hinaus haben kann. Zudem kann das Normalisieren, wie im vorangehenden Teil dargestellt, auch dysfunktional sein. Ich gliedere die Funktionen, die das Normalisieren für Eltern haben kann, in die beiden Bereiche der allgemeinen Ressource und der speziellen Ressource und differenziere beide Bereiche dann weiter aus.

Zunächst gibt es die grundsätzlichen Funktionen (14), die für alle Relationen gelten, in denen Lernen und Normalisieren zusammenkommen. Diese drei allgemeinen Ressourcen hat jedes funktionale Normalisieren: Normalisieren ist eine Lösungsstrategie, es reduziert Komplexität und es reduziert die Last des jeweiligen Problems. Zweitens habe ich spezifische Funktionen des Normalisierens rekonstruiert (15), die sich nur in einzelnen Relationen von Normalisieren und Lernen zeigen. Normalisieren wird damit zur speziellen Ressource im Hinblick auf das elterliche Selbstverständnis (15.1), ihr Selbstvertrauen (15.2) und den Selbstwert von Eltern (15.3). Bevor ich noch eine vierte spezielle Ressource vorstelle, nehme ich an dieser Stelle ein Zwischenfazit vor. Hier rekonstruiere ich die drei ersten speziellen Ressourcen mit Axel Honneths Theorie der Anerkennung (15.4). Anschließend stelle ich die vierte spezielle Funktion der Selbstbildung und Selbsttranszendenz vor, die Eltern dabei unterstützt, ein begründetes Wertesystem zu entwickeln (15.5). Diese

vierte spezielle Ressource rekonstruiere ich in Abschnitt 15.6 mit Hans Joas
Theorie der Wertebildung. Diesen Teil abschließend fasse ich in Kapitel 16 alle
Funktionen des Normalisierens noch einmal zusammen.

Der Aufbau dieses IV. Teils folgt damit nicht exakt dem der vorangehenden Teile. Ich verbinde die Ergebnisse meiner Untersuchung an zwei Stellen
mit anderen Theorien. Dies ist notwendig, da die speziellen Funktionen sich
nicht mit einer Theorie allein systematisch rekonstruieren lassen.

Schell-Kiehl (2007, 88) weist darauf hin, dass häufig nicht explizit darauf
eingegangen wird, wie Erfahrungen im Verlaufe einer Biographie auch Lernprozesse behindern können.

> „Was bei den Vertreter/-innen der erziehungswissenschaftlichen Biographiefor-
> schung im Gegensatz zur erkenntnistheoretischen Diskussion des Erfahrungsbe-
> griffs nur selten anklingt sind Überlegungen dazu, dass die biographische Kon-
> tinuität zwischen vergangener Erfahrungsaufschichtung und der Deutung und
> Verarbeitung gegenwärtiger oder zukünftiger Ereignisse den Erwerb einer Erfah-
> rung und damit der Generierung neuen Wissens durchaus auch behindern kann.“

Auch ich betrachte die Frage nach den Funktionen des Normalisierens aus einer für das Lernen funktionalen Perspektive und untersuche hier nicht, welche für das Lernen dysfunktionale Funktionen das Normalisieren haben kann,
weil ich im Kapitel 11.6 die Relation des Nicht-Lernens durch Normalisieren
ausführlich rekonstruiert habe. Dennoch sei der Vollständigkeit halber an dieser Stelle noch einmal darauf hingewiesen, dass das Normalisieren nicht nur
funktional sondern auch dysfunktional sein kann. Wie in Abschnitt 11.6.1 erläutert, kann das Normalisieren einen Lernprozess verhindern, der für die Lösung einer Problemsituation notwendig wäre. Eltern bleiben so in Problemsituationen verhaftet. Normalisieren kann auf diese Weise dazu führen, dass
sich Dilemmata verstetigen und zum Dilemma-Zirkel werden. Normalisieren
verstärkt in diesem Falle negative Selbstüberzeugungen und erzeugt negative
points of view in Bezug auf die Elternidentität. Ein normalisierter Dilemma-
Zirkel kann zu einer sich selbst erhaltenden Spirale der Abwertung der eigenen Elternidentität werden und Erziehungsprobleme verursachen, in deren
Folge Eltern verunsichert sind und Gefühle der Be- oder Überlastung erfahren.

Kapitel 14

Normalisieren als allgemeine Ressource

Zunächst einmal kann Normalisieren als eine generelle Ressource für Eltern bezeichnet werden. Eltern werden durch das Normalisieren entlastet. Ich unterteile diese Funktion des Normalisierens nachfolgend analytisch in die drei Aspekte Lösungsstrategie (14.1), Komplexitätsreduktion (14.2) und Reduktion der Problemlast (14.3). Es zeigt sich jedoch sofort, wie eng diese drei Funktionen ineinander verwoben sind.

14.1 Das disorienting dilemma lösen

Wie in Kapitel 12 festgestellt, ist das Normalisieren eine grundlegende Form, auf das dilemma der Fremden Elternschaft zu antworten. Dies kann daher als erste Funktion und als allgemeine Ressource festgehalten werden. Eltern scheinen Elternschaft als Fremdheitserfahrung zu erleben. Sie skizzieren Elternschaft quer durch alle Tagebücher und Interviews als eine neue, unbekannte oder fremde Situation, wie ja bereits in Kapitel 6 als Eigenschaft des Schlüsselphänomens *Elternschaft – das Fremde* beschrieben.

Das Normalisieren kann also grundsätzlich als Reaktion der Eltern auf das Dilemma der erlebten Fremdheit interpretiert werden. Eltern versuchen, das disorienting dilemma ihrer Elternschaft mit Hilfe des Normalisierens zu lösen. Es ist eine erlernte Lösungsstrategie, die Fremdheit der Elternschaft zu bewältigen. Sie kann von dem Druck entlasten, jeweils aufs Neue spezifische Lösungen finden zu müssen. Teil III illustriert diese Funktion des Normalisierens in ihren unterschiedlichen Formen. Als grundsätzliche Lösungsstrategie antwortet das Normalisieren auf alle Eigenschaften des in Kapitel 6 vorgestellten Schlüsselphänomens *Elternschaft – das Fremde*. Eltern bearbeiten Aspekte der Unvorhersehbarkeit von Elternschaft, der dauerhaften Veränderung auf Dauer, der Lehr-Lern-Parallelität, der Bedeutungsvielfalt sowie der elterlichen Verantwortung.

Inhaltlich finden sich alle in Kapitel 7 beschriebenen Aspekte des *Lernfeldes Elternidentität* wieder. Bei Problemsituationen, die einen großen Anteil der beiden Lernaufgaben Eltern-Selbst-Bild und habits/knowledge aufweisen, zeigen sich Normalisierungen jedoch besonders häufig. Dies könnte an der persönlichen Betroffenheit von Eltern liegen. Während im Hinblick auf den Lern-

fokus Bild vom Kind das Kind als eigenständige Persönlichkeit mit allen Fest-
und Zuschreibungen mit im Blick ist, steht bei den Lernfoki Eltern-Selbst-Bild
und habits/knowledge der Elternteil selbst im Zentrum. Waldenfels zufolge
wirkt das Fremde bedrohlicher, wenn es aus der Nähe heimsucht.[204] Es kann
begründet vermutet werden, dass Problemsituationen, die diese beiden Lernfoki sehr stark betreffen, aus Sicht von Eltern als besonders schwerwiegend
erfahren werden. Hier zeigt sich die individuelle Verantwortung von Eltern
am deutlichsten. Versäumnisse, Fehler und Schwierigkeiten stehen in direk-
tem Zusammenhang mit der eigenen Person. Das Normalisieren wird zur naheliegenden Ressource, um die drängende Problemsituation zu lösen und beispielsweise die Last des Problems vom Individuum weg zu verlagern, wenn
es zu einem allgemeinen Problem aller Eltern gemacht wird.[205]

Gleiches gilt für Anforderungen und Erwartungen, die Andere an Eltern
stellen. Auch hier kann das Normalisieren eine generelle Antwort geben –
wiederum im Hinblick auf alle Eigenschaften des Schlüsselphänomens *Elternschaft – das Fremde*. Was normal ist, kann durch Andere schwer als Problem
eines individuellen Elternteils beurteilt werden. Die Lösungsstrategie Normalisieren entlastet.[206]

14.2   Komplexität reduzieren

Mit Mezirow kann das Erlernen von Elternschaft als das Erlernen einer neuen
Rolle angesehen werden. Danach müssen Eltern sich, wenn sie lernen Eltern
zu sein, neue points of view aneignen, die zunächst den bestehenden habits
of mind endsprechen. Eine neue Rolle wird in dem Rahmen dieser grundlegenden Überzeugungen erlernt. Ein transformatives Lernen ist nicht zwingend notwendig, kann aber möglich sein, wenn points of view transformiert
oder gar grundsätzliche habits of mind verändert werden. Wie die Analysen
der vorangehenden Kapitel gezeigt haben, führt das disorienting dilemma der
fremden Elternschaft zu vielfältigen auch transformativen Lernprozessen. Der
Alltag von Eltern mit seinen zahlreichen Lernerfordernissen ist häufig sehr
komplex. Diese Komplexität kann durch das Normalisieren reduziert werden.
Eltern können so die vielfältigen möglicherweise überwältigen Probleme, Anforderungen und Erwartungen reduzieren, die sich ihnen bei dem Versuch
stellen, ihre Kinder gesund und glücklich aufzuziehen. Ein kurzes Beispiel,
das ich ausführlicher bereits in Abschnitt 11.6.2 vorgestellt habe, soll dies illustrieren. Frau NF erzählt im Interview:

> „bei mir war's **normal**, dass nichts mehr geht, * des isch **norMAL**, * dass nichts
> mehr geht, also es isch nit so:, dass **DU** die dinge nit auf die reihe kriegsch * es

---

204   Vgl. Waldenfels 2008, 132; siehe Kapitel 8.
205   Ausführlicher siehe Abschnitt 14.3.
206   Weiter hierzu siehe Abschnitt 15.3.

erfordert, einfach **DEINE** ganze aufmerksamkeit, * und des *KOMMT*, * ähm mach
dir keinen KOPF, dass dass es nit läuft, genieß die zeit, * mit'm kind."
(Interview 16, 157)

Frau NF beschreibt die Problemsituation „dass nichts mehr geht". Alles ist betroffen, nichts läuft so ab, wie sie es aus der Zeit vor der Geburt des Kindes
kennt. Dies ist eine für Frau NF alltägliche „normal[e]" Problemsituation. Frau
NF hätte nun unterschiedliche Möglichkeiten, auf das umfassende Problem
zu reagieren. Sie könnte beispielsweise nach einer Lösung suchen, mit der sie
der Situation entgegen wirken kann: So könnte sie etwa für bestimmte Verrichtungen im Haushalt wie Aufräumen, Wäsche waschen, Einkaufen oder
Kochen Hilfe holen. Frau NF wählt jedoch nicht diesen Weg. Ihre Lösung ist,
die Situation „dass nichts mehr geht" als gegeben zu akzeptieren. Sie normalisiert das Problem. Und da das Problem normal ist, ist es nicht notwendig, sich
darüber Gedanken zu machen („mach dir6 keinen KOPF"). Die zunächst persönliche Normalisierung wird in den Kontext einer allgemeinen für alle Eltern
geltenden Normalisierung eingebettet („des isch norMAL"). Das Normalisieren macht eine weitere Auseinandersetzung überflüssig. Mit dem erlernten
point of view *es ist normal, „dass du die dinge nit auf die reihe kriegsch"* ist ein
weiteres Lernen hier zunächst nicht notwendig.

Eltern normalisieren Bereiche ihrer Elternschaft und reduzieren auf diese Weise die Komplexität ihrer Situation als Eltern. Durch das Normalisieren reduzieren Eltern die mögliche Vielfalt von Bedeutungen [207] und Anforderungen in ihrem Alltag als Eltern. Eine Reflexion über den normalisierten
Sachverhalt wird überflüssig. Der normalisierte Bereich ist von jeder weiteren Reflexion ausgeschlossen. Wenn Eltern also beispielsweise ihre Gefühle
von Unsicherheit oder Angst für normal erklären, entlasten sie sich davon,
darüber nachdenken zu müssen, ob etwa diese Gefühle adäquat sind. Diese
Gefühle sind natürlich. Eine Reflexion über ihren Ursprung, mögliche Ursachen oder Wege, die Gefühle weiter zu bearbeiten, ist unnötig. Was normal ist,
muss erst einmal nicht weiter beachtet und reflektiert werden. Der einmal als
normal erlernte point of view wird als geteilter und damit validierter point of
view postuliert und muss damit nicht weiter erklärt oder hinterfragt werden.

Das Normalisieren erleichtert damit auf der einen Seite Eltern die Komplexität ihrer Elternschaft. Eltern reduzieren die in den Interviews und Tagebüchern immer wieder genannte Fülle der Fremdheit des disorienting dilemmas und der damit verbundenen Fülle an Lernnotwendigkeiten als Elternteil. Sie können sich auf diese Weise von dem Druck entlasten, gleichzeitig
Elternschaft erlernen und das eigene Kind erziehen zu müssen, wie mit der
Eigenschaft Lehr-Lern-Parallelität [208] beschrieben. Eltern finden eine schnelle Erklärung oder Begründung für einen Sachverhalt. Dies ermöglicht eine
schnelle Orientierung und macht routinisiertes Handeln möglich.

---

207   Vgl. Abschnitt 6.4.
208   Vgl. Abschnitt 6.3.

Auf der anderen Seite muss aber auch beachtet werden, dass gerade durch die Reduktion von Komplexität Lernhindernisse entstehen können. Das Normalisieren und die damit verbundene Komplexitätsreduktion schränken die Vielfalt der Perspektiven auf ein Problem ein. Damit sind meist auch die Lösungsmöglichkeiten für eine Problemsituation eingeschränkt. Dies kann wie in Abschnitt 11.6 dargestellt dazu führen, dass ein Problem nicht aufgelöst werden kann. Normalisieren wird dann dysfunktional und zum Lernhindernis.

14.3 Die Last des Problems reduzieren

Das Normalisieren entlastet Eltern in Problemsituationen. Wenn Eltern Aspekte einer Problemsituation oder ein Problem selbst normalisieren, stellen sie diesen Bereich in einen allgemeinen Kontext. Damit sind das Problem oder ein Aspekt davon nicht mehr individuell.Der Elternteil steht mit diesem Problem oder dem Teilaspekt nicht alleine da. Es ist kein individuelles Problem oder gar Versagen als Elternteil, dass eine Situation so problematisch ist, wie sie gerade ist. Alle Eltern kommen in diese Situation. Die Last des Problems und damit die Belastung durch das Problem kann durch das Normalisieren reduziert werden, wie nachfolgendes Beispiel zeigt.

> „am anfang hatte ich auch befürchtungen **natürlich**, was ist das, was kommt da auf mich zu, ist ne angst, kann ich der, bin ich der sache gewachsen, was heißt das ein kind groß zu ziehen, die verantwortung zu haben, was heißt das mit, ähm ja für unsere beziehung auch zwischen meiner frau und mir" (Interview 9, 40)

Der interviewte Vater, Herr FM, schildert seine Gefühle während der Schwangerschaft seiner Partnerin. Zunächst bezeichnet er diese als „Befürchtungen". Es sei „natürlich", diese Befürchtungen zu Beginn der werdenden Vaterschaft zu haben. Diese stark normalisierten Gefühle – das Naturalisieren unterstreicht ihre Unausweichlichkeit – führt er nun weiter aus. Hier zeigt sich, dass Herr FM tiefgreifender empfindet, als nur Befürchtungen zu haben: Er hat Angst, der Vaterschaft nicht gewachsen zu sein und ist verunsichert über die Ungewissheit, zu welchen Veränderungen die Elternschaft in der Beziehung führt. Indem Herr FM seine Gefühle normalisiert, entlastet er sich als Individuum von der Frage, ob Angst und Unsicherheit angemessen seien oder nicht. Da seiner Ansicht nach alle Eltern diese Gefühle teilen, sind Angst und Unsicherheit kollektive Erfahrungen werdender Eltern. Das von ihnen erlebte Problem ist nicht mehr ein individuelles Versagen sondern ein Problem, das alle Eltern haben. Die Verallgemeinerung reduziert die Belastung des zunächst eigenen Problems. Es wird auf viele Schultern verteilt. Alle haben das Problem und bewältigen es irgendwie. Herr FM kann sich hier beruhigen und entlasten. Eine Prüfung eigener Vorannahmen (z.B. Wie kommt es, dass ich solche Befürchtungen habe?) ist durch die Normalisierung nicht notwendig. Der Bezug auf die Normalisierung ergibt eine scheinbare Autorität, die die Richtigkeit der eigenen Annahmen bestätigt. Wenn alle Eltern dieses Problem haben, dann müssen individuelle Überzeugungen nicht mehr gesondert geprüft werden.

Eine andere Strategie, das gleiche Problem – während der Schwangerschaft nicht zu wissen, was auf einen als Eltern zukommt – zu lösen, zeigt sich in der folgenden Sequenz. Interessanter Weise setzt hier die Normalisierung noch einen Schritt früher an, so dass es zu den von Herrn FM normalisierten Gefühlen bei der interviewten Mutter gar nicht zu kommen scheint. Frau BF verwendet in dieser Sequenz das Umgangssprachliche „du" an Stelle von „man".

> „das WEISST **du** ja auch vorher gar nit. also ich hab wenn **du** schwanger bist dann denkst **du** einfach nur an * BABY. da denkst **du** noch nit dran wie des sein wird ähm * weisst ja nit was dein kind. was aus ihm wird, oder wie s seinen weg geht. weisst **du** ja gARnit. * " (Interview 2, 148)

Die Mutter stellt in der dieser Sequenz direkt vorangehenden Passage fest, man könne sich auf Elternschaft nicht vorbereiten sondern nur hineinwachsen. Hier begründet sie nun: Bevor das Kind auf der Welt ist, können Eltern sich nicht vorbereiten. Dies liegt einerseits daran, weil das Denken für eine Reflexion nicht offen ist. Der Gedanke an das Kind ist zu dominant. Andererseits verhindert das Nichtwissen über das Kind eine Auseinandersetzung mit der bevorstehenden Elternschaft. Da Eltern nicht wissen, wie ihr Kind sein wird, wie sein Leben verlaufen wird, können sie sich darauf auch nicht vorbereiten. Die Unmöglichkeit, dies zu wissen, das normale Nichtwissen entlastet. So sind ähnliche Verunsicherungen und Ängste, wie Herr FM sie äußert, nicht vorhanden. Eine Vorbereitung auf die Elternschaft beispielsweise durch das Lesen von Ratgeberliteratur erscheint als nicht notwendig. Die werdende Mutter kann sich, hiervon entlastet, auf die bestehende Schwangerschaft und die damit einher gehenden Lernanlässe konzentrieren. Wiederum entlastet das Normalisieren davon, eigene Vorannahmen zu prüfen.

Das Normalisieren kann jedoch auch genutzt werden, um eine Prüfung der Vorannahmen abzukürzen. An die Stelle einer umfassenden diskursiven Validierung eigener points of view kann so eine einfache Beobachtung (z.B. auf dem Kinderspielplatz) oder ein knapper Austausch unter Eltern treten, wie Frau BF im folgenden Abschnitt andeutet.

> „ach ja des is ja auch gerade diese phase hat dein kind auch grade, oder ä:hm deiner zickt auch grad so rum, dann is es ja nor**MAL**, oder weil du die erfahrung ja vielleicht noch nit hast beim ersten kind. * das tut GUT, zu wissen," (Interview 2, 430)

Die Mutter spricht mit anderen Eltern. Sie vergleicht deren Erfahrungen mit ihrem Kind mit den eigenen und ordnet die eigenen ein. Sie vergleicht das Verhalten des Kindes („zickt...rum") mit dem, was sie über andere Kinder hört. Die scheint entlastend zu wirken („tut gut, zu wissen"). Wenn das Verhalten des Kindes oder die Interaktion zwischen Elternteil und Kind in dieser Form auch bei anderen Kindern vorhanden ist, so ist dies normal. Wenn das Kind eine „normale phase" hat, dann muss Frau BF sich nicht so sehr durch die Problemsituation belastet fühlen. Es ist kein individuelles Problem mehr. Diese Rahmung entlastet zudem von weiterer Reflexion über das eigene Handeln. Es muss oder kann nichts getan werden, es gibt diese Situationen unabhängig von eigenen Kompetenzen und Handlungsweisen als Eltern.

Die nachfolgende Abbildung 14.1 fasst die in den obigen Abschnitten erläuterten Funktionen noch einmal zusammen, die das Normalisieren als allgemeine Ressource hat.

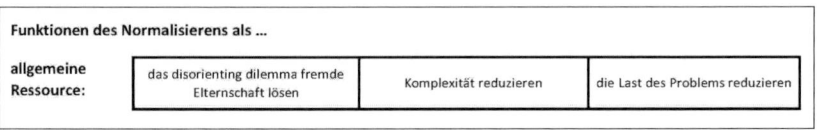

Abbildung 14.1: Funktionen des Normalisierens als allgemeine Ressource

Kapitel 15

Normalisieren als spezielle Ressource

Zusätzlich zu den im obigen Abschnitt ausgeführten allgemeinen Ressourcen kann das Normalisieren für Eltern auch zur speziellen Ressource werden. Das Normalisieren kann spezifische andere Funktionen erhalten.

Auf einer ersten Ebene (15.1) kann das Normalisieren Eltern eine Orientierung für ihr Wissen und Handeln geben. Eltern können ihr Eltern-Selbst-Bild, ihr Bild vom Kind und ihr(e) habits/knowledge daran orientieren und damit eine Orientierung für die (Weiter-)Entwicklung ihrer Elternidentität finden. Eltern finden in der Normalisierung das Allgemeine, an dem sie sich, wie in Kapitel 7 ausgeführt, in ihrem Lernen orientieren. Wird etwas auf diese Weise als normal bezeichnet, so können Eltern sich darüber orientieren, was Elternschaft ist, was Eltern wissen und wie sie handeln. Das allgemeine Selbstverständnis über Elternschaft erhält eine Orientierung.

Auf einer zweiten Ebene (15.2) kann das Normalisieren für das individuelle Eltern-Selbst-Bild Orientierung geben. Eltern beurteilen sich als Elternteil als normal und geben sich damit Sicherheit in ihrem individuellen Elternsein. Durch diese Selbstbestätigung können Eltern ein Selbstvertrauen aufbauen.

Bei der dritten Ebene (15.3) steht der Bezug zu Anderen im Fokus. Hier schützt das Normalisieren das elterliche Selbstbild Anderen gegenüber. Mit Hilfe des Normalisierens können Eltern sich für potentielle Fehler und Schwächen rechtfertigen. Das Normalisieren wird so zum Schutz. Damit können Eltern sich des elterlichen Selbstwerts als Mitglied in der Gesellschaft versichern.

Die vierte und letzte Ebene schließlich (15.5) bezieht sich auf ethisches Handeln. Es kann Eltern durch das Normalisieren leichter fallen, eine Wertehierarchie aufzubauen und damit das eigene Handeln als Eltern auch ethisch zu begründen.

15.1 Orientierung geben – Selbstverständnis

Wie in Kapitel 1 erläutert, weisen Studien immer wieder auf Erziehungsunsicherheit und Orientierungslosigkeit von Eltern hin. In vielen Sequenzen in meinen Daten scheint die Normalisierung den Eltern eine *Orientierung zu geben*. Wenn eine Abweichung von einer Normalisierung festgestellt wird, so dient die Normalisierung als *Rahmen für die Beurteilung*, sie kann zur Regel für komplexe Situationen werden. Häufig bildet das Normalisieren, wie in Abschnitt 11.2 eingeführt, den Rahmen für elterliches Handeln. Normalisierungen könnten daher als ein Versuch von Eltern verstanden werden, in der Pluralität der möglichen Bedeutungen und Ansichten über Elternschaft eine Orientierung zu erhalten.

Eltern normalisieren Aspekte, die sich inhaltlich auf alle drei in Kapitel 7 rekonstruierten Lernfoki, also ihr Bild vom Kind, ihr Eltern-Selbst-Bild oder ihre weiteren habits/knowledge beziehen. Den Daten zur Folge können drei Ebenen unterschieden werden, auf denen Eltern die Orientierungsfunktion des Normalisierens nutzen: Eltern sprechen von normalisiertem Wissen,[209] normalisiertem Handeln und normalisierten Haltungen, Einstellungen oder Überzeugungen.

Zunächst einmal erhalten Eltern eine *Orientierung für ihr individuelles Wissen*, wenn sie es für normal erklären. Wenn ein Wissensbestand in der Überzeugung der Eltern normal ist, so kann er als richtig gelten. Eltern können ihr Handeln an diesem Wissen ausrichten.

In der folgenden Sequenz führt Frau WF aus, was sie als normales elterliches Wissen ansieht.

> „also ich weiß es **natürlich** auch dass kinder ähm n klaren ablauf brauchen also rituAle sind ganz wichtig äh fEste regeln sind ganz wichtig aber aus:nahmen sind genauso wICHtig * also dass es immer auch ausnahmen gibt * ähm konsequenz ist wichtig" (Interview 25, 167)

Die interviewte Mutter, Frau WF, stellt das eigene Wissen in den Rahmen des normalen Wissensstandes von Eltern: Eltern wissen, dass Kinder „n klaren ablauf", „rituAle" und „fEste regeln" mit den notwendigen „aus:nahmen" benötigen. Dies ist ein normales Wissen. Frau WF weist durch das Normalisieren darauf hin, dass sie hier weder ein unsicheres Wissen noch ein unnormales Spezialwissen äußert. Dies ist gemeinsames Wissen aller Eltern. Durch das Normalisieren erhält ihr Wissen eine Legitimation. Es muss nicht näher reflektiert, begründet oder hergeleitet werden.

Der „klare[…] ablauf", die „rituAle" und die „fEste[n] regeln" verweisen auf points of view, innerhalb derer die Mutter ihr Handeln mit dem Kind gestaltet. Sie führt dies im Anschluss an obige Sequenz an einem Beispiel aus:

> „super wichtig und also am wichtigsten finde ich eigentlich für lena dass sie sich SIcher fühlen kann. sie fühlt sich sicher wenn sie sich in einen RAhmen bewegen kann der abgesteckt ist. ich hab das so gemerkt als wir im ja * sieben wochen da

---

209 Ich verwende in diesem Kapitel den Begriff Wissen, weil ich hier nicht unterscheide, ob es sich über begründetes normalisiertes knowledge im Sinne Deweys handelt oder Wissensbestände, die nach Dewey als habits bezeichnet werden müssten, weil das Wissen außer der Normalisierung keine weitere Begründungszusammenhänge hat. Die Frage nach habits oder knowledge steht hier nicht im Fokus. Diese Unterscheidung zusätzlich zu verfolgen, würde die Komplexität der vorgestellten Funktionen unnötig erhöhen.

> in norwegen waren und danach * umgezogen sind da: wa:r zu wenig * da war
> zu viel aus:nahme situation das hat sie total verunsichert * und jetzt wo wir jetzt
> hier anderthalb jahre schon wohneN, und alles so seinen geregelten ablauf geht,
> kindergarten und dann äh nach dem kinderGArten gehn wir nochmal rAUS, und
> dann äh darf sie ne stunde fernseh kucken in der zeit bin ich joggen, und danach
> gibts abendessen, und dann wird geschichte vorgelesen also diese festen rituale
> im tagesablauf find ich SEhr wichtig und die tun ihr auch total gut und sie BEsteht
> da auch schon drauf." (Interview 25, 167)

Die Mutter beobachtet beim Aufenthalt in Norwegen und dem Umzug, dass
das Kind verunsichert ist. Sie ordnet dies dem oben angesprochenen normalisierten point of view *ein Kind braucht einen sicheren Rahmen, der durch klare
Abläufe, Rituale und feste Regeln hergestellt wird* zu. Die Mutter gestaltet den
Tagesablauf dementsprechend klar strukturiert, um dem Kind Sicherheit zu
geben. Sie hat gelernt, dass ihr Kind sich sicher fühlt, wenn es einen klaren
Rahmen hat und hat einen Weg gefunden, wie sie dies gestalten kann. Innerhalb des points of view *ein Kind braucht einen sicheren Rahmen* hat sie eine
Ausgestaltung für ihr Kind entwickelt. Der normalisierte point of view wurde
durch die Erfahrung in Norwegen bzw. in der Folge bestätigt. Damit war die
Orientierung an der Normalisierung für Frau WF erfolgreich.

Durch das Normalisieren von individuellem elterlichen Wissen können Eltern sich orientieren. Sie erhalten Sicherheit in der Einschätzung einer Situation: Ist eine Normalisierung unterbrochen, so kann dies klar beurteilt werden.
Eltern erhalten eine Orientierung für ihr Anschlusshandeln durch das normalisierte Wissen.

Das Normalisieren in den Interviews und Tagebüchern spielt auch bei der
direkten Beurteilung von elterlichem Handeln eine Rolle. In den Daten finden
sich Sequenzen, in denen Eltern eine Beurteilung selbst als normal bezeichnen. Hier werden die Beurteilungen als normalen Beurteilungen gedeutet. In
diesen Fällen wird die Normalisierung zur *Orientierung für elterliches Handeln.*
Eltern beurteilen ihr eigenes Handeln als normal und bestätigen sich damit,
dass sie richtig handeln.

> „trotz allem, dass **man** sich mit der erziehung DERmaßen viel beschäftigt, ich sag
> immer, isch's norMAL, dass ich mir so'n kopf mach," (Interview 16, 133)

Frau NF stellt es als normal dar, dass Eltern sich Gedanken um die Erziehung
ihrer Kinder machen, dass Erziehung Eltern in hohem Maße beschäftigt. Und
weil „man" sich viel mit der Erziehung beschäftigt, ist es auch in ihrem individuellen Fall normal („isch's normal"), dass Frau NF viel über die Erziehung
ihres Sohnes reflektiert. Die Ausdrucksweise, sich „so'n kopf [zu] mach[en]",
könnte darauf hinweisen, dass Frau NF viel Zeit damit verbringt sich Gedanken und möglicherweise auch Sorgen zu machen. Die Beurteilung ihres Denk-
handelns als einen normalen Vorgang entlastet sie davon, beispielsweise an
ihrer Kompetenz als Mutter zu zweifeln oder ihren Sohn als besonders problematisch einschätzen zu müssen. Wenn es normal für Eltern ist, sich viel mit

Erziehung zu beschäftigen, dann sind auch die eigenen Reflexionen in ihrem Ausmaß angemessen. Normalisierung wird zum Maßstab, an dem gemessen wird und mit Hilfe dessen Abweichung festgestellt werden kann. Das Normalisieren kann auch zum Maßstab werden, wenn Eltern gegenseitig ihr Verhalten beurteilen. Im nächsten Beispiel beschreibt die interviewte Mutter ihre Vorstellung über das Verhalten ihres Partners als normal. Die Bedeutung des Verhaltens ist „natürlich" groß:

> „und es ist **natürlich** auch wichtig wie der mann denn noch Ist, aber er nimmt sich unheimlich viel zei:t für sie das mach ich ja gar nicht also er spie:lt ganz viel mit ihr und das genießt sie auch * also läuft gut." (Interview 25, 199)

Frau WF betont hier die Bedeutung der Art und Weise, wie Vaterschaft gestaltet wird. Diese hohe Bedeutung („wichtig") wird von ihr als normal angesehen („natürlich"). Sie führt dann aus, dass sie damit einverstanden ist, wie ihr Partner als Vater handelt. Sein Verhalten entspricht ihrer Überzeugung. Das Normalisieren gibt hier Sicherheit und Orientierung für die Einschätzung einer Situation – im Hinblick auf eine Beurteilung. Das Normalisieren orientiert damit auch die individuellen Überzeugungen.

Die nachfolgende Sequenz zeigt eine normalisierende Beurteilung eines Sachverhalts.

> „also wenn sie gesund ist also in den ferien zum beispiel (und sie dort) in in unseren kindergruppen noch betreuen nach wie vor und das das habn ja mAnche ja: AUch nicht *2* das is **natürlich** da schon echt auch vorteil den ich dann hab. ja" (Interview 25, 159)

Frau WF schildert hier ihre Möglichkeit einer Betreuung in den Ferien. Sie beurteilt diese als „natürlich[en] …Vorteil". Es ist ihrer Ansicht nach normal, dass es positiv eingeschätzt wird, eine Ferienbetreuung zu haben. Wieder stellt sie die eigene Beurteilung in den Kontext normaler Elternschaft und vergewissert sich so der Normalisierung ihrer Einschätzungen als Mutter. Das Normalisieren wird genutzt, um Sachverhalte zu beurteilen. Hier erscheint die Normalisierung als *Rahmen für Beurteilungen* und zugleich als *Beurteilung selbst*. Diese Normalisierungen verweisen auf einen normativen Kern. [210] Die Eltern versichern sich der NOrmalisierung ihrer eigenen Haltungen in Bezug auf Elternschaft. Die normalisierte Beurteilung dient der Sicherung des eigenen Selbstverständnisses.

Die in Kapitel 14 abschließend eingeführte Übersicht ergänze ich in Abbildung 15.1 um die Funktion der Normalisierung als Orientierung. Zusammenfassend lässt sich festhalten: Das Normalisieren kann elterliches Wissen, Handeln und Urteilen orientieren. So erhalten Eltern einerseits eine Orientierung in der Pluralität der Meinungen über Elternschaft. Andererseits bietet ihnen die Normalisierung einen Rahmen für mögliche Variationen von Elternschaft. Der durch die Normalisierung vorgegebene Rahmen erleichtert elterliche Lösungsprozesse. Mögliche weitere Reflexionsprozesse über den Gehalt eines

---

210   Vgl. Dausien/Mecheril 2006.

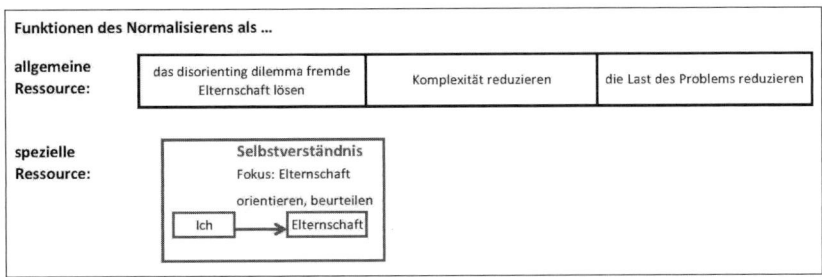

Abbildung 15.1: Funktionen des Normalisierens – Selbstverständnis

Problems können ausbleiben. Das Normalisieren kann sie ersetzen. Eltern können sich durch das Normalisieren schnell darüber vergewissern, was es allgemein bedeutet, Eltern zu sein. Sie können ihr eigenes Handeln als Eltern daran orientieren. Das was normal ist, ist Elternschaft. So ist Elternschaft. *Ich* orientiere mein eigenes Selbstverständnis als Elternteil an der normalisierten *Elternschaft.* Im Hinblick auf das Lernfeld Elternidentität bearbeitet das Normalisieren in der Funktion *Selbstverständnis* die jeweiligen allgemeinen Anteile der drei Lernfoki: allgemeine Überzeugungen über Kinder, über das Eltern-Selbst-Bild und über weitere(s) mit Elternschaft verbundene(s) habits/knowledge.

15.2 Sicherheit geben – Selbstvertrauen

Eine zweite spezielle Funktion des Normalisierens scheint darin zu liegen, durch die Zuschreibung der eigenen Normalisierung als Eltern eine *Selbstbestätigung* zu erhalten. Die eigene Zuschreibung „ich bin eine normale Mutter" bzw. „ich bin ein normaler Vater" hilft, das eigene Selbstständnis als Elternteil zu bestätigen. Wieder berufen sich Eltern durch das Normalisieren auf die vermeintliche Autorität der Allgemeinheit. Während im vorangehenden Abschnitt jedoch der Fokus auf einer *normalen Elternschaft, einer Elternschaft* im Allgemeinen, lag, steht nun *die eigene Elternschaft* im Zentrum. Eltern geben sich durch das Normalisieren die Sicherheit, in die eigene Elternschaft vertrauen zu können, weil diese normal sei. Sie sichern sich bei eigenen Unsicherheiten ab. Dies wird besonders im Hinblick auf Gefühle deutlich, wie nachfolgende Beispiele zeigen.

> „da hat **ma natürlich** auf der eine seite au ANGST auch mit durch die Verkehrssituation, durch die vielen Autos, dass da irgendwas passiere könnt. * auf der anderen seite wenn **ma** dann MUTIG isch und se au LÄSST dann merkt **man** au se könne s eigentlich ganz gu:t, und se komme ja zum glück au wieder heil heim"
> (Interview 1, 89)

Frau AF stellt – wie ausführlich in Abschnitt 11.4 betrachtet – ihre Angst, dass dem Kind etwas passieren könnte, als normales Gefühl dar. Sie als normale Mutter hat durch den Straßenverkehr Angst um ihr Kind. Zugleich hat sie – wiederum als normale Mutter – den Mut, das Kind dennoch allein gehen zu lassen. Durch die Normalisierung bestätigt die Mutter sich, dass sie als Mutter richtig handelt. Sie beurteilt sich und ihr konkretes Handeln als richtig und gibt sich damit selbst die Sicherheit, dem eigenen Urteilen und Handeln vertrauen zu können.

Eine etwas allgemeinere Beurteilung der eigenen Elternschaft findet sich in der nächsten Sequenz. Die Interviewerin hatte zuvor gefragt „wie sieht dein tagesablauf aus?" (Interview 27, 8). Frau YF beschreibt wiederkehrende Verrichtungen wie Aufstehen, das Kind anziehen, das Kind zum Kindergarten bringen und Mittagessen kochen. Die Interviewerin fragt nach („wie geht es dir dabei?", 10) und Frau YF antwortet:

> „manchmal gut * manchmal stressig * je:nachdem * wie er drauf ist * das ist unterschiedlich aber **normal**erweise * kann **man** schon allgemein sagen * es ist super *2* A:lso es ist viel schöner mit kind als ohne kind" (Interview 27, 11)

Auf die Nachfrage der Interviewerin, wie es ihr „dabei" gehe, benennt Frau YF zunächst gute und stressige Zeiten. Dies hänge von der Stimmung des Kindes ab. Dann stellt sie allgemeiner fest „es ist super". Sie betont dabei zweimal den allgemeinen Charakter dieser Beurteilung: „normalerweise" und „kann man schon allgemein". Diese Beurteilung bzw. die Feststellung, dass „es" mit Kind „viel schöner" ist als ohne unterstreicht die eingenommene sehr allgemeine Perspektive auf Elternschaft. Den zunächst gleich gewichteten Wechsel zwischen „gut" und „stressig" nimmt Frau YF durch diese anschließende Normalisierung teilweise zurück. Das Gute ist nun normal und die stressigen Zeiten werden zur Abweichung, die normalisierte Feststellung „es ist super" umfasst jedoch beides. Sie stellt die Beurteilung der eigenen Elternschaft in den Kontext der Normalisierung. Ihre Beurteilung ist normal. Auch wenn es stressige und gute Tage in ihrem Leben als Mutter gibt, so ist sie eine normale Mutter, die Elternschaft normal und zwar positiv beurteilt („super", „viel schöner"). Durch den Kontext der Normalisierung erhält sie eine Selbstbestätigung, dass ihr Empfinden der Elternschaft normal sei, auch wenn der Tagesablauf „manchmal stressig" ist. Sie kann darauf vertrauen, eine normale Mutter zu sein.

Es finden sich in den Daten viele weitere Sequenzen, in denen die Erzählpersonen vor allem negative Gefühle schildern und diese als normal darstellen. In diesen Sequenzen stellen die Eltern heraus, selbst normal zu sein. Die Normalisierung dient der Selbstbestätigung und ermöglicht Selbstvertrauen in die eigene Elternschaft. Auch wenn die Elternschaft mit negativen Gefühlen verbunden ist, so ist die Erzählperson ein normaler Elternteil, der sich als Elternteil richtig verhält. Eltern geben sich auf diese Weise *Sicherheit* und *Selbstbestätigung*.

Doch nicht nur Gefühle, auch das Erleben als Elternteil wird als normal bezeichnet. Frau HF beschreibt beispielsweise den Prozess, bei dem Paare lernen, gegenseitig die Bedürfnisse einzuschätzen:

> „wer kann mit wem wie kommunizieren und wie wer kommt zurecht, wer ist jetzt dran äh äh wer versorgt die kinder wer ist erholungsbedürftig äh das ist **natürlich** dann etwas SCHWIERiger * später später dann mit mit a eventuell mehr kindern oder zweiten kind, is schon ne gewisse routine eingetreten * äh oder **man** hat GELERNT mit der ganzen situation umzugehen dann empfindet **man** das nicht: mehr also ich persönlich nicht mehr als so schwer." (Interview 12, 8)

Dieser Lernprozess ist nach Ansicht Frau HFs „SCHWIERiger" und das sei „natürlich" so. Sie stellt ihre eigene Erfahrung, mit dem Partner Absprachen zu treffen, einschätzen zu lernen, wo die jeweiligen Grenzen liegen, sich gegenseitig zu unterstützen in den Kontext der Normalisierung. Frau HF blickt dabei als Mutter mittlerweile dreier Kinder zurück auf den Beginn ihres Lebens mit einem Kind. Sie beginnt eine normalisierte abschließende Beurteilung „dann empfindet man das nicht mehr", setzt diese jedoch individualisiert fort: „also ich persönlich nicht mehr als so schwer". Zunächst einmal zeigt diese Feststellung, dass das zuvor beschriebene Einfinden in das gemeinsame Elternsein für Frau HF eine schwere Zeit war, auch wenn sie diese zunächst abgeschwächt als „etwas SCHWIERiger" bezeichnet. Interessant ist jedoch, insbesondere vor dem Hintergrund, dass Frau HF auch in der hier nicht abgedruckten vorangehenden Passage[211] immer normalisiert spricht, dass sie nun mit einer individualisierten Aussage abschließt, obwohl sie bereits normalisiert begonnen hatte. Die mit Elternschaft einher gehenden Veränderungen und Schwierigkeiten sind allesamt eingebettet in Normalisierung. Frau HF bestätigt sich, als Mutter normal zu sein. Sie beurteilt sich als „richtige" Mutter und kann sich damit ein Selbstvertrauen in die eigene Elternschaft erlauben. Es ist normal, dass sich der Lernprozess so gestaltet, wie Frau HF es erlebt hat. Sie kann darauf vertrauen, dass sie als Elternteil auf dem richtigen Weg ist, weil die Schwierigkeiten, denen sie begegnet, nicht individuelle sondern allgemeine sind. Erst mit der Feststellung, dass sie nun als Mutter dreier Kinder gewisse Routinen entwickelt hätte stellt sie individualisiert fest, dass ihr Empfinden sich verändert hat. Sie empfindet ihre Elternschaft „persönlich nicht mehr als so schwer". Die Individualisierung wird durch die Doppelung „ich persönlich" unterstrichen. Nun ist die Selbstbestätigung durch das Normalisieren nicht mehr notwendig. Das Normalisieren scheint in dem Moment, wo die Sicherheit sich in der weniger drückenden Last der Elternschaft zeigt, nicht mehr gebraucht zu werden. Frau HF kann auf die Funktion, durch Normalisieren Selbstvertrauen zu gewinnen, bei dem sichtbaren Lernerfolg verzichten.

Das obige Beispiel weist bereits auf eine weitere Anwendungsmöglichkeit des Normalisierens, um das elterliche Selbstvertrauen zu stärken. Indem

---

211   Die ganze Passage zur Partnerschaft finden Sie in Abschnitt 7.4.

Eltern es für normal erklären, dass sie lernen können, bestätigen sie das Vertrauen darauf, die für Eltern notwendigen Fähigkeiten zukünftig erlernen zu können. Das Normalisieren eröffnet Eltern hier über die Gegenwart hinaus die Möglichkeit, sich mit Blick auf die Zukunft Sicherheit und Bestätigung zu geben und das Selbstvertrauen als Elternteil zu stärken. Das nachfolgende Beispiel betrachte ich in Abschnitt 15.5 nochmals ausführlicher.

> „ich denke dass kinder keine engel sind da muss **man** halt durch das muss **man** einfach lernen * **natürlich** ist das nicht einfach aber ich denke das ist einfach so:" (Interview 27, 310)

Frau YF stellt zunächst individualisiert fest, „dass kinder keine engel sind". Diese Beobachtung sei jedoch keine individuelle These, dies sei ein Schachverhalt, den alle Eltern erfahren und erlernen müssten. Sie stellt damit ein normalisiertes zwingendes Lernproblem aller Eltern fest.[212] Eltern müssten lernen, „dass kinder keine engel sind". Dies zu lernen sei für alle Eltern erforderlich, „da muss man halt durch das muss man einfach lernen". Diese Lernnotwendigkeit bekräftigt Frau YF am Ende des Zitats nochmals individualisiert („ich denke das ist einfach so:"). Zusätzlich zu der postulierten normalisierten Lernnotwendigkeit, beurteilt Frau YF den notwendigen normalisierten Lernprozess: „natürlich ist das nicht einfach". Es sei normal, dass es Eltern nicht leicht falle, die normalisierten Tatsache, „dass kinder keine engel sind", zu erlernen. Frau YF bestätigt ihr Eltern-Selbst-Bild auf zweifache Weise: Einerseits stellt sie ihre eigene Lernerfahrung in den Kontext normaler Elternschaft. Alle Eltern müssen diesen Lernweg gehen, sie als Mutter ist mit diesem Lernprozess in guter Gesellschaft. Andererseits ist ihre Erfahrung, dass dieser Lernprozess nicht einfach ist, ebenfalls eine geteilte. Allen normalen Eltern fällt das Erlernen der Einsicht, Kinder sind keine Engel, schwer. Frau YF bestätigt sich, als Mutter einen normalen und damit richtigen Prozess erlebt zu haben. Zudem kann sie sich im Rückblick versichern, dass sie den vergangenen Schwierigkeiten zum Trotz auf die Elternschaft, so wie sie sie individuell lebt, vertrauen kann. Mit Blick auf die Zukunft bestätigt diese Normalisierung des zwingenden schweren Lernprozesses die Perspektive, auch zukünftig mit Selbstvertrauen Mutter sein zu können.

Die beiden letzten Beispiele zeigen, wie Eltern durch das Normalisieren einerseits *rückblickend Selbstbestätigung* erhalten und andererseits durch den *Bezug auf die normalisierte Lernfähigkeit Selbstvertrauen* erlangen. Eltern können darauf vertrauen, das zu erlernen, was sie für die Elternschaft benötigen. Die Feststellung, dass die Elternschaft mit jedem Kind leichter erscheine, findet sich häufig in den Interviews. Es wird ebenfalls als normal dargestellt, dass Eltern mit zunehmender Kinderzahl eine Hilfe von Anderen – etwa anderen Eltern – immer weniger in Anspruch nehmen müssen: „ja ich brauch immer WEniger natürlich von kind zu kind." (Interview 2, 436)

---

212 Siehe Abschnitt 7.2.

Die Zusammenfassung der obigen Überlegungen zur Funktion Selbstvertrauen einleitend soll nochmals eine Mutter zu Wort kommen. In der folgenden Sequenz antwortet Frau WF auf die Abschlussfrage der Interviewerin, „was würdest du am ehesten einer jungen mutter aus deinem erfahrungsschatz weitergeben" (Interview 25, 121):

> „nicht alles so er:nst zu nehmen ein bisschen mehr gelassenheit zu bekommen. dass **man** nicht perfe:kt ist und dass **man** auch fehler machen da:rf und dass **man** sich da nicht verrückt machen soll, das hab ich auch immer immer möcht **man** alles ganz besonders gut zu machen mu:ss **man** ga:r nicht **natürlich** macht **man** feh:ler und wenn die Kinder dann mal groß sind dann haben sie auch genug zu me:ckern was wir alles falsch gemacht haben das ist einfach so: das gehört zur entwicklung dazu. die schwierigkeiten mit den eltern aufzuarbeiten das gehört einfach dazu [LACHT] also dass die junge mutter sich da nich nich so viel stress machen soll also alles perfekt machen zu müssn * kinder müssen au:ch lernen zu sehen dass eltern nicht perfekt sind das ist einfach men:schlich"
> (Interview 25, 122)

Frau WF zählt hier – wiederum normalisiert – alle zentralen Bereiche auf, in denen Eltern durch Normalisieren Selbstbestätigung erhalten: *bei negativ konnotierten Gefühlen* wie Stress und Anstrengung und bei der *Erfahrung eigener Fehlerhaftigkeit.* Hier zeigt sich deutlich die Funktion des Selbstvertrauens, die über die im vorherigen Abschnitt (15.1) vorgestellte Funktion des Selbstverständnisses hinausgeht. Während im vorangehenden Abschnitt Normalisieren zur Orientierung dient und Eltern dort das, was normale Elternschaft ausmacht, als etwas von ihnen zunächst Unabhängiges betrachten, treten sie nun in Beziehung zu dieser Normalisierung. Nun steht nicht mehr nur das/etwas normal im Fokus, sondern *ich als Elternteil bin normal.* Über das Selbstverständnis darüber, was Elternschaft allgemein sei, hinaus nutzen Eltern das Normalisieren, um die eigene Elternschaft zu bestätigen. Damit können sie sich als Elternteil beurteilen. Mit der Feststellung, ich als Elternteil entspreche dem, was normale Elternschaft ausmacht, kann eigene Unsicherheit abgesichert und Selbstvertrauen möglich werden. Obwohl negativ konnotierte Gefühle, problematische Interaktionen oder gegenwärtige Handlungsprobleme vorhanden sind, können Eltern sich als richtig erfahren. Zudem lassen sich auf diesem Weg eigene negative Erfahrungen relativieren: Die erlebten Schwierigkeiten sind normal, alle Eltern erleben diese. Die Ursache liegt damit nicht in den Eltern selbst. Die eigene Unsicherheit wird abgesichert, elterliches Selbstvertrauen gestärkt. Mit der Normalisieren von Lernprozessen erhalten Eltern zudem eine Versicherung ihrer eigenen Normalität in die Zukunft hinein. Eltern können so auch auf die eigene Lernfähigkeit vertrauen.

Ich halte zusammenfassend fest – wie Abbildung 15.2 illustriert: Die Selbstvergewisserung der eigenen Normalisierung als Elternteil scheint für die Eltern in den Daten ein besonderes Gewicht zu haben. Sie könnte einerseits eine Antwort auf unsere Kultur, familiale Erziehung als Privatsache zu betrachten, darstellen. Es ist schwer für Eltern, ein offenes Feedback zu ihrer Art und Wei-

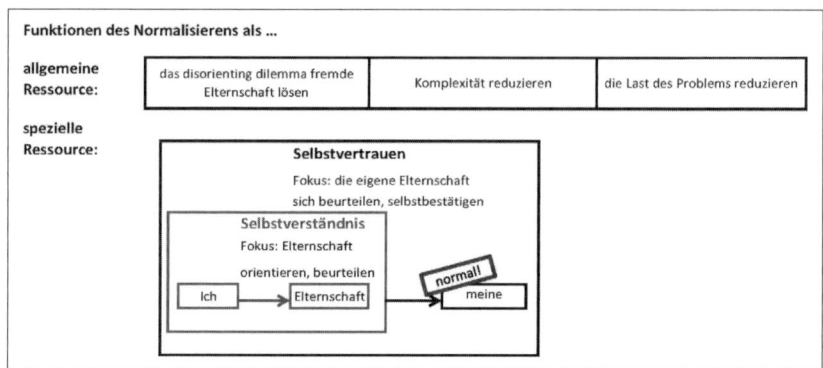

Abbildung 15.2: Funktionen des Normalisierens – Selbstvertrauen

se, Elternschaft zu gestalten, zu erhalten. Die Gelegenheiten für ein kritisches Feedback sind selten und durch die Perspektive auf Erziehung als Privatangelegenheit stark eingeschränkt. Andererseits erschwert es die Pluralität der Lebens- und Erziehungsformen für das Individuum, Kriterien zu finden, die eigene Elternschaft einschätzen zu können. Das Normalisieren gibt Elternschaft so eine *gesellschaftliche Orientierung*. Durch die normalisierende *Selbstvergewisserung* der Eltern werden für die Gesellschaft verallgemeinerte frames zur Orientierung in privaten Praxen. Im Fokus dieser Funktion steht die *normale eigene Elternschaft*

Mit der gegenwärtigen und zukünftigen Selbstbestätigung zeigt sich auch die problematische Seite dieser Funktion des Normalisierens: Wenn Eltern die Normalisierung als vermeintliche Autorität der Allgemeinheit zur Beurteilung der eigenen Elternschaft heranziehen, dann können sie auf diese Weise auch disfunktionale frames of reference stützen, die nach und nach das Selbstvertrauen von Eltern untergraben können.

15.3 Sich Anderen gegenüber schützen – Selbstwert

Eltern nutzen das Normalisieren in den Daten, um sich selbst als normale Eltern zu präsentieren. Auf diese Weise können sie ihre eigenen negative Erfahrungen und Gefühle einordnen: Diese Erfahrungen sind normal, alle Eltern haben sie so oder so ähnlich. Dadurch liegt die Ursache für Schwierigkeiten nicht mehr bei den Eltern selbst. Das von ihnen erlebte Problem ist nicht mehr ein individuelles Versagen sondern ein Problem aller Eltern. Die Eltern schützen damit, wie im vorangehenden Abschnitt ausgeführt, ihr Selbstbild als Eltern und stärken ihr Selbstvertrauen. Sie bestätigen und schützen sich nach innen. Der Schutz kann sich nun auch nach außen richten. Es fällt auf, dass die Normalisierungen häufig dann vorgenommen werden, wenn die interviewten

Eltern von einem Gefühl oder einer Handlung berichten, die möglicherweise von Außenstehenden negativ beurteilt werden könnten. Die Eltern berufen sich auf eine allgemeine Normalisierung, um das eigene Handeln und Fühlen als normal darzustellen. Es scheint, als würden die interviewten Eltern durch das Normalisieren jegliche kritische Anfrage von vorn herein verhindern. Sie versichern sich ihrer eigenen Normalisierung als Eltern trotz möglicherweise von Anderen negativ beurteilter Handlungen oder Gefühle. Normalisierung wird hier dazu genutzt, andernfalls negativ eingeschätzte Sachverhalte proaktiv zu rechtfertigen. Normalisieren kann damit auch als Möglichkeit gesehen werden, Nichtwissen oder Nichtkönnen zu *rechtfertigen*. Damit wäre Normalisieren eine ressourcenorientierte Strategie des *Umgangs mit möglichen negativen Gefühlen, Nichtwissen oder Nichtkönnen*, die den Eltern Sicherheit verschafft. Die Eltern *schützen* sich vor möglichen Angriffen auf ihre Elternidentität durch andere Menschen ihres Umfeldes. Damit beziehen sie sich auf ihren elterlichen *Selbstwert* als wertvolles Mitglied ihrer Lebenswelt.

Eltern normalisieren in den Daten ihr eigenes Handeln und Wissen bzw. mögliches Nichtkönnen oder Nichtwissen. Zudem finden sich viele Beispiele dafür, wie Eltern ihre Gefühle normalisieren. Auch hier scheint dies oft ein Schutz des eigenen Selbstwertes vor möglichen negativen Beurteilungen Anderer zu sein.[213] Ich führe beide Aspekte im Folgenden aus und beginne mit letzterem, den normalisierten Gefühlen.

Wenn Eltern ihre Gefühle normalisieren, scheinen sie sich vor allem für von Anderen möglicherweise als negativ oder falsch beurteilte Aspekte ihrer Elternschaft zu entschuldigen. Auf diese Weise kommt zu dem Aspekt der Entlastung – wenn es normal ist, diese negativen Gefühle zu haben, dann gibt es keinen Grund, hier etwas zu verändern – die Schutzfunktion hinzu: Niemand kann ein Elternteil dafür missachten, diese Gefühle zu haben, weil dies ja normal ist und zu Elternschaft dazu gehört. In den folgenden Beispielsequenzen berufen sich Eltern auf Normalisierung und *rechtfertigen so die von ihnen erlebten Gefühle*. Sie entlasten sich zudem von jeder weiteren Reflexionen über deren Angemessenheit. In den Daten zeigt sich, dass es jeweils offen ist, ob es dennoch zu einem Lernprozess kommt.

Der Vater in der folgenden Sequenz beschreibt sich zunächst als in einem nicht normalen Alter für eine Vaterschaft.

16   CM: „ja, ja. ich mein ok ich war ja damals 19 und das ist **natürlich**, en alter wo
           man, wenn man erfährt dass man vater wird, ja nicht unbedingt das alter
           wo man damit rechnet oder schon sich mit der situation konfrontiert

---

213   Wie in Kapitel 11 angesprochen gibt es weit mehr Normalisierungen in den Interviews
      als in den Tagebüchern. Eine Ausnahme bilden die Tagebücher von Frau EF. Dies könn-
      te daran liegen, dass bei den Interviews immer die interviewte Person als die Andere
      angesehen wird, der gegenüber Fehler, Nichtwissen oder Nichtkönnen oder Gefühle ge-
      rechtfertigt werden müssen im Sinne der Funktion *Selbstwert*. Die Tagebücher von Frau
      EF sind direkt an ihre Kinder adressiert und haben damit auch Andere, gegenüber denen
      sie ihren Selbstwert schützen könnte.

sieht überhaupt eltern zu werden weil das ist ja erstens, ja mal richtig geld verdienen, noch so viel sachen im kopf und gott: und dann gleich vater werden, war **natürlich** schon [PFEIFT AUS]

17   I: war [PFEIFT AUS]. war ein bisschen en schock oder überraschung?

18   CM: ja **natürlich** beides weil zuerst hieß es sie kann gar keine kinder bekommen und es gab dann ne gute und ne schlechte nachricht. die gute war ähm sie kann doch kinder bekommen, äh die schlechte ist sie ist schwanger. [LACHT] und ja ok so ist das eigentlich gekommen, dann war mal kurz die frage, wollen wir es behalten ja oder nein, das war für beide eigentlich sofort klar. dies, **natürlich** wird das behalten und so wird **man** mit 19 vater oder mit 20 später dann. **man** erfährts mit 19."

(Interview 6, 16-18)

Herr CM erfährt mit 19, dass er Vater wird. Er bezeichnet dies als ein nicht natürliches Alter für eine Vaterschaft, in diesem Alter rechnet man noch nicht mit einer Vaterschaft – normale Väter sind älter. Zudem sieht die normale Biographie eine andere Abfolge vor: Erst muss richtig Geld verdient werden. Die Reaktionen Schock und Überraschung – beide werden von der Interviewerin vorgeschlagen und der Vater greift sie auf – sind für ihn ebenfalls „natürlich". Herr CM und die Interviewerin stellen zuvor schon eine Gemeinsamkeit her, indem beide mit dem gleichen Geräusch die frühe Vaterschaft kommentieren (pfeifen aus). Die Übersetzung des Lautes durch die Interviewerin in „Schock oder Überraschung" wird von Herr CM bestätigt und als normal klassifiziert. Eine zunächst ausbleibende positive Reaktion auf die bevorstehende Vaterschaft wird so gerechtfertigt: Es ist in dieser Situation, in diesem Alter, durchaus normal, schockiert und überrascht zu sein. Der Vater kann sich auf diese Weise seiner selbst versichern. Er als junger Vater darf auf die Nachricht der Schwangerschaft so reagieren, das ist normal. Die anormale Situation der frühen Vaterschaft führt dann zu einem zwingenden Lernprozess. Herr CM muss sich für seine Reaktionen auf die Vaternachricht nicht weiter rechtfertigen. Er ist ein normaler junger Vater. Eine weitere Reflexion über die eigene Positionierung zur Vaterschaft ist nicht notwendig, eine Auseinandersetzung und damit ein Lernen muss nicht stattfinden.

Ein weiteres Gefühl, bei dem Eltern sich auf Normalisierung zur Rechtfertigung berufen, ist Unsicherheit im Erziehungsalltag. Mit der Unsicherheit ist oft das Eingeständnis verbunden, als Eltern Hilfe zu benötigen. Eltern schildern Situationen, in denen sie unsicher waren oder der Hilfe Anderer bedurften. Wenn Eltern nicht mehr weiter wissen, könnte dies als persönliche Unzulänglichkeit interpretiert werden. Der Hinweis darauf, dass die eigene Unsicherheit normal ist, verhindert dies und sichert die eigene Normalisierung als Elternteil, wie nachfolgendes Beispiel zeigt.

160   I: „und da hat **man** ja auch sicherlich beim ersten kind viele unsicherheiten?

161   DM: ja total. obwohl wir ja beide, also martina ist ja medizinerin und ich bin pfleger und hat **man** ja schon auch irgendwo denk ich, **man** weiß halt

doch mehr wie was funktioniert und so jetzt beim menschen aber trotzdem waren wir halt doch in dieser einen situation, waren wir wirklich
sehr unsicher was da jetzt los ist.

162 I: mhm.

163 DM: aber ich glaub das ist einfach total **normal**. und beim, bei der franziska
           ist das dann eigentlich auch so nicht mehr, vorgekommen weil **man** das
           dann doch schon kennt."

(Interview 7, 160-163)

Herr DM bestätigt der Interviewerin auf deren Nachfrage, dass es Situationen gab, in denen er unsicher war als Vater. Dies stellt er in den Kontext der
Normalisierung („total normal", 163). Die eigene Elternschaft und eigene Un-
zulänglichkeiten als Vater werden auf diese Weise relativiert. Nicht er allein
hatte Probleme – dies sind Probleme aller Eltern. Die individuelle Kompetenz
als Vater ist durch den Bezug auf die Normalisierung gesichert, die Unsicherheit gerechtfertigt. Verstärkt wird diese Relativierung zudem durch die An-
merkung, dass diese Unsicherheiten beim nächsten Kind nicht mehr vorhanden waren. Es hat ein Lernen stattgefunden – offen bleibt, in welcher Form.
Zugleich hat auch das fehlende Wissen in dieser einen speziellen Situation
eine Rechtfertigung erfahren.

Auch Aggressionen und daraus folgende Konfliktsituationen werden
durch das Normalisieren gerechtfertigt, wie das nächste Beispiel zeigt. Die
Mutter bettet ihre Erzählung in den Kontext der allgemeinen Weihnachtsak-
tivitäten und der damit verbundenen vielen Termine. Sie normalisiert in ihrem
Tagebucheintrag diesen „Endspurt zu Weihnachten" (54). In diesem Kontext
ist die Normalisierung, es gäbe „natürlich entsprechend mehr Reibungspunkte" (55) zwischen ihr und ihrem Mann, der sonst häufig auf Dienstreisen ist
und sich nun zudem zu Hause aufhält, eingebettet. Die „Reibungspunkte" und
auch der „handfeste Krach" (55) werden normalisiert.

54   „Endspurt zu Weihnachten, noch alles Schnell erledigen, Weihnachtsmärchen,
      Weihnachtsturnier, Weihnachtsturnen,Weihnachtseinkäufe, Sachen reinigen
      lassen, Batterien für den Blitz kaufen etc. **Man** Könnte meinen nach Weih-
      nachten gibt es nichts mehr.

55   Frieder [DER EHEMANN; ANM. RM] ist auch zu Hause, gibt **natürlich** entspre-
      chend mehr Reibungspunkte und erst einmal einen handfesten Krach! **Man**
      könnte meinen alle sind eifersüchtig aufeinander!

56   Tobias hat es auch gemerkt, leider. Nur Michael ist noch zu Klein."

(Tagebuch 7, 54-56)

Nach Ansicht der Tagebuchautorin ist es normal, dass in dieser Situation Aggressionen auftreten und sich entladen. Auch ihre Erklärung hierfür – „alle
sind eifersüchtig aufeinander" (55) – wird normalisiert („man"). Die Mutter
schützt ihr Selbstbild und rechtfertigt mögliche Kritik an den streitenden Eltern, da das ältere Kind die Auseinandersetzung auch wahrgenommen hat.
Dies könnte von Außenstehenden negativ beurteilt werden.

Einen besonderen Bereich scheinen die Emotionen zu bilden, die auf das eigene Kind bezogen sind. Insbesondere negative Gefühle wie Ärger oder Wut scheinen einer besonderen Rechtfertigung zu bedürfen. Im nachfolgenden Tagebuchausschnitt normalisiert die Mutter ihren Ärger auf das Kind. Adressat des Tagebuches ist das eigene Kind.

> „Vorgestern hast Du Dir etwas „geleistet": Es war sehr warm u. Du hast nur ein langes Hemdchen angehabt. Auf einmal warst Du eine ganze Weile ruhig. Und in der Zeit hast Du einen Berg in den (Netzeinraum) gesetzt, auch noch reingetreten. Da war Mami **natürlich** sehr böse." (Tagebuch 12, 178)

Die Mutter beschreibt dem Kind eine Szene, in der dieses sich „etwas ‚geleistet'" hat. Sie normalisiert ihre Reaktion auf das Verhalten des Kindes. Es ist ihrer Ansicht nach normal, dass sie als Mutter Gefühle des Ärgers oder der Wut auf ihr Kind entwickelt, wenn das Kind in der Wohnung auf den Boden kotet. In der Beschreibung wird nicht ersichtlich, ob die Mutter darüber reflektiert, in wiefern ihr ein-dreiviertel-jähriges Kind seine Ausscheidungen zuverlässig kontrollieren kann. Die Darstellung des Ereignisses legt nahe, dass sie sich dem Kind als Adressaten des Tagebuchs gegenüber rechtfertigt. In einer solchen Situation ist es normal, dass ein Elternteil starken Ärger auf das Kind empfindet. Die Mutter schützt ihr Selbstbild vor möglicher Kritik.

In den vorangehenden Beispielen wurden negative Gefühle normalisiert. Die nachfolgende Sequenz, die ich ausführlicher im Abschnitt 11.6.2 betrachtet habe, nimmt eine Zwischenposition ein. Die interviewte Mutter berichtet von positiven und negativen Gefühlen. Sie betont ein positives Grundgefühl, darin eingebettet befindet sich das normalisierte negative Gefühl, wiederum ein negatives Gefühl, dass sie dem Kind gegenüber empfindet.

> „ich bin echt *2* ich weiß das abends was ich * gmacht hab JA. unnd hhh ich bin au ich bin GLÜCKlich über des mir isch des NICH zuviel * ich bin REI wirklich * REICH besch ich weiss des ich bin REICH BESCHENKT, dess unsre kinder * unn ich bin auch WIRKLICH, hhh ähm EGAL was mei kinder MACHE * ich FREU mich über jedes einzlne * über ihre jede einzelne aktivität * was sie da KLAR mich NERVTS dafür auch [LACHT] dasse * (BÖS) sinn oder STREITE oder nit HÖRE * nat**TÜRLICH**" (Interview 4, 55-56)

Frau CF beginnt zunächst mit einer Feststellung („ich weiß das abends was ich * gmacht hab JA."). Dieser Feststellung fügt sie eine Beschreibung der begleitenden Gefühle zu. Sie sei „GLÜCKlich über". Dann bricht sie ab und kommentiert, dass „des" nicht zu viel sei. Ohne zu erläutern, was mit „des" gemeint sein könnte, setzt sie nun erneut an. Mit drei Anläufen stellt sie nun fest „ich bin REICH BESCHENKT". Wiederum beginnt sie nun einen Satz, führt ihn aber nicht zu Ende. Stattdessen setzt sie nun zu einer Bekräftigung an, die sie wiederum abbricht („ich bin auch WIRKLICH"), um dann zu betonen, wie sehr sie sich über jedes ihrer Kinder freut. Erst nachdem nun dieser positive Kontext mehrfach bestätigt ist, spricht Frau CF ein negatives Gefühl an: „KLAR mich NERVTS dafür auch". Dieses Gefühl des Ärgers naturalisiert

Frau CF schließlich. Die Normalisierung wird einerseits durch den Begriff „na-TÜRLICH" hervorgehoben und andererseits durch die betonte Sprechweise. Die Funktion des Schutzes und der Rechtfertigung für negative Gefühle wird in dieser Sequenz auf zweifache Weise erreicht. Zunächst unterstreicht die interviewte Mutter das positive Grundgefühl als Mutter. Sie ist eine richtige Mutter, weil sie Elternschaft positiv beurteilt und deshalb alles gut findet, was damit verbunden ist. Neben dieser breit ausgeführten positive Einstellung gegenüber Elternschaft empfindet die Mutter jedoch auch negativen Gefühle, die von Anderen möglicherweise als Zeichen dafür gesehen werden könnten, dass sie keine normale Mutter sei. Einer solchen möglichen negativen Beurteilungen tritt Frau CF proaktiv durch die Normalisierung entgegen. Auf diese Weise doppelt abgesichert kann sie sich als normale Mutter präsentieren.

Während Frau CF in der obigen Sequenz schwierige Aspekte der Elternschaft anspricht, finden sich in den Daten viele Beispiele dafür, wie Probleme oder negative Gefühle gänzlich ausgeklammert werden, und alle Veränderungen durch Elternschaft pauschal positiv normalisiert werden. In der nachfolgenden kurzen Stellungnahme fasst Frau WF Veränderungen durch ihre Elternschaft zusammen:

„insgesamt hat sich das **natürlich** positiv verändert" (Interview 25, 119)

Frau WF zählt direkt vor diesem Statement mehrere Punkte auf, die sich für sie durch ihre Elternschaft verändert haben. Sie schließt die Aufzählung mit obiger Feststellung: Fasst man alles zusammen, so ist es normal, diese Veränderungen positiv zu beurteilen. Sie stellt die eigene Beurteilung in den Kontext der Normalisierung und vergewissert sich damit einer normalen Elternschaft.

Wie eingangs erwähnt, tritt das Normalisieren in der Funktion der Rechtfertigung und des Schutzes nicht nur in Verbindung mit Gefühlen auf, sondern auch bezüglich des eigenen Wissens, Könnens und Handelns. Eltern scheinen sich in ihrem elterliche Selbstbild zu schützen, wenn sie *sich für mögliche Fehler, Nicht-Wissen oder Nicht-Können rechtfertigen*. Das Normalisieren wird so zu einer Ressource bei potentiellem Scheitern.

„trotz meiner ausbildung weiss ich **natürlich** nit alles" (Interview 1, 63)

Die Mutter verweist darauf, dass es „natürlich" sei, nicht alles zu Wissen. Das normale Wissen von Eltern sei begrenzt. Sogar dann, wenn die Ausbildung ein gewisses Fachwissen – die Mutter nennt kurz zuvor die Bereiche Medizin und Pflege – liefert, das Eltern nützlich ist.Das in der Ausbildung gelernte Wissen bildet hier den Vergleichshorizont zu dem Wissen, das Eltern nach Ansicht von Frau AF benötigen. Obwohl Frau AF Physiotherapeutin ist und sie dadurch ihrer Ansicht nach über ein hilfreiches Wissen für ihre Mutterschaft verfügt, ist dies nicht ausreichend. Sie normalisiert nun das damit bei ihr vorhandenen Nicht-Wissen, sie naturalisiert es sogar. Damit schützt sie ihr Selbstbild als Mutter. Sie rechtfertigt sich für Fehler, die aus diesem Nicht-Wissen möglicherweise entstehen, sich selbst und Anderen gegenüber. Offen bleibt, ob dies vom Lernen entlastet oder dazu führt, dass gezielt gelernt wird, weil die Wissenslücken reflektiert werden und damit ein Lernen möglich ist. Wenig später in dem Interview geht Frau AF nochmals auf Situationen ein, in denen ihr ein Wissen fehlt, in denen sie nicht weiter weiß:

> „heja der kann ja dann schon mal wenn **ma** nit WEITER weiss oder nit weiss was **ma** MACHE soll dann kann **man** ja die verantwortung schon noch mal abgebe. was ja **natürlich** au SINNvoll isch im alltag da freut **ma** sich um fünf kommt der partner hier übernimm mal für ne stunde ich geh." (Interview 1, 75)

Frau HF normalisiert Situationen, in denen man als Elternteil nicht weiß, wie man handeln soll. Zudem benennt sie eine ebenfalls normalisierte Lösungsstrategie: die Verantwortung abzugeben. Diese bereits normalisierte Lösung („man") bekräftigt sie zweifach. Es sei eine „natürlich[e]" Lösung und diese Lösung ist zudem auch noch „SINNvoll". Mit dieser Sequenz kann vermutet werden, dass ein Lernen, wenn das Normalisieren eine Schutz- und Rechtfertigungsfunktion einnimmt, durchaus möglich ist. Frau AF beschreibt zwar eine Lösung, in der sie aus der Situation heraus tritt – sie also scheinbar nicht löst. Dies ist jedoch eine Handlungsoptionen, die sie als eine Lösungsmöglichkeit gelernt hat. Auch im nächsten Beispiel lässt sich vermuten, dass gelernt wurde:

> „aber äh das is so eher dass also die zweisamkeit leidet schon **man** hat nich mehr ähm **man** muss auch die zweisamkeit planen und das machts **natürlich** äh schwierig oder ist nicht immer so ist nicht immer s:o äh dass **man** sagt jipie äh" (Interview 26, 78)

In dieser Sequenz benennt Frau XF zunächst individualisiert das Problem „die Zweisamkeit leidet", bevor sie sowohl dieses Problem („man hat nich mehr") als auch dessen Lösung („man muss auch die Zweisamkeit planen") normalisiert. Auch die damit verbundenen negativen Gefühle der Belastung („natürlich äh schwierig", „nicht […] jipie") normalisiert sie.

Diese beiden letzten Beispielsequenzen zeigen, dass das normalisieren in dieser Funktion das Bearbeiten von Problemen zulässt. Im Gegensatz zu der bloßen Funktion, Belastung zu reduzieren, kann über das normalisierte Problem auch nachgedacht werden. Eltern können sich eingestehen, dass es Probleme gibt, die die eigene Kompetenz als Elternteil infrage stellen könnten. Zudem können Sie, ebenfalls durch das normalisieren in verallgemeinerter Form, zu Lösungsstrategien gelangen.

Ein weiterer Bereich, in dem Normalisierung der Selbstvergewisserung dient, ist die *Rechtfertigung für Erziehungshandeln*. Die Eltern berufen sich in den Daten in Situationen auf Normalisierung, in denen sie sich für ihr Erziehungshandeln rechtfertigen. Es sind Situationen, in denen Eltern in einer Art und Weise handeln, die von Anderen möglicherweise negativ eingeschätzt werden könnten. Das eigene Erziehungshandeln wird unter dem Hinweis der Normalisierung gerechtfertigt, die eigene Normalisierung als Elternteil potentiellen anderen Meinungen gegenüber abgesichert.

Es finden sich in den Daten viele Sequenzen, in denen Eltern normalisieren und dadurch ihr Handeln rechtfertigen. Diese Sequenzen betreffen vor allem das Handeln gegenüber dem Kind.

> „In letzter Zeit bist Du überhaupt nicht lieb gewesen: Du hast eine Flasche Schnaps aus der Bar genommen u. hast sie in der Stube auf den Boden geworfen. Sie ging **natürlich** kaputt u. alles war naß und voller Glasscherben. Damit hattest Du Dir **natürlich** einen ordentlichen Klaps verdient u. bist sofort ins Bett gewandert."
> (Tagebuch 11, 26)

Das geschilderte „überhaupt nicht lieb[e]" Verhalten des Kindes führt zu einem „ordentlichen Klaps" und dazu, dass das Kind „sofort ins Bett [...] wandert". Die Mutter stellt ihre Handlung als natürliche Folge auf das Verhalten des Kindes dar, das Kind hat es „natürlich [...] verdient". Die Erziehungshandlung wird von der Mutter auch zum Zeitpunkt des Tagebucheintrags nicht reflektiert. Ihre Reaktion auf das Handeln des Kindes ist normal, eine veränderte Einschätzung ist nicht notwendig, ein Lernen dokumentiert sich nicht, wie auch in dem folgenden Beispiel.

> „Seit 3 Tagen haben wir nun unsere neue Küche. Die findest Du **natürlich** ganz toll: alle Schubkästen lassen sich so schön leicht herausziehen, **man** kann so toll am Herd u. am Geschirrspüler knipsen. Das hat **natürlich** schon öfter was auf die Finger gegeben, denn da darfst Du wirklich nicht rangehen." (Tagebuch 11, 87)

Die Tagebuchautorin beschreibt hier aus der Perspektive des Kindes, wie interessant die neue Küche ist. Dabei benennt sie eine Handlung des Kindes (Herd bzw. Geschirrspüler betätigen), die aus ihrer Sicht nicht erlaubt ist. Als „natürlich[e]" Konsequenz der Handlung des Kindes folgt, dass die Eltern „was auf die Finger [...] geben". Diese Ursache-Wirkungs-Kette wird zudem noch durch eine Bekräftigung des Verbots begründet: „da darfst Du wirklich nicht rangehen". Die Mutter ordnet das eigene Erziehungshandeln in den Kontext der Normalisierung ein. Wenn ihr Kind so handelt, ist diese Reaktion normal. Das eigene Erziehungshandeln wird gerechtfertigt durch Normalisierung.

Bei der Funktion des Selbstwertes liegt der Fokus auf der *eigenen Elternschaft in Relation zu Anderen*, wie Abbildung 15.3 zeigt. Eltern nutzen das Normalisieren, um sich vor möglicher Kritik an ihrer Elternschaft zu schützen und sich für ihre Gefühle, ihr Wissen und ihr Handeln zu rechtfertigen. Interessant erscheint mir bei dieser Funktion die Frage, weshalb Eltern es überhaupt als notwendig erachten, sich für potentielle negativ einzuordnende Gefühle bezüglich ihrer Elternschaft rechtfertigen zu müssen. Weshalb ist es nicht möglich, negativ konnotierte Gefühle individuell stehen zu lassen? Ist der von Eltern empfundene gesellschaftliche Druck, erfolgreich sein zu müssen, so groß, dass Schwächen und negative Einschätzungen von Elternschaft nicht zugelassen werden dürfen? Möglicherweise ist dies eine Konsequenz der – historisch ja schon lange geführten – Diskussion um die Orientierungslosigkeit und Mangelhaftigkeit elterlicher Erziehung. Die Erwartungen der Gesellschaft an

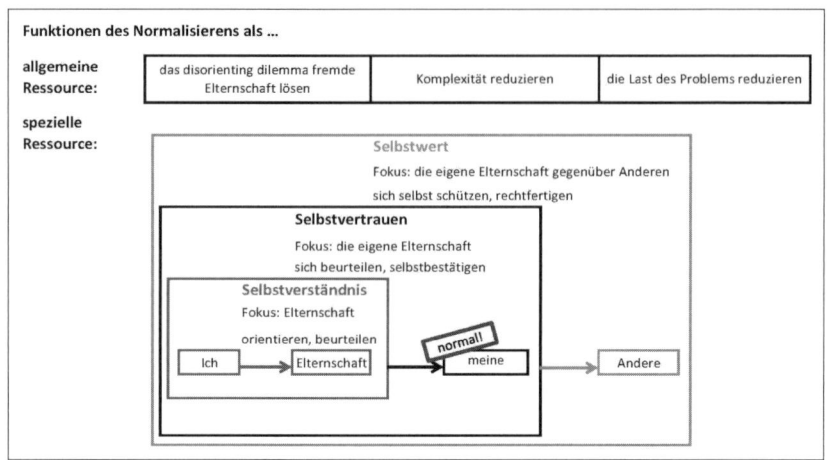

Abbildung 15.3: Überblick: Funktionen des Normalisierens – Selbstwert

Eltern sind hoch, wie in Kapitel 1 skizziert. Nicht-Wissen oder Nicht-Können von Eltern kann schnell als elterliches Versagen gedeutet werden. Möglicherweise führt die Kombination von Erwartungsdruck und Pluralität möglicher gelebter Formen der Elternschaft dazu, dass Eltern sich sehr schnell in einer Position befinden, in der sie glauben sich rechtfertigen zu müssen.

15.4 Spezielle Funktionen des Normalisierens – Zwischenfazit mit Honneth

Die bisherigen Analysen haben gezeigt, wie Eltern in einem intersubjektiven Prozess Elternidentität erlernen. Ich rekonstruiere im Folgenden die oben beschriebenen Funktionen des Normalisierens anerkennungstheoretisch. Der Sozialphilosoph Axel Honneth befasst sich in vielen seiner Schriften mit dem Phänomen der Anerkennung. In dem 1992 erstmals erschienenen Buch „Kampf um Anerkennung. Zur moralischen Grammatik sozialer Konflikte" beschreibt er die Qualität von Anerkennungsverhältnissen in sozialen Beziehungen als maßgeblich für die Entwicklung einer gelingenden Identität. Honneth stützt sich in seinen Überlegungen auf den Pragmatismus, weshalb seine Anerkennungstheorie an dieser Stelle anschlussfähig ist. Ich skizziere im Folgenden zentrale Elemente dieser Theorie und beziehe sie auf die Analysen der Funktionen des Normalisierens.

Honneth geht mit Hegel davon aus, dass Menschen ein praktisches Selbstverhältnis und damit eine eigene Identität nur erreichen können, wenn sie lernen, „sich aus der normativen Perspektive ihrer Interaktionspartner als deren soziale Adressaten zu begreifen" (Honneth 2012, 148). Identitätsentwicklung ist damit in seinem Konzept ein intersubjektiver Prozess. Gegenseitige Anerkennung ist das zentrale Element. Nach Honneth kann sich Identität nur entwickeln, wenn Subjekte in Interaktionen wechselseitig Anerkennung erfahren. An dieser Stelle kann schon die Frage gestellt werden, was dies für die Entwicklung einer Identität als Elternteil bedeutet. Da es den oder die anerkennende_n Andere_n geben muss, damit das Selbst und damit die Identität sich verwirklichen können,[214] dann ist die Frage, wer für Eltern diese Andere_n sind. Wer sind die Interaktionspartner_innen, die Eltern in ihrer Identität als Eltern adressieren. Und mit welcher normativen Perspektive tun sie dies? Der oder die zentrale Interaktionspartner_in für Eltern in ihrer Elternidentität ist das eigene Kind. Das Kind führt überhaupt erst dazu, dass Eltern sich als Eltern begreifen. Es ist konstituierend für Elternschaft. Wie adressiert ein Kind und wie lässt sich welche normative Perspektive ausmachen? Wie kann ein Kind seine Eltern als soziale Adressat_inn_en anerkennen? Es scheint schnell plausibel, dass Eltern hier zunächst nicht auf gewohnte Adressierungsformen zurückgreifen können. Ein Säugling interagiert nicht in von älteren Kindern oder Erwachsenen gewohnter Weise. Eltern können auf den ersten Blick nicht davon ausgehen, dass sie von ihrem Säugling als Eltern anerkannt werden. Das bedeutet, dass die die Elternschaft konstituierende basale Interaktionsbeziehung bereits schon mit diesen wenigen Überlegungen befremdende Elemente aufzuweisen scheint. Doch zunächst einmal weiter zu Honneths Überlegungen.

Honneth unterscheidet nun drei Interaktionssphären des gesellschaftlichen Lebens, die unterschiedliche Muster der wechselseitigen Anerkennung aufweisen und denen „ein jeweils besonderes Potential der moralischen Entwicklung und verschiedene Arten der individuellen Selbstbeziehung entsprechen" (ebd., 152). Honneth beschreibt entsprechend drei Formen der Anerkennung, die „zur Ermöglichung einer bestimmten Form der individuellen Selbstbeziehung" (Honneth 2012, 309) beitragen. Die Interaktionssphäre der *Liebe* ermöglicht emotionale Bindungen durch affektive Zuwendung. Auf dieser ersten Ebene, der Liebe und Freundschaft, werden subjektive Bedürfnisse und Affekte anerkannt. Anerkennendes Verhalten bedeutet hier emotionale Zuwendung und Bestätigung. Diese Form der Anerkennung führt durch physische Integrität zu Selbstvertrauen. Die zweite Ebene, das *Recht*, erkennt die moralische Zurechnungsfähigkeit an. Die Sphäre des Rechts verschafft durch die Zuerkennung von Rechten eine rechtliche Anerkennung. Das anerkennende Verhalten der kognitiven Achtung der sozialen Integrität führt zu Selbstachtung. Die dritte Ebene schließlich ist die *Wertschätzung und Solidarität.*

---

214 Auf die Paradoxie, dass damit einerseits durch Anerkennung das Selbst bzw. die Identität erst entwickelt werden (produktiv), dass aber immer schon beide vorhanden sein müssen, damit jemand anerkannt werden kann (reproduktiv) und damit jemand das Gegenüber anerkennen kann, geht Honneth ausführlich in dem Nachwort „Der Grund der Anerkennung. Eine Erwiderung auf kritische Rückfragen" (2012, 320ff) ein.

Die Solidarität führt durch die gemeinsame Orientierung an Werten zu sozialer Wertschätzung. Hier werden spezifische Fähigkeiten, Eigenschaften und Leistungen von Individuen anerkannt. Die soziale Wertschätzung der Würde und Ehre ermöglicht Selbst(wert)schätzung. Alle drei Aspekte Selbstvertrauen, Selbstachtung und Selbstwertschätzung sind nach Honneth Voraussetzungen und normative Bedingungen einer gelingenden Selbstverwirklichung. [215] Tabelle 15.4 zeigt die Interaktionssphären mit ihren zugehörigen anerkennenden Verhaltensweisen und Anerkennungsformen. Ich führe dies im Folgenden näher aus.

Interaktionssphäre	anerkennendes Verhalten	Anerkennungsform
Liebe	emotionale Zuwendung und Bestätigung	Selbstvertrauen
Recht	kognitive Achtung der sozialen Integrität	Selbstachtung
Wertschätzung und Solidarität	spezifische Fähigkeiten, Eigenschaften und Leistungen Einzelner	Selbst(wert)schätzung

Übersicht 15.4: Kategorien bei Honneths Theorie der Anerkennung

Das Anerkennungsverhältnis der *Liebe* bezeichnet nach Honneth alle Primärbeziehungen, die mit „starken Gefühlsbindungen zwischen wenigen Personen bestehen" (2012, 153). Bei dieser Form der reziproken Anerkennung bestätigen die Beteiligten sich gegenseitig, dass sie bedürftige Wesen sind.

> „in der reziproken Erfahrung liebevoller Zuwendung wissen beide Subjekte sich darin einig, daß sie in ihrer Bedürftigkeit von jeweils anderen abhängig sind. Weil Bedürfnisse und Affekte zudem in gewisser Weise überhaupt nur dadurch »Bestätigung« erhalten können, daß sie direkt befriedigt oder erwidert werden, muss die Anerkennung hier selber den Charakter affektiver Zustimmung und Ermutigung besitzen; insofern ist dieses Anerkennungsverhältnis auch notwendigerweise an die leibhaftige Existenz konkreter Anderer gebunden, die einander Gefühle besonderer Wertschätzung entgegenbringen" (Honneth 2012, 153f).

Die Anerkennungsform der Liebe bedarf somit zum einen eines konkreten Gegenübers. Zum anderen ist eine direkte Ausdrucksform notwendig, die sich in affektiver Zustimmung und Ermutigung zeigt. Honneth führt hier die Interaktionsbeziehung von Mutter und Kind als grundlegendes Beispiel dieser ersten Form der Anerkennung auf. Er stellt fest, „daß sich die Interaktion zwischen Mutter und Kind als ein hochkomplexer Prozeß vollzieht, in dem beide Beteiligten sich wechselseitig in die Fähigkeit zum gemeinsamen Erleben von Gefühlen und Empfindungen einüben" (ebd., 156). Wie dieses wechselseitige Einüben als ein gegenseitiger Anerkennungsprozess aussehen kann, habe ich weiter oben ja bereits gefragt. Wie ein Elternteil das Kind anerkennt ist naheliegend und nachvollziehbar. Es erscheint auf den ersten Blick jedoch

---

215   Vgl. Honneth 1997, 33.

schwerer vorstellbar, wie die Anerkennung als Mutter oder Vater durch einen Säugling geschehen kann. Honneth stützt sich in seinen weiteren Ausführungen auf den englischen Psychoanalytiker Donald W. Winnicott.[216] Winnicott untersucht die Frage, wie bei Mutter und Kind die gegenseitige Ablösung voneinander geschieht, wie dieser Interaktionsprozess aussieht, „daß sie sich am Ende als unabhängige Personen zu akzeptieren und zu lieben lernen?" (ebd., 159). Er beschreibt, dass in der ersten Phase, die direkt mit der Geburt beginnt, „beide Interaktionspartner hier in der Befriedigung ihrer Bedürfnisse vollkommen aufeinander angewiesen sind, ohne überhaupt zur individuellen Grenzziehung gegenüber dem jeweils anderen in der Lage zu sein" (ebd., 160). Dieses Verhältnis ist für die Mutter nach Winnicott besonders fremd in seiner symbiotischen Form:

> „weil beide Subjekte zunächst durch aktive Leistungen in den Zustand symbiotischen Einsseins einbezogen sind, müssen sie gewissermaßen vom jeweils anderen lernen, wie sie sich zu selbständigen Wesen auszudifferenzieren haben" (Honneth 2012, 159).

In dem nun folgenden Prozess der Ablösung wird es möglich, das Vertrauen zu entwickeln, dass die Anerkennung durch die geliebte Person auch dann weiter besteht, wenn die eigene Aufmerksamkeit auf etwas Anderes gelenkt ist. Dieser Prozess ermöglicht es, dass ein *Selbstvertrauen* entsteht. Anerkennung beschreibt in der Sphäre der Liebe damit

> „den doppelten Vorgang einer gleichzeitigen Freigabe und emotionalen Bindung der anderen Person; nicht eine kognitive Respektierung, sondern eine durch Zuwendung begleitete, ja unterstützte Bejahung von Selbständigkeit ist also gemeint, wenn von der Anerkennung als einem konstitutiven Element der Liebe die Rede ist" (ebd., 173).

Was bedeuten die bisherigen Ausführungen im Kontext der vorliegenden Studie? Zunächst einmal bietet die anerkennungstheoretische Perspektive eine mögliche Erklärungsfolie für das rekonstruierte Phänomen *Elternschaft – das Fremde.* Auf der Anerkennungsebene der Liebe begegnen Eltern mit ihrem Kind einem Anerkennungsverhältnis, das ihnen in dieser Form zuvor nicht begegnet ist. Es ist fremd. Seine Ordnung ist fremd.[217] Das Interaktionsverhältnis zwischen Mutter und Kind ist, wie eben skizziert, komplex. Die zwischen Mutter und Kind bestehende Abhängigkeit führt bei Winnicott zu der Vermutung, dass die Mutter hier der Anerkennung Dritter bedarf.[218] Er stellt zudem fest, dass ein Säugling noch nicht über die Kommunikationsformen verfügt, seine Bedürfnisse artikulieren zu können. Dies unterstreicht die oben geäußerte Vermutung, dass in der mütterlichen Anerkennungsbeziehung hier eine grundlegende Fremdheit angelegt ist. Für den Vater zeigt sich die Anerkennungsbeziehung zum Kind demnach wohl in etwas abgewandelter Weise.

---

216 Honneth befasst sich ausführlich mit dessen Theorie der Objektbeziehungen (vgl. Honneth 2012, 157ff).

217 Zur Ordnung als einer Dimension der Fremdheitserfahrung siehe Kapitel 8.

218 Vgl. Honneth 2012, 160; Winnicott 1984.

Dennoch kann eine grundlegende Fremdheit gefolgert werden. Einerseits betreffen die fehlenden Kommunikationsmittel des Säuglings auch den Vater. Andererseits entsteht das neue symbiotische Interaktionsverhältnis von Mutter und Kind hinein in ein zuvor vorhandenes Anerkennungsverhältnis der Liebe zwischen den Elternteilen und erfordert möglicherweise neue Formen der Bestätigung, um Selbstvertrauen in der Partnerschaft zu erhalten.

Auch die Funktionen des Normalisierens lassen sich anerkennungstheoretisch betrachten. Das Normalisieren hat immer die drei allgemeinen Funktionen eine *generelle Lösungsstrategie* für das disorienting dilemma *Elternschaft – das Fremde* zu sein, die *Komplexität* von Elternschaft in dem normalisierten Bereich zu *reduzieren* sowie die *Last* des jeweiligen Problems zu *reduzieren.* Neben diesen drei grundlegenden Ressourcen gibt es noch vier spezielle, die durch das Normalisieren ebenfalls möglich sind. Zuerst einmal kann das Normalisieren das elterliche *Selbstverständnis* unterstützen. Der Fokus liegt hier auf Elternschaft allgemein. Eltern erhalten für sich („ich") eine Orientierung. Sie können sich an einer allgemeinen Vorstellung von Elternschaft („Elternschaft") orientieren und beurteilen, ob sie dieser Orientierung nachkommen. Diese Funktionen lassen sich nun anerkennungstheoretisch verstehen. Mit dem Normalisieren reduzieren Eltern das Befremden durch die Fremdheit der Elternschaft, die sich anerkennungstheoretisch der Sphäre der Liebe zuordnen lässt. Das Fremde des Anerkennungsverhältnisses wird angeeignet, in seiner Komplexität reduziert und damit Eltern von den Gefühlen der Widerfahrnis entlastet. Zudem können Eltern für die fremde Ordnung des befremdenden Anerkennungsverhältnisses eine Orientierung erhalten.

In den obigen Analysen habe ich gezeigt, wie das Normalisieren *Selbstvertrauen* schaffen kann. Der Fokus ist hier auf der eigenen Elternschaft („meine Elternschaft"). Eltern beurteilen ihre eigene Elternschaft als normal und geben sich damit selbst eine Bestätigung. Auch diese Funktion lässt sich nun anerkennungstheoretisch betrachten. Da das Anerkennungsverhältnis der elterlichen Liebe fragil zu sein scheint, kann das Normalisieren hier die befremdende Lücke teilweise schließen.

Honneth beschreibt eine zweite Sphäre der Anerkennung: das *Rechtsverhältnis.* Er folgert mit Hegel und Mead,

> „dass wir zu einem Verständnis unserer selbst als eines Trägers von Rechten nur dann gelangen können, wenn wir umgekehrt ein Wissen darüber besitzen, welche normativen Verpflichtungen wir dem jeweils anderen gegenüber einzuhalten haben: erst aus der normativen Perspektive eines »generalisierten Anderen«, der uns die anderen Mitglieder des Gemeinwesens bereits als Träger von Rechten anzuerkennen lehrt, können wir uns selbst auch als Rechtsperson in dem Sinne verstehen, daß wir uns der sozialen Erfüllung bestimmter unserer Ansprüche sicher sein dürfen" (Honneth 2012, 174).

Wieder ist die Form der Anerkennung eine interaktive. Es braucht die Mitglieder eines Gemeinwesens, die die rechtliche Anerkennung zusprechen – und sei es über anonyme Gesetze. Durch diese Anerkennung und der damit verbundenen Zusage, an einem verbindlichen Rechtssystem teilzuhaben, ist es erst möglich, sich selbst auch als Rechtsperson zu betrachten. Zudem unterstützt die „soziale Zuerkennung von Rechten" es, „sich auf sich selber als eine moralisch zurechnungsfähige Person zu beziehen" (ebd., 191f). Während also in der Sphäre der Liebe der „affektive[r] Ausdruck einer auch über Distanz bewahrten Zuwendung" (ebd., 192) dazu führt, sich selber zu vertrauen, führen die „anonymisierte[n] Zeichen der gesellschaftlichen Achtung" (ebd.) dazu, dass ein Subjekt sich selbst achten und sein Handeln „als eine von allen anderen geachtete Äußerung der eigenen Autonomie begreifen" (ebd.) kann. Honneth fasst dies wie folgt zusammen:

> „ein Subjekt [vermag] sich in der Erfahrung rechtlicher Anerkennung als eine Person zu betrachten [...], die mit allen anderen Mitgliedern seines Gemeinwesens die Eigenschaften teilt, die zur Teilnahme an einer diskursiven Wissensbildung befähigen; und die Möglichkeit, sich in derartiger Weise positiv auf sich selber zu beziehen, können wir »Selbstachtung« nennen" (Honneth 2012, 194f).

Die Funktion der *Selbstachtung* als rechtliche Anerkennung habe ich in der vorliegenden Studie in dieser Form nicht explizit rekonstruiert. Dennoch mag das Normalisieren an sich ein Hinweis darauf sein, wie zentral diese Zuordnung zu anderen Mitgliedern des Gemeinwesens, in diesem Fall also zu anderen Eltern, ist. Es scheint für die untersuchten Eltern wichtig zu sein festzustellen, dass diese Eigenschaften, die sie Normalisieren, als normalisierte Eigenschaften aller Eltern auch für sie zutreffen. Dies könnte ein Hinweis darauf sein, dass der rechtliche Status als Elternteil im Normalisieren in normativer Weise ebenfalls mitschwingt. Ich habe dies jedoch nicht genauer untersucht.

Die dritte und letzte Sphäre der Anerkennung, die Honneth entwirft, die *soziale Wertschätzung*, findet sich hingegen sehr deutlich in den Daten wieder. Die soziale Wertschätzung führt nach Honneth dazu, dass Menschen „sich auf ihre konkreten Eigenschaften und Fähigkeiten positiv [...] beziehen" (ebd., 196) können. Diese Form der Anerkennung geht davon aus, dass es einen gemeinsamen intersubjektiv geteilten Werthorizont gibt:

> „denn Ego und Alter können sich wechselseitig als individuierte Personen nur unter der Bedingung wertschätzen, daß sie die Orientierung an solchen Werten und Zielen teilen, die ihnen reziprok die Bedeutung oder den Beitrag ihrer persönlichen Eigenschaften für das Leben des jeweils anderen signalisieren" (Honneth 2012, 196).

Dieser allgemeine Werthorizont muss einerseits ein „übergreifendes System der Wertschätzung" bieten und andererseits offen sein für „verschiedene Arten der Selbstverwirklichung" (ebd., 205). Die einzelne Person erhält Anerkennung für ihre Leistungen anhand der jeweiligen sozialen Standards. Diese Anerkennung kann sie oder er positiv auf sich selbst beziehen.

> „Insofern geht [...] mit der Erfahrung sozialer Wertschätzung ein gefühlsmäßiges Vertrauen darin einher, Leistungen zu erbringen oder Fähigkeiten zu besitzen, die von den übrigen Gesellschaftsmitgliedern als »wertvoll« anerkannt werden" (Honneth 2012, 209).

Honneth nennt diese „Art der praktischen Selbstbeziehung" als dritte Form der Anerkennung analog zu Selbstvertrauen und Selbstachtung „*Selbstschätzung*" (ebd.; kursiv RM).

Betrachtet man die Sphäre der sozialen Wertschätzung, so finden sich weitere Bezüge zu den rekonstruierten Funktionen des Normalisierens. Ich komme wieder auf die oben schon genannte besondere Interaktionsbeziehung zwischen Eltern und Säugling zurück. Ein Säugling kann nicht in gleicher Form wie ältere Kinder oder Erwachsene Anerkennung signalisieren. Ein Säugling hat zwar Ausdrucksformen (z.b. lächeln, schreien, aufhören zu schreien, ruhig und entspannt sein). Diese richten sich jedoch nicht explizit an Eltern, sondern an alle Personen, die mit dem Säugling in Interaktion treten. Daraus könnte man die These ableiten: Eltern erhalten innerhalb der maßgeblichen konstitutiven Beziehung ihres Eltern-Selbst keine Anerkennung oder etwas abgeschwächt keine explizit verständliche. Betrachtet man die weitere Entwicklung eines Kindes, so gehört zu den unterschiedlichen Entwicklungsphasen immer wieder deutliche Formen des in Frage stellens und der Ablehnung der Eltern und ihrer frames of reference (z.b. Pubertät). Die rekonstruierten Eigenschaften des Phänomens *Elternschaft – das Fremde* verweisen darauf, dass die Anerkennungsbeziehung der Elternschaft einer ständigen Veränderung unterworfen ist. Es scheint, als bliebe die Interaktionsbeziehung dauerhaft fragil oder anfälliger, als dies von anderen Anerkennungsbeziehungen bekannt ist. Dies macht Elternschaft zu einer besonderen Situation und damit die Entwicklung einer Elternidentität zu einem fremden Unterfangen, da gewöhnlich die Anteile einer Identität (z.B. als Lehrer_in, als Freizeitsportler_in, als Partner_in) von denjenigen anerkannt werden, die mit diesem Anteil in Relation (Interaktion) stehen: Schüler_innen anerkennen ihre Lehrer_innen als solche, Partner_innen anerkennen ihre Partner_innen als ebendiese.

Die rechtliche Anerkennung als Eltern ist in unserer Gesellschaft hoch aufgeladen mit Erwartungen, die die Eigenschaft der Verantwortung deutlich spiegelt. Dies macht die Sphäre der sozialen Wertschätzung umso bedeutsamer. Eltern benötigen Anerkennung durch andere Andere als das Kind. Hier ist zunächst der oder die Partnerin bedeutsam. Dann lassen sich alle im Lernfeld Elternidentität beispielhaft genannten anderen signifikanten Anderen wie die Verwandtschaft, Freund_innen, andere Eltern, Professionelle (Hebamme, Arzt oder Ärztin, Tagesmutter,...) aufführen. Zudem ist die umgebende Umwelt potentielles Sphäre für soziale Wertschätzung.

Das Normalisieren kann, so habe ich oben rekonstruiert, den elterlichen Selbstwert unterstützen. Eltern betrachten ihre eigene Elternschaft („meine normale Elternschaft") gegenüber Anderen („Andere"). Sie rechtfertigen sich Anderen gegenüber und schützen so die eigene Identität als Elternteil. In diesem ganzen Gemenge an unterschiedlichen Anerkennungen ist die Normalisierung in der Funktion *Selbstwert* damit so etwas wie ein Garant für Anerkennung. Was normal ist, ist in der Umwelt positiv konnotiert anerkannt. So kann beispielsweise in der einen Umwelt das Anlegen einer Bernsteinkette um den Hals des Säuglings als Prävention von Problemen beim Zahnen als normal und damit positiv konnotierte Anerkennung der Elternschaft gedeutet werden, während dies in einer anderen Umwelt eher Befremden und damit keine soziale Anerkennung nach sich ziehen würde. Die Funktion des Selbstwerts schützt Eltern einerseits vor der Gefahr der Entrechtung und Ausschließung, der von Honneth beschriebenen Form der fehlenden rechtlichen Anerkennung. Andererseits schützt sie vor Entwürdigung oder Beleidigung als den Formen der Missachtung in der Sphäre der sozialen Wertschätzung.

Auf einer letzten Ebene kann das Normalisieren dazu beitragen, dass Eltern eine hierarchische Handlungsethik entwerfen. Sie relationieren und bewerten Aspekte ihrer Elternschaft („Werte“) und schaffen damit ein Wertesystem, das durch die Normalisierungen über die einzelne Person hinaus gültig sein soll. Im folgenden Abschnitt stelle ich diese letzte spezielle Ressource des Normalisierens vor. Ich rekonstruiere sie anschließend mit Hans Joas Theorie der Werteentwicklung.

15.5   Frames relationieren und hierarchisieren

Finden sich Widersprüche in den frames of reference, so können diese auf eine Lösung drängen.[219] Eltern beginnen wahrzunehmen, dass sich verschiedene points of view oder habits of mind widersprechen, sie diese also schwer gleichzeitig vertreten können. Sind diese frames zudem normalisiert und erweisen sich damit als allgemein gültige Überzeugungen, so können sie als Lernkatalysator wirken. Wenn Eltern Widersprüche feststellen und normalisierte frames beteiligt sind, kann das dazu führen, dass sie die Beziehung unterschiedlicher frames zueinander reflektieren. Die Normalisierung scheint hier mehr als individualisierte frames darauf zu drängen, eine Lösung finden zu müssen. Eltern beginnen dann, die Relationen zwischen den frames zu betrachten. Dabei reflektieren sie nicht nur den Inhalt einer Problemsituation sondern auch den Lösungsprozess und oder ihre eigenen Prämissen. Sie bringen ihre frames of reference in Relation zueinander und führen Bewertungen ein.

Das nachfolgende erste Beispiel des Vaters Herr BM soll zunächst einmal illustrieren, wie zwei points of view in Konflikt geraten und in Beziehung zueinander gesetzt werden.

> „ja es gibt dann **natürlich** auch mal en paar, irgendwann hat **man natürlich** auch mal ähm ,ja, tage wo **man** dann auch einfach oder wochenende, wo **man** einfach auch ma gern was ohne seine kinder macht, das ist also ganz klar. es ist bei mir nicht so dass ich, jedes wochenende nur mit meinen kindern was mach, aber zum großteil ist mir das wichtig dass ich das und ich ich muss auch sagen, dass es mir ähm ja dass ich mich gar nicht mehr so wirklich wohlfühle, wenn ich irgendwie allein was mach. ähm ich kann mich besser entspannen und das alles besser genießen, wenn ich meine zwei jungs um mich hab. ja.“ (Interview 5, 140)

---

219   Siehe beispielsweise in Abschnitt 11.2.1.

Obige Sequenz entstammt einer etwas längeren Antwort Herr BMs auf die Frage der Interviewerin „ne ganz normale woche in deinem leben? wie läuft die so ab?" (Interview 5, 135). In diesem Abschnitt nun beginnt Herr BM mit einer naturalisierten Aussage („natürlich auch mal en paar"). Er bricht diesen eher umgangssprachlich und unscharf formulierten Satzanfang jedoch ab und setzt nochmals neu an. Sein zweiter Anlauf „irgendwann hat man natürlich auch mal äh, ja, Tage wo man dann auch einfach" ist nur wenig konkreter. Wiederum normalisiert er. Den Gegenstand der Normalisierung („tage") benennt er nur zögerlich, bricht dann die nähere Erläuterung der Tage nochmals ab, um schließlich im dritten Anlauf den nun mehrfach naturalisierten und normalisierten Sachverhalt anzusprechen („wochenende, wo man einfach auch ma gern was ohne seine kinder macht"). Dieses dreimalige Ansetzten vermittelt einen zögerlichen Eindruck. Herr BM scheint nach einer Formulierung zu suchen und wirkt dabei unsicher. Es scheint schwierig zu sein, den normalisierten point of view *es ist normal, dass Eltern auch gerne etwas ohne ihre Kinder unternehmen* auszusprechen. Die mehrfache deutliche Normalisierung könnte ein Zeichen dafür sein, dass Herr BM hier eine mögliche ablehnende Haltung der Interviewerin vermutet und sich durch den Rückbezug auf eine größere Gruppe (die der Eltern) absichern möchte. Er steht mit dieser Position nicht allein, auch Andere wollen nicht nur Eltern sein sondern hin und wieder ein Leben unabhängig von Familie gestalten. Hier zeigt sich die im vorigen Abschnitt beschriebene Funktion des Selbstwertes. Der Nachsatz „das ist also ganz klar" unterstreicht diesen Eindruck nochmals.

Herr BM fährt nun individualisiert fort, dass auch er dieser Normalisierung entspricht, es für ihn jedoch zentral sei, seine Zeit mit den Kindern zu verbringen. Dies formuliert er sehr nachdrücklich, indem er positiv konnotierte Empfindungen („entspanne", „genießen") bei der Beschreibung seiner Zeit mit den Kindern benutzt. Das heißt, Herr BM findet es einerseits normal, dass ein Vater sich neben den vielen gemeinsamen Aktivitäten auch Freizeit ohne seine Kinder wünscht. Für ihn ist dies ein point of view, den andere Väter mit ihm teilen. Er vertritt damit die Meinung, dass es zum Eltern-Selbst-Bild von Vätern und möglicherweise Eltern überhaupt dazu gehört, sich Zeit ohne Kinder zu wünschen. Andererseits vertritt Herr BM die Ansicht, dass er als Vater sich „nicht mehr wohlfühl[t]", wenn er Zeit „allein" verbringt, also ohne seine Kinder. Hier deutet sich ein point of view an, den Herr BM früher im Interview deutlicher ausführt.

22 BM: „ich hatte da ne ganz klare vorstellung vom begriff vater. ähm * und das ähm * kommt einfach von mir daher, dass ich selber einen ganz tollen vater hatte und wie der mit mir umgegangen ist oder wie der für uns da war, so wollte ich das auch machen, deswegen hatte ich generell eine sehr exakte vorstellung, wie ich sein möchte als vater.

23 I: und wie war die so, was hast du damit verbunden mit der vorstellung vater?

24 BM: für mich war mein vater oder die vorstellung vater war für mich generell
ein mensch, auf den ich mich immer verlassen konnte, der immer für mich
da war und der mit mir in seiner freizeit, ähm * seine freizeit mit mir gerne
verbracht hat."

(Interview 5, 22-24)

Herr BM beschreibt nachdrücklich seinen point of view *ein Vater ist immer
für sein Kind da und verbringt seine Freizeit gerne mit dem Kind.* Dieser point
of view ist durch den direkten Bezug zum eigenen Vater sowie die individualisierten Formulierungen („für mich", „ich mich", „mit mir") deutlich als individuell gekennzeichnet. Die Aussage „generell ein mensch" drückt zugleich
eine gewisse Verallgemeinerung aus. Dieser point of view widerspricht sich
in seiner Ausschließlichkeit („immer") mit dem normalisierten point of view
es ist normal, dass Eltern auch gerne etwas ohne ihre Kinder unternehmen, der
in der vorherigen Sequenz zum Ausdruck kommt.

In dieser ersten Sequenz zwar eher zaghaft formuliert, drückt Herr BM
eine Spannung aus, die sich auch in anderen Interviews findet. Es bestehen
unterschiedliche points of view, die sich gegenseitig ausschließen. Sind einer
oder mehrere points of view normalisiert, so scheinen diese Widersprüchlichkeiten darauf zu drängen, aufgelöst zu werden. Herr BM hat für sich die
Lösung gefunden, „nicht [...] jedes Wochenende nur mit meinen Kindern was
[zu] mach[en]" (140). Durch die doppelte Verneinung erscheint die derzeitige Lösung, ab und an am Wochenende etwas ohne Kinder zu unternehmen,
etwas verschleiert. Die damit verbundenen Gefühle („gar nicht mehr so wirklich wohlfühle", 140) könnten darauf hindeuten, dass dies für Herrn BM bisher
noch keine befriedigende Lösung darstellt.

Der normalisierte point of view zum Eltern-Selbst-Bild scheint für Herrn
BM nach wie vor im Konflikt mit dem sehr stark begründeten individuellen
point of view zu stehen. Herr BM oszilliert in seinem Handeln zwischen beiden points of view. Er verbringt seine freie Zeit mit den Kindern und sorgt
zugleich dafür, dass er auch kinderfreie Zeiten am Wochenende hat. Er versucht trotz ihrer Widersprüchlichkeit beide frames zu verfolgen. Im Interview
mit Herrn BM scheint die Relation der beiden points of view noch nicht befriedigend gelöst zu haben. Verfolgt er einen point of view so scheint sich
der jeweils vernachlässigte zum Beispiel als Gefühl zu melden. Die points of
view abwechselnd zu beachten scheint nur eine vorübergehende Lösung zu
sein, die die Problemsituation nicht generell auflöst.

Frau AF, die interviewte Mutter im nachfolgenden Beispiel, scheint für
sich eine Lösung für zwei konfligierende points of view gefunden zu haben.
Inhaltlich beziehen sich die normalisierten points of view zum einen wie im
obigen Beispiel auf den Lernfokus Eltern-Selbst-Bild und zum anderen auf den
Fokus Bild vom Kind.

„ja, dass **man** sich selber immer wieder abgrenzt. des isch wichtig die entwicklung
zu fördern und zu gucke dass des kind sich gut entwickelt, aber es isch au wichtig

dass **man** sich selber gut entwickelt. *5* und seine persönliche freiheit hat, und
ich denk in dem moment wo ICH mir meine freiheiten nehm, muss des kind sich
ja **natürlich** auch zurücknehme also wenn ich SAG ich möcht um neunzehn uhr,
je nach alter des kindes im wo:hnzimmer meine ruhe habe und feiereabend habe,
isch des kind damit **natürlich** eingeschränkt und kann jetzt NIMmer ins wohnzimmer; und muss sich obe aufhalte oder was anderes mache aber ich denk ich
muss au oft genug rücksicht auf des kind nehme," (Interview 1, 141-143)

In diesem Abschnitt dokumentieren sich mehrere normalisierte points of
view. Frau AF beschreibt am Beispiel ihres Feierabends, wie sie sich von ihrem
Kind abgrenzt. Sie normalisiert diese Abgrenzung und die damit verbundene
Einschränkung für das Kind. Bevor sie jedoch das Abgrenzen näher ausführt,
entfaltet sie den Gegenhorizont: *Eltern haben die Aufgabe, „die entwicklung
zu fördern und zu gucke dass des kind sich gut entwickelt"*. Diesem point of
view stellt sie nun die normalisierten points of view *es ist wichtig, dass Eltern
sich selber gut entwickeln* und *Eltern brauchen Ihre persönliche Freiheit* gegenüber. Diese points of view scheinen sich zu widersprechen („aber"). Frau AF
beschreibt den Zusammenhang über die jeweilige Freiheit. Wenn sie als Elternteil ihre Freiheit erhält, also dem normalisierten point of view folgt, so
bedeutet das ihrer Ansicht nach eine Einschränkung der kindlichen Freiheit.
Auch diese Relation wird normalisiert („muss des kind sich ja natürlich auch
zurücknehme", „isch des kin damit natürlich eingeschränkt"). Beide points of
view erhalten durch die Normalisierung eine Rechtfertigung. Frau AF normalisiert in dieser Sequenz ihre points of view und zudem die ihrer Ansicht nach
kausale Folge dieser points of view. Es sei normal, dass ein Kind sich deshalb
auch zurücknehmen müsse und eingeschränkt sei. Damit rechtfertigt Frau AF
ihr Erziehungshandeln und schützt ihr elterliches Selbstbild. Zudem lässt sich
hier eine Hierarchie zwischen den points of view vermuten. Der normalisierte
point of view *Eltern müssen die kindliche Entwicklung fördern* scheint prioritär
zu sein gegenüber dem normalisierten point of view *Eltern müssen sich selbst
gut entwickeln*, da Frau AF hier auf eine Begründung zurückgreift, die den
ersten point of view stützt. Das Argument, sie als Mutter müsse „oft genug
rücksicht auf des kind nehme", scheint auf eine Einschränkung der eigenen
Entwicklung zu verweisen. Es scheint „oft genug" Situationen zu geben, in
denen Frau AF aus Rücksicht auf das Kind eigene Bedürfnisse zurückstellen
muss. Die Entwicklung des Kindes scheint wichtiger zu sein. Dies scheint für
Frau AF in Relation zur eigenen Entwicklung einen höheren Wert einzunehmen.

Frau AF scheint für sich damit eine Lösung gefunden zu haben, wie sie in
Situationen handeln kann, in denen die beiden normalisierten points of view
in Widerspruch geraten. Sie wertet den point of view *Eltern müssen die kindliche Entwicklung fördern* als wichtiger als die eigene Entwicklung und Freiheit.
Das Normalisieren scheint hier dazu zu führen, dass ein Weg gesucht wird,
beide points of view weiter verfolgen zu können. Im Zuge dessen erhält das
Normalisieren die Funktion, das Relationieren von frames zu forcieren. Eltern

hierarchisieren ihre als allgemeingültig eingeschätzen frames. Auf diese Weise entwickeln sie ein Netzwerk an untereinander hierarchisch organisierten frames.

Was sich in obigem Beispiel implizit rekonstruieren lässt, benennt Herr DM in der nun folgenden Sequenz explizit. Er spricht von der unterschiedlichen Wertigkeit von Kind und Elternteil.

> „**man** ist dann plötzlich nicht mehr, **man** dreht sich nicht mehr um sich selber sondern **man** hat die Verantwortung für diese Kinder die beiden und äh wie viel **man** dann auch hat und **man** steht eigentlich so auf der Pyramide nicht mehr ganz oben so wie vorher, sondern **man**, **man** rangiert ganz weit unten [LACHT] eigentlich" (Interview 7, 227)

Herr DM entwirft vor dem normalisierten Gegenhorizont eines Erwachsenen ohne Kind ein normalisiertes Bild von Elternschaft. Erwachsene ohne Kinder *drehen sich um sich selber*. Im Gegensatz dazu führt die *Verantwortung für die Kinder* dazu, dass *Eltern ganz weit unten auf der Pyramide stehen*. Herr DM entwirft ein normalisiertes Eltern-Selbst-Bild, bei dem die Verantwortung für das Kind den höchsten Wert einnimmt. Die *Selbstfürsorge* ist in Relation dazu nachrangig. Herr DM hat eine Elternidentität erlernt, die frühere Prioritäten verschoben hat. Die erlernten Bewertungen scheinen unabhängig von einer konkreten Problemsituation zu bestehen. Sie gelten über das jeweilige Handeln hinaus.

Während im vorangehenden Beispiel ein Vater über hierarchisierte points of view unabhängig von einer konkreten Situation reflektiert, zeigt das nachfolgende Beispiel, wie dies im Rahmen eines konkreten Handlungsproblems geschehen kann. Da das Ineinandergreifen unterschiedlicher Relationierungen von points of view sehr komplex ist, greife ich hier auf ein Beispiel zurück, das bereits in Abschnitt 11.4 ausführlich beschrieben wurde. Daher rekonstruiere ich die Situation an dieser Stelle nicht mehr detailliert. Ich greife nachfolgend die bereits erläuterten points of view auf und beschreibe deren Relationierung. Zuvor folgt hier nochmals die Beispielsequenz.

> „zum beispiel war die situation mit dem mit wo se alle mit so pistolekügele gschossen hän, weiss jetzt nit wie des ganze heißt mit dene gelbe kügele, da kommt ich im erschte jahr noch alles einschränke und die dinger wieder WEGschmeiße und zuruckgebe wo se herkomme sind, und ein jahr später warn se halt wieder da. und da warn se halt zu VIERT in der nachbarschaft, und da hän se halt mitnander gspie:lt. und da hab ich au gmerkt wie mein einfluss sich auf der sohn verändert. ich hät jetzt **natürlich** könne die waffe WEG mache, * und darauf hoffe dass er weg dass se weg blei:bt. dann isch **natürlich** die frage, spielt ER dann nimmer mit oder spiele die DREI oder vier dann unter sich und der lukas spielt NIMMER mit. **man** möcht ihn ja au nit ausgrenze in der gruppe, * oder macht er s einfach heimlich, was ich jetzt vermutet hätt bei meinem Sohn, dass er sich dann halt wieder was organisiert, und beim Freund deponiert, und dann hätt ich gar nix mehr davon erfahre, und dann wars mir halt wichtiger dass ich * ehm * halt weiterhin im kontakt bleib, und hab mir dann halt genau erkläre lasse, WAS se spiele und WIE se spiele und konnt dann mit meine regeln, die ich aufgestellt hab au n bissle

einfluss auf des spiel nehme und dann wie transportiere ich diese, doch für andere abschreckende waffe? nämlich im rucksack versteckt, dass die oma sich nit
erschreckt, * in der nachbarschaft." (Interview 1, 203)

Ein erster Ausgangspunkt für diese Problemsituation ist Frau AFs point of
view *ich möchte nicht, dass meine Kinder mit Waffen spielen.* Dieser point of
view hat auch auf Grund der Kriegserfahrungen ihres Vaters für Frau AF al-
lerhöchste Priorität. Er scheint unveränderlich fest zu stehen. In den Überlegungen zur Lösung der Problemsituation zeigt sich nach dem Erfolg im ersten Jahr der point of view *als Elternteil kann ich meinem Kind etwas verbieten
und wegnehmen.* Hinzu kommt nun jedoch der point of view *mein Einfluss
auf mein Kind verändert sich im Verlaufe der Zeit,* der mit dem point of view
ich möchte mit meinem Sohn in Kontakt sein in Konflikt geraten kann. Zudem
zeigt sich der normalisierte Aspekt ihres Eltern-Selbst-Bildes *Eltern wollen ihr
Kind nicht ausgrenzen.* In Bezug auf das Bild vom eigenen Kind schätzt Frau
AF ihren Sohn als einen ein, der *sich über ein Verbot hinweg setzt und heimlich
spielt.* Schließlich verweist Frau AF ganz am Schluss dieser Erzählung auf den
point of view *andere Personen sollen nicht erschreckt werden.*

Der Prozess der Suche nach einer Problemlösung wird durch zwei Normalisierungen eingeleitet: Es ist einerseits normal, die einmal gefundene Lösung
des Vorjahres zu wiederholen. Andererseits ist eine Reflexion über die Folgen
des eigenen Handelns (Ausgrenzung des Kindes) normal. Frau AF relationiert
diese beiden normalisierten points of view und entscheidet sich gegen eine
einfache Wiederholung der Vorjahreslösung. Sie wertet damit implizit die Reflexion über die Folgen ihres Handelns für das Kind höher ein. Die naheliegende einfache Lösung wird der Reflexion nachgeordnet.

Im Reflexionsprozess relationiert Frau AF weitere points of view. Sie stellt
den point of view mit der zunächst höchsten Priorität, *ich möchte nicht, dass
meine Kinder mit Waffen spielen,* mit den beiden *ich möchte meinen Sohn nicht
ausgrenzen* und *ich möchte mit meinem Sohn in Kontakt sein* in Beziehung. Und
letztere points of view erhalten in Relation zum ersten eine höhere Wertigkeit.
Für Frau AF ist es wichtiger, in Kontakt mit dem Sohn zu bleiben, als das Waf-
fenspiel zu unterbinden. Sie wertet auch den point of view, das Kind nicht aus
seinem Freundeskreis auszugrenzen, als höher ein. Sie relationiert die unterschiedlichen points of view miteinander und entwickelt eine Hierarchie, wie
diese points of view in der zu findenden Lösung erhalten sein müssen. Auf
diese Weise entwickelt sie eine Lösung.

Die oben skizzierten Rekonstruktionen zeigen, wie Eltern im Kontext von
Normalisierungen ihre unterschiedlichen frames zueinander in Beziehung
setzen. Das Normalisieren scheint hier die Funktion zu haben, dieses Relationieren und damit verbunden ein Hierarchisieren unterschiedlicher points
of view herauszufordern. Ich schärfe diese Beobachtungen nachfolgend mit
der Theorie der Wertebildung nach Joas. Mit dieser Theorie erhält die oben
erläuterte Funktion auch eine Bezeichnung, die sich in die bisherige Theoriebildung zur Funktion des Normalisierens eingliedern lässt.

15.6 Wertesystem – Selbstbildung – Selbsttranszendenz: Zwischenfazit mit Joas

Die Beispielsequenzen haben gezeigt, wie Eltern im Kontext von Normalisierungen beginnen, einander widersprechende points of view miteinander in Beziehung zu setzen. Das verursacht Probleme. Der Soziologe und Sozialphilosoph Hans Joas befasst sich in seinen Studien mit der Entstehung der Werte. [220] Joas bezieht sich unter anderem auf John Dewey. Nach Dewey entstehen Werte im Problemlöseprozess, wenn unterschiedliche Wünsche und Bedürfnisse in der Reflexion gegeneinander abgewogen werden müssen.

> „Erst wenn ein Problem auftaucht, muss bewußt gewertet werden, welcher der vorher unreflektiert befolgten Orientierungen der Vorzug gegeben werden soll, wie diese im Angesicht widriger Umstände verfolgt werden können und wie die Wünsche selbst zu interpretieren und zu modifizieren sind" (Joas 1997, 168).

Das Normalisieren scheint auf diesen Prozess des Abwägens von Orientierungen eine katalysierende Wirkung zu haben. Wenn normalisierte frames in Konflikt geraten, so erscheint es in Problemsituationen beinahe unausweichlich, diese in der Reflexion zu bewerten. Das kann zunächst dazu führen, dass Eltern in ihrem Handeln zwischen widersprüchlichen frames oszillieren wie im ersten Beispiel. Eine Lösung kann aber auch sein, dass beteiligte points of view in ihrer Relation zueinander abgewogen werden und so eine Wertigkeit entsteht. Zudem hierarchisieren Eltern diese frames. Einzelne frames werden wichtiger als andere. Die Widersprüchlichkeiten erfordern eine Werte-Reflexion. Als Folge des Relationierens und Hierarchisierens entwickeln sich Werte.

Nach Joas entstehen Werte dann, wenn Menschen Erfahrungen der Selbstbildung und der Selbsttranszendenz machen. [221] Bei einer Erfahrung der *Selbstbildung* treffen ursprüngliche Wertbindungen auf eigene Erfahrungen. Joas versteht unter ursprünglichen Wertbindungen die von primären Bezugspersonen übernommenen Werte. Diese Form der Selbstbildung, Werte zu übernehmen, wird nun abgelöst durch eine zweite dann notwendig reflexive Form. Wir setzen uns reflexiv mit den zunächst einfach übernommenen Wertbindungen auseinander und eignen sie uns entweder reflexiv an oder distanzieren uns von ihnen. Diese Auseinandersetzung mit den ursprünglichen Wertbindungen kann in Gang kommen, wenn die ursprünglichen Wertbindungen auf die eigene Erfahrung treffen. Wir setzen uns so über die eigene Erfahrung ins Verhältnis zum ursprünglichen Wert. [222] Das oben vorgestellte erste Beispiel zeigt solch eine Erfahrung der Selbstbildung. Herr BM erzählt von seiner vom eigenen Vater übernommenen Vorstellung eines in der Freizeit

---

220 „Die Entstehung der Werte" (1997) ist eine zentrale Schrift Joas.
221 Vgl. Joas 2006.
222 Vgl. für diesen Absatz Joas 2006, 4.

immer für die Kinder verfügbaren Vaters. Er selbst erlebt sich jedoch in Situationen, in denen er sich am Wochenende Zeit ohne Kinder wünscht. Die vom Vater übernommene Vorstellung normalisiert Herr BM. Es scheint so zu sein, dass die Normalisierungen auf solche übernommene Wertbindungen hinweisen können. Normalisierte frames lassen offen, wie sie zu Stande kommen. Das Normalisieren kürzt jede Begründung ab.[223] Woher die Normalisierung stammt und wann sie übernommen wurde, ist aus den Daten nicht ersichtlich. Es erscheint naheliegend, dass das frames sind, die irgendwann von bedeutsamen Bezugspersonen übernommen wurden. Das bleibt jedoch offen. Mit Bezug auf Mezirow kann jedoch gesagt werden, dass sich das transformierende Lernen von frames nicht nur auf ursprüngliche Wertbindungen beziehen muss. Nach Mezirow ist das Lernen darauf ausgerichtet, immer begründetere frames zu entwickeln.[224] Dieser Prozess der Selbstbildung ist nie abgeschlossen. Wichtig in diesem Kontext hier ist die Beobachtung, dass normalisierte frames, die in Widerspruch geraten, katalysierend für den Prozess der Selbstbildung zu sein scheinen. Sie scheinen auf eine Reflexion zu drängen.

Der zweite Aspekt, der nach Joas zur Entstehung von Werten beiträgt, ist die Erfahrung von *Selbsttranszendenz.*

> „Der Begriff der Selbsttranszendenz hat zunächst nichts mit dem religiösen Begriff der Transzendenz zu tun, er ist als ein rein deskriptiv psychologischer Begriff gemeint, also nicht in Bezug auf ein transzendentes Wesen, sondern auf einen psychologischen Prozess, in dem ein schon geformtes Selbst die Erfahrung macht, dass es über die Grenzen dieses Selbst hinausgerissen wird. [...] Wir sind eigentlich schon ein Selbst, aber wir machen eine fundamentale, wertbezogene Transformationserfahrung durch" (Joas 2006, 5).

Es stellt sich nun die Frage, wie solche Erfahrungen aussehen, die dazu führen, dass ein schon geformtes Selbst die Grenzen des Selbst überschreitet. Sie sind mit dem Gefühl verbunden, über sich selbst hinaus gerissen zu werden und werden als intensive Erfahrung der Dezentrierung der eigenen Person erfahren. Diese Erfahrung kann hochgradig individuell – wie etwa eine intensive Naturerfahrung – oder kollektiv – wie etwa ein gemeinsam erlebtes Fußballspiel – sein. Die Erfahrung ist verbunden mit dem Gefühl, eins mit etwas zu sein, das außerhalb des Selbst liegt.[225]

Dies trifft meiner Ansicht nach auf die Fremdheitserfahrungen der Elternschaft zu.[226] Im Zuge dieser Fremdheitserfahrungen erleben Eltern, häufig verbunden mit starken Gefühlen, wie sie sich selbst fremd werden; sie erleben sich dezentriert. Das sich selbst fremd werden erfordert, wenn Eltern produktiv auf die Fremdheitserfahrung antworten, dass Eltern über sich selbst hinaus gehen.[227] Situationen, in denen es Eltern möglich wird, auf das Fremde der

---

223   Siehe Abschnitt 14.2.
224   Mezirow 2000, 19.
225   Vgl. für diesen Absatz Joas 2006, 7f.
226   Vgl. Kapitel 8.
227   Vgl. ebd.

Elternschaft zu antworten, können dann zu Erfahrungen der Selbsttranszendenz im Sinne Joas werden. Damit erweist sich das Phänomen *Elternschaft – das Fremde* als eine solche mögliche Erfahrung der Selbsttranszendenz. Diese Erfahrung zeigt sich in speziellen Problemsituationen.

Nach Joas entstehen also Werte in Erfahrungen der Selbstbildung und der Selbsttranszendenz. Elternschaft, genauer das Phänomen *Elternschaft – das Fremde*, kann als eine solche Erfahrung der Selbsttranszendenz interpretiert werden. Das Normalisieren scheint nun die Funktion zu haben, Situationen der Selbstbildung zu provozieren. Durch die Normalisierungen scheint es für die untersuchten Eltern notwendig, Relationierungen vorzunehmen. Indem Eltern normalisierte frames zueinander in Beziehung setzen, entwickeln sie ein Wertesystem in Bezug auf ihre Elternschaft. Auf diese Weise werden Wertungen vorgenommen, frames hierarchisiert und das Wertesystem wird (weiter-)entwickelt. Die Eltern entwickeln ein Wertesystem, das über die spezifische Situation und Person hinausgeht. Das Normalisieren wird zur speziellen Ressourse für Wertbildung durch Selbstbildung und Selbsttranszendenz. Normalisierung kann auf diese Weise dazu führen, dass Eltern eine Wertehierarchie aufbauen und damit das eigene Handeln als Eltern ethisch begründen.

Kapitel 16

Funktionen des Normalisierens – Abschließende Zusammenschau

Abschließend fasse ich nun alle in diesem Teil IV „Funktionen des Normalisierens" rekonstruierten Funktionen zusammen, die das Normalisieren beim Lernen von Eltern einnehmen kann. Schaubild 16.1 gibt eine Übersicht.

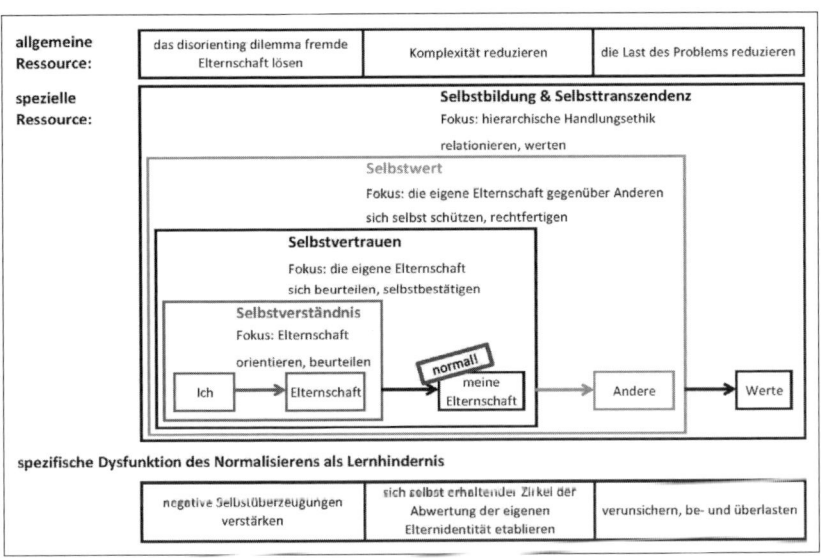

Abbildung 16.1: Funktionen und Dysfunktion des Normalisierens

Das Normalisieren hat als *allgemeine Ressource* drei Funktionen. Es ist zunächst eine Lösungsstrategie für das disorienting dilemma *Elternschaft – das Fremde,* wie ich auch mit Waldenfels rekonstruieren konnte. Dann bildet das Normalisieren eine Möglichkeit, die Komplexität elterlicher Problemsituationen zu reduzieren. Schließlich entlastet es von den Dilemmata, indem es auf den gemeinschaftlichen Kontext aller Eltern verweist.

Neben diesen drei allgemeinen habe ich vier *spezielle Ressourcen* aus den Daten rekonstruiert. Mit dem Fokus auf Elternschaft im Allgemeinen orientieren und beurteilen Eltern durch das Normalisieren. Sie sichern das eigene *Selbstverständnis*. Die eigene Elternschaft kommt bei der Ressource des *Selbstvertrauens* in den Fokus und gibt Sicherheit und Selbstbestätigung. Der Blick weitet sich auf die eigene Elternschaft Anderen gegenüber, wenn das Normalisieren als Ressource genutzt wird, um sich Anderen gegenüber zu schützen oder zu rechtfertigen. Hier hat das Normalisieren die Funktion, den eigenen *Selbstwert* zu bestätigen. Diese drei speziellen Ressourcen konnten mit Honneths Theorie der Anerkennung betrachtet werden. Die vierte spezielle Ressource habe ich mit Joas Theorie der Wertbildung rekonstruiert. Das Normalisieren erhält hier die Funktion, durch *Selbstbildung und Selbsttranszendenz* Werte zu entwickeln, die das elterliche Handeln anleiten können.

Der Vollständigkeit halber habe ich in der dieser abschließenden Übersicht auch die *dysfunktionalen Aspekte* des Normalisierens mit aufgenommen. Das Normalisieren kann zum Lernhindernis werden. Dann ist es möglich, dass negative Selbstüberzeugungen entstehen oder verstärkt werden. Das Normalisieren hat dabei die Tendenz, sich selbst zu erhalten. Es können sich, wie in Kapitel 11.6 dargestellt sich wiederholende Zirkel etablieren, in denen Eltern die eigene Elternschaft abwerten. Dadurch werden Eltern verunsichert und fühlen sich belastet oder überlastet.

Mit diesem letzten Teil ist die ausführliche Darstellung der drei Theoriebausteine zum Lernen von Eltern – den Inhalten, den Formen und den Funktionen – vollständig. In einem abschließenden Schritt soll es nun darum gehen, die bisher relativ lose nebeneinander stehenden drei Bausteine miteinander in Beziehung zu setzen, bevor ich dann einige Gedanken zu den Anregungen vorstelle, die diese Studie für Forschung und Theoriebildung sowie für die Pädagogik und spezieller für die Elternbildung geben kann.

Teil V

Elternlernen und Elternbildung – Zusammenschau der Ergebnisse

Kapitel 17

Grounded Theory: Elternlernen mit Normalisieren

Die vorliegende Studie zusammenfassend möchte ich abschließend die Ergebnisse der drei Teilbereiche miteinander betrachten. In der nachfolgenden Zusammenschau beschreibe ich die entwickelten Theoriebausteine der drei Teilbereiche Inhalt, Formen und Funktionen elterlichen Lernens in ihrer Beziehung zueinander. Ich skizziere dabei nur soweit nochmals die rekonstruierten Ergebnisse, um die Zusammenhänge der Theoriebereiche zu verdeutlichen. Anschließend zeige ich in Kapitel 18 Anregungen auf, die meine Studie für weitere Forschung und Theoriebildung haben kann und umreiße dann in Kapitel 19, welche Anregungen die referierten Ergebnisse für die Pädagogik bzw. spezifischer für die Elternbildung haben können. Doch zunächst zur entwickelten Grounded Theory Elternlernen mit Normalisieren.

Ausgangspunkt der hier dargestellten Ergebnisse meiner Untersuchung zu Lernprozessen von Eltern sind vier Forschungsfragen, wie Übersicht 17.1 zeigt.

Schlüsselphänomen: Was bedeutet Elternsein?	Lerninhalte: Was lernen Eltern?
Funktionen: Welche Funktionen haben diese Formen des Lernens mit Normalisieren?	Formen: In welchen Relationen stehen Normalisieren und elterliches Lernen?

Übersicht 17.1: Forschungsfragen dieser Studie

Diese aus dem Gegenstand heraus entwickelten Forschungsfragen bearbeite ich in drei Teilen. Der Bereich Inhalte (Teil II) enthält dabei die Überlegungen zum Phänomen Elternschaft sowie zu den Lerninhalten, da es hier beidesmal darum geht, Elternschaft inhaltlich zu erfassen. In Teil III geht es um die Formen des Lernens mit Normalisieren und im anschließenden Teil IV um deren Funktionen. Interviews und Tagebücher von Eltern, in denen sie von ihren Erfahrungen als Eltern berichten, bilden die Datengrundlage.

Zunächst betrachte ich ausgehend vom Lernbegriff Deweys die Inhalte des elterlichen Lernens (Teil II). Hierbei rekonstruiere ich das Schlüsselphänomen *Elternschaft – das Fremde* mit seinen Eigenschaften (Kapitel 6). Das

Phänomen Elternschaft kann als etwas Fremdes im Sinne Waldenfels bezeichnet werden. Die Eigenschaften des Schlüsselphänomens verweisen dabei auf eine Fremdheit in allen drei von Waldenfels beschriebenen Dimensionen des Fremden. Die Dimension der fremden Ordnung zeigt sich besonders in den Eigenschaften *Unvorhersehbarkeit* und *andauernde Veränderung auf Dauer*. Die Eigenschaft *Lehr-Lern-Parallelität* deutet insbesondere auf die Fremdheit des Eigenen hin. Die Fremdheit der Anderen dokumentiert sich zentral in der Eigenschaft *Bedeutungsvielfalt – Interaktion mit Anderen*. Die Eigenschaft der *Verantwortung* schließlich spiegelt alle drei Dimensionen der Fremdheit. Elternschaft bedeutet Verantwortung sich selbst und dem Kind gegenüber und zeigt so Diemnsionen der Fremdheit des Eigenen und des Anderen. Als gesellschaftliches Phänomen verweist es auf die Fremdheit der Anderen und zugleich auf eine fremde Ordnung. In der Rekonstruktion mit Waldenfels zeigt sich, dass die Fremdheit des Phänomens Elternschaft auch in der radikalsten Form auftritt. Das Fremde erscheint außerhalb jeder Ordnung. Elternschaft scheint sich hier jeder Interpretationsmöglichkeit zu entziehen. Übersicht 17.2 zeigt links oben an Stelle der ersten Forschungsfrage nun eingefügt die Grafik, die ich in Abschnitt 6.6 vorgestellt habe. Sie fasst die Analysen zum Phänomen *Elternschaft – das Fremde* als Antwort auf die erste Forschungsfrage zusammen.

Die Fremdheit der Ordnung wirkt zusammen mit der Fremdheit des Eigenen, die Eltern „aus der Nähe heimsucht" (Waldenfels 2008a,131f),[228] bedrohlich. Vorhandene Sinnbezüge und Regelsysteme werden gestört.[229] Wenn das Eigene fremd wird, drängt es zum Lernen. Es wird notwendig, dass Eltern lernen. Nach Dewey ist bei der Erfahrung der Fremdheit das Ineinandergreifen von doing und undergoing unterbrochen. Die Unsicherheit der Situation erfordert eine inquiry. So wie die Eltern in den Daten das Schlüsselphänomen *Elternschaft – das Fremde* beschreiben, kann diese Fremdheitserfahrung mit Mezirow als disorienting dilemma bezeichnet werden.

Hier schließt sich nun die Frage an, was Eltern eigentlich lernen, wenn sie sich durch dieses disorienting dilemma *Elternschaft – das Fremde* in Lernprozesse begeben. Mit dem Lernfeld *Elternidentität* schlage ich ein Modell vor, mit dem die mit diesem disorienting dilemma verbundenen Problemsituationen inhaltlich systematisiert werden können. Das rekonstruierte Lernfeld Elternidentität bietet ein Schema, mit dem jede zu bewältigenden Problemsituation auf grundlegende inhaltliche Aspekte zurückgeführt werden kann. Ausgangspunkt ist die Überlegung, dass sich in Dilemmasituationen in unterschiedlicher Gewichtung immer die drei Lernfoki *Bild vom Kind, Eltern-Selbst-Bild* und *Habit/Knowledge* zusammen mit dem umgebenden Kontext (*Andere*) wiederfinden. Wie sich die Eigenschaften des disorienting dilemma *Elternschaft – das Fremde* im *Lernfeld Elternidentität* zeigen, habe ich in Kapitel 8 darge-

---

228   Siehe Abschnitt 8.
229   Vgl. Waldenfels 1997, 52; siehe Abschnitt 12.2.

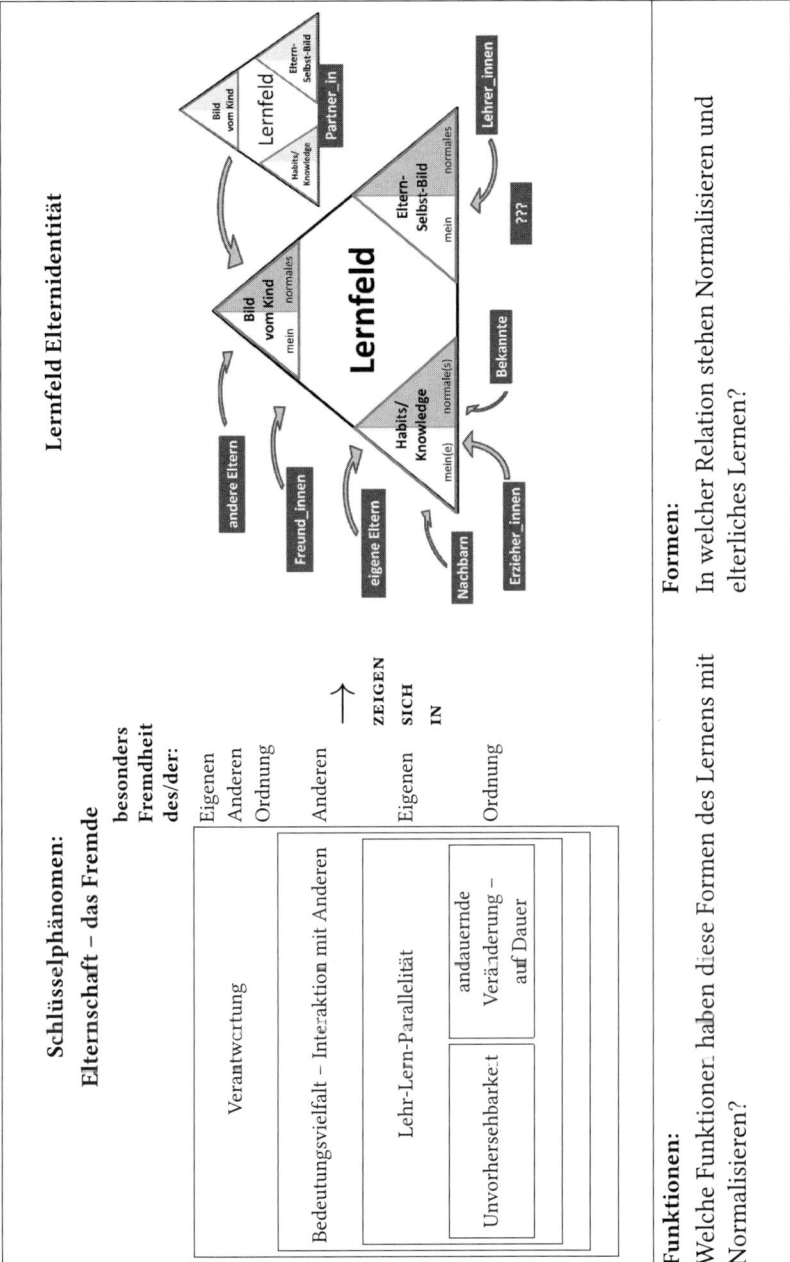

Übersicht 17.2: Grounded Theory *Elternschaft als Lernprozess* I

stellt. Übersicht 17.2 enthält oben rechts die Grafik des *Lernfeld Elternidentität* als Antwort auf die zuvor an dieser Stelle angeführte zweite Forschungsfrage „Was lernen Eltern?".[230]

Ebenso wie die Eigenschaften des disorienting dilemma *Elternschaft – das Fremde* spiegeln auch die Lerninhalte des *Lernfeldes Elternidentität* die Dimensionen der Fremdheit wieder. Die Fremdheit der Anderen zeigt sich deutlich im Lernfokus *Bild vom Kind* sowie im Kontext der *Anderen. Eltern-Selbst-Bild* und *Habits/Knowledge* verweisen besonders auf die Fremdheit des Eigenen. Die Fremdheit der Ordnung zieht sich analog zum disorienting dilemma ebenfalls durch alle Bereiche.

Das *Lernfeld Elternidentität* beschreibt, wie die Identität als Elternteil selbst zum Lerngegenstand für Eltern wird. Eltern überschreiten das ihnen fremd gewordene Selbst und dessen Bezug zur Welt und entwickeln es weiter. Nach Dewey ist der rote Faden aller selves die Identität. Das *Lernfeld Elternidentität* zeigt, wie Eltern diese Identität erlernen, mit welchen Inhalten in Problemsituationen jeweils Elternselves entworfen werden, die dann im roten Faden die Elternidentität ergeben.

Joas (1997, 246) resümiert in seiner Untersuchung zur Entstehung der Werte unter anderem, dass Identitätsbildung über Dialog und Ausschluss geschieht. Es ist notwendig, dass eine „offene Kommunikationsbeziehung zwischen der Person und ihrer Welt" (243) besteht. Zugleich gehören Prozesse von Macht und Ausgrenzung zu diesen diskursiven Strukturen der Identitätsbildung dazu. So wie das „Fremde [...] durch einen Prozeß der Ein- und Ausgrenzung [entsteht]" (Waldenfels 2008, 131), rekonstruiert sich zugleich das Eigene.

> „Identität nicht im Sinne stabiler Merkmale, aber einer kommunikativen und konstruktiven Beziehung des Menschen auf sich selbst und das nicht zum Selbst Gehörige ist die Voraussetzung für den schöpferischen Umgang mit dem Anderen und für ein Ethos der Differenz" (Joas 1997, 251).

Identität kann also als ein Prozess beschrieben werden, der die Beziehung eines Menschen zu sich selbst in Abgrenzung zum Fremden beschreibt. Bei der Elternidentität handelt es sich um einen spezifischen Prozess der Identitätsbildung. Hier schließt sich die dritte Forschungsfrage an: Wie geschieht dieser Prozess? Welche Formen des Lernens zeigen sich hier? Eine Antwort auf diese Frage gibt das Phänomen des Normalisierens.

Dass Eltern in den Daten normalisieren, ist zunächst ein Phänomen, das ich vielfach beobachte und das durch seine reine Existenz in den Blick gerät. Das Phänomen des Normalisierens zeigt sich im Kontext elterlichen Lernens und wird daher zum Gegenstand weiterer Analysen. Der Zusammenhang mit dem Schlüsselphänomen und disorienting dilemma *Elternschaft – das Fremde*

---

230 Die einzelnen Schaubilder der Übersicht finden sich in größeren Formaten in den Zusammenfassungen der entsprechenden Kapitel und Teile.

kann nun zudem einerseits durch einen Vorgriff auf die allgemeinen Funktionen des Normalisierens hergestellt werden. Nach Waldenfels ist das Normalisieren eine Antwort auf das Fremde. Andererseits gibt es auch in Bezug auf das Erlernen einer Elternidentität eine Verbindung, wenn man den dialogischen Aspekt der Identitätsbildung betrachtet. Abels (2007, 37) stellt fest:

> „Indem es [das Individuum; RM] sich auf die Perspektive der Anderen einlässt, erhält es Maßstäbe der Beurteilung des eigenen Selbst. In der wechselseitigen Verschränkung der Perspektiven können die Handelnden nicht nur ihr gemeinsames Handeln sicherer machen, sondern sie können auch ihrer eigenen Identität sicherer werden."

Die Perspektive der Anderen tritt nun nicht nur in Form von anderen Personen in Erscheinung. Die Anderen können auch in Form der generalisierten Anderen bedeutsam sein.

> „Dieses Prinzip des Handelns, an dem sich alle in der gemeinsamen sozialen Situation orientieren, ist der generalisierte Andere.[...] Der generalisierte Andere ist das Bild, das ‚man‘ in einer Gesellschaft von einer bestimmten Rolle oder einem bestimmten sozialen Zusammenhang hat. [...] Der generalisierte Andere ist also die Summe der generellen Haltungen, die man in einer konkreten Situation von allen Handelnden erwartet. Es ist der Sinn oder das Prinzip der Interaktion" (Abels 2007, 31).

Es gibt so etwas wie die Summe aller Haltungen in Bezug auf eine erwartete Handlung in einer Situation, also das, was in einem bestimmten gesellschaftlichen Kontext als normal angesehen wird. In dieser Perspektive auf Identitätsbildung ist das Normalisierte ein Bestandteil des dialogischen Prozesses, in dem Identität erlernt wird. Im *Lernfeld Elternidentität* zeigt sich dieser dialogische Aspekt der Identitätsbildung. Da sind zunächst das Kind und Andere als direkte Interaktionspartner_innen. Dann kommt in jedem Lernfokus das Element des Allgemeinen zum jeweils Individuellen hinzu. Eltern haben ein allgemeines, ein normalisiertes *Bild vom Kind* und verändern das im Lernen. Das eigene Kind betrachten sie im Kontext dieses generalisierten Bildes. Analog gilt das Gleiche für die beiden anderen Lernfoki. Auch das *Eltern-Selbst-Bild* und *Habits/Knowledge* werden sowohl individuell als auch normalisiert entworfen.

Doch wie sieht dieses Lernen aus? Wie wird durch den Prozess, bei dem Eltern dem Fremden der Elternschaft mit Normalisieren begegnen, das Erlernen einer Elternidentität möglich? Mit Joas (1997, 249f) heißt das allgemeiner formuliert:

> „Normativ gibt uns die Einsicht in diese Verschränkung [von Dialog und Ausgrenzung bei der Identitätsbildung; Anm. RM] die Aufgabe vor, über Arten der Grenzziehung bei individueller und kollektiver Identitätsbildung nachzudenken, in denen das Ausgegrenzte als das Andere gleichwohl toleriert werden kann."

Bei der Rekonstruktion der Relationen von Normalisieren und Lernen untersuche ich unterschiedliche Arten der Grenzziehung, die im Prozess individueller Identitätsbildung vorgenommen werden. Das jeweils Ausgegrenzte wird in unterschiedlicher Form auch toleriert. An die Rekonstruktion des *Lernfeldes Elternidentität* schließt sich damit die Analyse der Relationen von Normalisieren und Lernen an. Das Normalisieren ist eine Möglichkeit für Eltern, mit dem *Lernfeld Elternidentität* und dessen Herausforderungen, die das disorienting dilemma *Elternschaft – das Fremde* mit sich bringt, umzugehen.

Im nächsten Schritt rekonstruiere ich *Formen des Lernens mit Normalisieren*. Hierfür führe ich zunächst die Theorie des transformativen Lernens von Mezirow als zusätzliche Heuristik ein. Auch diese Analysen werden dann mit Hilfe Waldenfels Überlegungen zum Normalisieren abschließend systematisiert. Das Normalisieren ist nach Waldenfels eine Form der Aneignung des Fremden. Das Aneignen ist neben der Abwehr und der Antwort eine Möglichkeit des Umgangs mit dem Fremden. Wenn nun Eltern Aspekte ihrer Elternschaft normalisieren, dann verweist das darauf, dass sie hier das Fremde der Elternschaft aneignen. Dies ist nur eine mögliche Umgangsweise. Mit Waldenfels ist daher zu prüfen, ob überhaupt ein Lernen im Kontext dieser Aneignung durch Normalisierung möglich ist und wie dies aussieht. Zudem ist offen, ob es nicht auch noch andere Umgangsweisen mit dem Fremden gibt, obwohl Eltern sich Elternschaft durch Normalisieren aneignen. Schließlich muss sich zeigen, welche Lernprozesse hier möglich oder unmöglich werden. Das heißt, ich untersuche auch, wann die experiences im Kontext des disorienting dilemma *Elternschaft – das Fremde* Lernmöglichkeiten eröffnen und wann sie diese eher verschließen.

Ich rekonstruiere in Teil III zuerst unterschiedliche Relationen, in denen das Normalisieren mit dem Lernen zusammenkommen kann. Anschließend systematisiere ich die Ergebnisse mit Waldenfels. Ich zeige, wie verschiedene Formen der Aneignung des Fremden und des reproduktiven Antwortens auf das Fremde die Transformation von points of view möglich machen. Das produktive Antworten auf das Fremde ermöglicht, dass Eltern in einen Lernprozess kommen, bei dem habits of mind transformiert werden können. Ich ergänze in Übersicht 17.3 rechts unten die bisher entwickelte Zusammenschau um die Formen des Lernens mit Normalisieren.

Die rekonstruierten Relationen von Normalisieren und Lernen erfassen, wie Eltern versuchen, die Herausforderungen zu bewältigen, die das *Lernfeld Elternidentität* inhaltlich beschreibt und die die Eigenschaften des disorienting dilemma *Elternschaft – das Fremde* charakterisiert. Sie zeigen, um es noch einmal mit Bezug auf Joas[231] zu formulieren, wie die Grenzziehung beim Erlernen einer individuellen Elternidentität auf unterschiedliche Art und Weise geschehen kann. Dabei rekonstruiere ich auch, wie Erfahrungen, die normalisiert werden, zum Lernhindernis werden können und so „die Entwicklung und die Möglichkeiten, weitere Erfahrungen zu machen, durchaus auch behindern können" (Schell-Kiehl 2007, 81). Normalisieren und Lernen kommen hier in einer Relation zusammen, die nicht funktional ist, wenn ein notwen-

---

231   Siehe oben; vgl. Joas 1997, 249f.

diges Lernen nicht stattfinden kann und Dilemmata ungelöst immer wieder-
kehren. Nicht-Lernen kann aber auch funktional sein, wenn es vom Lernen
dispensiert. Das Normalisieren führt in diesem Fall dazu, dass das Dilemma
verschwindet.

In einem letzten Schritt beschäftige ich mich mit der Frage, welche *Funktionen das Normalisieren* haben kann. Ich kann drei Funktionen rekonstruieren, mit denen das Normalisieren zur allgemeinen Ressource wird. Zudem
finden sich vier Aspekte, in denen das Normalisieren eine spezifische Ressource darstellt. Die Rekonstruktionen rahme ich theoretisch mit Honneths
Theorie der Anerkennung und Joas Überlegungen zur Wertebildung. Mit diesem letzten Analyseschritt schließt sich der Kreis – wie Übersicht 17.3 zeigt.
Die Funktionen des Normalisierens verweisen sowohl auf die Eigenschaften
des disorienting dilemma *Elternschaft – das Fremde* als auch auf das *Lernfeld
Elternidentität*. Wiederum spiegeln sich die drei Dimensionen des Fremden.

Die Fremdheit im Eigenen findet ihre Antwort besonders in den speziellen
Ressourcen des *Selbstverständnisses* und des *Selbstvertrauens*. Die Ressource
Selbstwert antwortet besonders auf die Fremdheit der Anderen. Die Fremdheit
der Ordnung schließlich findet ihre Entsprechung vor allem in der speziellen
Ressource der *Selbstbildung und Selbsttranszendenz*.

Diese Entsprechungen zeigen sich ebenfalls zwischen den ermittelten Ressourcen und den Eigenschaften des disorienting dilemma *Elternschaft – das
Fremde*. Wie oben schon vorweggenommen hat das Normalisieren die allgemeine Funktion, eine Form des Umgangs mit dem Fremden in all seinen Qualitäten zu bilden. Das Normalisieren ist eine *generelle Lösungsstrategie*. Damit
ist das Normalisieren zunächst ein allgemeiner Umgang mit dem disorienting
dilemma in all seinen Eigenschaften. In seiner zweiten allgemeinen Funktion *reduziert das Normalisieren die Komplexität* des disorienting dilemmas, die
sich besonders in den Eigenschaften der *andauernden Veränderung auf Dauer*,
der *Unvorhersehbarkeit* und der *Bedeutungsvielfalt – Interaktion mit Anderen*
ausdrücken. Es hilft dabei, dass Eltern sich in komplexen Handlungssituationen fokussieren können. Die *entlastende Funktion* wird vor allem vor dem
Hintergrund der *Verantwortung* deutlich.

Wenn Eltern mit der Funktion normalisieren, Orientierung zu erhalten
und das *Selbstverständnis* zu stärken, scheint dies eine Antwort auf die Eigenschaften *Unvorhersehbarkeit* und *andauernden Veränderung auf Dauer* zu sein.
Das Normalisieren kann Orientierung und Sicherheit für Deutungs- und Anpassungsprozesse geben. Mit Blick auf diese beiden Eigenschaften kann das
Normalisieren als Gegenbewegung verstanden werden: Es sorgt für Konstanz.
Während Eltern durch die ständige Veränderung der Elternschaft damit konfrontiert sind, dass Elternsein sich in ständigem Wandel befindet – beispielsweise durch das Heranwachsen des Kindes –, so kann das Normalisieren zu
Beständigkeit und Routine führen. Was Normal ist, kann als konstant und verlässlich angesehen werden – beispielsweise Vorstellungen über ein normales

Schlüsselphänomen: Elternschaft – das Fremde

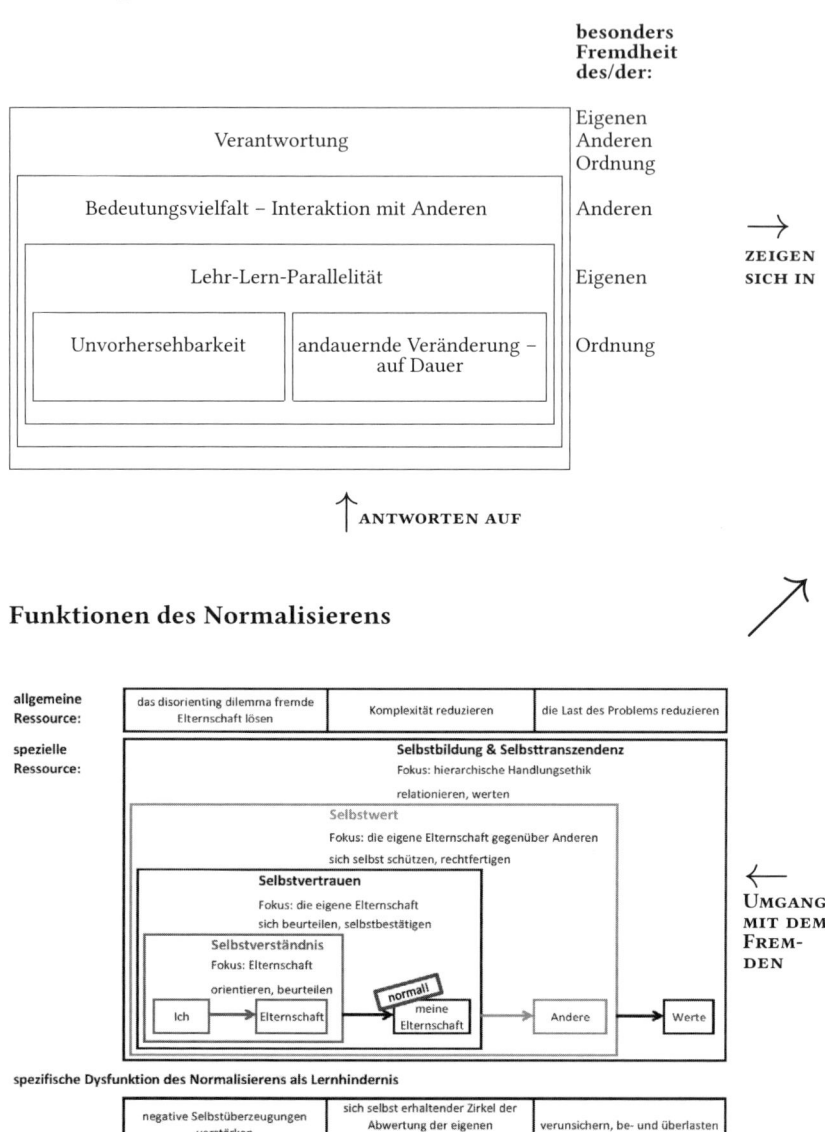

Funktionen des Normalisierens

Übersicht 17.3: Grounded Theory *Elternschaft als Lernprozess* II

Lernfeld Elternidentität

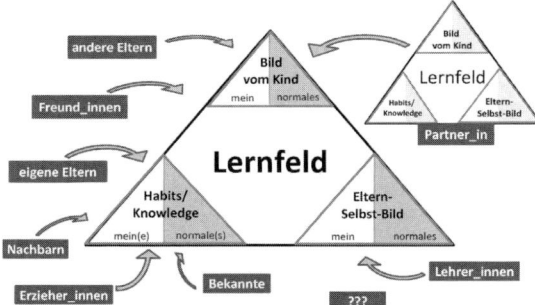

IDENTITÄTSBILDUNG DURCH DIALOG UND AUSSCHLUSS:
↓FREMDES NORMALISIEREN

Formen des Lernens mit Normalisieren

Relation: Normalisieren und Lernen	Umgang mit dem Fremden → Lernen
1. Unterbrochene N. wiederherstellen	das Fremde abwehren, zurück zum normalisiert Angeeigneten→ kein transformatives Lernen
2. N. als Horizont	normalisierend frames aneignen
N. als Ausgangspunkt für Lernprozesse	das Eigene der N. entsprechend variieren – Selbstaneignung → N. unverändert, individuelle pov transformieren
	durch Normalisieren aneignen und Normalisiertes modifizieren → n. pov transformieren
	n. Aneignung führt zu Fremdem im Eigenen, produktive Antwort auf das neue Fremde → individuelle pov/hom transformieren
N. als Ziel von Lernprozessen	aneignen durch Normalisieren und oder produktive Antwort auf das Fremde → individuelle/normalisierte pov neu lernen/transformieren
3. unterbrochene N. neu rahmen	das Eigene ist fremd, wird neu interpretiert
positiv umdeuten	produktive Antwort auf das Fremde → pov/hom transformieren
zu einer neuen N. umdefinieren	durch Aneignung erzwungene reproduktive Antwort auf das Fremde → zunächst kein TL – in Folge jedoch sehr wahrscheinlich
in eine neue N. transformieren	produktive Antwort erschafft neues Gemeinsames – dessen Aneignung durch neue N. → pov/hom transformieren
4. N. in Frage stellen und überwinden	reproduktive/produktive Antwort auf das Fremde → pov/hom transformieren
5. n. Lern-Zirkel	das Dilemma an sich wird als Fremdes n. angeeignet, rahmt das Lernen
Lösung des wiederkehrenden Einzelfalls	auf das Spezielle begrenzte reproduktive Antwort → pov transformieren möglich
unlösbares Dilemma pragmatisch lösen	auf das Spezielle begrenzte reproduktive Antwort → pov transformieren möglich
Gewöhnung an das unlösbare Dilemma	nicht vollständige Aneignung des Fremden, langer Prozess der reproduktiven Antwort → Gewöhnen als einzig mögliche Lösung
6. Nicht-Lernen durch n.	das Fremde wurde zuvor normalisiert angeeignet
n verhindert Lernen	scheinbar angeeignete Nicht-Lösung bleibt fremd, erfordert immer neuen Umgang; eigentlich produktive Antwort als Nicht-Lösung ausgeschlossen → kein (transformatives) Lernen
n. dispensiert vom Lernen	normalisierende Aneignung des Dilemmas selbst → kein (transformatives) Lernen

N. = Normalisierung(en); n. = normalisiert(e/er); pov = points of view; hom = habits of mind

Schulkind. Das Normalisieren ermöglicht routinisiertes Handeln. So kann das Normalisieren das eigene *Selbstverständnis* als Elternteil orientieren und die notwendige Sicherheit für das *Selbstvertrauen* als Eltern geben.

Unterstützt das Normalisieren, dass Eltern ein *Selbstvertrauen* als Elternteil entwickeln können, so kann dies eine Antwort auf die Eigenschaft der *Lehr-Lern-Parallelität* sein. Wenn das Normalisieren *Selbstvertrauen* gibt, erhalten Eltern Sicherheit für ihren eigenen Lernprozess. Dies kann vom Fremden in der eigenen Elternschaft entlasten und auf diese Weise für das Lehren der Kinder Freiräume schaffen.

In Bezug auf die Dimension *Bedeutungsvielfalt – Interaktion mit Anderen* kann das Normalisieren davon befreien, eine individuell begründete Position beziehen zu müssen. Eltern erhalten Orientierung ohne das Knowledge oder ihre Habits reflektieren und kommunikativ validieren zu müssen. Sie müssen nicht individuell Stellung beziehen, wenn sie sich auf etwas Normales berufen können. Das Normalisieren entbindet davon. Eltern können sich auf diese Weise soziale Anerkennung verschaffen. Sie stabilisieren ihren *Selbstwert* und unterstützen so wiederum das eigene Erlernen der Elternschaft. Dies wäre wiederum eine Funktion im Hinblick auf die Eigenschaft *Lehr-Lern-Parallelität*. Wenn Eltern sich durch das Normalisieren Anderen gegenüber schützen, gibt dies angesichts der *Bedeutungsvielfalt* durch die Interaktion mit Anderen Stabilität. Dies ist umso bedeutsamer, da Elternschaft ja durch die umfassende *Verantwortung* auch sozial mit großer Bedeutung versehen wird. Eltern können durch diese spezielle Ressource des *Selbstwertes* versuchen, mit Hilfe des Normalisierens Anerkennung in ihrer Lebenswelt zu erlangen und sich vor oder bei Fehlern oder Problemen zu schützen.

Die letzte spezielle Ressource schließlich, die *Selbstbildung und Selbsttranszendenz*, kann ebenfalls eine Antwort auf die umfassende *Verantwortung* und die *Bedeutungsvielfalt – Interaktion mit Anderen* sein. Eltern scheinen nach übergreifenden Werten zu suchen, mit denen sie sich in der Pluralität, in der sie leben und in der sie aufgrund ihrer Elternschaft für ihr Kind verantwortlich gemacht werden, orientieren und verantworten können.

Auch mit dem *Lernfeld Elternidentität* lassen sich die speziellen Ressourcen verbinden. Die Funktion des *Selbstverständnisses* bezieht sich auf das *Eltern-Selbst-Bild* verbunden mit den sonstigen *Habits/Knowledge*. Das *Selbstvertrauen* als Elternteil verweist zunächst einmal auf die Interaktion mit dem Kind. Hier besteht wie in der Reflexion mit Honneth gesehen ein grundlegendes Anerkennungsproblem. Das Normalisieren kann in dieser Funktion bei den Lernfoki *Bild vom Kind* und *Eltern-Selbst-Bild* vermitteln. Mit dem *Selbstwert* wird die Interaktion zwischen Eltern und *Anderen* fokussiert. Dies umfasst die Beziehung des gesamten Lernfeld-Dreiecks mit der Lebenswelt. Das Normalisieren in dieser Funktion stützt die Interaktion von Eltern mit Teilen der Gesellschaft und sichert den Wert als Gesellschaftsmitglied. Die vierte spezielle Ressource, die *Selbstbildung und Selbsttranszendenz* fokussiert vor allem die Dimension der Fremdheit der Ordnung. Diese liegt quer zum gesamten Lernfeld und kann damit als grundlegende Antwort für alle Lerninhalte angesehen werden. Das Normalisieren als Ressource für *Selbstbildung und Selbsttranszendenz* unterstützt mit der Entwicklung eines Wertesystems, dass Eltern eine Ordnung entwickeln können, die sie bei Handlungsproblemen heranziehen können.

Im nächsten Kapitel umreiße ich, welche Anregungen die hier noch einmal zusammengefasste Grounded Theory *Lernprozesse von Eltern mit Normalisieren* für Forschung und Theoriebildung haben kann.

Kapitel 18

Anregungen für Forschung und Theoriebildung

Aus der hier vorgestellten Theorie *Lernprozesse von Eltern mit Normalisieren* ergeben sich Anregungen zum einen für weitere Forschung im Hinblick auf das Lernen von Eltern, zum anderen für die Theoriebildung im Kontext der TLT und schließlich bezogen auf die Grounded Theory Methodology und den Prozess, eine Grounded Theory von Lernprozessen zu entwickeln.

Im Hinblick auf **weitere Forschung** zum Lernen von Eltern erscheint mir fünf Aspekte zentral: normalisierte Inhalte des Lernens, das Nicht-Lernen, normalisierte Lernwege, der Prozess des elterlichen Lernens und schließlich die Differenzierung unterschiedlicher Typen im biographischen Verlauf

Ich habe als eine grundlegende Funktion des Normalisierens in der vorliegenden Studie die Reduktion von Komplexität rekonstruiert. Es hat den Anschein, als würden Eltern in Situationen normalisieren, in denen Elternschaft ihnen zu komplex erscheint. Weiter führende Forschung könnte sich zur Aufgabe machen, diese *normalisierten Inhalte* näher in den Blick zu nehmen. Meine Untersuchung legt die Vermutung nahe, dass Eltern dann normalisieren, wenn sie die Lernherausforderung als zu komplex und damit als überfordernd einschätzen. Ein differenziertes Wissen über diese *möglichen Überforderungs-Situationen* könnte ein Ausgangspunkt für die Weiterentwicklung von Elternbildungskursen sein.

Im Zusammenhang mit den Formen des Lernens mit Normalisieren habe ich aufgezeigt, wie Normalisieren zu Nicht-Lernen führen kann. Dies ist aus pädagogischer Perspektive gewöhnlich ein zu vermeidender Zustand. Ich konnte jedoch zeigen, dass auch Nicht-Lernen im Sinne eines Dispensierens vom Lernen funktional sein kann. Es scheint mir lohnenswert diese *funktionale Perspektive auf das Nicht-Lernen* in die pädagogische Forschung und Diskussion aufzunehmen und dieses Phänomen näher zu untersuchen.

Die Eltern sprechen in den Interviews häufig davon, dass sie bestimmte Lernwege als normal ansehen. Für die Einen ist das Lesen von Ratgeberliteratur normal, Andere führen Gespräche mit anderen Eltern auf. Insbesondere für die Weiterentwicklung der Elternbildung wäre es hilfreich, diese *von Eltern normalisierten Lernwege* zu kennen. Elternbildung könnte diese Wege stärker einbinden, um dem Problem der Erreichbarkeit zu begegnen und niederschwellige Angebote zu entwickeln. Solche Angebote schließen dann an elterliche Handlungspraxen an, weil sie für die jeweiligen Eltern normale Lernwege sind.

Die entwickelte gegenstandsbezogene Theorie beschreibt die Struktur elterlichen Lernens. Sie beschreibt quasi „statisch" das Phänomen Elternschaft, die Inhalte möglicher Lernprozesse sowie die Formen und Funktion des Lernens mit Normalisieren. Damit gibt sie eine Übersicht über identifizierte Aspekte elterlichen Lernens. Sie macht jedoch keine Aussagen über deren zeitlichen Verlauf. Der *Prozesscharakter elterlichen Lernens über die Zeit* wird nicht erfasst. Veränderungen etwa in der Gewichtung bestimmter Lerninhalte oder vorzüglicher Lernformen von der Anfangsphase als Eltern bis hin zur Elternschaft mit erwachsenen Kindern habe ich nicht betrachtet. Die vorliegende Theorie kann damit weiterführenden Studien eine theoretische Rahmung geben, die dann untersuchen, wie Inhalte und Formen des Lernens sich im Verlaufe der Elternschaft verändern. Sie kann für Untersuchungen des biographischen Prozesses elterlichen Lernens eine Heuristik bieten.

Ich sehe in der vorliegenden Studie gänzlich davon ab, einzelne Fälle zu betrachten und in ihrer Typik zu beschreiben. Interviews oder Tagebücher werden nicht entlang eines individuellen Falls untersucht, sondern nur im Hinblick auf auftauchende Phänomene. Diese Phänomene vergleiche ich quer zu den Daten unabhängig vom Einzelfall. Das Verständnis elterlichen Lernens kann darüber hinaus jedoch vertieft werden, wenn einzelne Fälle miteinander kontrastiert werden, um das jeweils spezifische eines Falls in den Blick zu nehmen. Auf diese Weise wäre es möglich, unterschiedliche Typiken im biographischen Lernprozess von Eltern zu identifizieren. Für eine weiterführende Untersuchung bestimmter *Typen elterlicher Lernverläufe* kann die hier vorgestellte Theorie ebenfalls als Heuristik herangezogen werden.

Im Hinblick auf die **Weiterentwicklung der Transformative Learning Theory** finde ich vor allem bedeutsam, wie die TLT ausdifferenziert werden konnte. Dies geschieht in meiner Untersuchung unter anderem durch die Verbindung mit weiteren Theorien. Diese Differenzierungen können hilfreiche Perspektiven für Studien eröffnen, in denen transformative Lernprozesse untersucht werden.

Im ersten Teil dieser Grounded Theory beschreibe ich *Eigenschaften des disorienting dilemma* Elternschaft. Es stellt sich die Frage, in wieweit sich die hier rekonstruierten Charakteristika teilweise für andere disorienting dilemmata verallgemeinern lassen. So beschreiben beispielsweise Chang et al. (2012) Lernprozesse im Kontext internationaler Service Dienste. Sie rekonstruieren „exploring the unkonwn" (Chang et al. 2012, 230) als einen „trigger" (ebd., 238) für transformative Lernprozesse. Sie stellen fest, dass vor allem die „contrasting experience" sowie eine „reality beyond the existing schema" (ebd., 238) ein Lernen in Gang setzen. Eine besondere Rolle spielt dabei die Erfahrung, dass Personen des fremden Gastlands Situationen eine andere Bedeutung geben, als dies die Mitarbeitenden im Internationalen Service tun („contrasting and out-of-framework episodes"; ebd., 240). Hier zeigen sich Parallelen zur in meiner Studie rekonstruierten Eigenschaft der *Bedeutungsvielfalt* und der *Interaktion mit Anderen.* Der Blick auf unterschiedliche disorienting dilemmata und deren jeweilige Eigenschaften könnte dazu beitragen zu schärfen, was ein disorienting dilemma zu einem solchen werden lässt. Dies wäre bei der Frage danach, wie transformative Lernprozesse angeregt werden können, [232] eine hilfreiche Quelle. Zudem könnte es die Spezifik des transformativen Lernens gegenüber anderen Formen des Lernens schärfen. Newmann (2012) fasst eine Reihe von Kritikpunkten an der TLT zusammen. Er vertritt die These, TL wäre keine besondere Form des Lernens. Mit der TL würde einfach nur gutes Lernen bezeichnet. Cranton/Kasl (2012) stellen in ihrer Antwort auf Newmann fest, dass in der Tat die Bezeichnung TL von einigen Autor_innen teilweise recht undifferenziert verwendet wird und so verschwimmt, was mit transformativem Lernen eigentlich gemeint ist. Mit einer differenzierten Beschreibung der Eigenschaften disorienting dilemmata könnte dieser Gefahr der Beliebigkeit begegnet werden.

Die in der vorliegenden Untersuchung zu Lernprozessen von Eltern hergestellten *Bezüge zu anderen Theorien (Waldenfels, Honneth, Joas)* können meiner Ansicht nach für die Weiterentwicklung der TLT ebenfalls bereichernd sein. Das obige Beispiel deutet dies bereits an. Chang et al. (2012, 238) verweisen auf eine „unknown world". Dies bestätigt einerseits die Fremdheit als grundlegendes Kennzeichen eines disorienting dilemma. Andererseits legt es damit nahe, die Theorie des Fremden nach Waldenfels in die Betrachtung dieses Phänomens und des Umgangs mit dem Befremdenden eines disorienting dilemmas einzubeziehen. Die Analyse der unterschiedlichen Dimensionen des Fremden kann helfen, das *disorienting dilemma in seinen Eigenschaften zu schärfen.* Wie sich in der vorliegenden Studie gezeigt hat, können Formen des Lernens als Umgang mit dem Fremden rekonstruiert werden. Auch hier gibt Waldenfels Strukturierungsmöglichkeiten. Es stellt sich die Frage, ob die hier rekonstruierten Lernprozesse im Umgang mit dem Fremden teilweise auf andere transformative Lernprozesse übertragbar sind. Die bisherige Theorieentwicklung scheint das nahe zu legen. So untersucht Mälkki (2010) Herausforderungen, die sich für die Reflexion im transformativen Lernprozess stellen. Sie stellt fest: „within the meaning perspective [frame of reference; RM], there are predispositions for searching for the familiar and avoiding the unfamiliar, which forms a counterforce to reflection" (Mälkki 2010, 55). Mälkki trifft eine Unterscheidung zwischen „familiar" und „unfamiliar". Hier könnte man mit bekannt und fremd übersetzen. Ähnlich wie Waldenfels stellt sie eine Tendenz fest, das Fremde zu vermeiden. Wie dennoch Lernprozesse stattfinden können, zeigen die Analysen der Lernprozesse von Eltern. Hier kann ich die Formen des Lernens mit Bezug auf Waldenfels Umgang mit dem Fremden

---

232   Vgl. Taylor/Mezirow 2009.

schärfen und differenziert beschreiben. Daran anschließend wäre zu untersuchen, wie sich die in der vorliegenden Studie *rekonstruierten Formen auch in anderen transformativen Lernprozesse finden.*

Bei der Analyse der Funktionen des Normalisierens habe ich zur Interpretation der Ergebnisse die Theorien der Anerkennung von Honneth sowie die Theorie der Werteentwicklung von Joas hinzu gezogen. Auch für den Aspekt der *Funktion unterschiedlicher Formen des transformativen Lernens* habe ich Differenzierungen vorgenommen, die bisher nur ansatzweise vorhanden waren. So stellen bisher nur West et al (2013) bei ihrer interdisziplinären Analyse „non-tranditional learners" (ebd., 219) eine Verbindung zwischen TL und der Anerkennungstheorie her. Die in der vorliegenden Studie beschriebenen Ergänzungen der TL durch die Theorie der Anerkennung bzw. der Werteentwicklung könnte in weiteren Untersuchungen transformativer Lernprozesse geprüft und ausdifferenziert werden.

Ich rekonstruiere elterliche Lernprozesse mit Hilfe der **Grounded Theory Methodology**. Wie eingangs erläutert[233] bedarf die Übertragung einer stark handlungstheoretisch ausgerichteten Methodologie auf eine erziehungswissenschaftliche Forschungsperspektive auf das Lernen einer gewissen Anpassung. Mit der hier referierten Studie zeigt sich, dass die Modifikation der GTM nach Corbin/Strauss (2008) eine geeignete Möglichkeit darstellt, biographische Lernprozesse zu untersuchen. Der pragmatistische Lernbegriff nach Dewey und die TLT nach Mezirow erwiesen sich als hilfreiche Heuristiken. Es zeigt sich damit als gut möglich, das von Strauss/Corbin (2005) für das axiale Kodieren vorgeschlagene *Kodierparadigma durch eine Lerntheorie zu ersetzen.*

Für die in der GTM diskutierten Frage, wie viel Vorwissen und Theorie in einer Studie eingebracht werden dürfen,[234] kann diese Untersuchung von Lernprozessen von Eltern ebenfalls einen Vorschlag unterbreiten. Der Weg, *bestehende Theorien* einerseits als *öffnende Heuristiken* für die Datenanalyse zu nutzen (Dewey) sowie als *spezifische Heuristiken* zur differenzierten Analyse eines Schlüsselphänomens (Mezirow) und sie andererseits für die *systematisierende und schärfende Darstellung der rekonstruierten Ergebnisse* einzusetzen (Waldenfels, Honneth, Joas), zeigt sich als gangbar. Auf diese Weise ist methodologisch gesichert, dass die Entwicklung einer Theorie mit klarer Heuristik gegenstandsbezogen ist. Zudem werden die Ergebnisse nicht durch vorab festgelegte theoretische Perspektiven begrenzt, sondern durch nachträglich heran gezogene Theorien geschärft.

Generell hat sich im Kontext der vorliegenden Studie gezeigt, dass die *Differenzierung in Inhalt, Form und Funktion bei der Analyse eines Phänomens* eine hilfreiche Grundorientierung darstellt. Sie erleichtert die Zuordnung von Beobachtungen und Interpretationen und bildet bei der Arbeit mit den Daten ein hilfreiches Raster, um Kodierungen und Memos grob zu strukturieren.

---

233   Vgl. Abschnitt 3.2.
234   Vgl. Abschnitt 3.2.

Dennoch gilt es, die über diese Dreiteilung hinweg bestehenden Verbindungen nicht aus dem Blick zu verlieren, wie sich in den Zusammenfassungen in meiner Untersuchung zeigt. Diese „Querverbindungen" sichern den Zusammenhang der entstehenden Grounded Theory.

Meine Untersuchung abschließend betrachte ich im folgenden Kapitel, welche Bedeutung die entwickelte Grounded Theory *Elternlernen mit Normalisieren* für die Pädagogik und spezieller für die Elternbildung haben kann. Ich versuche dabei nicht, einen umfassenden Überblick zu geben. Vielmehr skizziere ich schlaglichtartig einzelne Überlegungen, die sich für mich an meine Studie anschließen.

Kapitel 19

Anregungen für die Elternbildung

Die vorliegende Studie zeigt: Das Lernen von Eltern kann mit der Theorie des transformativen Lernens beschrieben werden. Das Erlernen von Elternschaft ist ein Lernprozess, der im Sinne der TLT transformativ ist. Kegan (2009, 48) stellt für die Begleitung transformativer Lernprozesse fest:

> „A constructive-developmental perspective on transformational learning creates an image of this kind of learning over a lifetime as *the gradual traversing of a succession of increasingly elaborate bridges*. Three injunctions follow from this image. First, we need to know *which bridge we are on*. Second, we need to know *how far along the learner is in traversing that particuar bridge*. Third, we need to know that, if it is to be a bridge that is safe to walk across, *it must be well anchored on both sides*, not just the culminating side" (kursiv RM).

Kegan schlägt das Bild einer Brücke vor, die im transformativen Lernprozess überschritten wird. Meine Überlegungen dazu, welche Bedeutung die hier vorliegende Studie für die pädagogische Praxis haben kann, gliedere ich entsprechend den von Kegan vorgeschlagenen drei Handlungsanweisungen, die sich aus dem Bild des Lernwegs als Brücke ableiten lassen. Zuerst betrachte ich, *auf welcher „Brücke" Eltern sich eigentlich befinden.* Hier stehen das Phänomen *Elternschaft – das Fremde* und das *Lernfeld Elternidentität* im Fokus.

Dann skizziere ich die Bedeutung meiner Studie im Hinblick auf die Frage, *wo die individuellen Eltern eigentlich auf der Brücke stehen.* Dies ist die Frage nach der Zielgruppe des Lernens. Dabei ist meine Interpretation des Lernens von Elternschaft als ein Prozess, bei dem eine Elternidentität entwickelt wird, zentral. Das von Kegan genannte „we" (2009, 48) interpretiere ich beides Mal als gültig sowohl für pädagogische Fachkräfte als auch für lernende Eltern.

Zudem ergänze ich um die von Kegan nicht explizit genannte Frage, *wie Eltern eigentlich über diese Brücke gelangen.* Um im Bild zu bleiben bedarf es ja je nach Beschaffenheit der Brücke und Bewegungsmöglichkeit und Beweglichkeit der Überquerenden bestimmter Formen. Transformatives Lernen braucht je nach lernender Person unterschiedliche Unterstützung. Hier zeigt sich zentral die Bedeutung der Anderen. Die Interaktion mit Anderen hat als Eigenschaft des Schlüsselphänomens und des Phänomens Fremdheit, als Komponente im Lernfeld und beim Identitätslernen sowie im Prozess des transformativen Lernens selbst einen besonderen Stellenwert.

Schließlich nennt Kegan als dritten Aspekt *die feste Verankerung der Brücke auf beiden Seiten.* Dies rückt das Normalisieren und seine Formen und Funktionen in den Mittelpunkt. So können etwa Formen des Umgangs mit dem Fremden aus der Zeit vor der Elternschaft Teil eines Brückenpfeilers darstellen. Im Kontext dieses dritten Aspekts ist insbesondere auch das Nicht-Lernen zu beachten.

Im Zuge dieses dritten Aspekts betrachte ich auch, welche Hinweise die Studie für mögliche Formen der Elternbildung geben kann. Dies wäre die Frage, *wie Eltern auf ihrem Weg über die Brücke gut begleitet werden können.*

Diese von Kegan (2009) vorgeschlagene Gliederung entspricht in etwa Mezirows Einteilung in die Reflexionsebenen Inhalt (was für eine Brücke?), Prozess (wo auf der Brücke?) und Prämissen (wie ist die Brücke verankert?).[235]

Was ist das für eine Brücke? In Teil II dieser Studie erläutere ich das Erlernen von Elternschaft als einen Lernprozess, bei dem eine Elternidentität entwickelt wird. Das disorienting dilemma *Elternschaft – das Fremde* beschreibe ich in seinen Eigenschaften. Dabei zeigt sich, dass Elternschaft als höchste Form der Fremdheit außerhalb jeder Ordnung erfahren wird.[236] Durch die rekonstruierten Eigenschaften und das *Lernfeld Elternidentität* können sowohl das disorienting dilemma als auch der damit verbundene Lernprozess inhaltlich erfasst werden. Dieses Wissen ermöglicht es sowohl pädagogischen Fachkräften als auch Eltern die *Komplexität der Lernsituation strukturiert zu betrachten.* Oder um im Bild zu bleiben: Die Brücke, über die es zu gehen gilt, wird in ihrer Architektur sichtbar. Dies kann eine hilfreiche Anregung für die inhaltliche Gestaltung von Elternbildung sein.

Tschöpe-Scheffler (2006) untersucht bestehende Elternbildungskonzepte. Sie geht bei der Entwicklung von Kriterien zur Beurteilung solcher Konzepte zweischrittig vor. Einerseits bildet sie Kriterien mit Blick auf gute Erziehung. Andererseits ermittelt sie Merkmale elterlicher Erziehungskompetenz. Im Anschluss daran analysiert Tschöpe-Scheffler Konzepte der Elterbildung entlang der entwickelten Kriterien. Ich zeige im Folgenden an diesem Beispiel auf, wie die in meiner Studie entwickelten Theoriebausteine zu den Inhalten elterlichen Lernens für Tschöpe-Schefflers Heuristik eine mögliche theoretische Grundlage bilden und damit allgemeiner formuliert bestimmte *Anforderungen an Veranstaltungen in der Elternbildung begründen* können.

Ausgehend von der Frage, „was […] eine gute Erziehung [ist] und welche Befähigungen […] dazu nötig [sind]" (2006, 276) entwirft Tschöpe-Scheffler zunächst ein Modell der „Fünf Säulen der Erziehung" (ebd., 279ff).[237] Als Grundlage dienen Schriften pädagogischer Klassiker_innen wie Comenius oder Montessori.[238] Die in diesem Modell vorgestellten Aspekte sollen Ori-

---

235 Vgl. Abschnitt 10.2.4.
236 Vgl. Abschnitt 8.
237 Vgl. auch Tschöpe-Scheffler 2003.
238 Siehe Tschöpe-Scheffler 2006, 277f.

entierung geben und auch zur Diagnostik elterlichen Handelns dienen. Basis der „Fünf Säulen der Erziehung" bilden ein „eindeutiges JA" zum „Kind", zu „Verantwortung und Zuständigkeit" und zur „Übernahme der Mutter- und Vaterrolle" (280). Sie sind nach Tschöpe-Scheffler die grundlegende Basis für ein „entwicklungsfördernde[s] Miteinander von Erwachsenen und Kindern" (ebd., 280). Abschließend resümiert Tschöpe-Scheffler (2006, 284), dass Erziehung in der Familie ein komplexes Geschehen mit vielfältigen Einflüssen ist:

> „Erziehung muss als ein komplexes Konstrukt verstanden werden, in dem verschiedene Faktoren in Erscheinung treten, sich miteinander verknüpfen und sich wechselseitig beeinflussen."

Grundlage für die von Tschöpe-Scheffler im zweiten Schritt entwickelten „Merkmale elterlicher Erziehungskompetenz" (ebd., 284) bildet eine von der Autorin durchgeführte Studie, in der sie erhebt, „wie sie [die Eltern; Anm. RM] sich Unterstützung wünschen" (ebd.).[239] Bestätigt durch die Ergebnisse einer Studie an Beratungsstellen[240] beschreibt Tschöpe-Scheffler (2006, 286) vier Basiskompetenzen,

> „die Eltern einerseits benötigen, um entwicklungsfördernd erziehen zu können, und für die sie andererseits ihrer Selbsteinschätzung entsprechend am ehesten Unterstützung und Hilfe brauchten: **Wissen, Handeln, Selbsterfahrung und Selbsterziehung, Aufbau und Nutzung von Netzwerken"** (Hervorh. i.O.; RM).

Tschöpe-Scheffler (2006, 289) stellt zudem fest, dass ihrer Ansicht nach Unterstützungsangebote für Eltern erfolgreich sind, wenn sie den folgenden drei Kriterien entsprechen: Elternbildungskonzepte sollen Eltern zu einem „selbstreflexiven Prozess" anregen, Eltern sollen lernen, „sich und ihr Kind anders und neu wahr[zu nehmen]". Eltern sollen „neue Handlungsoptionen" entwickeln, die zu ihrem „individuellen Famlilienalltag passen".

Betrachtet man nun Tschöpe-Schefflers Kriterien guter Erziehung, die Basiskompetenzen und die Kriterien erfolgreicher Konzepte im Kontext der in dieser Studie entwickelten Grounded Theory *Lernprozesse von Eltern mit Normalisieren*, so fällt auf: Die zuletzt genannten Qualitätskriterien entsprechen den im *Lernfeld Elternidentität* entwickelten Lernfoki. Auch die Basiskompetenzen spiegeln die Lernfoki *Eltern-Selbst-Bild* und *Habits/Knowledge*. In den Kompetenzen ist mit dem Bereich Aufbau und Nutzung von Netzwerken noch der Aspekt der *Anderen* enthalten. Bei der Beschreibung guter Erziehung finden sich vermischt Teile des Lernfelds (v.a. *Eltern-Selbst-Bild*) und Eigenschaften des disorienting dilemma *Elternschaft das Fremde* (z.B. *Verantwortung*). Ich halte also fest, dass die hier vorgestellte Theorie auf der einen Seite durch die von Tschöpe-Scheffler auf anderem Weg entwickelten Aspekte, die das Phänomen Elternschaft beschreiben, bestätigt wird. Dies gilt insbesondere im Hinblick auf das *Lernfeld Elternidentität*. Auf der anderen Seite zeigt sich gerade im Vergleich, dass einzelne Eigenschaften des disorienting dilemma bei

---

239   Vgl. Tschöpe-Scheffler 2005a.
240   Vgl. Tschöpe-Scheffler 2006, 285f.

Tschöpe-Scheffler vorkommen, während andere in ihrem Ansatz fehlen. Die von Tschöpe-Scheffler entwickelten Kategorien könnten mit Hilfe der vorliegenden Theorie ausdifferenziert und weiterentwickelt werden. Dies hätte zwei Konsequenzen: Zum einen erhielte die im Anschluss von Tschöpe-Scheffler (2006, 295ff) vorgenommene *Analyse von Elternbildungskonzepten eine breitere theoretische Begründung*. Zum Anderen sind *differenziertere Anregungen vorhanden, welche Inhalte in Elternbildungsveranstaltungen* thematisiert und bearbeitet werden sollten. Insbesondere der Aspekt, dass das Erlernen einer Elternidentität eine zentrale Stellung einnehmen sollte, wird durch die hier entworfene Theorie und ihre Bestätigung durch Tschöpe-Schefflers Analysen stark gemacht. Das Beispiel zeigt, wie die nun vorliegende Grounded Theory zur Analyse und Begründung von Elternbildung genutzt werden kann.

Neben den entwickelten Kategorien beschreibt Tschöpe-Scheffler zusammenfassend familiale Erziehung als komplexes Konstrukt.[241] Die rekonstruierten Eigenschaften des disorienting dilemma *Elternschaft – das Fremde* können diese *Komplexität differenzierter beschreiben*. Zudem zeigt sich hier ein Bezug zu der in den Funktionen des Normalisierens rekonstruierten Ressource der Reduktion von Komplexität. Dies bestätigt das Normalisieren als eine Form des Umgangs mit dem Phänomen *Elternschaft – das Fremde* und der damit verbundenen komplexen Lernsituation.

In der Einleitung habe ich skizziert, dass Eltern in Deutschland einerseits durch ein breites Geflecht an Elternbildungsangeboten unterstützt werden. Andererseits scheint dieses Angebot die Adressat_innen häufig schlecht zu erreichen. Die hier rekonstruierte Bedeutung von Anderen in Bezug auf das disorienting dilemma *Elternschaft – das Fremde*, im *Lernfeld Elternidentität* und bei den *Funktionen des Normalisierens* und der Frage der Anerkennung verweisen auf die Bedeutung der jeweiligen Lebenswelt, in der Eltern sich befinden. Die Frage nach der Brücke, auf der Eltern gehen, verweist damit auch auf den von Mollenhauer et al (1978, 18)[242] geforderten Anschluss an die jeweilige Erfahrungen von Eltern. Die Normalisierungen von Eltern können auf in ihrer jeweiligen Lebenswelt geteilten Erfahrungen und frames of reference hinweisen. Für die Elternbildung kann dies bedeuten: Wenn Eltern mit Angeboten erreicht werden sollen, muss bekannt sein, wie die elterliche Lebenswelt aussieht. Bestehen beispielsweise unter der Elternschaft frames, die aussagen, Institutionen hätten tendenziell nichts zu sagen, seien nicht hilfreich oder mit negativen Gefühlen verbunden, dann kann es bereits Probleme bereiten, Elternbildung in Schulen oder Kindergärten anzubieten. Wenn in der elterlichen Lebenswelt das gegenseitige Beraten von Eltern auf dem Spielplatz akzeptiert ist, dann könnte Elternbildung da ansetzen.

---

241   Vgl. Tschöpe-Scheffler 2006, 284.
242   Vgl. Zusammenfassung des Kapitels 1.

Wo stehen die Eltern auf ihrer jeweiligen Brücke? In den obigen Überlegungen ist schon mehrfach angeklungen, dass das Erlernen einer Elternidentität und damit die Perspektive auf Elternbildung als Identitätsbildung zentral ist. Das *Lernfeld Elternidentität* beschreibt den Rahmen – also die generelle Konstruktion der Brücke. An welchem Ort die jeweiligen Eltern individuell gerade stehen, ist dabei noch offen. Die Struktur des Lernfeldes weist darauf hin, dass es für die Entwicklung einer Elternidentität wichtig zu sein scheint, sowohl allgemeine Aspekte der Lernfoki zu betrachten, als auch individuelle Positionierungen zu entwickeln. Das lenkt den Fokus auf die individuelle lernende Person – unabhängig von Kegans Ebenen der Handlungsanweisungen im Kontext transformativer Lernprozesse. [243]

Elternbildung sollte der von mir entwickelten Theorie entsprechend *vom Individuum ausgehen*. Neben der Vermittlung eines generellen Wissens über den Lernprozess als Eltern und seine Lerninhalte bedeutet dies, dass Eltern ihre individuelle Position auf der Brücke, also ihre individuellen *frames of reference im Lernfeld Elternidentität reflektieren* sollten, um individuelle Lernschritte identifizieren und gehen zu können. Mezirow (2000, 31) formuliert dies als generellen Ansatzpunkt für die Begleitung transformativer Lernprozesse.

> „In fastering transformative learning efforts, what counts is what the individual learner wants to learn. This constitutes a starting point for a discourse leading to a critical examination of normative assumptions underpinning the learner's (and often the educator's) value judgments or normative expectations."

Wenn das, was das Individuum lernen will, zum Ausgangspunkt eines Diskurses in der Unterstützung transformativer Lernprozesse werden soll, so zeigen sich hier zwei bedeutsame Aspekte. Diese Überlegung verweist einerseits auf das Bild von *selbstorganisiert Lernenden*. Andererseits ist mit dem Hinweis auf einen Diskurs deutlich, dass diese auf die individuellen Lernenden bezogene Perspektive dennoch grundlegend von der *Interaktion mit Anderen* ausgeht. Die entwickelte Grounded Theory spiegelt auf allen Ebenen das Spannungsfeld zwischen Individuum und Anderen bzw. allgemeinerem Kontext wider. Ganz grundlegend zeigt es sich in der Frage von Eigenem und Fremdem in den Eigenschaften des disorienting dilemma *Elternschaft – das Fremde*. Im *Lernfeld Elternidentität* spiegelt es sich einerseits in der Zweiteilung der Lernfoki in individuellen und normalisierten Anteil, andererseits in der Verbindung mit Anderen. In den *Formen des Lernens* zeigen die rekonstruierten Relationen, wie Lernprozesse möglich sind im Kontext der von Eltern vorgenommenen normalisierten und individuellen Rahmungen. Die *Funktionen des Normalisierens* schließlich zeigen insbesondere geschärft durch die Anerkennungstheorie, welche Bedeutung das individuelle Verorten in Normalisierungen haben kann. In Bezug auf die Werteentwicklung ist die Voraussetzung eines Diskurses direkter Bezug zur Interaktion mit Anderen. Diese zentrale Verwobenheit

---

243 Vgl. siehe oben; Kegan 2009, 48.

scheint zu unterstreichen, dass es wichtig ist für Eltern, das *Spannungsfeld zwischen individueller Elternschaft und Anderen bzw. Normalisierungen zu reflektieren.* Kegan (2009, 50) beschreibt mit Verweis auf Grow analog allgemeine Grundzüge des selbstgesteuerten Lernens.

> „Gerald Grow (1991) defines self-directed learners as those who are able to: ‚examine themselves, their culture and their milieu in order to understand how to separate what they feel from what they should feel, what they value from what they should value, and what they want from what they should want. They develop critical thinking, individual initiative, and a sense of themselves as co-creators of the culture that shapes them'."

Im Kontext dieser Untersuchung könnte der jeweilige „what they should..."-Anteil durch die Normalisierungen ersetzt werden. Die Untersuchung zu den *Formen des Lernens mit Normalisierung* zeigen jedoch, dass ein Lernen hier nicht selbstverständlich stattfindet. Insbesondere mit Blick auf die identifizierten Lernhindernisse und das Nicht-Lernen erscheint mir die Frage nach den Brückenpfeilern und deren Verankerung entscheidend, wenn Formen der Elternbildung reflektiert werden.

Wie sind die Brückenpfeiler verankert und wie können Eltern gut über ihre Brücke begleitet werden? Die Analyse der Formen, in denen Eltern mit Normalisieren lernen verweist auf mögliche Formen, wie auch in der Elternbildung gelernt werden könnte. Dabei stellt sich die Frage: Was eröffnet Lernmöglichkeiten und unterstreicht zugleich die Verankerungen auf beiden Seiten, um die Brücke stabil zu erhalten? Hier zeigen sich Möglichkeiten im Umgang mit dem Fremden. Eltern haben unabhängig von ihrer Elternschaft *Formen des Umgangs mit dem Fremden* entwickelt. Dies ist eine erste Verankerung der Brückenpfeiler. Elternbildung kann dazu anregen, erlernte Formen des Umgangs mit dem Fremden aus Problemsituationen unabhängig von ihrer Elternschaft zu reflektieren und Möglichkeiten der Übertragung zu erwägen. So können bekannte Lösungsstrategien anderer Problemsituationen reflektiert werden. Dies kann dazu beitragen, dass Eltern sich die Fremdheit der Ordnung, wie sie sie mit der Elternschaft erleben, teilweise aneignen. Zugleich können sich Möglichkeiten für ein reproduktives oder produktives Antworten auf das Fremde eröffnen.[244] Der Bezug zu Normalisierungen und deren Funktionen kann hierbei helfen, den Blick zu schärfen. Die in der vorliegenden Studie rekonstruierten Formen des Umgangs mit dem Fremden verweisen auf die Bedeutung der Antwort auf das Fremde, insbesondere des kreativen Umgangs und damit des produktiven Antwortens. Elternbildung könnte weniger aufgeladene Situationen als die der Elternschaft nutzen, um Umgangsformen mit dem Fremden zu reflektieren und zu üben. Ganz konkret bieten sich beispielsweise in Anfangssituationen etwa Kennenlernübungen oder ungewohnte Lernmethoden an, um dann eigene Umgangsformen mit dem hier

---

244   Vgl. zum den Formen des Umgangs mit dem Fremden nach Waldenfels Abschnitt 12.

Fremden im konkreten Fall zu reflektieren („wie handle ich in fremden Situationen?"). Daran anschließend kann nach Übertragungsmöglichkeiten in
Situationen der Elternschaft gefragt werden.

Auch die *Auseinandersetzung mit den Eigenschaften des Phänomens Elternschaft – das Fremde* kann hier eine mögliche Strategie sein, Anteile des Fremden anzueigenen oder ein Antworten zu ermöglichen und damit die Verankerung der beiden Brückenpfeiler sichtbar zu machen. Bei aller Veränderung im
Zuge der Elternschaft stellt sich hier die Frage nach der Konstanz. So könnte
beispielsweise mit Blick auf die Eigenschaft der *andauernden Veränderung auf
Dauer* die Unterscheidung getroffen werden zwischen Aspekten, die dazu beitragen, dass Elternsein im Fluss bleibt, die zu ständiger Veränderung führen
(z.B. Kinderveränderungen) und Aspekten, die für Konstanz sorgen, die als
statisch angenommen werden wie etwa Normalisierungen über die Anthropologie des Kindes oder Einschätzungen über bestimmte Betreuungsformen.
Wenn Eltern vor einem Handlungsproblem stehen, dann kann die Frage, welche Rahmungen sie als fest und welche als variabel ansehen, Sicherheit und
Orientierung geben. Entsprechende Reflexionen sind auch in Bezug auf die
anderen Eigenschaften des disorienting dilemma *Elternschaft – das Fremde*
denkbar: Was ist wirklich unberechenbar und was ist verlässlich? Wie lerne
ich immer schon gut? Wo drückt die Verantwortung besonders und wie habe
ich mich bisher von Verantwortung entlastet?

Die Rekonstruktion von Formen des Lernens mit Normalisieren hat gezeigt, dass das *Normalisieren Lernmöglichkeiten eröffnet, begrenzt und schließt.*
Wenn Mezirow (2000, 12) feststellt,

> „This is why it is essential to seek out and encourage viewpoints that challenge
> prevailing norms of the dominant culture",

so ist hier auf der Grundlage meiner Studie Vorsicht geboten. Das, was als
scheinbare Normen durch Normalisierungen zum Vorschein kommt, kann für
Eltern eine notwendige Ressource sein, die in ihrer Funktion benötigt wird
und zunächst einmal nicht verändert werden sollte, bevor nicht andere Ressourcen diese ausgleichen können. Es ist meiner Ansicht nach wichtig, dass
pädagogische Fachkräfte *wissen, welche Funktionen Normalisierungen und damit auch ein pädagogisch gewöhnlich negativ konnotiertes eingeschränktes oder
ausbleibendes Lernen haben können.* Das funktionale Normalisieren als Ressource kann die Brückenpfeiler auf beiden Seiten verankern. Eltern haben
Normalisierungen erlernt und nutzen diese Ressource etwa um Komplexität
zu reduzieren. Damit wird das Normalisieren zugleich ein Ansatzpunkt für
Elternbildung: Bei der Analyse konkreter Problemsituationen kann die Frage danach, was normalisiert wird, was flexibel erscheint, wo Veränderungen
hilfreich sein könnten und wo Normalisierungen dysfunktional werden unterstützende Reflexionsprozesse in Gang setzen. Dies ist ist auf der Grundlage der
TLT bedeutsam. Bei den vier hier beschriebenen Wegen des Lernens[245] steht

---

245   Vgl. Abschnitt 10.2.4.

nämlich immer die Problemlösung im Mittelpunkt. Und bei jeder Problemlösung spielen unsere frames – und wie in Teil III rekonstruiert insbesondere
die normalisierten – eine zentrale Rolle.

> „Every phase of problem solving is influenced by our meaning perspectives [ha-
> bits of mind; RM]" (Mezirow 1991, 96).

Bei der Reflexion von Normalisierungen werden frames of reference reflektiert und es kann ein Lernprozess einsetzen. Dabei ist es wichtig, Eltern dabei
zu unterstützen, ihre frames auf allen drei Ebenen Inhalt, Prozess und Prämissen zu reflektieren: [246]

Das Normalisieren ist eine Antwort auf das Fremde. Eltern *normalisie-*
ren Inhalte ihres Lernens, die für sie fremd sind. Die normalisierten Aspekte umfassen das ganze *Lernfeld Elternidentität*. Hier kann die Elternbildung
anschließen und das *Lernfeld Elternidentität* inhaltlich bearbeiten. Die Studie
„Eltern unter Druck" (Merkle/Wippermann 2008, 37ff) verweist beispielsweise auf milieuspezifische Vorstellungen einer guten Mutter und eines guten
Vaters. Die Autorin und der Autor betonen:

> „Die Bedeutung dieser Norm für das Fremdbild, aber auch für das Selbstbild junger
> Mütter ist nicht zu unterschätzen und prägt ihr Verhalten" (ebd., 10).

Die entwickelte Grounded Theory kann im Rahmen von Elternbildung genutzt werden, eine systematische Reflexion über eigene Normalisierungen der
Elternschaft anzuregen.

Auf der Ebene der *normalisierten Prozesse* möchte ich festhalten: Die Ergebnisse meiner Studie weisen darauf hin, dass es zunächst einmal wichtig
für Eltern ist zu wissen, dass Elternschaft ein normaler Lernprozess ist. Dann
erscheint es mir wichtig, dass Elternbildung eine Reflexion über individuelle
Lösungsprozesse anregt, um hier Variabilität und das Erproben neuer Möglichkeiten anzuregen. Mead et al. begonen, wie bedeutsam es ist, in der Fähigkeit des Problemlösens zu schulen. Sie stellen fest:

> „In dieser Methode muss das Individuum geschult werden, und die Schulung muss
> aus seiner eigenen Erfahrung heraus entstehen, das Problem muss sich dort ent-
> wickeln" (Mead et al. 2008, 183).

Als Ausgangspunkt einer solchen Schulung der Fähigkeiten, Probleme zu lösen, eignet sich meiner Ansicht nach die Frage nach den jeweiligen Normalisierungen von Lösungsstrategien. Wenn Eltern erkennen, welche Lösungs-
wege sie jeweils als normal ansehen, können sie im Dialog mit Anderen diese
Normalisierungen aufweichen und für neue Wege offen werden.

Schließlich könnte es meiner Ansicht nach in Elternbildung darum gehen,
normalisierte Prämissen zu reflektieren. Das bedeutet, es wird der Frage nach-
gegangen, warum ein Problem für Eltern zu einem Problem wird. Dies könnte
beispielsweise im Rahmen von konkreten Fallbeispielen aus dem Alltag von

---

246   Vgl. Abschnitt 10.2.4.

Eltern geschehen. Wenn Eltern die Normalisierungen über ihre eigene Eltern-schaft bedenken, können sie frames aufdecken, die ihr Lernen unterstützen und sie bei der Fortentwicklung ihrer Elternidentität stärken. Sie können aber auch hinderliche und widersprüchliche frames identifizieren und ein Umler-nen wird möglich. Dies gilt für alle Ebenen der Reflexion: Elternbildung sollte darauf ausgerichtet sein, hilfreiche frames auszudifferenzieren, so dass sich neue Handlungsoptionen eröffnen. Bei den frames of reference, die Druck er-zeugen, bei denen sich Dilemma-Zirkel[247] etablieren oder die Handlungsop-tionen einschränken sollten transformative Lernprozesse angeregt werden. Zugleich sollten frames, die hilfreich und entlastend sind, gewürdigt und be-stärkt werden.

In den vorangehenden Ausführungen habe ich den Aspekt der *Anderen* nun schon mehrfach angesprochen. Die Verbindung von individueller Per-spektive und der von Anderen oder einer Allgemeinheit (Normalisierung) zieht sich quer durch die von mir entwickelte Theorie zum *Lernen von El-tern mit Normalisieren*. Hier finden sich Ansatzpunkte für die Verankerung der Brückenpfeiler und die Frage, wie eine Begleitung über die individuellen Brücken möglich sein kann. Eltern erlernen ihre individuelle Elternidentität im Kontext ihrer jeweiligen Lebenswelt und damit immer schon verwoben mit Anderen. Der TLT entsprechend ist ein wichtiger Schritt in einem Lern-prozess, dass der oder die Lernende feststellt, dass die eigene Erfahrung eine geteilte ist. An dieses alltägliche Erleben der gemeinsamen Erfahrung kann Elternbildung anschließen. Sie kann einerseits die Gemeinsamkeiten hervor-heben und andererseits Unterschiede wertschätzen und der Reflexion zugäng-lich machen. Hierbei kann zugleich die im Zusammenhang mit den Funktio-nen des Normalisierens rekonstruierte Schwierigkeit der Anerkennung als El-ternteil[248] unterstützt werden.

Insbesondere im Zusammenhang mit dem Fremden spielt die Imagination eine bedeutsame Rolle. Sie kann durch den Dialog mit Anderen und dem da-mit verbundenen Betrachten alternativer Perspektiven auf einen Sachverhalt angeregt werden.

> „Imagination is central to understanding the unknown; it is the way we examine alternative interpretations of our experience by „trying on" other's point of view. The more reflective and open we are to the perspectives of others, the richer our imagination of alternative contexts for understanding will be" (Mezirow 2000, 20).

Der Dialog mit Anderen und damit der Austausch unterschiedlicher Perspek-tiven auf einen Sachverhalt ermöglicht es, die eigenen frames in ihrer Spezi-fik zu untersuchen und wert zu schätzen oder gegebenenfalls zu ändern. Ich möchte abschließend noch einmal mit Mezirow festhalten, worauf Elternbil-dung auf der Grundlage meiner Studie zielen sollte:

---

247 Vgl. Abschnitt 11.6.1.
248 Vgl. Abschnitt 15.4.

„Learners may be helped to explore all aspects of a frame of reference: its genealogy, power allocation, internallogic, uses, affective and intuitive dimensions, advantages, and disadvantages. The frame may be understood as a coherent, meaningful way to organize events and feelings with costs and benefits that may be assessed. An intellectual and emotional grasp of a particular frame of reference opens space for the operation of others. The learner can look at the same experience from a variety of points of view and see that concepts and feelings depend on the perspective through which they occur" (Mezirow 2000, 29).

In der Auseinandersetzung mit eigenen frames of reference und den von Anderen können sich neue Handlungsmöglichkeiten eröffnen. So kann elterliche Identitätsentwicklung oder der Weg über eine stabil verankerte Brücke begleitet werden. Im Kontext der TLT wurden zahlreiche Studien publiziert, die konkrete Vorschläge für die Gestaltung von Lernsituationen prüfen. Hier findet sich ein breites Spektrum möglicher Ideen, die auch für Elternbildungskurse umsetzbar sind. [249]

Viele der hier aufgeführten Anregungen sind in der Elternbildung in Deutschland bereits Alltag. Der Ertrag dieser Studie für die Elternbildung liegt darin, dass mit der vorgestellten Grounded Theory *Lernprozesse von Eltern mit Normalisieren* eine Theorie vorliegt, die die pädagogische Arbeit mit Eltern spezifisch begründen kann. Die Überlegungen dieses Abschnitts verstehe ich als Anregungen, wie eine an Erfahrung anschließende pädagogische Arbeit [250] theoretisch begründet und praktisch umgesetzt werden kann.

---

249   Es gibt Sammelbände wie Mezirow/Taylor (2009) oder Taylor/Cranton (2012) und einzelne Artikel vor allem in den Zeitschriften Adult Education Quarterly (z.B. English/Peters 2012, Swartz/Triscari 2011) und Journal of Transformative Education (z.B. Willink/Jacobs 2011, Bush-Gibson/Rinfret 2010).
250   Vgl. Mollenhauer et al 1978, 18.

Anhang

Transkriptionssystem

Das Transkriptionssystem der vorliegenden Texte ist wie folgt:[251]

Zunächst wird alles klein geschrieben.

beTOnt	betont gesprochene Silben/Wortteile/Buchstaben werden durch Großbuchstaben gekennzeichnet
.	stark fallende Intonation
;	schwach fallende Intonation
?	stark steigende Intonation
,	schwach steigende Intonation
laut	in Relation zur jeweiligen normalen Sprechstimme laut gesprochen
„leise"	in Relation zur jeweiligen normalen Sprechstimme sehr leise gesprochen
(abgebr)	Abbruch eines Wortes
	kurze Pause
3*	längere Pause mit Angabe der ungefähren Dauer in Sekunden
nei::n	auffallende Dehnung; Anzahl der „:" bezeichnet Länge der Dehnung
(unverständlich)	vermuteter Wortlaut, unsichere Transkription in runden Klammern
(…)	ganz Unverständliches wird durch Auslassung markiert
[SEUFZT]	Kommentare zwischen eckigen Klammern
gleichzeitig	gleichzeitig Gesprochenes unterstrichen
@echt@	lachend Gesprochenes; bei längerem Lachen ungefähre Dauer in Sekunden: @5@
§jetzt versteh ich des§	bewegte, fast weinende Stimme wird durch §§ gekennzeichnet

Dialektale Äußerungen werden, so gut es geht, wiedergegeben. Getrennt gesprochene Wort(teil)e werden getrennt notiert, auch wenn dies der deutschen Rechtschreibung widerspricht.

---

251 Vgl. Michalek 2006.

Die jeweils sprechende oder schreibende Person wird mit einem Buchstabenkürzel vermerkt. Die interviewten Mütter heißen in der Reihenfolge der Erhebung AF, BF, CF usw. Die Autorinnen der Tagebücher benenne ich ebenso. Analog bezeichne ich die interviewten Väter mit AM, BM, CM usw. I steht für die interviewende Person. Ich unterscheide hierbei nicht zwischen den verschiedenen Interviewerinnen. Orte und alle weiteren Namen und Bezeichnungen werden anonymisiert.

Die Abkürzung „Interview 1" steht für „erstes Interview". Die Redebeiträge eines Interviews sind fortlaufend durchnummeriert; es wird jeder Sprecher_innen_wechsel gezählt.

Die Tagebücher sind nach Jahrgängen durchnummeriert. Innerhalb eines Tagebuchs werden die Absätze gezählt, wie sie von der Verfasserin eingeteilt wurden. Die Tagebücher 1 - 9 stammen von einer Autorin, Tagebuch 10 - 20 von einer anderen. Die Orthographie der Tagebücher wurde nach dem Original übernommen. Orte und Namen sind auch hier anonymisiert.

Literaturverzeichnis

Abels, Heinz (2007): Interaktion, Identität, Präsentation. Kleine Einführung in interpretative Theorien der Soziologie. Wiesbaden: VS Verlag.

Alheit, Peter/Dausien, Bettina (1999): Biographieforschung in der Erwachsenenbildung. In: Krüger, Heinz-Hermann/Marotzki, Winfried (Hrsg.): Handbuch erziehungswissenschaftliche Biographieforschung. Opladen: Leske & Budrich, S. 407-432.

Alheit, Peter (2009): Biographical Learning – Within the New Lifelong Learning Discourse In: Illeris, Knud (Hrsg.): Contemporary Theories of Learning. Learning Theorists – In their own Words. Abingdon/New York: Routledge, S. 116-128.

Alt, Christian (Hrsg.) (2005): Kinderleben, Aufwachsen zwischen Familie, Freunden und Institutionen. Wiesbaden: VS Verlag.

Bauer, Ullrich/Bittlingmayer, Uwe (2005): Wer profitiert von Elternbildung? In: Zeitschrift für Soziologie der Erziehung und Sozialisation, 25(3), S. 263-280.

Baumgartner (2012): Mezirow's Theory of Transformative Learning from 1975 to Present. In: Taylor, Edward W./Cranton, Partricia and Associates (Hrsg.): The Handbook of Transformative Learning. Theory, Research, and Practice. San Francisco: Jossey Bass, S. 99-115.

Baumert, Jürgen/Kunter, Mareike (2006): Stichwort: Professionelle Kompetenz von Lehrkräften. In: Zeitschrift für Erziehungswissenschaft, 9(4), S. 469-520.

Beck, Ulrich/Beck-Gernsheim, Elisabeth (1994): Riskante Freiheiten. Individualisierung in modernen Gesellschaften. Frankfurt am Main: Suhrkamp.

Bekerman, Zvi/Burbules, Nicholas/Silberman-Keller, Diana (Hrsg.) (2006): Learning in Places. The Informal Education Reader. New York: Lang.

Bell, Richard Q. (1968): A Reinterpretation of the Direction of Effects in Studies of Socialisation. In: Psychological Review, 75(2), S. 81-95.

Bertram, Hans (2011): Fragt die Eltern! Ravensburger Elternsurvey Elterliches Wohlbefinden in Deutschland. Baden-Baden: Nomos.

Blumer, Herbert (1969): Symbolic Interactionism. Perspective and Method. Englewood Cliffs, New Jersey: Prentice-Hall.

Böhm, Andreas/Legewie, Heiner/Muhr, Thomas (2008): Kursus Textinterpretation: Grounded Theory. Bericht aus dem interdisziplinären Forschungsprojekt Atlas, TU Berlin, Nr. 92-3. Online: http://www.ssoar.info/ ssoar/handle/document/2662. [Zugriff: 19.1.2015].

Bohnsack, Ralf (2002): „Die Ehre des Mannes" – Orientierungen am tradierten Habitus zwischen Identifikation und Distanz bei Jugendlichen türkischer Herkunft. In: Kraul, Margret/Marotzki, Winfried (Hrsg.): Biographische Arbeit. Perspektiven erziehungswissenschaftlicher Biographieforschung. Opladen: Leske & Budrich, S. 117-143.

Bohnsack, Ralf ([5]2003): Rekonstruktive Sozialforschung. Opladen: Leske & Budrich.

Brookfield, Stephen (1995): Becoming a Critically Reflective Teacher. San Francisco: Jossey-Bass.

Bundesministerium für Familie, Senioren, Frauen und Jugend (bmfsfj) (2012): Zeit für Familie – Familienzeitpolitik als Chance einer nachhaltigen Familienpolitik. 8. Familienbericht. Online: http://www.bmfsfj.de/ BMFSFJ/Service/publikationen,did=186954.html. [Zugriff 19.1.2015].

Bundesministerium für Familie, Senioren, Frauen und Jugend (bmfsfj) (2011): Monitor Familienleben. Online: http://www.ifd-allensbach.de/studien-und-berichte/veroeffentlichte-studien.html. [Zugriff 19.1.2015].

Bundesministerium für Familie, Senioren, Frauen und Jugend (bmfsfj) (2010): Das Wohlbefinden von Eltern. Auszüge aus dem Ravensburger Elternsurvey. Monitor Familienforschung. Beiträge aus Forschung, Statistik und Familienpolitik. Ausgabe 22. Online: http://www.bmfsfj.de/ BMFSFJ/Service/publikationen,did=158762.html. [Zugriff 19.1.2015].

Bundesministerium für Familie, Senioren, Frauen und Jugend (bmfsfj) (2010a): Familienreport 2010. Leistungen – Wirkungen – Trends. Online: http://www.bmfsfj.de/BMFSFJ/Service/publikationen,did=140786.html. [Zugriff 19.1.2015].

Bundesministerium für Familie, Senioren, Frauen und Jugend (bmfsfj)(2006): Familie zwischen Flexibilität und Verlässlichkeit Perspektiven für eine lebenslaufbezogene Familienpolitik. 7. Familienbericht. Online: http://www.bmfsfj.de/doku/Publikationen/familienbericht/haupt.html. [Zugriff 19.1.2015].

Bundesministerium für Familie, Senioren Frauen und Jugend (bmfsfj) (2006): Monitor Familienforschung. Werteorientierte Erziehung in Deutschland. Newsletter 7. Online: http://www.bmfsfj.de/BMFSFJ/Service/newsletter, did=65152.html. [Zugriff: 19.1.2015].

Bush-Gibson, Brigitte/Rinfret, Sara R. (2010): Environmental Adult Learning and Transformation in Formal and Nonformal Settings. In: Journal of Transformative Education, 8(2), S. 71-88.

Chang, Wei-Wen/Lucy Chen, Cheng-Hui/Huang, Yu-Fu/Yuan, Yu-Hsi (2012): Exploring the Unknown. International Service and Individual Transformation. In: Adult Education Quarterly, 62(3), S. 230-251.

Charmaz, Kathy (2006): Constructing Grounded Theory. A Practical Guide Through Qualitative Analysis. London: Sage.

Clark, M. Carolyn/Wilson, Arthur (1991): Context and Rationality in Mezirow's Theory of Transformational Learning. In: Adult Education Quarterly, 41(2), S. 75-91.

Corbin, Juliet/Strauss, Anselm ([3]2008): Basics of Qualitative Research. Techniques and Procedures for Developing Grounded Theory. Los Angeles: Sage.

Cranton, Patricia/Kasl, Elizabeth (2012): A Response to Michael New-
man's „Calling Transformative Learning Into Question: Some Mutinous
Thoughts". In: Adult Education Quarterly, 62(4), S. 393-398.

Dausien, Bettina/Mecheril, Paul (2006): Normalität und Biographie. An-
merkungen aus migrationswissenschaftlicher Sicht. In: Bukow, Wolf-
Dietrich/Ottersbach, Markus/Tuider, Elisabeth/Yildiz, Erol (Hrsg.): Biographische Konstruktionen im multikulturellen Bildungsprozess. Individuelle Standortsicherung im globalisierten Alltag. Wiesbaden: VS Verlag,
S. 155-175.

Demick, Jack (2006): Effects of Children on Adult Development and Learning:
Parenthood and Beyond. In: Hoare, Carol (Hrsg.): Handbook of Adult Development and Learning. Oxford: University Press, S. 331-343.

Demick, Jack (2002): Stages of Parental Development. In: Bornstein, Marc H.
(Hrsg.): Handbook of Parenting: Vol. 3. Being and Becoming a Parent.
Mahwah, New Jersey: Erlbaum, S. 389-413.

Dewey, John (1938b): Experience and Education. In: Boydston, Jo Ann (Hrsg.)
(1996): The Collected Works of John Dewey, 1882-1953. The Electronic
Edition. John Dewey: The Later Works, 1925-1953, Vol.13. Carbondale:
SIU Press, S. 1-62.

Dewey, John (1938a): Logic: The Theory of Inquiry. In: Boydston, Jo Ann
(Hrsg.) (1996): The Collected Works of John Dewey, 1882-1953. The Electronic Edition. John Dewey: The Later Works, 1925-1953, Vol.12. Carbondale: SIU Press.

Dewey, John (1935-37): The Dewey School. In: Boydston, Jo Ann (Hrsg.)
(1996): The Collected Works of John Dewey, 1882-1953. The Electronic
Edition. John Dewey: The Later Works, 1925-1953, Vol.11. Carbondale:
SIU Press, S. 191-216.

Dewey, John (1934): Art as Experience. In: Boydston, Jo Ann (Hrsg.) (1996):
The Collected Works of John Dewey, 1882-1953. The Electronic Edition.
John Dewey: The Later Works, 1925-1953, Vol.10. Carbondale: SIU Press.

Dewey, John (1933/34): A Common Faith. In: Boydston, Jo Ann (Hrsg.) (1996):
The Collected Works of John Dewey, 1882-1953. The Electronic Edition.
John Dewey: The Later Works, 1925-1953, Vol.9. Carbondale: SIU Press,
S. 1-58.

Dewey, John (1932): Ethics, revised edition In: Boydston, Jo Ann (Hrsg.) (1996):
The Collected Works of John Dewey, 1882-1953. The Electronic Edition.
John Dewey: The Later Works, 1925-1953, Vol.7. Carbondale: SIU Press.

Dewey, John (1925): Experience and Nature. In: Boydston, Jo Ann (Hrsg.)
(1996): The Collected Works of John Dewey, 1882-1953. The Electronic
Edition. John Dewey: The Later Works, 1925-1953, Vol.1. Carbondale: SIU
Press.

Dewey, John (1922): Human Nature and Conduct. In: Boydston, Jo Ann (Hrsg.) (1996): The Collected Works of John Dewey, 1882-1953. The Electronic Edition. John Dewey: The Middle Works, 1899-1924, Vol. 14. Carbondale: SIU Press.

Dewey, John (1916): Democracy and education In: Boydston, Jo Ann (Hrsg.) (1996): The Collected Works of John Dewey, 1882-1953. The Electronic Edition. John Dewey: The Middle Works, 1899-1924, Vol. 9. Carbondale: SIU Press.

Dewey, John (1910/11): How We Think. In: Boydston, Jo Ann (Hrsg.) (1996): The Collected Works of John Dewey, 1882-1953. The Electronic Edition. John Dewey: The Middle Works, 1899-1924, Vol. 6. Carbondale: SIU Press, S. 177-356.

Dewey, John/Bentley, Arthur (1949): Knowing and the Known. (LW 16). In: Boydston, Jo Ann (Hrsg.) (1996): The Collected Works of John Dewey, 1882-1953. The Electronic Edition. John Dewey: The Later Works. 1925-1953. Vol. 16 Carbondale: SIU Press, S. 1-294.

Dewey, John/Boydston, Jo Ann/Hickman, Larry ([2]1996): The Collected Works of John Dewey, 1882-1953. The Electronic Edition. Charlottesville: InteLex Corp. (Past masters).

Dillon, James J. (2002): The Role of the Child in Adult Development. In: Journal of Adult Development, 9(4), S. 267-275.

Bibliographisches Institut (2013): Duden online. http://www.duden.de. [Zugriff: 21.1.2015].

Ecarius, Jutta (2008): Generation, Erziehung und Bildung. Stuttgart: Kohlhammer.

Ecarius, Jutta (Hrsg.) (2007): Handbuch Familie. Wiesbaden: VS Verlag.

Ecarius, Jutta (1999): Biographieforschung und Lernen. In: Krüger, Heinz-Hermann/Marotzki, Winfried (Hrsg.): Handbuch erziehungswissenschaftliche Biographieforschung. Opladen: Leske & Budrich, S. 91-108.

Ecarius, Jutta (Hrsg.) (1998): Was will die jüngere mit der älteren Generation? Generationsbeziehungen und Generationenverhältnisse in der Erziehungswissenschaft. Opladen: Leske & Budrich.

Ecarius, Jutta (1998a): Biographie, Lernen und Gesellschaft. Erziehungswissenschaftliche Überlegungen zu biographischem Lernen in sozialen Kontexten. In: Bohnsack, Ralf/Marotzki, Winfried (Hrsg.): Biographieforschung und Kulturanalyse. Transdisziplinäre Zugänge qualitativer Forschung. Opladen: Leske & Budrich, S. 129-151.

English, Leona/Peters,Nancy (2012): Transformative Learning in Nonprofit Organizations: A Feminist Interpretive Inquiry. In: Adult Education Quarterly, 62(2), S. 103-119.

Faust, Gabriele/Kluczniok, Katharina/Pohlmann, Sanna (2007): Eltern vor der Entscheidung über vorzeitige Einschulung. In: Zeitschrift für Pädagogik, 53(4), S. 462-476.

Felden, Heide von (2008): Lerntheorie und Biographieforschung: Zur Verbindung von theoretischen Ansätzen des Lernens und Methoden empirischer Rekonstruktion von Lernprozessen über die Lebenszeit. In: Felden, Heide von (Hrsg.): Perspektiven erziehungswissenschaftlicher Biographieforschung. Wiesbaden: VS Verlag, S. 109-128.

Flick, Uwe (^{3}2011): Triangulation. Eine Einführung. Wiesbaden: VS Verlag.

Fthenakis, Wassilios/Kalicki, Bernhard/Peitz, Gabriele (2002): Paare werden Eltern. Die Ergebnisse der LBS-Familien-Studie. Opladen: Leske & Budrich.

Fuhrer, Urs (2007): Erziehungskompetenz. Was Eltern und Familien stark macht. Bern/Göttingen/Toronto/Seattle: Huber.

Fürstenau, Sara (2007): Bildungsstandards im Kontext ethnischer Heterogenität. Erfahrungen aus England und Perspektiven in Deutschland. In: Zeitschrift für Pädagogik, 56(1), S. 16-33.

Galinsky, Ellen (1981): Between Generations: The Six Stages of Parenthood. New York: Berkeley.

Geertz, Clifford (1987): Dichte Beschreibung. Beiträge zum Verstehen kultureller Systeme. Frankfurt a.M.: Suhrkamp.

Giesinger, Johannes (2007): Was heißt Bildungsgerechtigkeit? In: Zeitschrift für Pädagogik, 53(3), S. 362-381.

Glaser, Barney (1998): Doing Grounded Theory. Issues and Discussions. Mill Valley, CA: Sociology Press.

Glaser, Barney (1978): Theoretical Sensitivity: Advances in the Methodology of Grounded Theory. Mill Valley, CA: Sociology Press.

Glaser, Barney/Strauss, Anselm (1998): Grounded Theory: Strategien qualitativer Forschung. Bern: Huber.

Glaser, Barney/Strauss, Anselm (1967): The Discovery of Grounded Theory: Strategies for Qualitative Research. Chicago: Aldine Publ. Co.

Göhlich, Michael/Zirfas, Jörg (2007): Lernen. Ein pädagogischer Grundbegriff. Stuttgart: Kohlhammer.

Grow, Gerald (1991): Teaching Learners to Be Self-Directed. In: Adult Education Quarterly, 41(3), S. 125-149.

Hanson, Norwood (1981): Reduction: Scientists Are Not Confined to the H-D Method. In: Krimerman, Leonard (Hrsg.): Nature and Scope of Social Science. New York: Appleton-Century-Crofts, S.69-72.

Hark, Sabine (1999): Deviante Subjekte. Normalisierung und Subjektformierung. In: Sohn, Werner/Mehrtens, Herbert (Hrsg.): Normalität und Abweichung. Opladen: Westdeutscher Verlag, S. 65-84.

Hawighorst, Britta (2007): Mathematische Bildung im Kontext der Familie. Über einen interkulturellen Vergleich elterlicher Bildungsorientierungen. In: Zeitschrift für Erziehungswissenschaft, 11(1), S. 31-48.

Heinze, Aiso/Herwartz-Emden, Leonie/Reiss, Kristina (2007): Mathematik-
    kenntnisse und sprachliche Kompetenz bei Kindern mit Migrationshin-
    tergrund zu Beginn der Grundschulzeit. In: Zeitschrift für Pädagogik,
    53(4), S. 562-581.

Helfferich, Cornelia: (2011): Die Qualität qualitativer Daten. Manual für die
    Durchführung qualitativer Interviews. Wiesbaden: VS Verlag.

Helle, Horst Jürgen ([2]1991): Verstehende Soziologie und Theorie der symbo-
    lischen Interaktion. Stuttgart: Teubner.

Herzberg, Heidrun (2009): Ein Blick auf Generationen: Lern- und Bildungspro-
    zesse in Familien. In: Macha, Hildegard/Witzke, Monika (Hrsg.): Familie
    – Kindheit – Jugend – Gender. Handbuch der Erziehungswissenschaft,
    Band III. Paderborn: Ferdinand Schöningh, S. 179-193.

Hoerning, Erka (2000): Biographische Sozialisation. In: dies. (Hrsg.): Biogra-
    phische Sozialisation. Stuttgart: Lucius & Lucius, S. 1-20.

Hoffmeister, Dieter (2012): Der Wandel der Familie und dessen Effekte
    auf Erziehungs- und Bildungsprozesse. In: Bauer, Ullrich/Bittlingmayer,
    Uwe/Scherr, Albert (Hrsg.): Handbuch Bildungs- und Erziehungssoziolo-
    gie. Wiesbaden: VS Verlag.

Honneth, Axel ([7]2012): Kampf um Anerkennung. Zur moralischen Grammatik
    sozialer Konflikte. Frankfurt am Main: Suhrkamp.

Honneth, Axel (1997): Anerkennung und moralische Verpflichtung. In: Ab-
    handlungen. Zeitschrift für philosophische Forschung, 51(17), S. 25-41.

Hurrelmann, Klaus/Albert, Mathias (Hrsg.) (2006): Jugend 2006. 15. Shell
    Jugendstudie. Eine pragmatische Generation unter Druck. Frankfurt:
    Fischer-Taschenbuch-Verlag.

Illeris, Knud (Hrsg.) (2009): Contemporary Theories of Learning. Learning
    Theorists – In their Own Words. Abingdon/New York: Routledge.

Jarvis, Peter (2006): Towards a Comprehensive Theory of Human Learning.
    Milton Park/New York: Routledge.

Joas, Hans (1997): Die Entstehung der Werte. Frankfurt am Main: Suhrkamp.

Joas, Hans (2006): Wie entstehen Werte? Wertebildung und Wertevermittlung
    in pluralistischen Gesellschaften. Vortrag gehalten am 15.9.2006. tvim-
    puls. Online: http://fsf.de/veranstaltungen/veranstaltungsarchiv/werte/.
    [Zugriff: 21.1.2015].

Kegan, Robert (2009): What „Form" Transforms? A Constructive-Develop-
    mental Approach to Transformative Learning. In: Illeris, Knud (Hrsg.):
    Contemporary Theories of Learning. Learning Theorists – In their Own
    Words. Abingdon/New York: Routhledge, S. 35-52.

Kelle, Udo/Kluge, Susann (2010): Vom Einzelfall zum Typus. Fallvergleich und
    Fallkontrastierung in der qualitativen Sozialforschung. Wiesbaden: VS
    Verlag.

Koller, Hans-Christoph (2012): Bildung anders denken. Einführung in die
    Theorie transformatorischer Bildungsprozesse. Stuttgart: Kohlhammer.

Krappmann, Lothar (2003): Kompetenzförderung im Kindesalter. In: Aus Politik und Zeitgeschichte B9/2003. 14-19. Online: http://www.bpb.de/shop/zeitschriften/apuz/27764/aktivierende-gesellschaftspolitik. [Zugriff: 21.1.2015].

Krüger, Jana/Michalek, Ruth (2011): Parents' and Teachers' Cooperation: Mutual Expectations and Attributions from a Parent' Point of View. In: International Journal about Parents in Education, 5(2), S. 1-11. Online: http://www.ernape.net/ejournal/index.php/IJPE/issue/view/47/showToc. [Zugriff: 21.1.2015]

Kudlien, Fridolf /Ritter, Henning (1984): Normal, Normalität. In: Ritter, Joachim/Gründer, Karlfried (Hrsg.): Historisches Wörterbuch der Philosophie. Basel, Stuttgart: Schwabe, Band 6, Spalte 920-928.

Lamnek, Siegfried (^{4}2005): Qualitative Sozialforschung. Weinheim/Basel: Beltz.

Leseman, Paul/Scheele, Anna/Mayo, Aziza (2007): Home Literacy as a Special Language Environment to Prepare Children for School. In: Zeitschrift für Erziehungswissenschaft, 11(3), S. 334-355.

Link, Jürgen (1996): Versuch über den Normalismus. Wie Normalität produziert wird. Opladen: Westdeutscher Verlag.

Link, Jürgen/Loer, Thomas/Neuendorff, Hartmut (2003): ›Normalität‹ im Diskursnetz soziologischer Begriffe. Heidelberg: Synchron.

Lutz, Ronald (Hrsg.) (2012): Erschöpfte Familien. Wiesbaden: VS Verlag.

Maaz, Kai/Watermann, Rainer/Baumert, Jürgen (2007): Familiärer Hintergrund, Kompetenz und Selektionsentscheidungen in gegliederten Schulsystemen im internationalen Vergleich. Eine vertiefende Analyse von PISA Daten. In: Zeitschrift für Pädagogik, 53(4), S. 444-461.

Macha, Hildegard (2009): Konturen einer erziehungswissenschaftlichen Theorie der Familie. In: dies./Witzke, Monika (Hrsg.): Familie – Kindheit – Jugend – Gender. Handbuch der Erziehungswissenschaft, Band III. Paderborn: Ferdinand Schönigh, S. 9-29.

Macha, Hildegard/Witzke, Monika (Hrsg.) (2009): Familie – Kindheit – Jugend – Gender. Handbuch der Erziehungswissenschaft, Band III. Paderborn: Ferdinand Schöningh.

Marotzki, Winfried (1990): Entwurf einer strukturalen Bildungstheorie: biographietheoretische Auslegung von Bildungsprozessen in hochkomplexen Gesellschaften. Weinheim: Deutscher Studien-Verlag

Mead, George Herbert/Tröhler, Daniel/Biesta, Gert/Grell, Ernst (2008): Philosophie der Erziehung. Bad Heilbrunn: Klinkhardt.

Merkle, Tanja/Wippermann, Carsten (2008): Eltern unter Druck. Selbstverständnisse, Befindlichkeiten und Bedürfnisse von Eltern in verschiedenen Lebenswelten. Eine sozialwissenschaftliche Untersuchung von Sinus Sociovision GmbH im Auftrag der Konrad-Adenauer-Stiftung e.V. Stuttgart: Lucius und Lucius.

Mey, Günter/Mruck, Katja (Hrsg.) (2011): Grounded Theory Reader. Wiesbaden: VS Verlag.

Meyer-Drawe, Käte (2005): Anfänge des Lernens. In: Zeitschrift für Pädagogik, 51(49), Beiheft (Erziehung – Bildung – Negativität), S. 24-37.

Mezirow, Jack (2009): An Overview on Transformative Learning. In: Illeris, Knud (Hrsg.): Contemporary Theories of Learning. Learning Theorists – In their Own Words. Abingdon/New York: Routhledge, S. 90-105.

Mezirow, Jack (2000). Learning to Think like an Adult. In: ders./Associates (Hrsg.): Learning as Transformation: Critical Perspectives on a Theory in Progress. San Francisco: Jossey-Bass, S. 3-34.

Mezirow, Jack (1998): On Critical Reflection. Adult Education Quarterly, 48(3), S. 185-198.

Mezirow, Jack (1997): Transformation Theory out of Context. In: Adult Education Quarterly, 48(1), S. 60-62.

Mezirow, Jack (1991): Transformative Diemnsions of Adult Learning. San Francisco: Jossey-Bass. (deutsch: Mezirow, Jack/Arnold, Karl (1997): Transformative Erwachsenenbildung. Baltmannsweiler: Schneider-Verl. Hohengehren.)

Mezirow, Jack (1990): Fostering Critical Reflection in Adulthood. A Guide to Transformative and Emancipatory Learning. San Francisco: Jossey-Bass Publishers.

Mezirow, Jack/Associates (Hrsg.) (2000): Learning as Transformation: Critical Perspectives on a Theory in Progress. San Francisco: Jossey-Bass.

Mezirow, Jack/Taylor, Edward (2009): Transformative Learning in Practice. San Francisco: Jossey-Bass.

Michalek, Ruth (2014): Parental (Not)Learning: Supportive and Obstructive Normalizing Practices and Transformative Learning. In: Boden-McGill, Carrie J./King, Kathleen P. (Hg.): Developing and Sustaining Adult Learners. AHEA Series: Adult Education Special Topics: Theory, Research and Practice in Lifelong Learning, S. 207-224.

Michalek, Ruth (2013): Elternschaft als Lernprozess. Zur Bedeutung des Normalisierens bei transformativen Lernprozessen. In: Vierteljahrsschrift für wissenschaftliche Pädagogik Heft 1, 89. Jg. Schöningh: Paderborn. 56-74.

Michalek, Ruth (2008): Lernprozesse von Eltern – Bezüge zu Lehrer/innen und Schule. In: Ramseger, Jörg / Wagener Matthea (Hrsg.): Chancenungleichheit in der Grundschule – Ursachen und Wege aus der Krise. Wiesbaden: VS Verlag, S. 83-86.

Michalek, Ruth (2006): „Also, wir Jungs sind [...]". Geschlechtervorstellungen von Grundschülern. Münster/New York/München/Berlin: Waxmann.

Minsel, Beate (2007): Stichwort: Familie und Bildung. In: Zeitschrift für Erziehungswissenschaft, 11(3), S. 299-316.

Mollenhauer, Klaus/Brumlik, Micha/Wudtke, Hubert (1975): Die Familienerziehung. München: Juventa.

Neubert, Stefan (2006): John Dewey (1859-1952). Erziehung zur Demokratie. In: Dollinger, Bernd (Hrsg.): Klassiker der Pädagogik. Wiesbaden: VS Verlag, S. 221-246.

Neumann, Marko/Schnyder, Inge/Trautwein, Ulrich (2007): Schulformen als differenzielle Lernmilieus. Institutionelle und kompositionelle Effekte auf die Leistungsentwicklung im Fach Französisch. In: Zeitschrift für Erziehungswissenschaft, 11(3), S. 399-420.

Oevermann, Ulrich (2002): Professionalisierungsbedürftigkeit und Professionalisiertheit pädagogischen Handelns. In: Kraul, Margret/Marotzki, Winfried/Schweppe, Cornelia (Hrsg.): Biographie und Profession. Bad Heilbrunn: Klinkhardt, S. 19-63

Polanyi, Michael (1967): The Tacit Dimension. Garden City: Doubleday.

Prange, Klaus (2004): Form. In: Benner, Dietrich/Oelkers, Jürgen (Hrsg.): Historisches Wörterbuch der Pädagogik. Weinheim/Basel: Beltz, S. 393-408.

Prange, Klaus (2005): Die Zeigestruktur der Erziehung. Grundriss der operativen Pädagogik. Paderborn u.a: Schöningh.

Reyer, Jürgen/Franke-Meyer, Diana (2008): Muss der Bildungsauftrag des Kindergartens „eigenständig" sein? In: Zeitschrift für Pädagogik, 54(6), S. 888-905.

Rolf, Thomas (1999): Normalität. Ein philosophischer Grundbegriff des 20. Jahrhunderts. München: Fink.

Rupp, Marina/Smolka, Adelheid (2007): Von der Mütterschule zur modernen Dienstleistung. Die Entwicklung der Konzeption von Familienbildung und ihre aktuelle Bedeutung. In: Zeitschrift für Erziehungswissenschaft, 11(3), S. 317-333.

Schell-Kiehl, Ines (2007): Mentoring: Lernen aus Erfahrung. Biographisches Lernen im Kontext gesellschaftlicher Transformationsprozesse. Bielefeld: Bertelsmann.

Schiersmann, Christiane (1998): Innovationen in Einrichtungen der Familienbildung. Eine bundesweite empirische Institutionenanalyse. Opladen: Leske & Budrich.

Schlüter, Anne (2007): Die Konstruktion von Normalität in weiblichen Biographisierungsprozessen. In: Ulrike Heuer, Ruth Siebers und Wiltrud Gieseke (Hrsg.): Weiterbildung am Beginn des 21. Jahrhunderts. Festschrift für Wiltrud Gieseke; eine Publikation des Erwachsenenpädagogischen Instituts Berlin e.V. Münster: Waxmann, S. 303-313.

Schmidt-Wenzel, Alexandra (2008): Wie Eltern lernen. Eine empirisch qualitative Studie zur innerfamilialen Lernkultur. Opladen: Verlag Barbara Budrich.

Schütze, Fritz (1983): Biographieforschung und narratives Interview. In: Neue Praxis, 13(3), S. 283-293.

Schrader, Friedrich-Wilhelm/Helmke, Andreas/Hosenfeld, Ingmar (2008): Stichwort: Kompetenzentwicklung im Grundschulalter. In: Zeitschrift für Erziehungswissenschaft, 11(1), S. 7-29.

Seelmeyer, Udo (2008): Das Ende der Normalisierung. Soziale Arbeit zwischen Normativität und Normalität. Weinheim: Juventa.

Smolka, Adelheid (2002): Beratungsbedarf und Informationsstrategien im Erziehungsalltag. Ergebnisse einer Elternbefragung (ifb-Materiaien 5-2002). Bamberg: Staatsinstitut für Familienforschung, Universität Bamberg.

Steinke, Ines (2005): Güterkriterien qualitativer Forschung. In: Flick, Uwe/ Kardorff, Ernst von/Steinke, Ines (Hrsg.): Qualitative Forschung. Ein Handbuch. Reinbek: Rowohlt-Taschenbuch Verl, S. 319-331.

Strauss, Anselm (1998): Grundlagen qualitativer Sozialforschung. Datenanalyse und Theoriebildung in der empirischen soziologischen Forschung. München: Fink (UTB).

Strauss, Anselm/Corbin, Juliet ([2]2005): Basics of Qualitative Research. Techniques and Procedures for developing Grounded Theory. Newbury Park u.a.: Sage.

Strauss, Anselm/Corbin, Juliet (1996): Grounded Theory: Grundlagen qualitativer Sozialforschung. Weinheim: Psychologie-Verlags-Union.

Strauss, Anselm/ Corbin, Juliet (1990): Basics of qualitative research: grounded theory procedures and techniques. Newbury Park u.a.: Sage.

Strübing, Jörg (2004): Grounded Theory. Zur sozialtheoretischen und epistemologischen Fundierung des Verfahrens der empirisch begründeten Theoriebildung. Wiesbaden: VS Verlag.

Swartz, Ann/Triscari, Jacqlyn (2011): A Model of Transformative Collaboration. In: Adult Education Quarterly, 61(4), S. 324-340.

Taylor, Edward (1994): Intercultural Competency: A Transformative Learning Process. In: Adult Education Quarterly, 44(3), S. 154-174.

Taylor, Edward/Cranton, Partricia and Associates (Hrsg.) (2012): The Handbook of Transformative Learning. Theory, Research, and Practice. San Francisco: Jossey Bass.

Tiefel, Sandra (2005): Kodierung nach der Grounded Theory lern- und bildungstheoretisch modifiziert: Kodierungsleitlinien für die Analyse biographischen Lernens. In: Zeitschrift für qualitative Bildungs-, Beratungs- und Sozialforschung, 6(1), S. 65-84.

Tschöpe-Scheffler, Sigrid ([2]2006): Konzepte der Elternbildung – eine kritische Übersicht. Opladen: Verlag Barbara Budrich.

Tschöpe-Scheffler, Sigrid (2005): Unterstützungsangebote zur Stärkung der elterlichen Erziehungsverantwortung oder: Starke Eltern haben starke Kinder. In: Zeitschrift für Soziologie der Erziehung und Sozialisation, 25(3), S. 248-262.

Tschöpe-Scheffler, Sigrid (2005a): Was Eltern wollen und was sie brauchen – eine Befragung von 350 Eltern. Köln: unveröffentlichtes Manuskript.

Tschöpe-Scheffler (2003): Fünf Säulen der Erziehung. Ostfildern: Grünewald.

Waldenfels, Bernhard (2007): Das Fremde denken. In: Zeithistorische Forschungen, 4 (3). Online: http://www.zeithistorische-forschungen.de/site /40208789/default.aspx. [Zugriff: 21.01.2015].

Waldenfels, Bernhard (2008): Grenzen der Normalisierung. Studien zur Phä-
    nomenologie des Fremden 2. 1. erweiterte Aufl. 1998, Frankfurt a.M.:
    Suhrkamp.
Waldenfels, Bernhard (1999): Sinnesschwellen – Studien zur Phänomenologie
    des Fremden 3, Frankfurt a.M.: Suhrkamp.
Waldenfels, Bernhard (1999a): Vielstimmigkeit der Rede – Studien zur Phäno-
    menologie des Fremden 4, Frankfurt a.M.: Suhrkamp.
Waldenfels, Bernhard (1997): Topographie des Fremden. Studien zur Phäno-
    menologie des Fremden 1, Frankfurt a.M.: Suhrkamp.
Walter, Paul/Leschinsky, Achim (2007): Critical thinking und migrationsbe-
    dingte Bildungsbenachteiligung. Ein Konzept für die subjektive Ausein-
    andersetzung mit schulstrukturellen Merkmalen? In: Zeitschrift für Päd-
    agogik, 53(1), S. 1-15.
Wapner, Seymour/Demick, Jack (1998): Developmental Analysis: A Ho-
    listic, Developmental, Systemsoriented Perspective. In: Damon, Wil-
    liam/Lerner, Richard (Hrsg.): Handbook of Child Psychology: Vol. 1. Theo-
    retical Models of Human Development. New York: Wiley, S. 761-805.
Wenning, Norbert (2001): Differenz durch Normalisierung. In: Lutz, Hel-
    ma/Wenning, Norbert (Hrsg.): Unterschiedlich verschieden. Differenz in
    der Erziehungswissenschaft. Opladen: Leske & Budrich, S. 275-295.
West, Linden/Fleming, Ted/Finnegan, Fergal (2013): Connecting Bourdieu,
    Winnicott, and Honneth: Understanding the Experiences of Non-
    traditional Learners through an Interdisciplinary Lens. In: Studies in the
    Education of Adults, 45(2), S. 119-134.
Wiessner, Colleen/Mezirow, Jack (2000): Theory Building and the Search for
    Common Ground. In: Mezirow, Jack and Associates: Learning as Trans-
    formation. Critical Perspectives on a Theory in Progress. San Francisco:
    Jossey Bass, S. 329-358.
Wild, Elke/Gerber, Judith (2007): Charakteristika und Determinanten der
    Hausaufgabenpraxis in Deutschland von der vierten zur siebten Klassen-
    stufe. In: Zeitschrift für Erziehungswissenschaft, 11(3), S. 356-380.
Willink, Kate/Jacobs, Jeanne (2011): Teaching for Change: Articulating, Pro-
    filing, and Assessing Transformative Learning Through Communicative
    Capabilities. In: Journal of Transformative Education, 9(3), S. 143-164.
Winnicott, Donald (1984): Die Theorie von der Beziehung zwischen Mutter
    und Kind. In: ders.: Reifungsprozesse und fördernde Umwelt. Frankfurt
    a.M.: Fischer.
Wissenschaftlicher Beirat für Familienfragen (2005): Familiale Erziehungs-
    kompetenzen. Beziehungsklima und Erziehungsleistungen in der Familie
    als Problem und Aufgabe. Weinheim und München: Juventa.
Zapf, Wolfgang (1984): Individuelle Wohlfahrt: Lebensbedingungen und
    wahrgenommene Lebensqualität. In: Glatzer, Wolfgang/Zapf, Wolfgang
    (Hrsg.): Lebensqualität in der Bundesrepublik. Objektive Lebensbedin-
    gungen und subjektives Wohlbefinden. Frankfurt a. M.: Campus, S. 13-26.